제 4 판
반려견 법률상식
홍완식 저
pnc
publishing and culture
피앤씨미디어

반려견 법률상식

제4판 머리말

제3판이 출간된 지 2년이 지났기 때문에 그동안 개정된 법령과 새로 나온 판례를 반영할 필요가 있었다. 2018년 초판을 출판할 때만 하더라도 반려견 관련 판례가 많지 않았는데, 이제는 판례가 많아져서 인용할 판례를 선별해야 할 정도까지 이르렀다. 반려견 관련 의료과실을 다투는 사건은 물론이고 개물림사고와 동물학대에 관한 판례 등 전반적인 부분에서 새로운 판례를 추가하였다. 또한 「동물보호법」이 전면적으로 개정된 때가 2022년 4월 26일(시행은 2023년 4월과 2024년 4월)이었는데 이후에도 2번이나 개정되어서, 개정된 법령의 내용을 관련 부분에 반영하였다. 법적인 논의를 위한 기초자료로서의 각종 통계나 여론조사 등을 최신의 것으로 교체하였는데, 통계나 여론조사의 비교가 필요한 경우이거나 최신의 통계가 없는 경우에는 자료를 그대로 두었다. 3판에서는 동물보건사에 관한 시험정보를 추가하였는데, 4판에서는 반려동물 행동지도사에 관한 시험정보를 추가하였다. '신종펫샵'이나 '애니멀 호더' 그리고 '반려동물 사료의 안전성', '반려견용 자동차 안전시트' 등에 관한 사회적 논의가 있었기에, 이러한 문제가 제기된 배경이나 내용 그리고 개선방안에 관해서도 약간의 내용을 추가하였다. 반려견 양육권 분쟁 부분에서는 양육권 분쟁을 해결하기 위하여 발의되었던 법안을 소개하였고, 개식용종식법 부분에서는 2024년 2월에 제정된 개식용종식법의 입법배경과 의미 그리고 내용을 추가하였다.

법안(법률안)과 법률은 국회를 통과하여 대통령에 의하여 공포되었느냐를 기준으로 하여 구분된다. 즉, 법안은 아직 법률이 되지 않은 것인데, 이 책의 여러 곳에서 법안을 소개한 이유는 반려견 관련 정책과 법률의 경위와 배경을 이해하는데 필요하기 때문이다. 어떠한 과정을 거쳐서 법률이 제정 혹은 개정되었는지도 알 필요가 있지만, 어떠한 법안은 왜 법률이 되지 못하고 폐기되었는지를 알면 올바른 반려견 정책과 법률을 만드는데 도움이 되리라 생각하기 때문이다.

이 책을 집필하게 된 동기를 제공하고 제4판을 준비함에 있어서도 많은 응원을 해 주신 김강산·김희영·마서영·박일영·유은희·이은주·장경식·정영숙·지수현 님에게 감사한다. 또한 이 책을 개정하는데 도움을 준 강현지 변호사, 한서대학교 김기태 교수, 건국대학교 법학연구소 김승태 실장, 자연투어 김영찰 대표이사, 문효정 변호사, 박혜담 선생, 배경민 선생, 큐벳 송주연 대표이사, 서울특별시의회 안태호 정책지원관, 건설하도급분쟁조정협의회 오혜진 조사관, 스타벅스 코리아 유상엽 대외협력팀장, 유정화 변호사, 전성용 법무관,

건국대학교 산학협력단 조병철 기술사업화팀장, 한승범 변호사에게 감사한다. 그리고 피앤씨미디어의 박노일 대표와 이상민 편집이사의 수고와 배려에 감사한다.

2024년 6월

일감호에서

제3판 머리말

개정판이 출간된 지 2년이 지났기 때문에 개정된 법령과 새로운 판례를 반영할 필요가 있었다. 특히 목줄의 길이를 2미터 이하로 규정하는 등의 「동물보호법 시행규칙」 개정 규정이 올해 2월 11일부터 시행되었고, 많은 내용이 추가된 「동물보호법」 개정법률이 올해 4월 26일에 공포(시행은 2023년 4월과 2024년 4월)되었기 때문에, 최신 개정 법령을 반영한 3판을 출간하게 되었다. 이 책의 제목을 반려견 법률상식이라고 붙이기는 하였지만 사실 목줄의 길이를 포함하여 외출시의 주의사항 등 몇 가지만 알면, 반려견을 키우는 데 있어서 법과 관련된 것들에 신경쓸 필요는 크지 않다. 그러나 반려견을 행복하고 즐겁게 그리고 안전하게 키우기 위해서는 제도적 환경도 중요하다. 반려견의 분양, 양육, 치료, 복지, 권리 등에 관한 중요한 사항은 법령에 규정되어 있고, 이러한 법령이 잘 정비되어 있어야 반려견을 키울 수 있는 제도적 환경이 좋아지는 것이다. 제도적 환경을 개선하기 위해서는 먼저 반려견에 관한 정책과 법령에 관한 지식을 알아야 할 필요가 있다. 그리고 반려견 친화적인 사회를 만드는 데 필요한 정책이 무엇인지를 알 수 있어야, 지방자치단체나 국가에 반려견 관련 제도의 개선을 요구할 수 있다. '아는 만큼 개선할 수 있다!' 또는 '아는 만큼 개선을 건의할 수 있다!'는 것이다. 대통령선거, 국회의원선거, 지방선거 등에 있어서 후보자들은 유권자의 표심을 얻기 위해 공약을 발표하는데, 반려견을 키우는 사람들은 동물복지 공약을 꼼꼼히 따지고 그 이행을 모니터링하여야 한다. 물론 당선 이후에 공약을 지키지 않는 경우도 있지만, 지난 공약의 이행 여부를 해당 정당에 따질 수 있고 다짐을 받을 수 있기 때문에, 공직 후보자가 속한 정당은 공약을 전혀 무시할 수는 없으며 정당에서 선출되는 공직 후보자들도 공약을 무시할 수는 없게 된다. 그리고 결정적으로는 변변한 동물복지 공약도 내지 못하는 공직 후보자를 1,500만 이상에 이르는 반려인 유권자들이 뽑아줄 리가 없다. 유럽이나 북미 국가의 경우에도 이러한 과정을 거쳐서 동물복지의 수준이 향상되었다. 따라서, 동물복지 공약을 요구하고 모니터링할 수 있을 정도의 반려견 법률상식도 반려견을 잘 키우기 위해서 필요하다고 생각한다. 이러한 취지를 염두에 두고 이 책을 집필하고 개정하고 있으며 또한 반려동물의 처우 개선은 국가 선진화의 중요한 지표라고 생각하기 때문에, 나름 동물법 연구에 관심을 가지고 노력하고 있다. 동물을 존중하는 사람이 인간을 존중하며, 동물을 함부로 대하는 사람은 인간도 함부로 대한다.

이 책을 집필하게 된 동기를 제공하고 제3판을 준비함에 있어서도 많은 응원을 해 주신 김강산·김희영·마서영·박일영·유은희·이은주·장경식·정영숙·지수현 님에게 감사한다. 또한 이 책을 개정하는데 도움을 주신 김기태 교수와 문효정 변호사에게 감사한다. 그리고 개정판 발간 후 2년 만에 제3판이 나올 수 있도록 도와주신 피앤씨미디어의 박노일 대표와 멋진 편집을 해주신 심성보 이사의 수고에 감사한다.

2022년 4월

서귀포 파랑재(波浪齋)에서

제2판 머리말

2018년 4월에 초판을 출판한 이후에 반려견 관련 정책·법령·판례와 관련한 기자들의 문의나 원고청탁, 대학이나 로펌에서의 특강 요청이 있었다. 이러한 과정에서 반려견 관련 자료를 자주 보게 되었고, 반려견과 관련된 정책과 법령을 지속적으로 모니터링하게 되었다. 초판을 발간한 이후에 새로운 정책이 나오기도 하고 법령도 여러 차례 개정되었으며, 반려견 관련 판례도 늘어났고 반려견 관련 논문도 추가할 것이 있어서 개정판을 내기로 하였다.

몇 년 전만 해도 우리나라의 인구 다섯 사람당 한 마리의 반려동물을 키우고 있다는 통계가 이제는 인구 네 사람당 한 마리의 반려동물을 키우고 있다는 통계로 대체되었다. 대통령 선거는 물론이고 국회의원 총선거의 선거공약에도 이제는 반려동물 복지정책이 등장하고 있다. 반려동물을 키우는 유권자가 점차 늘어나고 있기 때문에 각종 선거에서 반려인들의 호감을 얻기 위한 정책이 제시되고 있는 것이다. 또한 명절에 고향에 가거나 여행을 떠나는 주민들을 위하여 반려견 돌봄서비스를 시행하는 기초지방자치단체도 등장하였고, 반려견과 관련한 새로운 사업이나 시설도 속속 등장하고 있다. 반려동물의 증가와 관련 산업의 약진 그리고 반려견과 관련한 정책수요의 증가로 인하여 공공분야와 민간분야에서 여러 변화가 있다. 기존의 반려견 정책에 많은 변화가 생기고 있고, 반려견 정책과 관련 법령을 바꾸자는 주장도 많아졌다. 반려견 정책과 법령의 변경 논의에는 의견과 이해가 충돌하는 당사자들이 있기 때문에, 반려견 정책이 개선되기 위해서는 변경되는 정책에 대한 올바른 입장과 대응이 필요하기도 하다.

2020년 1월 14일에 농림축산식품부가 '2020~2024년 동물복지 종합계획'의 하나로 "반려동물 보유세 또는 부담금, 동물복지 기금 도입 등을 검토하여 지자체 동물보호센터, 전문기관 등의 설치·운영비로 활용하는 방안 검토('22)"를 하겠다고 발표하면서 '반려동물 보유세'에 관한 논쟁이 촉발되었다. 찬성측은 이를 재원으로 하여 반려견 놀이터나 공원을 증설하고 반려견 보건소와 동물경찰 등을 설치하고, 반려견 전문인력 양성을 지원하는 등으로 사용하면 좋을 것이라 주장하는 반면, 반대측은 일시적으로 유기견이 많아지고 반려견 관련 산업이 위축될 것이라는 등의 주장을 하였다. 그러나 이러한 사항에 관한 '종합계획'은 2022년에 도입한다는 것도 아니고 도입을 검토한다는 것인데, 이러한 논쟁적인 사안을 너무 쉽게 발표한 것은 아닌가 하는 생각이 든다. 또한 본문에서 살펴보는 바와 같이 농림축산식품부는 보도자료 등을 통해 맹견의 종류를 확대한다는 계획을 발표하기도 하고, 대형견 입마개를 의무화한다는 계획을 발표하기도 하였으며, 작년 9월에는 목줄의 길이를 2미터 이하로 명확히 정한다는 입법예고를 하기도 하였지만, 이러한 계획들은 실행되지 못하였다. 그리고 신고포상금(펫파리치) 제도는 2017년에 「동물보호법」 개정을 통해 도입한다고 하였다가, 2020년에 「동물보호법」이 다시 개정되면서 시행도 하지 못하고 폐지되있다. 이들 사안은 애초부터 무리한 입법시도인 경우도 있고, 안전을 위해 필요한 경우도 있기 때문에, 충분한 여론 수렴과 공론화 과정을 거쳤어야 했다. 그러나 개물림사고가 발생하고 반려견과 관련한 여러 논란이 일어나자 이러한 미봉책을 발표하였다가, 추진과 실행을 하지 못한 것이다. '아니면 말고' 식의 계획은 국민들의 신뢰를 얻지 못한다. 정부는 보다 신중하고 꼼꼼하게 계획을 수립하고 발표할 필요가 있다.

개정판에서는 반려견과 관련한 새로운 정책·법령·판례를 추가함과 동시에 관련 정책과 법령이 어떻게 변화되었는지를 알 수 있도록 부록에 최근 농림축산식품부의 반려동물 관련 정책자료와 동물보호법의 개정이유·주요내용을 실었다. 정부는 어떠한 정책을 어떻게 추진하고 있는지, 국회는 동물보호법을 어떻게 개정하고 있는지 등을 알아야, 올바른 반려동물제도가 만들어지도록 감시하고 유도

할 수 있다고 보기 때문이다. 반려인과 비반려인 간의 갈등과 대립이 줄어들고, 보다 개선된 사람들의 생활환경과 동물들의 복지향상을 기대하면서 이러저러한 내용으로 책을 구성하고 자료를 수록하였다.

이 책을 집필하게 된 동기를 제공하고 개정판을 준비함에 있어서도 많은 응원을 해 주신 김강산·김희영·마서영·박일영·유은희·이은주·장경식·정영숙·지수현 님에게 감사한다. 또한 이 책을 개정하는데 도움을 주신 건국대학교의 김기태 교수와 문효정 변호사에게 감사한다. 그리고 초판 발간후 2년만에 개정판이 나올 수 있도록 도와주신 피앤씨미디어의 박노일 사장과 멋진 편집을 해주신 심성보 이사의 수고에 감사한다.

2020년 2월

홍 완 식

Preface

머리말

약 오천만의 인구가 살아가는 우리나라에 반려견을 포함한 반려동물 천만시대가 왔다. 우리나라의 인구 다섯 사람당 한 마리의 반려동물을 키우고 있으며, 기르는 반려동물 중에서는 반려견이 가장 많은 비중을 차지하고 있는 것이다. 많은 가정에서 반려견을 키우다 보니 반려견과 관련된 분쟁이 종종 일어나고 있고, 이는 법적 분쟁으로 비화되어 소송으로까지 이어지는 경우도 있다. 특히 근래에 들어와서는 사람이 반려견에 물려서 다치거나 사망하는 일도 드물지 않아서 민형사상의 법적 문제가 발생하는 일도 종종 있다. 반대로 반려견을 잔인하게 학대하는 동영상으로 인하여 동물학대가 문제되기도 하고 개식용금지법 제정 문제를 두고 찬반 양론 간에 충돌이 빚어지기도 한다. 이렇게 반려견의 수가 많아지고 반려견과 관련한 이견과 분쟁이 발생하면서, 반려견 분쟁과 정책에 대한 국가와 지방자치단체의 개입도 점차 늘어나게 되었다. 반려동물등록제 등 이전에 없던 제도가 도입되고 반려견과 관련된 법령과 조례 등이 제정 혹은 개정되어, 여러 제도와 법령을 알아야 할 필요도 절실하게 되었다. 반려견을 키우면서 알아야 할 법률상식이 필요함에도 불구하고 이에 관한 정보를 찾아보기가 어려우며 인터넷에 떠돌아다니는 정보는 오래되거나 부정확한 것도 있다는 사실을 알게 되었다. 또한 반려견이 많아지다 보니 기존의 반려견 정책에 많은 변화가 생겼고 반려견 정책을 변경하자는 주장도 많아졌다. 반려견 정책과 법령의 변경 논의에는 의견과 이해가 충돌하는 당사자들이 있기 때문에, 반려견 정책이 개선되기 위해서는 변경되는 정책에 대한 올바른 입장과 대응이 필요하기도 하다. 그래서 반려견과 관련된 자료를 모으게 되었고 찾은 자료를 정리할 필요를 느껴서 간단한 책을 쓰게 되었다. 반려견을 키우는 데 필요한 법령이나 판결 등을 중심으로 내용을 구성하였고, 향후 고려하여야 할 정책이나 입법에 관한 문제도 생각해 보았다. 모쪼록 이 책이 반려견을 양육하는 애견인들에게 조금이나마 도움이 되었으면 한다.

'반려견 법률상식'이라는 일견 간단해 보이는 책 제목에 어울리지 않게, 각주를 달아서 이용한 참고문헌을 표시하였다. 이는 우선 이 책에서 서술한 내용들이 모두 내가 생각해 낸 창작물이 아니라는 것을 표시하기 위함이요, 다음으로는 독자 스스로 관심있는 내용을 찾아볼 수 있도록 하기 위함이다. 이 책에는 반려견을 기르는 사람들에게 필요한 정보를 전달하기 위한 목적으로 구성된 내용도 있지만, 관련 업계에 종사하는 전문가와 학생들에게도 도움이 될 수 있도록 구성된 내용도 있기 때문에 학습용으로도 활용하기 위해서는 참고 문헌을 정확히 표시해 주는 것이 필요하다고 보았다. 또한 이 책에서 소개하는 주장과 의견들이 향후의 반려견 관련 정책을 개선하고 관련 법령을 준비하는 데에도 일조하였으면 하는 기대와 함께 적은 내용도 있다. 우선 이 책을 집필하게 된 동기를 제공하고 책을 쓰는 과정에서 많은 조언을 해 주신 김강산·김희영·마서영·박일영·유은희·이은주·장경식·정영숙·지수현 님의 격려와 열정에 감사한다. 또한 이 책을 준비하는 데 도움을 주신 건국대학교의 송혜림 선생과 최지연 법학전문사서, 오사카대학의 김잔디 박사, 고려대학교 법학연구원의 양정윤 박사에게 감사한다. 그리고 이 책을 발행할 수 있도록 도와주신 피앤씨미디어의 박노일 사장과 심성보 이사의 배려와 수고에 감사한다.

2018년 3월

홍 완 식

Contents 차례

01 반려견 현황과 법적 지위

02 반려견의 출생과 사망

03 반려견의 양육과 관리

04 개물림사고

05 동물학대

06 반려견 관련 판례

07 반려견 양육권 분쟁

01 반려견 현황과 법적 지위

1. 반려견 현황
2. 반려견의 법적 지위
3. 반려견 관련 법규 현황
4. 외국의 동물 관련 법규

반려견 법률상식

01 반려견 현황과 법적 지위

1. 반려견 현황

1) '애완견'에서 '반려견'으로 용어의 변화

애견인구는 애묘인구와 함께 계속 증가하고 있으며, 개와 고양이는 이제 '애완동물'을 넘어 '반려동물'로서 사람들의 사랑과 관심을 받고 있다. 저출산에 따른 핵가족화와 딩크[1]족의 등장 및 고령화의 가속화로 인하여 반려동물을 자녀처럼 여기는 현상도 나타나고 있다. 반려동물(Pet)과 인간화(Humanization)의 합성어인 펫휴머니제이션(Pet-humanization)은 반려동물을 친구나 가족과 같이 사람처럼 대하는 사회문화적 현상을 의미하는데, 이는 반려동물을 사육하는 개념을 넘어서 사람처

1 DINK(Double Income No Kids).

럼 대하는 것은 물론이고 반려동물의 삶의 질을 높이는 제품이나 서비스 관련 산업의 성장으로 이어지고 있다. 이는 반려동물을 많이 키우는 유럽이나 미국 등만 그런 것이 아니라, 우리나라나 일본 등의 경우에도 그러한 현상이 나타나고 있다.

개와 고양이 등에 대해서 과거에는 애완동물(pet)이라는 표현이 선호되었으나 근래에는 반려동물(companion animal)이라는 표현이 선호되고 있다. 애완(愛玩)동물은 귀여워하거나 즐기는 동물이라는 의미를 반영하고 있고, 반려(伴侶)동물은 인간의 즐거움의 대상만이 아니라 삶의 반려로서 여겨지는 동물이라는 의미를 반영하고 있다. 신문기사 등의 주제어 검색에서도 2012년에는 애완동물(2,083건)과 반려동물(1,985건)이라는 표현이 비슷하게 사용되었으나, 2018년에는 애완동물(1,907건)보다는 반려동물(12,401건)이라는 표현이 압도적으로 많이 사용되었다.[2] 이후 해마다 시행되는 동물보호에 대한 국민의식조사에서는 이러한 용어에 관한 조사항목을 찾아볼 수 없다. 이제는 '애완동물'이라는 표현보다는 '반려동물'이라는 표현이 대세이고 표준이 되었기 때문일 것이다.

반려동물(companion animal)이라는 용어는 1983년 10월 오스트리아 빈에서 열린 '인간과 동물의 관계에 관한 국제 심포지엄'에서 그렇게 부르자는 제안이 있었고, 이러한 제안이 대중화되어 이제는 우리나라에서도 애완동물이라는 표현보다는 '반려동물' '반려견' '반려묘'라는 표현이 선호되고 있다. 개와 고양이 등을 애완동물이라고 부르느냐

2 농림축산식품부, 2018년 동물보호에 대한 국민의식 조사결과 보도자료, 2019. 2. 1. 1쪽.

반려동물이라고 부르느냐는 구별은 반려동물에 대한 관점과 인식의 차이에서 나온다고 볼 수 있다. 이렇게 용어를 바꾼다고 해서 반드시 동물을 대하는 태도가 달라지는 것은 아니지만, 동물에 대한 태도가 달라지면 자연히 동물에 대한 용어도 달라지는 것이다.[3]

우리나라에서는 2008년에 「동물보호법 시행령」 제정을 통하여 동 시행령 제3조(등록대상동물의 범위)에서 "가정에서 반려의 목적으로 기르는 개"라는 표현을 사용하였고, 2013년에 「동물보호법」 개정을 통하여 제9조의2(반려동물 배송방법의 제한) 조문의 제목으로 '반려동물'이라는 표현을 사용하였으며, 2020년 2월의 「동물보호법」 개정으로 제2조(정의)에 1의3을 신설하여 "반려동물"이란 반려(伴侶)목적으로 기르는 개, 고양이 등 농림축산식품부령으로 정하는 동물을 말한다고 규정하였다. 현재는 「동물보호법」 제2조(정의), 제12조(반려동물의 전달방법), 제30조 – 제33조(제3장 제3절 반려동물행동지도사), 제6장(반려동물 영업),에 '반려동물'이라는 표현을 사용하고 있다. 특히 지방자치단체의 조례에서는 법령에서 보다 '반려동물'이라는 용어를 더욱 많이 사용하고 있다.[4] 그러나 다수의 법령[5]과

3 이진우, 동물에게서 '인간다움'을 배운다, 철학과 현실, 134호, 2022, 4쪽.

4 예를 들어, 「강원특별자치도 반려동물 보호 및 학대방지 조례」, 「구미시 반려동물 보호 및 반려문화 조성에 관한 조례」, 「순천시 중증장애인 반려동물 진료비 지원 조례」, 「울산광역시 반려동물 문화센터 설치 및 운영조례」, 「충청남도 반려동물산업 육성 및 지원 조례」 등.

5 「수목원·정원의 조성 및 진흥에 관한 법률 시행령」 제8조의2(수목원에서의 금지행위) 8. 애완동물과 함께 입장하는 행위. 다만, 「장애인복지법」 제40조제3항에 따라 장애인이 장애인 보조견과 함께 입장하는 행위는 제외한다. 「국립수목원 관람에 관한 규정」 제11조(반입금지 물품) ① 1. 애완동물 등 허가받지 않은 동·식물(장애인복지법 제40조에 의한 장애인 보조견은 제외); 「국립 고궁박물관 관람 규정」 제6조(관람의 제한) 4. 애완동물을 동반한 자

조례[6]에서는 아직도 '애완동물'이라는 표현을 사용하고 있다. 같은 대상을 두고 법령에서 다른 용어를 사용하는 것은 바람직하지 않으며, 반려동물에 대한 인식의 변화를 법령에 반영할 필요가 있다. 법률용어의 통일이 필요하다.

2) 반려견 관련 각종 조사와 통계

어느 나라에서나 대표적인 반려동물은 개와 고양이이며, 우리나라 전체 2,092.7가구 중에서 반려동물을 키우는 가구는 312.8만 가구이다. 2020 인구총조사에 따르면 개와 고양이를 기르는 312.9만 가구 중에서 개를 단일로 기르는 가구는 226.9만 가구이고 고양이를 단일로 기르는 가구는 57.1만 가구이다.[7] 동일한 여론조사기관의 설문조사결과에 따르면, 좋아하는 반려동물은 2004년의 조사에서는 반려견이 47%이고 고양이가 2.2%였는데, 2024년의 조사에서는 반려견이 62%이고 고양이가 12%이다.[8] 우리나라는 반려동물로 개를 제일 선호하지만, 고양이를 기르는 가구가 점차 늘어나는 경향이다.

우리나라 사람들이 가장 좋아하는 견종은 몰티스(25.9%), 푸들(21.4%), 믹스견(20.3%), 포메라니안(10.3%), 진돗개(5.6%)이다.[9] 그리고 동물보호시

6 예를 들어, 「강릉시 어린이 놀이시설 안전관리 조례」 제4조(행위의 제한) ① 2. 개, 고양이, 닭 등 가축을 풀어놓거나 애완동물 통제 줄 미착용, 배설물 미수거 방치 행위; 「가평군 산장관광지 관리 운영 조례」 제10조(입장의 제한) 3. 애완동물을 동반한 사람. 다만, 시각장애인 보조견은 제외한다. 「고창군 도서관운영 조례」 제14조(입장의 제한) 4. 입장자에게 방해가 될 우려가 있는 물품을 소지 또는 애완동물을 동반한 자 다만, 시각장애인 안내견은 예외로 한다.

7 통계청, 2020인구주택총조사 보고서. 2021.

8 갤럽, 한국인이 좋아하는 50가지(문화편)(2004－2024), 2024. 5. 22. 공개.

스템에 등록된 자료에 따르면 서울시민들이 기르는 상위 5개 견종은 몰티스(19.8%), 푸들(14.1%), 막스견(13.3%), 포메라니안(9.4%), 시츄(5.8%)이다.[10] 반려견을 기른다면 어떤 종류를 가장 길러보고 싶은지에 대한 2024년의 조사에서는, 푸들(18%), 몰티즈(14%) 비숑프리제(7%), 진돗개(7%), 포메라니안(6%), 리트리버(3.8%), 치와와(3.3%), 요크셔테리어(1.6%), 미니어처슈나우저(1.2%), 시베리안허스키(1%), 시바이누(1%) 순으로 나타났다. 2004년에는 진돗개가 1순위에 있었는데, 2024년에는 푸들이 1순위를 차지하고 있다.[11] 대도시를 중심으로 하는 주거형태가 단독주택의 주거형태에서 아파트 등 공동주택의 주거형태로 변화하면서, 공동주택에서 기르기 좋은 소형견을 더욱 선호하고 있다고 평가할 수 있다.

한 여론조사기관의 조사에 따르면 '가족이라고 인식하는 범위'에 반려동물이 21.4%를 차지하고 있고, '어려운 일이 닥쳤을 때 가장 의지가 되는 사람'이 누군가를 물었더니 '사람이 아님에도' 반려동물이 가장 의지가 된다고 답한 사람도 있었다. 즉 '어려운 일이 닥쳤을 때 가장 의지가 되는 대상'이 반려동물·동료·성직자·기타라고 답한 비율이 합하여 1.5%였다.[12] 다른 조사에서는 반려동물 양육인에게 생활에 있어서 가장 기쁨을 주는 것을 질문하였는데, '반려동물'이라

9 황원경, 이신애, 2023한국반려동물 보고서 - 반려동물 맞이준비와 건강관리, KB경영연구소, 2023, 20쪽.

10 이다영, 박선미, 서울 펫 스마트 라이프 : 데이터로 본 반려동물과의 동행, 서울디지털재단, 2024, 8쪽.

11 갤럽, 한국인이 좋아하는 50가지(문화편)(2004－2024), 2024. 5. 22. 공개.

12 2017년 5월 18~21일에 엠브레인이 10~59세 남녀 1,000명을 대상으로 시행한 가족인식 설문조사. 배우자가 37.4%, 부모가 32.7%, 친구 10.0%, 자기자신 8.1%, 형제자매 5.5%, 애인 3.3%, 자녀 1.5%의 순서이다. 중앙일보, 2017. 6. 25.

고 하는 응답이 41.6%이고 다음으로 '가족'이라는 응답이 24.8%이고 그 다음으로는 '돈'이 9.9% '여행'이 9.4%였다.[13] 반려동물이 어린이의 정서에 도움이 되고 반려동물 매개치료가 주목을 받고 있으며, 반려동물을 양육하는 노인의 경우 우울증이 감소하고 생활에 활력을 준다고 하는 연구결과도 있다.

반려견의 수를 포함한 반려견 양육현황은 국민들의 '주민등록'처럼 정확하지 않기 때문에 반려견 현황을 정확히 집계한 통계는 볼 수 없다. 즉, 반려동물등록제에 따른 등록 반려견이 얼마나 되는지는 알 수 있지만, 등록되지 않은 개의 수가 얼마나 되는지는 정확히 집계될 수 없는 것이다. 다만, 관련 기관에 의하여 행해진 설문조사나 추산 등에 의하여 전체 반려견 현황을 추측해 볼 수는 있다.

농림축산검역본부에 따르면 2015년 기준으로 다섯 가구 중 한 가구(21.8%)가 반려동물을 기르고 있었다. 역시 2015년 기준으로 조사된 전국적인 반려동물 보유현황을 보면 한국갤럽은 19%[14] 엠브레인은 22.5%[15]라는 조사결과를 발표하였다. 이후 농림축산검역본부가 2020년 10월에 전국 17개 시도지역 만 20~64세 국민 5,000명을 대상으로 온라인 패널조사를 실시한 결과, 개와 고양이 등 반려동물을 기르는 가구의 비율은 27.7%이며, 전국적으로는 6,381,249가구에 해당하는 것으로 추정되었다.[16]

---

13 문화체육관광부/농촌진흥청, 2018년 반려동물에 대한 인식 및 양육현황 조사보고서, 2018, 28쪽.

14 한국갤럽, 반려동물과 동물에 대한 인식조사, 2015, 3쪽.

15 엠브레인, 반려동물 관련 인식조사, 2015, 3쪽.

그러나 반려동물 양육가구에 관한 통계는 농식품부 및 민간단체의 통계와 통계청의 통계 간에는 현저한 차이가 있다. 통계청이 2021년 9월에 발표한 '2020 인구주택총조사'의 표본 집계 결과에 따르면, 반려동물 양육가구는 312만 9천가구로 조사됐다. 이는 전체 가구수의 약 15%에 해당하는 수치인데, 기존의 농식품부나 민간 조사기관의 수치인 600만 가구와는 [그림 1]에서 보는 바와 같이 큰 차이가 있어서 기관별 통계의 신뢰성에 문제가 제기되기도 하였다.

그림 1 반려동물 양육가구의 통계별 비교[17]

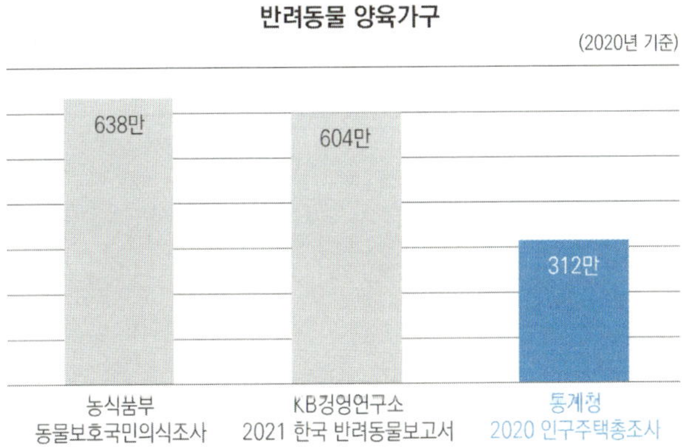

인구주택총조사에 반려동물 양육 여부가 반영된 것은 '2020 인구주택총조사'가 처음이다. 이처럼 통계청, 농림식품부는 물론이고 관련 협회 등 조사기관에 따라 반려동물 양육가구와 관련한 통계수치

16 농림축산식품부, 2020 동물보호에 대한 국민의식 조사 결과보고서, 2020. 12. 2쪽.

17 https://www.dailyvet.co.kr/news/policy/154016, dailyvet, 2021. 9. 27.

의 차이가 있다. 즉, 조사의 기관, 시기, 표본, 방법 등에 따라서 결과가 다른 것이다.

표 1 조사별 반려동물 양육가구비율의 비교[18]

구분	인구주택 총조사 (2020)	동물보호에 대한 국민의식 조사 (2020)	한국 반려동물 보고서 (2021)	반려동물 트렌드 리포트 (2020)	동물복지 정책 개선 방향에 대한 국민인식 조사 (2021)	반려동물 보유 현황 및 국민 인식 조사 보고서 (2018)
조사주체	통계청	농식품부	KB금융지주	오픈서베이	어웨어	한국펫사료 협회
조사대상	전체 가구의 20%	20~64세 남녀 5,000명	20세 이상 남녀 1,000명	20~59세 남녀 2,500명	20~69세 남녀 2,000명	19~59세 남녀 2,000명
조사방식	대면·비대면 병행	온라인 패널조사	온라인 패널조사	온라인 패널조사	온라인 패널조사	온라인 패널조사
반려동물 양육비율 (가구수)	15% (312.9만 가구)	27.7% (638.1만 가구)	29.7%	23.7%	23.9%	27.9%
개	11.6%	22.6%	23.9%	16.2%	16.0%	22.6%
고양이	3.4%	7.9%	7.6%	7.2%	6.9%	5.6%

농식품부는 매년 반려동물 국민의식조사에서 반려동물 양육가구를 조사해서 발표를 했는데, 연도별 반려동물 양육비율은 점차 증가하여 왔다.

18 박홍근 의원실, 현장에서 외면받는 통계청의 첫 반려동물 조사, 통계청 국정감사자료, 2021. 10, 1쪽.

그림 2 농림식품부가 조사한 연도별 반려동물 양육가구 비율[19]

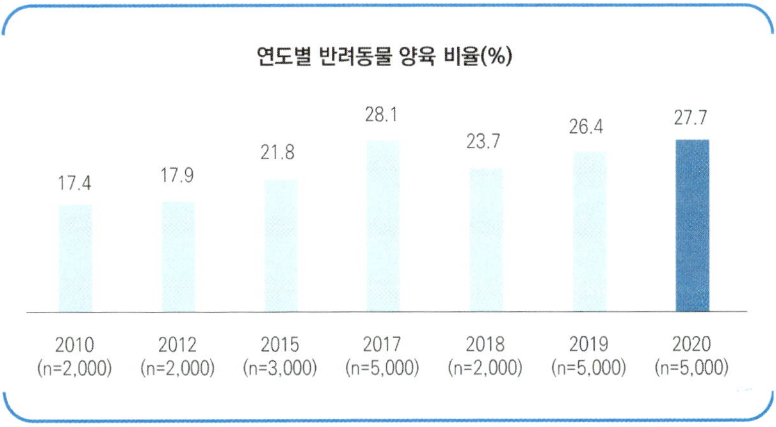

2020년 조사에서는 반려동물 양육률이 전체 응답자 5,000명 중에서 27.7%이며, 이를 전국 총 2,304만 가구 중 638만 가구에서 반려동물을 양육하는 것으로 추정된다고 발표하였다. 반려동물 인구 1,500만이라는 수치는 이와 같은 방식으로 추정되었던 것이다. 그러나 농식품부의 조사결과와 통계청의 조사결과[20]가 큰 차이가 발생하자, 농식품부의 2021년 반려동물 국민의식 조사에서는 반려동물 양육수 추정방식이 변경[21]되었다. 이러한 새로운 추정방식에 따르면, 2021

19 박홍근 의원실, 현장에서 외면받는 통계청의 첫 반려동물 조사, 통계청 국정감사자료, 2021. 10, 1쪽.

20 통계청이 시행한 반려동물 관련 첫 조사인 2020년 '인구주택총조사'의 반려가구 조사문항은 "현재 반려(애완)동물을 키우고 있습니까?"라는 단일문항이었다. 따라서 "반려동물 관련 통계청 최초 승인통계에 대한 기대가 컸으나 현장과의 온도차로 신뢰를 잃고, 부실한 문항으로 관련 산업육성, 동물보호 및 동물복지 정책 수립의 기초자료로도 활용도가 떨어져 큰 아쉬움이 남는다"는 비판이 있다. 박홍근 의원실, 현장에서 외면받는 통계청의 첫 반려동물 조사, 통계청 국정감사자료, 2021. 10, 5쪽.

21 2020년까지의 반려동물 양육수 추정방식은 우리나라 전체 가구수에 반려동물 양육비율(조사결과)과 평균 마리수를 이용하여 추정하였는데, 2021년부터는 지역별 가

년 10월 기준 반려견은 5,178,614마리(양육비율 18.6%)이고 반려묘는 2,254,321마리(양육비율 6.6%)로 추정된다. 즉, 총 2,338만 가구수 대비 반려견 양육가구의 비율은 18.6%이고 반려묘 양육가구의 비율은 6.6%로 추정되는 것이다.

그렇다면 앞으로 반려동물의 어느 정도 늘어날까 하는 의문이 제기될 수 있다. 농협경제연구소의 조사에 따르면, 2027년에는 우리나라의 반려동물이 총 1,320만 마리가 될 것이라고 예측한 바 있다.[22] 지금은 반려동물을 기르고 있지 않지만, 향후 양육의사가 있다고 답한 비율이 24.7%이고, 향후 양육의향이 있는 반려동물 종류로는 반려견이 82.6%이고 반려묘가 28.4%, 물고기가 3.7%이다.[23]

3) 등록된 반려견의 숫자

반려동물의 추정수치와는 달리 등록 반려견의 숫자는 실제 신고된 것이기 때문에 정확하다. 즉, 2014년부터 의무화된 반려동물등록제에 따라 등록된 반려견 숫자를 통해서 공식적으로 집계된 등록 반려견의 규모를 알 수 있다.

구수 비율을 가중치로 반영하여 반려동물 양육비율과 평균 양육마리수를 재산출하여 반려동물 양육수를 추정하고 있다. 농림축산식품부, 2020 동물보호에 대한 국민의식 조사 결과보고서, 2021. 11, 207쪽. (이러한 추정방식의 변화는 크게 중요하지 않을지도 모르지만, 추정되는 반려동물의 수가 줄어드는 결과를 가져오는 등의 혼란이 있을 수 있어서 간단히 설명을 하였음)

22 지인배 등, 반려동물 연관산업 발전방안, 한국농촌경제연구원, 2017, v쪽.

23 문화체육관광부/농촌진흥청, 2018년 반려동물에 대한 인식 및 양육현황 조사보고서, 2018, 15쪽.

그림 3 연도별 등록반려견의 증가

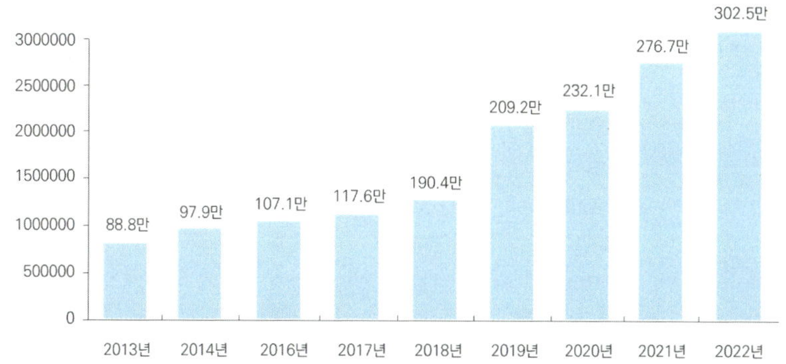

우리나라의 반려견은 2022년 말에는 누적 302만 마리(3,025,859마리)가 등록되었으며, 등록 반려견의 지역별 누계를 보면 경기도 30.0%>서울시 14.5%>인천시 6.8%>경남 6.2% 순으로 많다. 이는 등록된 반려견을 집계한 것이고 전술한 바와 같이 등록되지 않는 반려견을 포함하면 그 수가 500만 마리 이상으로 추산되고 있는데, 앞에서 언급한 바와 같이 그 수치는 기관마다 다르다.

4) 반려견 관련 직업

반려동물과 관련된 영업 분야는 매우 다양한데, 법률에 규정된 반려동물 관련 영업은 8개 업종이다. 이들 업종에 종사하는 사람은 총 26,093명 정도이고 영업장은 총 22,076개소인 것으로 조사되었다. 8개 업종별 종사자를 비교해 보자면, 동물미용업이 37.4%, 동물위탁관리업이 23%, 동물판매업이 18.7%의 순으로 많다.

표 2 반려동물 관련 영업 현황[24] (판매업 · 수입업 · 장묘업은 23년 4월부터 등록제에서 허가제)

구분	업종	개소수	비율	종사자(명)	비율
허가제	동물생산업	2,086	9.4	2,744	10.5
	동물판매업	3,944	17.9	4,868	18.7
	동물수입업	125	0.6	177	0.7
	동물장묘업	68	0.3	256	1.0
등록제	동물미용업	8,868	40.2	9,767	37.4
	동물운송업	1,313	5.9	1,468	5.6
	동물전시업	638	2.9	822	3.2
	동물위탁관리업	5,034	22.8	5,991	23.0
합계		22,076	100	26,093	100.1

2021년 대비 2022년에는 반려동물 관련 영업장은 전체적으로 6.7% 증가하였는데, 동물생산업, 장묘업, 수입업, 미용업, 운송업, 위탁관리업은 증가하였고 동물판매업과 전시업은 감소하였다. 그리고 2021년 대비 2022년에는 반려동물 관련 종사자는 총 4.9% 증가하였으며, 이렇게 반려동물과 관련된 직업을 가지고 있는 사람의 수는 지속적으로 증가하는 경향을 보이고 있다.

표 3 반려동물 관련 영업장과 종사자의 최근 증가 추이[25]

	2018년	2019년	2020년	2021년	2022년
영업장 (개소)	13,491	17,155	19,285	20,685	22,076
종사자 (명)	16,609	22,555	24,691	24,863	26,093

24 농림축산식품부, 2022년 반려동물 보호·복지실태 조사결과 보도자료, 2023. 8. 13, 6쪽.

25 농림축산식품부, 2020년 반려동물 보호·복지실태 조사결과 보도자료, 2021; 농림축산식품부, 2022년 반려동물 보호·복지실태 조사결과 보도자료, 2023을 참조하여 작성,

2019년에 「수의사법」이 개정되고 이후 2021년에 「수의사법 시행규칙」에 동물보건사 자격시험과목과 양성기관의 평가인증 등에 관한 구체적인 규정이 마련됨으로써, 동물의 간호와 진료보조 등의 업무[26]를 담당하는 동물보건사 제도가 도입되었다. 동물병원에서 동물의 간호 또는 진료 보조 업무를 담당하는 동물보건사 자격을 취득하기 위해서는 동물보건사 양성기관으로 인증을 받은 학교[27]를 졸업하거나 이와 동등한 자격[28]이나 특례[29]를 인정받고 동물보건사 자격시

26 「수의사법 시행규칙」 제14조의7(동물보건사의 업무 범위와 한계) 법 제16조의5 제1항에 따른 동물보건사의 동물의 간호 또는 진료 보조 업무의 구체적인 범위와 한계는 다음 각 호와 같다.
1. 동물의 간호 업무: 동물에 대한 관찰, 체온·심박수 등 기초 검진 자료의 수집, 간호판단 및 요양을 위한 간호
2. 동물의 진료 보조 업무: 약물 도포, 경구 투여, 마취·수술의 보조 등 수의사의 지도 아래 수행하는 진료의 보조 [본조신설 2021. 9. 8.]

27 동물보건사 양성기관 평가인증 교육기관 : 연성대학교(반려동물과), 전주기전대학(동물보건과), 공주대학교(특수동물학과), 대전과학기술대학교(반려동물학과), 서정대학교(동물보건과), 수성대학교(반려동물보건과), 우송정보대학(동물보건과), 연암대학교(동물보호계열 동물보건학과), 경인여자대학교(반려동물보건학과), 계명문화대학교(반려동물보건과), 동원대학교(동물보건과), 대구보건대학교(반려동물보건관리학과), 영진전문대학교(동물보건과) (2024년 4월 현재, 총 13개 대학교 인증유효).

28 ① 고등학교 졸업자 또는 고등학교 졸업학력 인정자로서 평생교육기관에서 동물간호에 관한 교육과정을 이수한 후 동물간호업무에 1년 이상 종사한 사람 ② 농림축산식품부장관이 인정하는 외국의 동물간호 관련 면허나 자격을 가진 사람(「수의사법」 제16조의2(동물보건사의 자격) 제2호 및 제3호).

29 「수의사법」 부칙(2019. 8. 27) 제2조(동물보건사 자격시험 응시에 관한 특례) 부칙 제1조 단서에 따른 제16조의2의 개정규정 시행 당시 다음 각 호의 어느 하나에 해당하는 사람이 제16조의4 제1항의 개정규정에 따라 평가인증을 받은 양성기관에서 농림축산식품부령으로 정하는 실습교육을 이수하는 경우에는 제16조의2의 개정규정에도 불구하고 동물보건사 자격시험에 응시할 수 있다.
1. 「고등교육법」 제2조 제4호에 따른 전문대학 또는 이와 같은 수준 이상의 학교에서 동물 간호에 관한 교육과정을 이수하고 졸업한 사람
2. 「고등교육법」 제2조 제4호에 따른 전문대학 또는 이와 같은 수준 이상의 학교를 졸업(이와 동등 수준 이상의 학력이 있다고 인정되는 것을 포함한다) 한 후 동물병원에서 동물 간호 관련 업무에 1년 이상 종사한 사람(「근로기준법」에 따른 근로계약 또는 「국민연금법」에 따른 국민연금 사업장가입자

험에 합격하여야 한다. 2022년부터 시행되고 있는 동물보건사의 시험과목 등은 다음과 같다.

표 4 동물보건사 시험과목

시험과목	시험교과목	문제수	시간
기초동물보건학	동물해부생리학, 동물질병학, 동물공중보건학, 반려동물학, 동물보건영양학, 동물보건행동학	60	120분
예방동물보건학	동물보건응급간호학, 동물병원실무, 의약품관리학, 동물보건영상학	60	
임상동물보건학	동물보건내과학, 동물보건외과학, 동물보건임상병리학	60	80분
동물보건·윤리 및 복지관련 법규	수의사법, 동물보호법	20	

2022년과 2023년의 제1회, 제2회 시험에 이어 2024년 2월 25일에 제3회 시험이 시행되었다. 제2회 동물보건사 자격시험에는 1,030명이 응시하여 727명이 합격(합격율 70.6%)하였다.

	접수자	응시자	시험합격자	최종합격자	최종합격율
1회(22)	3170	2907	2544	2311	79.5%
2회(23)	1155	1030	727	645	62.6%
3회(24)	831	724	428	396	54.7%

2024년에는 반려동물에 대한 훈련과 반려동물 소유자 등에 대한 교육 등을 담당하는 반려동물행동지도사 제1회 자격시험이 시행된다.

자격취득을 통하여 업무 종사 사실을 증명할 수 있는 사람에 한정한다)

3. 고등학교 졸업학력 인정자 중 동물병원에서 동물 간호 관련 업무에 3년 이상 종사한 사람(「근로기준법」에 따른 근로계약 또는 「국민연금법」에 따른 국민연금 사업장가입자 자격취득을 통하여 업무 종사 사실을 증명할 수 있는 사람에 한정한다).

✔ **2024년 4월 27일부터 시행되는 「동물보호법」(2022년 4월 26일 개정)**

★ 반려동물행동지도사 제도 도입(제30조~제33조): 반려동물에 대한 행동분석 및 평가, 반려동물에 대한 훈련, 반려동물 소유자 등에 대한 교육 등의 업무를 담당하는 반려동물행동지도사 자격시험 제도가 도입됨.

반려동물행동지도사는 1급[30]과 2급으로 구분되는데, 제1회 시험에서는 2급만 실시된다. 2급 응시자격은 18세 이상이어야 하며, 1차 시험 접수마감일인 7월 12일 기준 18세 이상이어야 한다. (2024년 시험의 경우에는 2006년 7월 12일 출생자까지) 시험은 1차 필기시험과 2차 실기시험이 있는데, 1차 필기시험은 2024년 8월 24일에 시행되고 2차 실기시험은 2024년 10월에서 11월 사이에 시행이 예정되어 있다. 시험구분에 따른 시험과목은 다음과 같다.

표 5 반려동물행동지도사 시험과목

	시험구분 및 합격기준	시험과목	시험시간
2급	1차 필기시험 (전과목 평균 60점 이상, 각 과목 40점 이상)	◦ 총 5개 과목(100문항), 객관식(4지 선택형) * (배점) 문항당 5점, (만점) 각 과목 100점 ① 반려동물 행동학(20문항) ② 반려동물 관리학(20문항) ③ 반려동물 훈련학(20문항) ④ 직업윤리 및 법률(20문항) ⑤ 보호자 교육 및 상담(20문항)	120분

30 1급의 응시자격은 다음 중 하나에 해당하여야 한다. ① 2급 반려동물행동지도사 자격을 취득한 후 반려동물 관련 분야 3년 이상 실무경력이 있는 사람 ② 반려동물 관련 분야 10년 이상 실무경력(18세 미만의 경력을 포함한다)이 있는 18세 이상인 사람

	2차 실기시험 (60점 이상) (1차시험 합격자는 2년간 1차 시험 면제)	◦ 작업형 총 1개 과목(10개 항목) * (배점) 평가항목별 상이, (만점) 100점 ① 반려동물 기본 지도능력 1) 견줄 하고 동행하기(상보 · 속보 · 완보) 2) 동행중 앉기 3) 동행중 엎드리기 4) 동행중 서기 5) 부르기(와) 6) 가져오기 * 덤벨, 장난감, 공, 인형 등 개인 지참이 가능하나, 지참물건에 먹이 · 간식 등을 넣어 평가의 공정성을 해하는 경우 부정행위로 간주 * 미지참 시 시험장에 비치된 공용 '물건' 사용 7) 악수하기 8) 짖기 9) 지정장소로 보내기(하우스) * 킨넬 등 개인 지침이 가능하나, 지참물건에 먹이 · 간식 등을 넣어 평가의 공정성을 해하는 경우 부정행위로 간주 * 미지참 시 시험장에 비치된 공용 '상판' 사용 10) 기다리기(대기) * 견줄 없이 3분 기다리기	15분

최근에는 반려동물의 식품과 간식, 생활용품 등에 관해 상담하고 추천해주는 'pet consultant'나 반려동물이 살기좋은 주거환경 등을 설계하는 'pet coordinator', 반려동물과의 소통을 교육하고 상담하는 'animal cormmunicator' 등이 우리나라에서도 등장하고 있다. 외국에서 활동하는 이러한 전문가들을 우리나라에서 인정되는 직업이라고는 할 수 없지만, 반려동물의 개체수가 점차 늘어나는 현상과 맞물려 반려동물과 관련한 전문가가 등장하고 있는 것이라고 볼 수 있을 것이다.

5) 반려견 관련 산업

반려동물이 증가하면서 이와 관련한 물품이나 용역의 수요와 거래가 증가하고 있기 때문에, 반려동물 관련 산업과 시장의 규모도 날로 증가하고 있다. 반려동물 시장규모는 매년 크게 성장하고 있는데, 2012년 9,000억원에서 2015년 1조 8,100억원까지 증가한 것으로 나타났다.[31] 2022년에는 4조 1,739억원으로 증가하고, 2027년에는 6조 55억원 규모로 크게 성장하고 2032년에는 7조원 규모에 도달한 후에 서서히 시장포화점인 7조 6천억원에 근접할 것으로 전망되었다.[32] 그러나 반려동물 시장규모는 과거에 예측한 것 보다 더욱 빠르게 성장하고 있다. 2023년에 발표된 정부의 최신자료에 따르면, 반려동물 연관산업의 시장규모는 2022년에는 이미 8조에 이르렀고 2027년에는 15조원, 2032년에는 19조원 이상의 규모로 성장한다는 것이다.[33]

2017년에 발표된 국세청의 '100대 생활업종현황'에 따르면, 직전3년간 사업자 수가 많이 늘어난 업종은 1위 스포츠시설운영업(140.3%↑) 2위 펜션·게스트하우스(89.1%↑)에 이어 3위는 애완용품점(80.2%↑)이다. 또한 동물병원(13.8%↑)도 증가하고 있는데, 13개 종류의 병·의원 중에서 동물병원은 신경정신과의원(17.2%↑)에 이어 두 번째로 많이 증가하였다. 이러한 현상에 대하여 "우리 사회에 혼자 사는 1인 가구가 증

31 서유리, 반려동물 천만 시대 펫팸족의 마음을 잡아라, 여성소비자신문, 2017. 7. 21.

32 지인배/김현중/김원태/서강철, 반려동물 연관산업 발전방안 연구, 한국농촌경제연구원, 2017. 10, 78~79쪽.

33 정부 관계부처 합동, 반려동물 연관산업 육성대책, 2023. 8. 9, 1쪽.

가하면서 가족 대신 키우는 애완동물에 대한 높은 관심이 통계로 나타"나고 있다는 분석을 하고 있다.[34]

2018년만 하더라도 반려동물 양육인을 대상으로 월 평균 지출하는 반려동물양육비는 5만원 이하 라는 응답이 29.8%이고 5만원 초과 10만원 이하 라는 응답이 24.8%으로, 반려인들은 반려동물 양육비로 평균 14.5만원을 지출[35]한 것으로 나타났다. 비슷한 시기의 다른 조사에서는, 반려동물을 기르는데 소요되는 비용(사료비, 미용, 동물병원 진료비 등)은 월 평균 10만원 미만을 지출한다는 응답이 66.5%로 대부분을 차지했으며, 반려견은 월 9만6천원, 반려묘는 월 6만7천원을 지출하고 있으며, 반려동물 전체 월 평균 지출은 8만6천원으로 나타났다.[36] 이후 2022년의 조사에서는 반려동물 월평균 양육비(병원비 포함)는 약 15만원이며, 이는 2021년 조사 대비 약 3만원 증가(2021년 조사에서는 월평균 양육비가 약 12만원)한 것으로 나타났다.[37] 앞으로 반려동물 양육비는 관련 물품과 서비스의 고급화와 전문화로 인하여 지속적으로 인상될 것으로 예상되고 있다.

중국의 2016년 반려동물산업 시장규모는 GDP의 0.16%수준이고 우리나라의 2015년 반려동물산업 시장규모는 GDP의 0.11%수준이

34 국세통계로 보는 100대 생활업종 현황－최근 3년 동안의 업종 트렌드(유행) 분석－, 국세청, 2017. 11. 29, 1쪽 이하.

35 문화체육관광부/농촌진흥청, 2018년 반려동물에 대한 인식 및 양육현황 조사보고서, 2018, 12쪽.

36 농림축산식품부, 2018년 동물보호에 대한 국민의식 조사결과 보도자료, 2019. 2. 1. 3쪽.

37 농림축산식품부, 2022년 동물보호에 대한 국민의식 조사결과 보도자료, 2023. 2. 2. 2쪽.

다.[38] 반려동물을 위한 지출은 꾸준히 증가하고 있다. 한국은 물론 미국, 일본, 중국에서 공통적으로 가구당 소비 지출이 감소하는 와중에 반려동물 관련 지출은 매년 증가하고 있다. 미국 반려동물 소유통계(U.S. Pet Ownership Statistics)에 따르면, 2011년을 기준으로 미국에는 8,600만 반려묘와 7,800만 반려견이 있다.[39] 미국 반려동물산업협회(American Pet Product Association, APPA)의 집계에 따르면, 2017년 반려동물 보유 가구는 전체 미국 가구의 68%(8,460만 가구)에 달한다. 미국의 반려동물 관련 사업매출은 2016년 628억 달러(약 66조 7,500억원)에서 2017년 639억 달러(약 68조원)로 증가했다. 일본 반려동물 시장도 2017년에 전년대비 1.0% 성장한 5692억 엔(약 5조 5,000억원)이었으며, 중국 반려동물 시장은 2016년 1,220억 위안(약 20조원)에서 2017년 1,500위안(약 24조 7,000억원)으로 나타난다.[40] 시점과 기관에 따라 통계에는 다소 차이가 있지만, 반려동물을 키우는 인구는 증가하고 있고 관련 산업은 확대되어 가고 있음을 알 수 있다.

2023년에 정부는 반려동물 연관산업 육성방안을 마련했는데, 반려동물 관련 4대 주력신업을 펫푸드, 펫헬쓰케어, 펫서비스, 펫테크로 선정하여 정부부처의 종합대책을 마련한 바 있다. 펫푸드와 관련해서는 가축용사료와 구분되는 별도의 펫푸드 분류체계를 마련하고 동물식품 표시기준을 개선한다는 것이고, 펫헬쓰케어와 관련해서는

38 김세중, 중국 반려동물보험 현황과 시사점, 보험연구원, 2017. 9. 18, 18쪽.

39 Emily Franklin, How to give the dog a home: Using Mediation to solve companion animal costody disputes, 12 Pepperdine Dispute Resolution Law Journal, Issue 2, 2012, p. 351.

40 http://www.news2day.co.kr/97533; 강이슬, 3조 반려동물 시장' 진출 확대 … 2020년 6조 규모 전망, 뉴스투데이, 2018. 1. 11.

진료비 부담을 완화하고 펫보험을 활성화한다는 것이다. 펫서비스와 관련해서는 동물보건사와 반려동물행동지도사를 포함한 전문인력 확충 및 반려동물 친화관광을 위한 환경을 조성하고 동물장묘시설의 규제를 완화하며, 펫테크와 관련해서는 반려동물 관련 스타트업을 육성하고 반려동물 관련 데이터를 공유하는 등으로 펫테크 시장의 규모를 확장한다는 것이다.[41]

이렇듯 반려견 관련 산업의 확대는 어떠한 자료를 보더라도 확인할 수 있다. 그리고 굳이 자료를 통해 확인하지 않더라도 동물병원이 많아지고 동물약품을 파는 약국도 늘어나고 있으며, 반려견 호텔과 반려견을 맡기고 사람을 만나거나 일을 볼 수 있는 주간 보호소(Day care center)도 드물지 않게 볼 수 있다. 우리나라에서 반려견 돌보미(펫시터)가 늘어나고 있으며, 미국 등에서도 반려견 돌보미를 중개하는 도그베케이(Dog Vacay)가 새로운 업종으로 떠오르고 있다.[42] 반려동물 전용드라이어도 시장에 출시되고 반려견과 함께 머물 수 있는 리조트 광고도 접할 수 있고 반려견 전문사진관도 등장하였다. 근래에는 '동물 재활공학사'라는 새로운 직종이 소개되기도 한다.[43] 그리고 반려견 유치원, 반려견 학교, 반겨견 카페, 반려견을 위한 미용실과 스파, 반려견 장례사, 펫택시 등의 업종이 호황을 누리거나 새로이 생

41 정부 관계부처 합동, 반려동물 연관산업 육성대책, 2023. 8. 9, 8쪽 이하.

42 남대일 외, 성공하는 스타트업을 위한 101가지 비즈니스모델 이야기, 개정판, 한스미디어, 2018, 181쪽.

43 선천적으로 장애를 갖고 태어나거나 교통사고·수술후 휴유증 등으로 움직임이 불편한 반려동물을 위해 재활용 휠체어나 의족 등 맞춤형 보조기를 제작하는 김정현 펫츠오앤피 대표에 관한 기사. 다친 동물 6,000마리에 새 생명 불어준 남자, 조선일보, 2018. 10. 4.

겨나고 있다.[44] 반려견 전용피자가 개발되기도 하고, 햄버거를 시키는 사람이 원하면 반려견 간식을 덤으로 주기도 한다. 이외에도 노인가구와 반려견이 동거하기 편리한 주택에 관한 연구[45]가 진행되기도 하고, 반려견을 위한 가구 디자인이 연구[46]되기도 하며, 반려견과 관련한 다양한 애프리케이션이 개발되고 있다. 앞에서 설명한 펫휴머니제이션(Pet-humanization), 즉 반려동물을 친구나 가족과 같이 사람처럼 대하고 반려동물의 삶의 질을 높이는 제품이나 서비스 관련 산업이 급속히 성장하고 있다. 근래에는 특히 의류와 액세서리, 생일과 기념일 파티, 여행과 레저, 반려동물에 특화된 의료와 장례 등이 고급화되고 있다.

또한 반려동물을 가족처럼 여긴다는 의미에서 펫(pet)과 가족(family)의 합성어인 펫팸(petfam)이라는 신조어가 등장하는가 하면, TV채널에 Dog TV가 생겨났고, 반려동물이 등장하는 동영상이 늘어나면서 반려동물의 펫(pet)과 유튜브(youtube)의 합성어인 펫튜브(pettube)라는 반려견 전문 채널도 인터넷에서 운영되고 있다. 또한 문학계에서도 반려동물을 포함한 동물을 소재로 한 작품이 늘어나고 있고 특히 동물의 권리에 주목하고 있는데, 최근 몇 년 사이에는 '동물존중문학'이 새로운 경향으로 자리를 잡아 가고 있다.[47]

---

44 장은혜, 사회통합관점에서의 동물정책의 법적 쟁점과 전망, 한국법제연구원, 2018, 29쪽.

45 장은정/문정민, 1인 노인가구와 반려견의 공생을 위한 주택사례 연구, 한국과학예술포럼, 36호, 2018, 323쪽 이하.

46 진경희/정복상, 반려견을 위한 유니트 가구 디자인 개발, 조형디자인연구, 제18권 제3호, 2015, 29쪽 이하.

47 '동물의 권리'에 주목하는 한국 문학계. 조선일보, 2018. 10. 4.

6) 반려견 관련 갈등과 분쟁

이러한 경향과 통계를 볼 때, 반려동물의 수와 사육가구 및 시장 규모 등이 국내에서뿐만 아니라 세계적으로도 계속 증가하여 왔고 향후에도 계속 증가할 것으로 예상할 수 있다. 반려동물, 특히 반려견을 기르는 가구가 증가함에 따라 반려견과 관련한 소비자불만과 소비자분쟁[48]이 늘어나고 있고, 이웃간의 갈등도 발생하고 있다. 그리고 반려동물의 고복지와 사회적 약자의 저복지는 사람들에게 상대적 박탈감을 초래하기도 한다.

나아가서 반려견으로 인한 여러 가지의 법적 문제와 법적 분쟁도 증가하고 있다. 반려견과 관련된 법령이 늘어나고 있고, 반려견과 관련된 소송 또한 점차 늘어나고 있다. 사람이 동물에 의해 피해를 당하는 경우[49]는 물론이고 동물이 학대나 사고를 당하는 경우의 법적 분쟁이 있으며, 이혼시 기르던 개의 양육권 분쟁 등의 법적 분쟁도 발생할 가능성이 있다.

2024년 1월 9일에 국회를 통과한 「개의 식용 목적의 사육·도살 및 유통 등 종식에 관한 특별법」(개식용종식법)이 2024년 2월에 공포됨으로 개고기 식용에 관한 법적 논쟁은 일단락되었다. 그러나 강아지공장

48 옷이나 장남감 등 단순한 반려견용품이나 사료를 중심으로 하는 반려동물 관련 제품시장이 의료나 반려동물호텔, 반려동물 미용 등의 서비스업으로 확대되어 왔으며 소비자 분쟁도 다양하게 전개되고 있다. 한국소비자원에도 이와 관련한 사건이 계속 증가하고 있다.

49 동물이 사람에게 피해를 주거나 다른 동물에게 피해를 주는 경우에 동물소유자나 점유자의 손해배상책임의 문제도 앞으로 많은 연구가 필요한 분야이다. 남기연, 동물점유자의 민사책임에 관한 연구, 스포츠엔터테인먼트와 법, 제19권 제1호, 2016, 140쪽.

근절의 문제나 다양한 동물학대 행위에 관한 문제제기, 갈등과 분쟁은 지속되고 있다. 동물보호에서 동물복지로 나아가야 하고 더 나아가서는 동물권 보장을 추구해야 한다는 주장도 있지만, 이러한 움직임에 대하여 '동물은 동물일 뿐'이라고 하는 불만과 저항도 있다.

그러나 헌법에 동물보호규정을 신설하고 민법 개정을 통하여 동물의 법적 지위를 개선하여야 한다는 의견이 점차 많은 비중을 차지하고 있으며, 동물보호나 동물복지또는 동물권익의 보장과 향상을 위해 동물관련 법령을 개선해야 한다는 의견도 점차 많아지고 있다.

2. 반려견의 법적 지위

1) 반려견은 단순히 '물건'인가?

반려견의 법적 지위는 현행 법규에서 '개'를 어떻게 규정하고 해석하느냐에 의하여 결정된다. 우리나라에서는 1991년에 「동물보호법」을 제정하여 동물에 대한 학대행위 등을 금지하고 있지만, 반려견을 포함하여 동물의 법적 지위는 민법상 '물건'에 머무르고 있다. 즉, 생명이 있는 반려견이라고 하더라도 동물은 '물건'에 해당한다.[50]

50 "동물에 대하여 인간이 말하는 것과 실제로 동물을 대하는 것 사이에 존재하는 심각한 불일치는 인간이 동물의 지위를 재산으로 간주하기 때문에 발생한다. 동물은 인간의 소유물로서 재산의 소유주인 인간이 동물에게 부과하는 선택 이상의 어떠한 가치도 가지고 있지 못한 단순한 소모품인 것이다. 재산으로서의 동물의 지위는 재산 소유주의 이익을 넘어설 수 없기 때문에 인도적 대우 원칙이나 동물복지법에서

「민법」에 따르면 모든 생물은 사람과 물건으로 구분되고, 사람이 아니라면 생명이 있건 없건 불문하고 물건으로 구분된다. 즉, 반려동물은 사람이 아니기 때문에 법률상으로는 "유체물 및 전기 기타 관리할 수 있는 자연력"으로 정의되는 '물건'에 해당한다. 비행기에서도 반려견은 승객이 아닌 화물로 분류되고, 입국심사에서도 반려견에게는 여권이나 비자가 필요하지 않은 것이다.

물건과 구분되는 '사람'은 권리와 의무의 주체가 될 수 있다. 사람의 경우에도 원칙적으로 생존한 동안에만 권리와 의무의 주체가 될 수 있다. 반대로, 물건은 권리와 의무의 주체가 될 수 없기 때문에, 예를 들어 개는 상속을 받을 수 없는 것이다. 따라서 개가 상속재산을 통해 주어지는 혜택을 누릴 수는 있어도, 상속권이 보장되는 권리의 주체는 될 수 없는 것이다.

어떤 사람이 애완견을 동물사랑실천협회에 위탁하였는데 협회는 위탁받은 애완견 2마리를 유기견으로 오인하여 안락사시켰다. 이에 애완견의 주인은 손해배상을 청구하였는데, 위자료를 포함한 애완견 주인의 손해배상은 인정하였지만 애완견 자체의 손해배상은 인정하지 않았다.

요구하는 어떠한 균형도 완전히 의미가 없는 것으로 전락한다." 김진석, 동물의 권리와 복지, 건국대학교 출판부, 2005, 194쪽.

✔ **대법원 판례(대법원 2013. 4. 25. 선고 2012다118594 판결[손해배상(기)])**

동물의 생명보호, 안전 보장 및 복지 증진을 꾀하고 동물의 생명 존중 등 국민의 정서를 함양하는 데에 이바지함을 목적으로 한 동물보호법의 입법 취지나 그 규정 내용 등을 고려하더라도, 민법이나 그 밖의 법률에 동물에 대하여 권리능력을 인정하는 규정이 없고 이를 인정하는 관습법도 존재하지 아니하므로, 동물 자체가 위자료 청구권의 귀속주체가 된다고 할 수 없다. 그리고 이는 그 동물이 애완견 등 이른바 반려동물이라고 하더라도 달리 볼 수 없다. – 원심 서울중앙지법 2012. 11. 23. 선고 2012나27611 판결

후술하는 바와 같이 동물학대는 주인에 의하여 행하여지는 경우가 많은데, 이는 '내 물건이니 내 마음대로 해도 된다'는 생각과 주인에 의한 잔인한 동물학대를 실효적으로 제재하는 법제도가 없다는 점이 원인이다. 따라서, "소유권에 의한 동물학대행위(권리남용적 처분행위)를 제한"하기 위해서는 "동물을 단순한 물건으로 취급하지 못하게 하는 일정한 규정"[51]을 만들 필요가 있는 것이고, 이러한 입법작업의 가장 중요한 것이 다음에 이야기하는 「민법」 제98조의 물건의 개념 정의를 바꾸는 개정작업이다.

사람과 반려동물과의 관계는 가족법의 규율사항이 아니고, 재산법의 규율사항으로 다루어지고 있다. 반려견은 법적으로 따지자면 가족이 아닌 재산인 것이다. 현재 국내법상으로 동물에 대한 정의는

51 박만평, 우리나라 동물학대의 대응 및 한계 그리고 개선방안, 전북대학교 법학연구소 법학연구, 제54집, 2017, 82쪽.

「동물보호법」[52]이나 「수의사법」[53]과 같은 개별법에 마련되어 있는데, 각 개별법의 목적이나 취지에 따라 '동물'에 관한 정의가 상이하며, 그 법적 지위도 각각 다르다.

동물의 법적 지위는 크게 ① 사람이 소유하는 특수한 물건으로서의 지위, ② 생명체라는 관념에서 동물복지의 대상으로서의 지위, ③ 애호의 대상으로서의 지위, ④ 권리주체로서의 지위와 같이 네 가지로 분류되고 있다.[54] 첫째, 현행 「민법」에서, 동물을 포함한 물건은 권리의 객체에 해당한다. 1970년대 이후 본격화된 동물권 운동과 동물권 논쟁의 영향으로 오스트리아, 독일, 스위스 등에서 동물은 물건이 아니라는 규정을 두었다. 둘째, 동물은 물건과 달리 생명이 있으므로 특별히 보호되어야 하고 복지의 대상이 되어야 한다는 인식이 확산되었으며, 우리나라도 1991년에 그와 같은 정신을 담은 「동물보호법」을 제정하였다. 셋째, 동물은 보호해야 하는 복지의 대상인 동시에 사람들로부터 사랑받는 대상이 되어, 물건이나 단순한

52 「동물보호법」 제2조(정의) 1. "동물"이란 고통을 느낄 수 있는 신경체계가 발달한 척추동물로서 다음 각 목의 어느 하나에 해당하는 동물을 말한다. 가. 포유류 나. 조류 다. 파충류·양서류·어류 중 농림축산식품부장관이 관계 중앙행정기관의 장과의 협의를 거쳐 대통령령으로 정하는 동물; 「동물보호법 시행령」 제2조 (동물의 범위) 「동물보호법」 제2조 제1호 다목에서 "대통령령으로 정하는 동물"이란 파충류, 양서류 및 어류를 말한다. 다만, 식용(食用)을 목적으로 하는 것은 제외한다.

53 「수의사법」 제2조(정의) 2. "동물"이란 소, 말, 돼지, 양, 개, 토끼, 고양이, 조류(鳥類), 꿀벌, 수생동물(水生動物), 그 밖에 대통령령으로 정하는 동물을 말한다.; 「수의사법 시행령」 제2조(정의) 「수의사법」 제2조 제2호에서 "대통령령으로 정하는 동물"이란 다음 각 호의 동물을 말한다. 1. 노새·당나귀 2. 친칠라·밍크·사슴·메추리·꿩·비둘기 3. 시험용 동물 4. 그 밖에 제1호부터 제3호까지에서 규정하지 아니한 동물로서 포유류·조류·파충류 및 양서류

54 이하 홍진희·김판기, 「동물 관련 법제의 체계화를 위한 시론적 고찰」, 『법학연구』 제52호, 2017. 5, pp. 141~145 정리.

경제적 이익을 목적으로 사육되는 동물과는 달리 취급되고 있으나, 아직 법적 근거는 미비하다. 넷째, 「민법」에서 동물은 권리의 주체가 아니나, 동물이 피해를 입은 경우 동물 소유자가 아닌 동물 자신이 손해배상을 청구할 수 있는지에 대한 의문이 제기되면서 동물의 권리주체성이 논의되고 있다.[55]

전 세계적으로 동물들에게는 물건 이상의 법적 지위가 없었다. 그러나 이제는 어린이들조차 동물이 단순한 소유물이 아니라는 점을 잘 알고 있다.[56] 현대사회에서 반려동물은 많은 사람들에게 중요하게 되었으며, 인간의 반려동물에 대한 관심은 책과 신문·잡지는 물론이고 방송과 인터넷에서도 확인할 수 있다. 이러한 현대사회에서의 반려동물의 중요성을 감안할 때에, 문명화된 사회에서는 반려동물의 보호와 복지에 관한 내용이 법령과 판례에 반영되어야 한다는 공감대가 있다.[57]

이제는 생명을 가지고 있는 반려동물은 다른 물건과는 달리 취급되어야 한다. 따라서 많은 사람들이 동물에게도 물건과는 다른 법적 지위를 부여해야 한다는 주장에 동의하고 있다. 즉, 한국갤럽의 조사에 따르면 동물에게도 생명체로서의 법적 지위를 부여해야 하느냐는 문항에 대하여 2015년에는 찬성 48% 반대 40%로 찬성 의견이

55 국회 법제사법위원회, 검토보고서, 이정미의원 대표발의 민법 일부개정법률안, 2017. 9, 4쪽 이하.

56 윤성호 역, 마크 베코르 저, 동물권리선언, 미래의 창, 2011, 49쪽.

57 Gregory, John DeWitt, Pet Custody: Distorting Language and the Law, Family Law Quarterly, Vol.44 Iss.1, 2010, p. 36.

많았고[58], 2022년에는 찬성 48% 반대 37%로 찬성의견의 비율은 동일하지만 반대의견의 비율은 줄어들었음을 알 수 있다.[59] 반려동물은 인간과 소통하고 공감하는 존재로서, 인간으로는 볼 수 없지만 단순한 물건으로만 취급해서는 안된다고 생각하는 사람들의 비율이 상대적으로 높아지고 있다는 의미이다.

외국의 경우에는 이미 동물에게 물건 이상의 법적 지위를 부여한 경우가 있다. 대표적으로 독일과 오스트리아의 경우를 보면, 1990년을 전후로 이미 동물은 단순히 물건이 아니라 보호받아야 할 대상이라고 규정되어 있다. 독일은 1990년에 「민법」을 개정하여 동물은 물건이 아니라는 조문을 신설하였다. 이는 사람과 물건이라는 2분법적 구분에서 나아가 동물에게 사람과 물건 사이에 위치하는 제3의 법적 지위를 부여하기 위한 취지를 지니고 있다. 이후 2002년 연방헌법(독일 연방 '기본법Grundgesetz'을 의미)을 개정하여 국가에 동물보호의무를 부과하는 규정을 신설하기도 하였다.[60]

우리나라에서도 동물의 권리를 확대하기 위한 움직임이 있어 왔다. 우선 독일의 경우처럼 「민법」을 개정하여 반려견의 법적 지위를 승격시키자는 법안이 발의되었다. 즉 이정미 의원의 대표발의로 국회에 제출되었던 「민법」 일부개정법률안은 다음과 같다.

---

58 한국갤럽, 반려동물과 동물에 대한 인식조사, 2015, 5쪽.

59 한국갤럽, 데일리 오피니언, 제506호, 2022년 8월 1주, 14쪽.

60 독일의 연방기본법상의 동물보호조항을 포함한 동물보호법제에 관해서는 홍완식, 독일의 동물보호법제에 관한 고찰, 유럽헌법연구, 제25호, 2017, 523쪽 이하.

✔ 이정미 의원이 대표 발의한 민법 개정안의 제안 이유

우리 사회는 1인 가족 및 노령화가 지속되면서 동물은 반려동물이라는 개념으로 또 하나의 가족으로 여겨지고 있음. 그러나 반려동물 1,000만 시대임에도 불구하고, 동물을 존중하고 또 다른 생명으로 대하기보다는 물건처럼 쓰다 버리거나 학대하는 일이 발생해 많은 국민을 분노케 하였음. 대표적인 사례로는 2012년 에쿠스 차량 트렁크에 개를 매단 채 고속도로를 질주해 개를 죽게 한 사건과 2015년 관광용 꽃마차를 끄는 말을 길들인다며 쓰러질 때까지 채찍질을 하고 쓰러진 후에도 채찍과 발길질 등으로 잔혹하게 학대를 한 사건이 있음. 동물학대에 이어서 최근에는 공항 측 관리소홀로 비행기 화물칸에서 빠져나온 반려견이 결국 사살되는 사건과 울산 남구청에서는 국제수족관협회에서도 금지한 일본 다이지정의 국제적멸종위기종(CITES) 큰 돌고래를 수입하여 5일 만에 1마리가 폐사하는 등 국민적 비난을 받고 있음. 현행법상 물건의 정의는 "유체물 및 전기 기타 관리할 수 있는 자연력"을 말함. 동물은 유체물로서 기차, 자동차, 전기 등과 같은 움직이는 물건으로 여겨지고 있음. 이로 인해서 동물학대에 대한 처벌과 손해배상은 그 잔인함에 비해 처벌 정도가 낮음. 그 대표적인 사례는 작년('16. 4월) 끓는 물에 600여 마리 고양이를 죽인 범인에게 집행유예를 선고함으로써 사실상 무죄나 진배없는 판결을 내렸음. 현행 「동물보호법」상 동물학대행위에 대한 처벌수위(1년 이하 징역 또는 1천만원 이하 벌금)가 낮아 동물학대로 인한 처벌이 쉽지 않음. 국제적으로 동물은 물건이 아닌 별도의 법률에 의해 보호되고 있음. 오스트리아는 1988년 "동물은 물건이 아니다. 동물은 별도의 법률들에 의해 보호된다. 물건에 관한 규정들은 유사한 규정들이 존재하지 않는 때에 한하여 동물에 대해 적용된다"라고 민법을 개정함. 독일은 1990년 "동물은 물건이 아니다. 동물은 별도의 법률에 의해 보호된다"라고 민법 제90조를 개정함. 하지만 우리나라의

경우 아직까지 동물을 하나의 물건으로 정의하고 있음. 이에 「민법」 제98조 물건의 정의에 동물을 하나의 생명권이 있고 보호할 가치가 있는 존재로서 동물을 정의하기 위해서 동물은 물건이 아님을 정의에 추가하려는 것임(안 제98조).

현행	개정안
제98조(물건의 정의) (생략) 〈신설〉	제98조(물건의 정의) ① (현행 제목 외의 부분과 같음) ② 동물은 물건이 아니며, 별도의 법률에 의해 보호되는 한도 내에서 이 법의 규정을 적용한다.

이 법안은 2017년 3월 22일에 발의되어 2017년 9월 19일에 국회 법제사법위원회에 상정되었으나 국회 본회의를 통과하지 못하였고, 제21대 국회의 임기만료로 법안은 폐기되었다.

✔ 민법 개정안에 대한 검토보고서[61]

개정안에서는 동물은 물건이 아님을 명시하여 동물이 무생물체인 물건과는 달리 취급되어야 함을 분명히 하고자 함. 이에 대해 동물이라 하더라도 영업상 사육하고 있는 동물이나 야생 짐승 등 다양한 종류 또는 관리 형태의 동물이 존재하므로, 일률적으로 동물의 물건성 여부를 규율할 수 없는 문제가 있다는 의견이 있음.[62] 동물에 관한 개별법이 각각 존재하고 각 법마다 상이한 목적에 따른 정의를 두고 있으며, 동물의 권리객체성과 물건성을 완전히 부인하기는 어렵기 때문에, 모든 동물을 일반적인 물건과 다르게 취급해야 한다는 공감대가 널리 형성되기 전까지는 물건에서 제외하는 동물의 범위를 구분 지을 필요는 있어 보임. 그러나 해외 입법례에서 동물이 물건이 아님을 규정하면서도 동물에 대한 정의를 특별히 두지 않은 점, 기본적으로 생명체를 무생물체인 물건과 같이 취급할 수는 없다는 개정안의 취지를 고려할 때, 동물은 물건이 아님을 규정하는 것 자체는 그것이 모든 동물을 포함하는 의미일지라도 특별한 문제는 없어 보임.

이후 2021년 3월 24일에는 정청래 의원의 대표발의로 「민법」 일부개정법률안이 국회에 제출되었다.

✔ 정청래 의원이 대표 발의한 민법 개정안의 제안 이유

최근 발표된 2021 한국반려동물 보고서에 따르면 우리나라 전체 가구의 30%가 반려동물을 기르고 있는 것으로 나타남. 그러나 현행법상 반려동물은 여전히 물건으로 정의되어 있어 반려동물의 유기, 학대, 사고가 일어나도 물건에 대한 보상이나 처벌로 처리가 진행돼 사회 통념과 동떨어져 있다는 비판을 받고 있음. 세계적으로 오스트리아는 1988년 "동물은 물건이 아니다. 동물은 별도의 법률들에 의해 보호된다. 물건에 관한 규정들은 유사한 규정들이 존재하지 않는 때에 한하여 동물에 대해 적용된다"고 민법을 개정했고, 독일 역시 1990년 "동물은 물건이 아니다. 동물은 별도의 법률에 의해 보호된다"고 민법을 개정하는 등 동물은 별도의 법률에 의해 보호되고 있음. 이에 동물은 물건이 아님을 정의에 추가해 동물의 생명과 안전을 보호하고자 함(안 제98조).

61 국회 법제사법위원회, 검토보고서, 이정미 의원 대표발의 민법 일부개정법률안, 2017. 9, 8~9쪽.

62 동물이 재산가치로 설명되고 다양한 종류와 방법으로 이용된다는 것이 법적·일상적 현실이므로, 동물 중에서 물건성을 보유하거나 계속적으로 유지시켜야 할 동물들에 대해서는 물건에 관한 규정을 계속 준용할 필요가 있기 때문에, 물건에서 제외되는 동물 범위가 명확하게 규율될 필요가 있다는 것임(법원행정처 의견).

현행	개정안
제98조(물건의 정의) (생략) 〈신설〉	제98조(물건의 정의) ① (현행 제목 외의 부분과 같음) ② 동물은 물건이 아니며, 별도의 법률에 의해 보호된다. 단, 유사한 규정들이 존재하지 않는 때에 한하여 이 법의 규정을 적용한다.

이 법안은 2021년 3월 24일에 발의되어 2021년 6월 18일에 국회 법제사법위원회에 상정되었으나, 이후 국회에서는 별다른 진전이 없다가 제21대 국회의 임기만료로 법안은 폐기되었다.

✔ 민법 개정안에 대한 검토보고서[63]

개정안의 취지는 생명을 가진 동물에 대하여 물건과 다른 법적 지위를 부여함으로써 동물에 대한 책임과 보호 의식을 강화하려는 것이라는 점, 오스트리아·독일 등 해외 입법례에서도 동물이 물건이 아님을 규정하면서 그에 대한 정의를 특별히 두지 않다는 점 등을 감안할 때, 동물의 범위를 특정하지 아니하고 모든 동물의 물건성을 부정하는 개정안의 규율 방식은 일응 타당한 측면이 있음. 다만, 영업상 사육하고 있는 동물이나 야생 짐승 등 다양한 종류 또는 관리 형태의 동물이 존재하므로 동물의 권리 객체성 및 물건성을 완전히 배제하기 어려운 경우가 있는 점, 모든 동물에 대하여 비물건성을 인정하는 것에 대한 사회적 인식 및 여건이 마련되었는지 여부가 불확실하다는 점 등을 감안할 때, 개정안과 같이 동물의 물건성을 배제하는 규정을 두는 것에 대하여는 다양하고 충분한 의견을 수렴하여 결정할 필요가 있을 것으로 보임.

63 국회 법제사법위원회, 검토보고서, 정청래 의원 대표발의 민법 일부개정법률안, 2021. 6, 6~7쪽.

✔ 민법 개정안에 대한 관계부처 의견[64]

법무부는 동물에 대한 국민의 변화된 인식을 적극 반영하도록 민사법을 개정하여 생명 존중 사상을 제고하고자 하는 개정안의 취지에 공감하며, 이는 현행 법체계와의 조화를 종합적으로 고려하여 원칙적으로 입법정책적으로 결정할 사항이나, 안 제98조 제2항 단서의 '유사한 규정'이 무엇인지 구체적으로 알기 어려워 보다 명확히 정할 필요가 있다는 의견을 제시하였음.

법원행정처는 동물의 생명과 안전을 보장하고자 하는 개정안의 입법취지에 공감하나, 동물의 비물건성을 선언하는 것은 기존 권리 객체 개념의 패러다임에 미치는 파급 효과가 크다는 점에서 법학계 등의 충분한 의견 수렴 및 국민적 합의가 필요하며, 영업상 사육하고 있는 동물 등 가축이나 야생 짐승 등 다양한 종류 또는 관리 형태의 동물이 존재하므로 일률적으로 동물의 물건성 여부를 규율할 수는 없고, 개정안은 동물이 별도의 법률에 의하여 보호됨을 적시하고 있으나, 조문 표현만으로는 어떤 법률이 적용되고 있는지 그 의미가 불명확하고, 개정안의 내용만으로 동물의 민법상 지위를 명확히 규율한다고 보기 어려우며, 그 밖에 동물기본법 제정 필요성 등도 종합적으로 고려할 필요가 있다는 점에서, 신중한 검토가 필요하다는 입장임.

2017년 5월에는 동물권단체 케어 등이 '물건의 정의'를 규정한 현행「민법」제98조에 대해서 헌법재판소에 위헌법률심판 제청 신청을 했다. 위헌법률심판의 계기가 된 사건은 2015년 2월에 광주에서 발생한 해탈이라는 개에 대한 손해배상소송이다. 해탈이는 주변

64 국회 법제사법위원회, 검토보고서, 정청래 의원 대표발의 민법 일부개정법률안, 2021. 6, 12쪽.

에 살던 50대 남성에 의하여 쇠파이프에 맞아 죽었고, 이로 인해 견주는 가해자에게 손배배상을 청구하는 소송 중에, 동물을 물건으로 보는 「민법」 제98조가 헌법에 위반된다는 위헌법률심판 제청이 기각되자 헌법소원심판을 청구하였다.

위헌법률 심판청구의 대강의 취지는 다음과 같다. 즉, 「민법」 98조는 '물건이라 함은 유체물 및 전기 기타 관리할 수 있는 자연력을 말한다'고 규정하고 있고, 현행 민사법 체계는 동물을 유체물에 포함시켜 물건의 하나로 취급한다. 따라서 '생명이 있는 동물'과 '그 밖의 다른 물건'을 구분하지 않고 있는 현행 「민법」 규정은 인간의 존엄과 가치, 행복추구권, 재산권, 환경권 등을 침해한다. 그리고 동물은 일반적인 물건과 달리 '생명체'이기 때문에 동물이 상처를 입었을 때에는 적어도 기본적인 치료와 보호를 해야 한다. 그러나 재산적 손해 및 위자료 산정을 함에 있어 해탈이를 물건으로 보게 되면 동물의 교환가치 이상의 치료비가 발생해도 턱없이 적은 금액만 인정되고 정신적 고통에 대한 위자료도 인정될 수 없는 부당한 결과가 나온다. 동물의 법적 지위는 지속가능하고 생명의 다양성이 존중되는 자연적 환경에서 살아갈 국민의 환경권과 밀접하게 관련된다. 동물의 지위에 대한 사회적 합의는 시대에 따라 변화하는 것이며, 생명이 있는 동물이 여타 물건과는 구별된다는 것은 우리 사회의 인식에 따라 법적 규범으로 승인되기에 이르렀다. 현행 법체계 내에서 동물의 법적 지위를 변화시켜 동물을 보호해야 한다.

이러한 위헌법률 심판청구에 대하여 헌법재판소는 "심판대상조항의 위헌 여부와 무관하게 불법행위의 피해자가 받아야 할 배상액을 산정할 수 있다. 그러므로 심판대상조항의 위헌 여부에 따라 재판의 주문이 달라지거나 재판의 내용과 효력에 관한 법률적 의미가 달라진다고 볼 수 없는바, 이 사건 심판청구는 재판의 전제성이 인정되지 아니하여 부적법"하다고 각하하였다(헌재 2019. 9. 26. 2018헌바221). 즉, 동물을 물건으로 보는 「민법」 제98조가 위헌이라는 청구인의 주장은 적법하지 않다는 것이다. 이와는 별도로 동물학대 혐의로 기소된 「동물보호법」 위반 사건에 대한 재판에서 가해자에게는 벌금 200만 원이 선고되었다.

동물을 이제는 물건과 달리 보고자 하는 「민법」 제98조의 개정은 반려견의 법적 지위를 개선하기 위한 중요한 작업이라고 볼 수 있다. 그러나 지금까지 이를 위해 발의된 법안은 모두 폐기되었다. 2024년 6월에 개원한 제22대에서는 이러한 법안 발의와 논의가 다시 반복될 것으로 예상된다.

2) 반려견에 대한 강제집행

반려견의 견주가 빚을 갚지 못하는 채무불이행 상황에서 강제집행이 되는 경우에, 반려동물은 「민법」상 '재산'에 해당되므로 강제집행을 당할 수 있다. 보통의 경우 반려견에 대한 강제집행은 이루어지지 않겠지만 재산적 가치가 큰 고가의 반려견이라면 강제집행될 가능성이 없다고 할 수 없고, 채무자에게 고통을 줄 목적으로 반려견에 대한 강제집행이 행해질 수도 있을 것이다. 이러한 가능성은 전술한 바와 같이 현행 「민법」이 반려견을 단순히 물건으로 보기 때문이라고 할 수 있다. 현행 「민사집행법」 제195조에서는 압류가 금지되는 물건을 규정하고 있다. 즉, 「민사집행법」 제195조 제1항 제4호[65]에 포함되어 있는 가축을 제외한 동물들은 모두 압류가 가능한 것으로 해석되기 때문에, 반려견은 압류금지물건에 해당되지 않는다고 보고 있다.

따라서 입법론적으로는 반려견을 포함하여 반려동물을 압류금지대상으로 규정하여, 강제집행으로부터 보호할 필요가 있다.[66] 반려견을 자식처럼 생각하는 사람에게는, 반려견에 대한 강제집행이 돈을 갚지 않는다고 자식을 데려가서 팔아버리겠다는 것과 같을 수 있다. 구체적으로는 「민사집행법」 제195조(압류가 금지되는 물건)에 17호를 추가하여 '반려동물이나 기타 영리목적으로 사육하지 아니하는 동물'을 규정하자는 제안[67]이 있으며, 2020년 12월에는 국회에 의견서가 제출[68]되기도 하였다.

이후 2021년 1월 8일에는 임종성 의원의 대표발의로 「민사집행법」 일부개정법률안이 국회에 제출되었다.

---

65 4. 주로 자기 노동력으로 농업을 하는 사람에게 없어서는 아니 될 농기구·비료·가축·사료·종자, 그 밖에 이에 준하는 물건.

66 김상훈, 강제집행에서의 반려동물의 보호, 비교사법, 제23권 제3호, 2016, 1218쪽.

67 정문성, 동물의 도덕적 지위와 법적 지위에 관한 고찰, 법률실무연구, 제1권 제2호, 2013, 215쪽.

68 홍완식, 「민사집행법」상 반려동물을 강제집행 대상에서 제외, 국회 입법지원단·지방자치단체 제안 입법의견, 국회 법제실, 2020. 12, 13쪽.

✔ 임종성 의원이 대표 발의한 민사집행법 개정안의 제안이유 및 주요내용

현재 압류가 금지되는 물건에 반려동물이 제외되어 있어, 반려동물 소유자의 채무불이행으로 인하여 강제집행이 개시되는 경우, 반려동물은 강제집행을 당할 수 있음. 그러나 이는 반려동물이 사실상 가족으로 받아들여지고 있는 국민 인식과도 맞지 않는 부분이 있으므로 반려동물을 강제집행으로부터 보호할 필요가 있음. 이에 「민사집행법」상 강제집행이 가능한 물건에서 반려동물을 제외해, 반려동물에 대한 사회적 인식 변화에 맞도록 규정을 개선하려는 것임(안 제195조 제17호 신설).

현행	개정안
제195조(압류가 금지되는 물건) 다음 각호의 물건은 압류하지 못한다. 1-16 (생략) 〈신설〉	제195조(압류가 금지되는 물건) ________ ______________________. 1-16 (현행과 같음) 17. 「동물보호법」 제2조 제1호의3의 반려동물이나 기타 영리목적으로 사육하지 아니하는 동물

그리고 2021년 2월 26일에는 김도읍 의원의 대표발의로 유사한 내용의 「민사집행법」 일부개정법률안이 국회에 제출되었다. 이 법안들은 국회 법제사법위원회에 상정되었으나, 이후 국회에서는 별다른 진전이 없다가 제21대 국회의 임기만료로 법안은 폐기되었다.

✔ 민사집행법 개정안에 대한 검토보고서[69]

반려동물은 사람과 일상을 함께하며 감정적 교감과 애정을 나누는 상대이며, 최근에는 동반자나 가족의 일원으로 인식하는 경우도 늘어나고 있음. 특히 개나 고양이와 같이 높은 지능을 가진 동물의 경우 주인

과 긴밀한 유대관계를 형성한다는 점에서, 반려동물을 물건과 동일하게 보아 압류하는 것은 채무자뿐만 아니라 반려동물에게도 상당한 정서적 타격을 줄 수 있는 만큼 가혹한 것으로 볼 소지가 있음. 따라서 반려동물을 압류의 대상에서 제외하려는 개정안은 반려동물에 대한 사회적 인식 변화를 반영하고, 감정과 지능을 가진 생명체로서의 반려동물을 존중하고 보호하려는 것으로, 채무자의 최소한의 품위와 권리를 보장하려는 현행법의 취지에도 어긋나지 않는다는 점에서 타당한 점이 있음. (후략 – 압류가 금지되는 반려동물의 범위)

반려동물을 강제집행에서 제외하는 것을 내용으로 하는 「민사집행법」 개정안은 시급히 입법될 필요가 있다.

3) 반려견의 법적 지위와 관련한 논란의 의미

반려견의 법적 지위를 인간과 물건의 위치에 두고자 하는 것은 동물에 대한 관점이 단순한 '소유의 대상으로서의 물건'에서 '보호해야 할 생명체'로 전환한다는 의미를 지니고 있으며, 반려동물에 대한 윤리적 요구가 점차로 증가[70]되고 있기 때문에, 앞서 이야기한 「민법」이나 「민사집행법」을 개정하자는 의견이나 법안의 발의는 이러한 인식의 변화와 사회의 변화를 법에 반영하고자 하는 시도로 볼 수 있다.

이런 저런 이유로 반려견을 포함한 동물의 법적 지위 개선을 반대

69 국회 법제사법위원회, 검토보고서, 임종성 의원 대표발의 민사집행법 일부개정법률안, 2021. 2, 5~6쪽.

70 농림축산식품부, 2021 동물보호에 대한 국민의식 조사 결과보고서, 2021. 11. 3쪽.

하는 의견이 있기는 하지만, 이 문제는 동물을 대하는 기본적인 태도와 의지의 문제라고 본다. 법체계상의 문제는 입법으로 해결될 수 있는 문제일 뿐만 아니라 외국의 선례도 있다. 그리고 본질적으로는 동물을 학대하는 것이 무엇이 문제인가라는 태도 그리고 나아가서는 개를 잡아먹는 것이 무엇이 문제냐는 인식은 시대착오적인 것이다. 한 국가의 위대함과 도덕성은 그 국가의 동물들이 어떠한 대우를 받고 있는지를 보면 알 수 있다고 한 마하트마 간디의 말을 빌리지 않더라도, 이제는 개를 잡아먹고 동물을 학대하는 것은 물론이고 이와 같은 행위를 방관하거나 소홀히 취급하는 것이 부끄럽다는 생각을 가진 사람들이 대부분이다. 생명을 가지고 있는 반려동물은 다른 물건과는 달리 취급되어야 하고, 이러한 변화는 법률의 개정을 통하여 법령과 판례에 반영되어야 한다.

3. 반려견 관련 법규 현황

1) 일반론

개와 관련한 법규를 이야기하기 전에 우선 법규법의 체계에 유념할 필요가 있다. 우리나라 법규의 서열구조는 표에서 보는 바와 같이 헌법–법률–행정입법(대통령령/총리령/부령)–자치법규(조례/규칙)의 구조를 기본으로 한다.

그림 4 법규범의 체계

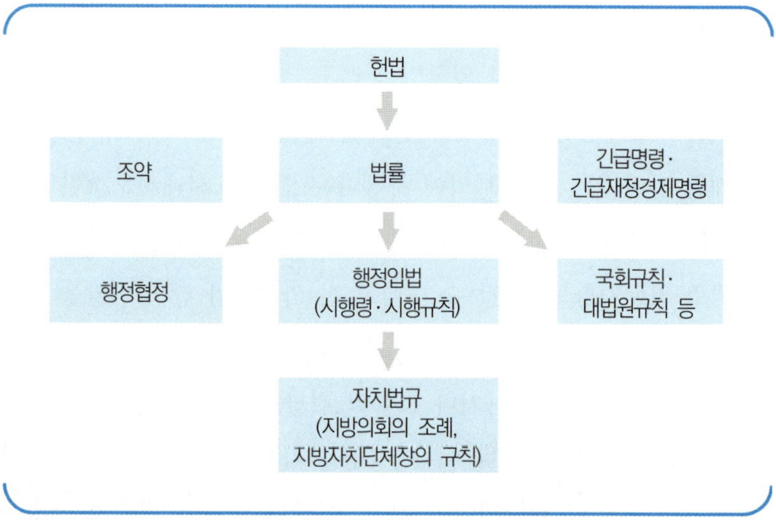

법제처 홈페이지의 국가법령정보센터(http://www.law.go.kr)와 국회 홈페이지의 법률지식정보시스템(http://likms.assembly.go.kr/law/jsp/main.jsp)에서는 법률과 시행령과 시행규칙 등을 검색할 수 있으며, 자치법규정보시스템(http://www.elis.go.kr)에서는 각 지방자치단체의 조례와 규칙을 검색할 수 있다.[71]

반려견을 포함한 반려동물과 관련해서는 직접적 및 간접적으로 관련되는 다양한 법규가 있다. 우리 헌법에는 동물에 관한 규정이 없으나,[72] 법률 차원에서는 동물에 관한 여러 규정을 두고 있으며,

71 홍완식, 법과 사회-사회적 쟁점과 법적 접근, 3판, 법문사, 2021, 16쪽.

72 동물보호법을 포함해서 민법과 형법 등의 개정을 통해 동물보호의 실효성을 확보하기 위해서는, 우리 헌법에도 동물보호에 관한 규정을 신설할 필요가 있다는 의견이 있다. 최희수, 헌법 안에서의 동물의 위치와 국가의 의무, 환경법과 정책, 제19권, 2017, 21쪽; 동물보호시민단체 카라와 동물의 권리를 옹호하는 변호사들 등 7개 단

법률에서 위임한 사항을 규정하고 있는 시행령과 시행규칙 등 행정입법도 있다. 그리고 이와는 별도로 반려견에 대한 정책적 배려를 하고 있는 지방자치단체에서는 반려견에 관한 사항을 규정한 자치법규를 두고 있다.

2) 법률과 시행령 및 시행규칙

반려견과 관련해서 가장 중요한 법률인 「동물보호법」은 동물 일반에 관한 법이다. 즉, 「동물보호법」은 "동물의 생명보호, 안전보장 및 복지증진을 꾀하고 건전하고 책임 있는 사육문화를 조성함으로써, 생명존중의 국민정서를 기르고 사람과 동물의 조화로운 공존에 이바지함을 목적"으로 제정되었다. 동물에 관련된 법률로는 「동물보호법」 이외에도 「수의사법」, 「가축전염병예방법」, 「축산물위생관리법」, 「검역법」, 「공중위생관리법」, 「낙농진흥법」, 「실험동물에 관한 법률」 등이 있다. 「동물보호법」 제5조(다른 법률과의 관계)에는 "동물의 보호 및 이용·관리 등에 대하여 다른 법률에 특별한 규정이 있는 경우를 제외하고는 이 법에서 정하는 바에 따른다"고 함으로써, 동물의 보호 및 이용·관리 등에 대해서는 「동물보호법」이 우선 적용된다는 점을 밝히고 있다. 즉, 동물과 관련된 법률에서는 「동물보호법」이 기본법적인 지위를 지니고 있다.

「동물보호법」은 1991년 5월 31일에 제정되어 같은 해 7월 1일 시

위로 구성된 '개헌을 위한 동물권 행동'은 동물들의 생명과 권리를 존중하는 내용의 헌법 개정안을 제시하였다. '새로운 헌법에는 동물의 권리 담아야', 보도자료, 동물보호시민단체 카라, 2017. 11. 22.

행된 이래 2007년·2011년·2013년·2014년·2015년 등 여러 번 개정되었다. 근래의 「동물보호법」 개정은 2017년 3월 21일, 2018년 3월 20일, 2018년 12월 24일, 2019년 8월 27일, 2020년 2월 11일, 2022년 4월 26일, 2023년 6월 20일, 2024년 1월 2일에 있었다.

2017년 3월 개정은 「동물보호법」의 실효성을 높이기 위하여 법률상 금지된 행위를 한 경우 적용되는 벌칙 및 과태료를 현행보다 인상하였다. 그리고 다양한 동물학대 사례가 보고된 바 있는 동물생산업장에 대한 관리를 강화하기 위하여 신고대상인 동물생산업을 허가대상으로 전환하고 허가가 취소된 후 1년이 지나지 않으면 동종업종의 허가를 받지 못하도록 하였다. 또한 동물과 관련된 산업이 크게 성장하고 있는 점을 감안하여 동물전시업, 위탁관리업 등을 비롯한 다양한 분야의 영업형태를 법률에 규정하고 영업자가 동물보호의 중요성을 인식하고 적정한 시설을 갖출 수 있도록 정기적으로 영업자의 시설 및 인력기준 준수여부를 점검하는 내용과 함께 영업자가 교육을 받을 의무를 규정하는 등 영업 관련 제도를 정비하였다.

2017년 「동물보호법」 개정의 주요 내용(2018년 3월 시행)

① '소유자등'을 '소유자와 일시적 또는 영구적으로 동물을 사육·관리 또는 보호하는 사람'으로 규정함(제2조 제3호).

② '유실·유기동물'을 '도로·공원 등의 공공장소에서 소유자등이 없이 배회하거나 내버려진 동물'로 규정함(제4조 제1항 제2호).

③ 국가와 지방자치단체가 동물보호 관련 인력예산을 확보하기 위해 노

력할 의무를 신설하고 국가가 지방자치단체에 필요한 사업비를 예산의 범위 안에서 지원할 수 있는 근거를 추가함(제4조 제3항 신설).

④ '판매하거나 죽일 목적으로 동물을 포획하는 행위' 등을 금지행위에 추가함(제8조 제3항).

⑤ '도박 목적으로 동물을 이용하거나 상품이나 경품으로 동물을 제공하는 행위, 영리를 목적으로 동물을 대여하는 행위' 등을 금지행위에 추가함(제8조 제5항).

⑥ 동물의 보호기관에게 동물의 등록여부를 확인하고 등록된 동물인 경우 지체 없이 동물의 소유자에게 보호조치 중인 사실을 통보할 의무를 부여함(제14조 제2항 신설).

⑦ 시·도지사 및 시장·군수·구청장은 동물보호센터를 직접 설치·운영하도록 노력하여야 함(제15조 제2항 신설).

⑧ 영업의 종류에 동물전시업, 동물위탁관리업, 동물미용업, 동물운송업을 추가하여 등록제로 관리하도록 함(제32조 및 제33조 등).

⑨ 동물생산업에 적용되고 있는 신고제를 허가제로 전환함(제34조 등).

⑩ 장묘업자를 제외한 모든 영업자의 연 1회 이상 정기교육을 의무화하고 시장·군수·구청장에게 영업자의 등록사항을 정기적으로 점검하도록 함(제37조 제2항 및 제38조의2 신설).

⑪ 동물등록, 인식표 부착 등에 대한 법적 실효성을 확보하기 위하여 포상금 지급의 근거를 마련함(제41조의2 신설).

⑫ 동물학대행위자에 대해 현재 '1년 이하의 징역 또는 1천만원 이하의 벌금'에 처하던 것을 '2년 이하의 징역 또는 2천만원 이하의 벌금'에 처하도록 하여 벌칙을 상향하고 이를 상습적으로 위반한 자에 대해 형을 가중할 수 있는 근거를 마련함(제46조 제1항 및 제6항).

⑬ 법인의 대표자, 개인의 대리인 등이 벌칙규정에 해당하는 처벌을 받는 경우 해당 법인이나 개인도 벌금형으로 처벌받도록 하는 양벌규정을 신설하려는 것임(제47조 신설).

2018년 3월 개정은 맹견 관련 사고가 종종 발생하고 있기 때문에, 맹견의 정의를 신설하고 맹견에 대한 관리를 강화하였다. 그리고 동물학대행위를 추가하고 동물학대행위로 지정 취소된 동물보호센터의 재지정 제한기간을 1년에서 2년으로 연장하였다.

2018년 3월 「동물보호법」 개정의 주요 내용

① 맹견의 정의를 신설하고 맹견의 소유자에 대해 외출 시 목줄 및 입마개 등 안전장치를 하도록 하며 사람에게 신체적 피해를 주는 경우 소유자 동의 없이 격리조치를 할 수 있는 근거 등을 신설함(제2조 및 제13조의2 신설).

② 반려(伴侶) 목적으로 기르는 개, 고양이 등 농림축산식품부령으로 정하는 동물에게 최소한의 사육공간 제공 등 농림축산식품부령으로 정하는 사육·관리 의무를 위반하여 상해를 입히거나 질병을 유발시키는 행위를 동물학대행위로 추가 규정함(제8조 제2항에 제3호의2를 신설).

③ 동물학대행위로 지정이 취소된 동물보호센터의 경우 재지정 제한기간을 현행 1년에서 2년으로 연장함(제15조).

④ 실험동물의 기증 및 분양의 근거를 신설하고 누구든지 미성년자에게 동물해부 실습을 시키는 것을 금지하며, 해부실습 금지규정을 위반한 경우 300만원 이하의 과태료에 처하는 내용을 신설함(제23조, 제24조의2 및 제47조).

2018년 12월 개정은 동물장묘시설 설치 과정에서 발생하는 인근 지역주민과의 분쟁을 줄이기 위하여, 인가밀집지역, 학교, 그 밖에 공중이 수시로 집합하는 시설 또는 장소로부터 일정거리 이하 떨어진 곳에는 동물장묘시설을 설치할 수 없도록 하는 반면, 지방자치단체의 장으로 하여금 공설 동물장묘시설을 설치·운영할 수 있도록 법적 근거를 마련하였다. 지방자치단체의 장에게 공설 동물장묘시설을 설치·운영할 수 있도록 한 이유는 동물장묘시설에 대한 수요를 충족하려는 것임을 개정이유에서 밝히고 있다.

2018년 12월 「동물보호법」 개정의 주요 내용

① 동물학대로 벌금형 이상의 형을 선고받은 자에 대하여, 형이 확정된 날부터 5년간 반려동물과 관련된 업의 등록과 허가 신청을 할 수 없도록 함(제33조 제3항 제4호).
② 20호 이상의 인가 밀집지역, 학교, 그 밖에 공중이 수시로 집합하는 시설 또는 장소로부터 300미터 이하 떨어진 곳에 동물장묘시설을 설치하려는 경우 동물장묘업의 등록을 할 수 없도록 함(제33조 제3항 제5호 나목 신설).
③ 지방자치단체의 장으로 하여금 공설 동물장묘시설을 설치·운영할 수 있도록 하고, 국가가 예산의 범위에서 시설 설치에 필요한 경비를 지원할 수 있도록 함(제33조의2 신설).

2019년 8월 27일의 「동물보호법」 개정은 간단한 내용이다. 우선 ① 동물장묘업·동물판매업·동물수입업 변경신고 등이 수리가 필요한 신고임을 법률에 명시하였다. 또한 ② 동물을 이용하여 도박을 행할 목적으로 광고·선전하는 행위를 금지하고, 도박·시합·복권·오락·유흥·광고 등의 상이나 경품으로 동물을 제공하는 행위도 금지하였으며, 이를 위반하면 300만원 이하의 벌금에 처하도록 하였다(2020년 2월 28일부터 시행).

2019년 8월 「동물보호법」 개정의 주요 내용

① 시장·군수·구청장은 동물장묘업·동물판매업·동물수입업 변경신고를 받은 경우 그 내용을 검토하여 이 법에 적합하면 신고를 수리하여야 함(제33조 제3항 및 제4항).

② 동물을 이용하여 도박을 행할 목적으로 광고·선전하는 행위를 금지하고, 도박·시합·복권·오락·유흥·광고 등의 상이나 경품으로 동물을 제공하는 행위도 금지함. 이를 위반하면 300만원 이하의 벌금에 처함(제8조 제5항, 제46조 제4항).

2020년 2월의 「동물보호법」 개정은 맹견보험 가입을 의무화하고 동물보호법 위반자에 대한 신고포상금 근거 조항을 삭제하였으며, 동물학대와 동물유기에 대한 처벌을 강화하였다.

2020년 2월 「동물보호법」 개정의 주요 내용(시행 2021년 2월)

① 맹견의 소유자는 맹견으로 인한 다른 사람의 생명·신체나 재산상의 피해를 보상하기 위하여 보험에 가입하도록 함(제13조의2 제4항 신설).

② 동물판매업자는 영업자를 제외한 구매자에게 등록대상동물을 판매하는 경우 그 구매자의 명의로 등록대상동물의 등록 신청을 한 후 판매하도록 함(제36조 제2항 및 제3항 신설).

③ 등록대상동물을 등록하지 아니한 소유자, 인식표를 부착하지 아니한 소유자, 안전조치를 하지 아니하거나 배설물을 수거하지 아니한 소유자 등을 신고 또는 고발한 자에게 포상금을 지급하던 신고포상금제를 폐지함(현행 제41조의2 삭제).

④ 동물을 죽음에 이르게 하는 학대행위를 한 자에 대한 처벌을 2년 이하의 징역 또는 2천만원 이하의 벌금에서 3년 이하의 징역 또는 3천만원 이

하의 벌금으로 상향함(제46조 제1항 제1호 신설, 제46조 제2항 제1호).
⑤ 동물을 유기한 소유자 등에 대하여 300만원 이하의 과태료를 부과하던 것을, 앞으로는 300만원 이하의 벌금에 처하도록 함(제46조 제4항 제1호 신설, 현행 제47조 제1항 제1호 삭제).

2021년 2월 10일에는 반려견의 목줄 길이를 2미터 이하로 명확히 정하고 아파트 등 공동주택의 건물내부 엘리베이터나 복도 등 공용공간에서는 동물을 안거나 목걸이를 잡도록 하는 「동물보호법 시행규칙」이 개정되었고, 1년간의 경과기간을 거쳐 2022년 2월 11일부터 시행되고 있다.

2021년 2월 「동물보호법 시행규칙」 개정의 주요 내용

① 동물의 소유자 등이 등록대상동물을 동반하고 외출할 때에 사용해야 하는 목줄 또는 가슴줄의 길이는 2미터 이내로 하도록 하고, 다가구주택, 공동주택 등 건물 내부의 공용공간에서는 등록대상동물을 직접 안거나 목줄의 목덜미 부분 또는 가슴줄의 손잡이 부분을 잡는 등 등록대상동물이 이동할 수 없도록 안전조치를 해야 함(제12조).
② 맹견으로 인한 사람의 생명·신체나 재산상의 피해를 보상하기 위하여 맹견의 소유자로 하여금 보험에 가입하도록 하는 등의 내용으로 「동물보호법」이 개정(법률 제16977호, 2020. 2. 11. 공포, 2021. 2. 12. 시행)됨에 따라 맹견의 소유자가 가입해야 하는 보험의 상해등급 및 후유장애등급에 따른 보험금액의 요건을 정함(제12조의5).

2022년 4월 26일에 공포된 「동물보호법」 개정법률은 국회에 제출된 54개 법안의 내용을 통합하여 개정한 것이다. 「동물보호법」이

1991년 제정된 이후 일부개정은 많았지만 전부개정은 2007년, 2011년 이후 3번째이며, 개정 이전에 47조문이던 것이 101조문으로 대폭 늘어났다. 2022년 4월의 「동물보호법」 개정법률 중에서 시행준비와 계도기간이 많이 필요한 맹견사육허가제, 반려동물행동지도사, 동물복지축산인증제 개편 등은 공포 후 2년이 경과한 2024년 4월부터 시행되고 있다.

2022년 4월 「동물보호법」 개정의 주요 내용

※ 2023년 4월 27일 시행(공포 1년 후)
① 동물학대행위 구체화 및 금지행위 세부사항 상향(제10조)
② 반려동물 전달방법 보완(제12조 및 제101조 등)
③ 민간동물보호시설의 신고 등(제37조)
④ 사육포기동물의 인수제도 마련(제44조)
⑤ 반려동물 영업 관련 제도의 정비(제69조~제85조)
⑥ 국가동물보호정보시스템의 구축·운영(제95조)
※ 2024년 4월 27일 시행(공포 2년 후)
① 맹견수입신고 신설(제17조)
② 맹견사육허가 신설(제18조~제21조)
③ 기질평가위원회 제도 신설(제24조~제29조)
④ 반려동물행동지도사 제도 신설(제30조~제33조)
⑤ 공용동물실험윤리위원회 설치·운영(제52조)
⑥ 동물복지축산농장 제도 정비(제59조~제68조)

2023년 6월의 「동물보호법」 개정은 국가와 지방자치단체는 학생이 동물의 보호·복지 등에 관한 사항을 교육받을 수 있도록 동물보호교육을 활성화하기 위하여 노력하도록 하고, 피학대동물 등의 의무신고자 범위에 동물보호관을 추가하며, 인증농장에 대한 지원사항에 인증농장에서 생산한 축산물의 판로개척을 위한 상담·자문 등을 추가하였다. 농림축산식품부장관은 동물장묘 등에 관한 정보의 제공과 동물장묘시설의 이용·관리업무 등을 전자적으로 처리할 수 있는 장묘정보시스템을 구축·운영할 수 있도록 하고, 형벌과 수강명령 등의 병과대상에 안전관리의무를 위반하여 사람을 사망·상해에 이르게 한 등록대상동물·맹견의 소유자 등을 추가하였다.

2023년 6월 「동물보호법」 개정의 주요 내용

① 초중등학생에 대한 동물보호·복지교육의 활성화 및 재정 지원(제4조 제4항과 제5항 신설).

② 피학대동물 등의 의무신고자로 동물보호관 포함(제39조 제2항 8호 신설.

③ 동물장묘정보시스템 구축·운영(제72조의2 신설).

④ 자신의 영업장에 있는 동물장묘시설의 대여금지 및 처벌(제78조 제5항 3호 신설, 제97조 제3항 제7조의2 신설).

⑤ 형벌과 수강명령 등의 병과 대상에 안전관리의무를 위반하여 사람을 사망·상해에 이르게 한 등록대상동물·맹견의 소유자 등을 추가(제100조 제1항).

2024년 1월의 「동물보호법」 개정은 매년 10월 4일을 동물보호의 날로 정하고, 학대받은 동물의 보호조치 기간을 정할 때 동물보호센터의 장 등 관계자의 의견청취를 거치도록 하며, 동물실험이 끝난 실험동물의 기증·분양 현황 등에 대한 실태조사 근거를 마련하였다.

2024년 1월 「동물보호법」 개정의 주요 내용(시행 2025년 1월)

① 매년 10월 4일을 동물보호의 날로 정함(제4조의2 신설).
② 학대받은 동물의 보호조치 기간을 정할 때 수의사의 진단과 동물보호센터장 등 관계자의 의견을 청취하도록 함(제34조 제3항).
③ 동물실험이 끝난 후의 기증·분양 현황 등에 대한 실태조사(제94조 제1항 제5호의2 신설).

3) 조례와 규칙

서울특별시 등 17개 광역자치단체에는 「동물보호조례」 혹은 「동물보호 및 관리조례」 등이 제정되어 있다. 각 지방자치단체의 동물보호조례에는 대개 동물보호센터의 설치 및 운용, 피학대동물을 포함한 동물의 보호 및 관리, 동물운송 및 인도적 도축, 길고양이 관리, 동물분양센터 등에 관한 사항을 규정하고 있다. 경기도와 경상북도에는 「동물보호 및 관리 조례」 이외에도 인천광역시 등은 「반려동물 보호 및 학대방지 조례」를 제정하여 시행하고 있다. 또한 반려동물 관련 조례와 규칙도 다양하게 발전되어, 반려견을 위한 놀이터를 운영한다거나 명절기간 중에 반려견 돌봄센터를 운영하는 등 지방자치단체의 반려동물 관련 활동이 늘어나고 있다.

「서울특별시 동물보호조례」 조문 구성

제1조 목적 제2조 정의 제3조 시장의 의무 제4조 동물복지계획의 수립 제5

조 동물복지위원회의 설치·운영 제6조 등록대상동물의 등록 제7조 등록대상동물의 사육 또는 출입 제한 제8조 동물보호센터의 설치·지정 등 제9조 동물보호센터 감독 제10조 동물의 구조·보호 제11조 보호동물의 공고 등 제12조 동물생명존중헌장 제13조 동물보호 및 관리 제14조 동물의 반환 등 제15조 피학대동물 보호 및 관리 제16조 소요경비의 징수 제17조 동물 운송 및 인도적인 도축 등 제18조 동물복지축산물의 소비촉진 등 제19조 길고양이의 관리 등 제20조 출입·검사 등 제21조 동물복지지원센터의 설치·운영 제22조 동물보호업무의 지원 제23조 수수료의 감면

전국 226개 기초자치단체의 경우에는 동물보호조례가 제정되어 시행되고 있는 곳도 있고 제정되어 있지 않은 곳도 있다. 서울시의 기초지방자치단체에서는 광역지방자치단체인 서울시와는 별도의 동물보호조례를 제정하여 시행하고 있다. 그리고 함안군, 거제시, 김해시, 남양주시, 남해군, 당진시, 해운대구, 부천시, 사천시, 성남시, 수원시, 순천시, 시흥시, 아산시, 안산시, 안양시, 양산시, 오산시, 완도군, 원주시, 진주시, 창원시, 파주시 등등 많은 기초지방자치단체에서도 동물보호조례 혹은 동물보호 및 관리에 관한 조례를 제정하여 시행하고 있다.

「서울특별시 동작구 동물보호조례」 조문 구성

제1조(목적) 제2조(정의) 제3조(구청장의 의무) 제4조(동물복지계획의 수립) 제5조(동물복지위원회의 설치·운영) 제6조(등록대상동물의 등록) 제7조(등록사항의 변경신고 등) 제8조(동물보호센터의 설치·지정 등) 제9조(동물보호센터 감독) 제10조(동물의 구조·보호) 제11조(보호동물의 공고 등) 제12조(동물보호 및 관리) 제13조(동물의 반환·기증·분양) 제14

조(피학대동물 보호 및 관리) 제15조(소요경비의 징수) 제16조(길고양이의 관리 등) 제17조(출입·검사 등) 제18조(명예감시원 위촉) 제19조(동물보호업무의 지원)

구례군, 김포시, 동해시, 삼척시, 의왕시, 인천광역시 동구·서구·남구 등등은 유기동물 보호에 관한 조례, 유실·유기동물 보호에 관한 조례 혹은 유기동물 조치에 관한 조례를 제정하여 시행하고 있다.

「동해시 유기동물보호에 관한 조례」 조문구성

제1조(목적) 제2조(정의) 제3조(보호시설의 설치 및 위탁) 제4조(유기동물의 포획) 제5조(유기동물의 공고 및 분양) 제6조(유기동물 관리 등) 제7조(소요경비 지급 및 징수)

청주시는 반려견 놀이터를 운영하기 위하여 「청주시 반려견 놀이터 운영 조례」를 제정하여 시행하고 있다. 도시에서는 반려견을 데리고 산책을 하거나 뛰어놀게 할 공간이 부족하다. 따라서 반려견 놀이터나 공원을 운영하는 것은 반려인과 반려견의 권익향상과 복지증진을 위하여 매우 좋은 반려견 친화정책의 시행이라 할 수 있다.

「청주시 반려견 놀이터 운영 조례」 조문구성

제1조(목적) 제2조(정의) 제3조(관리 및 운영) 제4조(운영시간 및 휴무일) 제5조(입장의 제한) 제6조(이용자의 준수사항) 제7조(변상책임) 제8조(안전관리) 제9조(준용) 제10조(시행규칙)

경기도는 반려동물산업의 발전기반을 조성하고 반려동물산업의 육성을 위한 정책수립과 지원을 위하여 「경기도 반려동물산업 육성 및 지원 조례」를 2016년 7월에 제정하여 시행하고 있다. 다른 지방자치단체에는 반려동물산업 육성을 위한 이러한 조례가 없다. 즉, 타 지방자치단체와 구별되는 창의적인 정책이며, 반려동물산업의 폭발적인 증가에 비추어볼 때 소득증대나 일자리창출의 효과도 가져올 것으로 기대되고 있다.

「경기도 반려동물산업 육성 및 지원 조례」 조문구성

제1조(목적) 제2조(정의) 제3조(도지사의 책무 등) 제4조(반려동물산업 육성 기본계획의 수립 등) 제5조(전문인력 양성) 제6조(반려동물산업 관련 국외시장 진출 지원) 제7조(우수반려동물사업자 및 우수반려동물제품의 지정·표시) 제8조(기업 등에 대한 지원) 제9조(시행규칙)

이외에도 청주시는 별도의 「반려동물보호센터 설치 및 운영 조례」를 제정하여 시행하고 있고, 대구시 북구에서는 「대구광역시 북구 동물복지 및 생명존중문화 조성 조례」 「서울특별시 강동구 동물복지 및 생명존중문화 조성 조례」를 제정하여 시행하고 있다. 특별히 중증장애인 반려동물을 위한 진료비를 지원하는 자치단체도 있는데, 「서산시 중증장애인 반려동물 진료비 지원 조례」 「서울특별시 영등포구 중증장애인 반려동물 진료비 지원 조례」가 시행되고 있다.

2017년 10월의 전 한일관 대표 사망 사고 이후에는 반려견에 대한 외출규제 혹은 사육규제 등을 내용으로 하는 조례(안)이 논란이 되었다. 경기도에서는 15kg이 넘는 반려견에게 입마개를 안하면 과태료를 부과하는 조례안을 마련할 계획임을 밝혔었는데,[73] 15kg이 넘는 반려견에게 일률적으로 입마개를 의무화하는 것은 지나치다는 논란만 남긴 채 추진되지 못하였다.

반려견을 규제하는 것이나 규제를 완화하는 것이나, 무엇이든 원한다고 법령이나 조례 등을 통하여 입법을 할 수 있는 것이 아니다. 입법은 헌법에 위반되거나 다른 법령과 모순되어서는 아니 되며, 타인의 정당한 권리를 침해해서도 아니 된다. 반려견과 관련한 규제를 강화하느냐 완화하느냐를 두고 우리 사회에는 다양한 의견들이 존재하고, 이러한 다양한 의견을 수렴하고 조정하여 정책을 세우고 법령을 만드는 것에 많은 어려움이 발생하기도 한다. 반려견 관련 입법에 있어서는 반려견을 애호하는 사람의 의견과 반려견을 무서워하거나 싫어하는 사람의 의견까지도 균형있게 반영되어야 한다.

4) 법제 개선의 필요성

지금까지는 동물법 전반에 대한 체계적인 준비나 논의가 생략된 채로, 동물과 관련하여 문제가 생기거나 동물정책의 필요에 따라 동물에 관한 법령이 제정·개정되어 왔다. 그러나 앞으로 "법률분야의 논의를 확대하여 인간과 공존하며 밀접한 관계를 맺고 일상생활 속에 상당한 부분을 차지하고 있는 동물에 대해 폭넓은 논의를 해야 할 시점"[74]이다.

73 중앙일보, 2017. 11. 6.

'동물기본법'을 제정하여 동물관련 개별법률의 입법적 방향을 제시하는 동시에 해석의 지침이 되는 동물보호의 일반법 역할을 하도록 하고, 현행 「동물보호법」을 '동물복지법'으로 확대·개편하자는 의견도 있다.[75] 지금까지 필요에 따라 부분적으로 개정되고 일정한 체계없이 여기저기 법령에 산재되어 있는 동물법을 체계화하는 입법정비가 필요하다.

또한 중앙정부의 법령도 중요하지만, 반려동물 관련 정책이 지역에 맞게 발전되기 위해서는 지방정부의 조례와 규칙이 더욱 중요할 수 있기 때문에, 지방자치단체의 반려견 관련 정책개발과 조례개선이 필요하다.

4. 외국의 동물 관련 법규

외국의 동물보호를 위한 관련 법규는 그 발전과정 및 동물보호의 수준이 매우 다르다. 1822년에 동물보호법을 세계 최초로 통과시킨 영국을 시작으로 하여,[76] 여러 유럽국가에서는 동물보호운동이 활발

74 홍진희/김판기, 동물 관련 법제의 체계화를 위한 시론적 고찰, 전북대학교 법학연구소, 법학연구, 52집, 2017, 145쪽.

75 함태성, 우리나라 동물법의 현황 및 진단, 그리고 향후 과제, 법과사회, 60호, 2019, 357~358쪽; 류원용, 반려동물 키우는 인구 1000만 시대 - 동물기본법 신설 필요하다, 조선일보, 2024. 4. 26.

76 장은혜, 동물학대행위의 범위 및 처벌수위 분석, 농림축산검역본부 연구용역, 2018, 한국법제연구원, 79쪽.

해지는 가운데 동물보호를 위한 법과 제도가 마련되기 시작하였다. 반려동물을 그저 재산으로 보는가 아니면 가족 유사의 존재로 보는가라는 기본적인 시각의 차이가 법과 제도에 반영된다. 이러한 기본적인 시각의 차이는 반려동물이 재산법(property law)의 시각에서만 규율되느냐 아니면 반려동물의 최선의 이익('best interests of the animal' test)의 관점에서 규율되느냐를 결정하게 된다.[77]

동물은 인간을 위해 존재하는 것이고, 법적으로도 동물은 인간의 소유물이며 권리의 주체가 될 수 없기 때문에, 동물에 대한 살생과 처우는 인간에게 맡겨져 있었음은 외국의 경우에도 우리와 다르지 않다. 그러나 입법자와 법원은 인간과 반려동물의 관계와 반려동물의 진정한 가치를 새로이 인식하기 시작하였다.[78] 따라서, 동물보호 법제가 우수한 국가에서는 동물보호를 내용을 하는 법률을 만들었으며, 그 중 몇 개의 국가에서는 헌법에도 동물보호에 관한 명시적인 규정을 두고 있다.

1) 헌법

동물보호를 규정하는 외국의 헌법규정으로는 독일과 스위스의 예를 들 수 있다.

77 Deborah Rook, Who gets Charlie? The Emergence of Pet Custody Disputes in Family Law: Adapting Theoletical Tools from Child Law, International Journal of Law, Policy and The Family, 2014, p. 180.

78 Joan E. Schaffner, An introduction to animals and the law, Palgrave Macmillan, 2011, p. 192.

독일은 2002년 연방헌법(연방기본법) 개정을 통해 제20a조에서 동물보호에 관한 조항을 헌법에 신설하였다. 즉 "국가는 미래세대를 위한 책임으로서, 헌법질서의 범위 내에서 입법을 통하여 그리고 법률 및 법이 정하는 바에 따라 행정과 사법을 통하여 자연적 생활기반과 동물을 보호한다"는 규정이 그러하다.[79] 독일 연방헌법의 개정을 통하여 동물보호를 국가목표규정의 하나로 신설한 것에 대하여 "기존에 비하면 상당히 고무적인 상황으로서 동물의 지위에서 보면 지각변동과 같은 상황"[80]이라는 등의 긍정적인 평가가 있다.

스위스는 연방헌법 제80조에 동물보호에 관한 규정을 두고 있는바, 아래와 같다.[81]

> 제80조 ① 연방은 동물의 보호에 관한 법률을 제정한다.
> ② 이 법은 특히 다음 사항을 규율한다.
> a. 동물의 보호 및 관리
> b. 동물실험 및 살아 있는 동물에 대한 사슬
> c. 동물의 이용
> d. 동물 및 동물성 제품의 수입
> e. 동물의 거래 및 운송
> f. 도축
> ③ 위 법은 법률에서 연방이 집행하도록 정지하지 아니하는 한, 주가 집행한다.

79 국회도서관, 세계의 헌법(I), 2013, 413쪽.

80 박만평, 동물의 지위에 관한 논의와 법적 함의, 법학연구, 제28권 제1호, 연세대학교 법학연구원, 2018, 270쪽.

81 국회도서관, 세계의 헌법(I), 2013, 602쪽.

2) 법률

외국의 법률에서 규정하고 있는 동물보호에 관련한 대표적 예를 살펴보면, 다음과 같다.

오스트리아에서는 1988년에 세계 최초로 동물의 법적 지위에 관한 특별규정을 민법전에 신설하였다. 즉, 오스트리아 「민법」 제285a조에 "동물은 물건이 아니다. 동물은 다른 법률에 의하여 보호된다. 물건에 관한 규정들은 유사한 규정들이 존재하지 않는 경우에 한하여 동물에 적용된다"라는 규정을 신설하였다. 또한 「민법」 제1332a조에 동물이 상처를 입어 치료비가 동물의 매매가를 초과한 경우에라도, 사실상 지출된 치료비가 일정한 범위에서 보장된다는 규정을 신설하였다.[82]

독일은 1990년에 「민법」을 개정하여 손해배상 및 소유권에 관한 조항을 개정하였고, 「민사소송법」과 「동물보호법」 등 법률에서도 동물관련 조항을 개정하였다. 즉, "민법상 동물의 법적지위 개선을 위한 법률(Gesetz zur Verbesserungder Rechtsstellung des Tieres im burgerlichen Recht vom 20. August 1990)"을 통해서 동물의 법적지위에 관하여 「민법」상 물건에 관한 조항뿐만 아니라 손해배상 및 소유권에 관한 조항 및 「민사소송법」, 「동물보호법」 등 법률에서의 동물관련 조항을 개정하였다. 이에 따라 독일 「민법」 제90a조 제1문은 "동물은 물건이 아니다. 동

82 최미랑·유설희, "동물은 인간도 물건도 아닙니다" 민법에서 '제3의 객체' 지위 요구, 경향신문, 2017. 12. 1.; 오스트리아의 동물법에 대해서는 다음을 참조; Alex Bruce, Animal Law in Australia: An Integrated Approach. Lexis Nexis Sydney 2012.

물은 다른 법률에 의하여 보호된다. 동물에 대하여 특별한 규정이 없는 경우에만 물건에 관한 규정을 준용한다"라고 개정되었다. 개정 법률에서는 "동물은 물건이 아니다"라는 동물의 새로운 법적 지위를 명시하고 동물의 보호는 별도의 「동물보호법」에 의해서 규율된다고 하였다. 즉, 동물에 대하여 특별한 규정이 없는 경우에만 동물에 대해서 물건에 대한 규정들을 준용한다는 새로운 규정을 민법총칙의 물건에 관한 부분에 신설하였다. 또한 손해배상액의 조정[독일 민법 제251조 제2항 제2문(동물상해의 경우의 치료비용배상)]과 압류금지 대상 등 조항(독일 민사소송법 제811c조) 등도 개정되었다.[83] 특히 동물에 대하여 강제집행을 하는 경우 집행법원은 '동물에 대한 인간의 책임(die Verantwortung des Menschen fur dasTier)'을 고려하여야 하고(민사소송법 제765a조), 영리목적을 위한 보유가 아닌 동물은 압류할 수 없다(민사소송법 제811c조)는 규정을 신설하였다. 이는 1986년에 개정된 「동물보호법」(Tierschutzgesetz) 제1조에 규정된 '이 법률의 목적은 동일한 피조물(Mitgeschopf)인 동물에 대한 인간의 책임에 의하여, 동물의 생명과 안락을 보호하는 것'에서 유래한다.[84] 독일은 이외에도 다양한 반려견 관련 법령을 두고 있다.[85]

스위스는 2002년 「민법」 개정을 통해 동물은 물건이 아니고 손해배상 등에 관한 특칙이 적용됨을 규정하였다. 즉, 스위스 「민법」 제641a조는 "① 동물은 물건이 아니다. ② 동물에 대해서 어떠한 특별

83 윤철홍, 「동물의 법적 지위에 관한 입법론적 고찰」, 『민사법학』 제56호, 한국민사법학회, 2011. 12, 407~408쪽.

84 박정기, 「동물의 법적 지위에 관한 연구」, 『법학연구』 제51호, 부산대학교 법학연구소, 34~35쪽.

85 이혜원/김세진 역, 셀리나 델 아모 저, 개를 키울 수 있는 자격, 리잼, 2017, 100쪽 이하 참조.

한 규정이 없는 한, 이에 대해서는 물건에 적용될 수 있는 규정이 적용된다"고 규정하였다. 한편 스위스 「채무법」 제42조 제3항에서는 "가정의 영역에서와 재산증식목적 혹은 영리목적으로 보유한 것이 아닌 동물의 경우에 치료비용이 동물의 가치를 초과한 때에도, 그 치료비용은 아주 적절한 손해로서 유효하게 취급될 수 있다"고 규정하였을 뿐만 아니라 제43조 제1항에서는 "가정의 영역에서와 재산증식목적 혹은 영리목적으로 보유한 것이 아닌 동물의 상해 혹은 살해의 경우에는 동물의 보유자 혹은 그의 가족을 위한 애호가치를 정당하게 고려해야 한다"고 규정하여 위자료 청구의 근거를 명시적으로 마련하였다. 스위스 「채무집행 및 파산법」 제92조 제1항 제2호의 개정으로 가정의 영역 내에서 그리고 재산의 증식 혹은 영업목적이 아닌 형태로 보유하고 있는 동물들에 대해서도 압류가 금지된다.[86]

일본의 경우 동물보호법제에 큰 영향을 준 사람은 프랑스인 보아소나드(Gustave Boissonade)인데, 그는 19세기 중반부터 「동물학대금지법」을 제정한 프랑스의 동물보호법을 일본에 전하고자 했다. 그의 노력으로 1880년 제정된 「형법」(구형법)에는 '우마살해죄(牛馬殺害罪)'와 '가축살해죄(家畜殺害罪)'라는 범죄가 규정되었다.[87] 이후 1907년 새로운 「형법」(현행 형법)이 제정되었고 우마살해죄와 가축살해죄는 형법전에서 삭제되었다. 대신 1908년에 제정된 「경찰범처벌령」(警察犯処罰令)에서는 "공중

86 스위스는 1978년부터 동물학대방지 및 동물복지법을 제정하여 시행하여 오고 있다; http://terms.naver.com/entry.nhn?docId=1166008&cid=40942&categoryId=31693

87 青木人志, 動物の比較法文化, 有斐閣, 2002, 199쪽 이하; 青木人志, 日本の動物法, 東京大学出版会, 2009, 53쪽 이하.

의 눈에 띄는 장소에서 기타 동물을 학대한 자는 과료에 처한다"고 규정하였다. 이후 1948년에 제정된 「경범죄법」[88]에는 동물학대죄가 신설되었다. 그리고 1973년에 「동물의 보호 및 관리에 관한 법률」(이하 '동물보호관리법'으로 표기)이 제정되었다. 일본의 「동물보호관리법」은 13개의 조문으로 구성되었으며, 주요 내용은 다음과 같다.[89] ① 동물보호에 관한 기본규정을 명확히 하여 동물의 보호에 관한 국민의 마음가짐에 대한 지표를 제공해줌과 동시에 동물애호주간을 설계한다. ② 동물의 소유자는 동물의 보호 및 동물에 의한 사람의 생명 등의 피해를 방지하기 위해 노력하지 않으면 안 된다. ③ 지방자치단체는 조례에 의해 동물의 사육 및 보관에 관해 필요한 조치를 강구한다. ④ 도도부현 등은 개 또는 고양이의 인수를 요청받았을 때 이에 응하지 않으면 안 된다. ⑤ 국가는 인수에 관한 비용의 일부를 보조할 수 있다. ⑥ 내각총리대신은 동물의 적절한 사육 및 보관 등에 관한 기본적인 사항을 규정할 수 있다. ⑦ 총리부에 동물보호심의회를 두어 동물의 보호 및 관리에 관한 중요사항을 조사·심의한다. ⑧ 보호동물을 학대·유기한 자를 처벌한다.

「동물보호관리법」은 제정 이후 동물보호의 기본법 역할을 수행해 왔으나 1990년 후반에 이르러 개정의 요구가 거세어졌고 그 계기가 된 것이 '아동살상사건(児童殺傷事件 혹은 酒鬼薔薇事件)'[90]이었다. 이 사건이

88 비교적 경미한 경찰범에 대한 약식 처벌방법에 관하여 규정한 경찰범처벌령은 종전 후 일본국헌법시행의 재현에 효과를 가지는 명령의 규정의 효과 등에 관한 법률 제1조의4에 의해 개정된 후, 경범죄법 부칙 제2항에 의해 폐지되었다.

89 動物愛護管理法令研究会編, 改正 動物愛護管理法 : 解説と法令·資料, 青林書院, 2001, 3쪽 이하, 青木人志, 日本の動物法, 東京大学出版会, 2009, 62쪽 이하.

보도되자 동물학대에 대해 보다 적극적으로 대처할 것이 요구되었고, 1999년에 「동물보호관리법」이 전면 개정되었으며, 법률의 명칭도 「동물의 애호 및 관리에 관한 법률」로 변경되었다. 동법의 주요내용은 ① 기본원칙: 동물과 인간의 공존하는 사회 실현 및 동물의 적절한 취급 ② 동물애호주간설정(매년 9월 20일~26일) ③ 동물보호자 등의 책임 ④ 동물의 사육 및 보관 등에 관한 가이드라인 제공 ⑤ 동물취급업자의 규제 ⑥ 주위의 생활환경 보전 ⑦ 위험한 동물의 사육 규제 ⑧ 개 및 고양이의 인수 등 ⑨ 동물학대, 유기 등에 관한 벌칙이다.[91]

90 1997년 5월 27일 아침 고베시의 중학교 정문에 어떤 소년의 절단된 머리 부위가 방치된 것을 통행인이 발견하여 경찰에 통보했고, 피해자는 근처에 사는 11세 소년으로 밝혀졌다. 귀까지 절단된 피해자의 입에는 '酒鬼薔薇聖斗(사카키바라세이토)'라는 범행성명문이 있었고, 6월 4일에 범인으로부터 두 번째 범행성명문이 고베신문사로 보내졌다. 결국 6월 28일에 범인이 체포되었는데 범인은 나이 14세의 중학생이었다. 동 사건으로 2명이 사망했고, 3명이 중경상을 입었다. 이 사건에서 주목한 것은, 소년이 잔혹한 범행에 이르기 전에 동물들을 학대해 온 사실이었다. 소년은 개구리 해부를 시작으로 하여 개와 고양이에 이르기까지 학대를 해왔고, 동물학대에 만족하지 못하자 살인까지 하게 된 것이다.

91 일본 환경환경부 자연환경국 총무과 동물애호관리실 홈페이지 참조. 최종검색일: 2018. 2. 28. https://www.env.go.jp/nature/dobutsu/aigo/1_law/outline.html

02
반려견의 출생과 사망

반려견 법률상식

02

반려견의 출생과 사망

1. 출생과 등록

반려동물 등록제는 잃어버린 반려동물을 쉽게 찾고, 유기동물로 인한 질병 및 인수공통전염병 예방 및 유기·유실을 방지하기 위하여 2008년에 도입되었다. 도입 당시에는 임의등록제로 운영되다가 2014년 1월 1일부터는 반려동물등록이 의무화되었다. 반려동물등록이 의무화됨에 따라서, 「동물보호법」이 정한 바에 따라 등록을 하지 않은 경우에는 1차 위반시 20만원, 2차 40만원, 3차 60만원이 부과된다(동 시행령 별표).

등록대상은 단독주택, 공동주택, 주거시설로 이용가능한 주택 이외의 건축물과 그 부속토지(준주택) 등에서 키우는 2개월령(3개월에서 2개월로 변경된 시행령 규정이 2020년 3월 21일부터 시행됨) 이상의 개[1]로서, 등록대상 반려견의 소유자는 주소지를 관할하는 시·군·구청에 동물등록을 하여야 한다. 다만, 동물등록업무를 대행할 수 있는 자를 지정할 수 없는 읍·면과 일부 섬지역은 제외된다. 그러나 2018년 3월의 「동물보호법」 개정으로 2018년 9월부터 맹견은 지역에 따른 예외없이 모두 등록대상이 되었다.[2] 즉, 맹견에 대해서는 지역에 예외를 두지 않고 반드시 등록하도록 하여 맹견에 대한 안전관리를 강화하였으며, 2024년부터는 맹견사육허가제가 시행되고 있다.

그리고 등록대상동물이 출생하였거나 분양받은 경우는 신규등록을 하여야 하고, 등록대상동물을 잃어버리거나 등록대상동물이 죽은 경우 등에는 변경등록[3]을 하여야 한다.

동물등록제의 도입이 의무화된 2014년에는 약 88만 마리의 반려견이 등록되었고, 이후 등록견은 해마다 늘어서 2022년 말을 기준으로 총 3,025,859마리이다.

---

1 동물보호법 시행령 제3조(등록대상동물의 범위) 법 제2조 제2호에서 "대통령령으로 정하는 동물"이란 다음 각 호의 어느 하나에 해당하는 월령(月齡) 2개월 이상인 개를 말한다. 1. 「주택법」 제2조 제1호 및 제4호에 따른 주택·준주택에서 기르는 개 2. 제1호에 따른 주택·준주택 외의 장소에서 반려(伴侶) 목적으로 기르는 개

2 「동물보호법」 제12조(등록대상동물의 등록 등)의 단서가 "다만, 농림축산식품부령으로 정하는 바에 따라 시도의 조례로 정하는 지역은 제외한다"에서 "다만, 등록대상동물이 맹견이 아닌 경우로서 농림축산식품부령으로 정하는 바에 따라 시도의 조례로 정하는 지역에서는 그러하지 아니하다"로 개정되었다.

3 소유자가 변경된 경우는 물론이고 소유자의 주소나 전화번호가 변경된 경우, 분실신고후 다시 찾은 경우, 무선식별장치나 인식표를 잃어버리거나 헐어서 못쓰게 된 경우에도 변경신고를 하여야 한다.「동물보호법 시행규칙」 제9조.

표 5 등록된 반려견 누계[4]

	2014	2015	2016	2017	2018	2019	2020	2021	2022
수	887,966	979,198	1,070,707	1,175,516	1,304,077	2,092,163	2,321,701	2,766,250	3,025,859

반려견을 등록할 수 있는 대행기관은 2024년 6월 현재 총 4,365개소가 지정되어 있는데, 등록대행기관의 대부분은 동물병원이다. 등록방식으로는 내장형과 외장형 무선식별장치[5] 2가지가 있고, 전체 등록견 중에서 내장형은 1,506,650마리(49.8%)이고 외장형은 1,160,305마리(38.3%)이다. 전체적으로 보면 내장형 무선식별장치에 대한 선호도가 높지만, 2021년 이후 신규등록은 외장형 비율이 내장형보다 높다. 외장형은 수술과정이 필요없어서 등록이 간편하고, 무선식별장치의 체내 삽입에 부정적인 견주가 선호하고 있다.

2021년 2월 12일부터는 개정된 「동물보호법」에 따라, 동물판매업자가 구매자의 명의로 동물등록신청을 하도록 제도가 변경되었다. 반려동물 등록의무가 있음에도 불구하고 아직 등록을 하지 않은 경우도 있다. 동물등록을 하지 않은 이유에 대해서는 '등록할 필요성을 느끼지 못해서'가 29.3%로 가장 높았으며, '동물등록제도를 알지 못하여서'가 23.6%, '동물등록 방법 및 절차가 복잡해서'가 20.0%, '등

4 농림축산식품부, 2020년 반려동물 보호·복지실태 조사결과 보도자료, 2021. 5. 18, 14쪽.

5 이전에는 동물등록방식의 하나로 인식표를 인정하고 있었으나, 인식표는 훼손되거나 떨어질 가능성이 높아서 등록방식에서 제외되었다.(2020년 8월 21일부터). 동물등록방식에서는 제외되었지만, 반려견의 외출시에는 소유자의 이름과 연락처 등을 표시한 인식표를 반려견에 반드시 부착하여야 하는 의무는 여전히 「동물보호법」 제13조 제1항에 규정되어 있다. 인식표 미부착 시에는 「동물보호법 시행령」 별표(과태료의 부과기준)에 의하여 1차 위반시 5만원, 2차 위반시 10만원, 3차 위반시 20만원의 과태료가 부과될 수 있다.

록하기 귀찮아서'가 13.3%의 순으로 나타났다.[6] 동물등록률을 높이기 위해서는, 등록제도에 대한 지속적인 홍보와 제도개선이 필요하지만 견주들의 인식개선도 필요하다.

2. 사망과 장묘

서울시와 농림축산식품부 추산에 따르면 한해 죽는 반려견은 15만 마리 정도인데 이는 하루 410마리에 해당된다.[7] 우리나라 인구통계를 보면 한해 사망자수가 2023년 기준 352,700명이고, 이는 하루 평균 966명이 사망[8]하는 것과 비교해 볼 수 있다. 하루 평균 사망하는 사람의 절반 정도의 반려견이 사망하고 있다고 볼 수 있다.[9]

반려견이 죽은 경우에는, 동물등록이 되어있는 반려견은 등록 말소신고를 하여야 하고, 아무데나 함부로 묻거나 버리지 말아야 한다. 반려견의 사체를 처리하는 방법에는 두 가지가 있다. 가장 좋은 방법은 동물장묘업자에게 위탁하는 것이고, 여의치 않은 경우에는 법

6 농림축산식품부, 2023 동물복지에 대한 국민의식조사 보고서, 2023. 12, 24쪽.

7 중앙일보, 2017. 6. 27.

8 통계청, 국가통계포털, 2024년 6월 3일 방문.

9 이는 집에서 기르는 반려동물이 사망하는 경우의 통계이고, 식용으로 사육되는 개가 도축되는 경우를 포함하면 훨씬 많은 것으로 추정되고 있다. 즉, 신고된 가축분뇨처리시설이 있는 '개농장'과 통계에 잡히지 않은 '개농장'을 포함하면 연간 100만 마리 이상의 개들이 식용으로 유통되는 것으로 추정되며, 이는 하루에 2,740마리의 개가 도축되는 숫자라고 한다. 한국일보, 2017. 6. 23.

령이 정한 바에 따라서 스스로 '버리는' 것이다.

법률에 따르자면 동물의 사체는 「폐기물관리법」 제2조 1호[10]에 따라 폐기물로 분류되기 때문에, 반려견의 사체도 법적으로는 '폐기물'로 분류된다. 즉, 동물병원에서 배출되는 의료폐기물이 아닌 한, 반려견은 '생활폐기물'로 분류되기 때문에, 폐기물 종량제 봉투에 담아서 처리하여야 한다. 또한 「폐기물관리법」 제8조에 따라서, 사망한 반려견을 함부로 매립하거나 소각하는 것은 금지되어 있으며 공원·도로 등에 무단으로 투기하는 것도 물론 아니 된다. 반려견을 야산 등 공공지역에 매립하는 경우에는 생활쓰레기 무단 매립과 동일하게 70만원의 과태료가 부과될 수 있다. 사망한 반려견을 무단투기하면 5만원, 종량제 이외의 봉지 등에 담아서 버리면 10만원 혹은 20만원의 과태료가 부과될 수 있다(「폐기물관리법」 제68조 및 동법 시행령 별표 8 참조). 바다나 강 등에 반려견의 사체를 버리는 것도 당연히 법률[11]에서 금지하고 있으며, 이렇게 하천 등에 동물의 사체를 버리는 경우

10 「폐기물관리법」 제2조 1호 "폐기물"이란 쓰레기, 연소재(燃燒滓), 오니(汚泥), 폐유(廢油), 폐산(廢酸), 폐알칼리 및 '동물의 사체(死體)' 등으로서 사람의 생활이나 사업활동에 필요하지 아니하게 된 물질을 말한다.

11 「물환경보전법」 제15조(배출 등의 금지) 누구든지 정당한 사유없이 다음 각호의 어느 하나에 해당하는 행위를 하여서는 아니된다. 2. 공공수역에 분뇨, 가축분뇨, 동물의 사체, 폐기물(「폐기물관리법」에 따른 지정폐기물은 제외한다) 또는 오니(汚泥)를 버리는 행위; 「공유수면 관리 및 매립에 관한 법률」 제5조(금지행위) 누구든지 공유수면에서 정당한 사유 없이 다음 각 호의 어느 하나에 해당하는 행위를 하여서는 아니 된다. 1. 폐기물, 폐유, 폐수, 오수, 분뇨, 가축분뇨, 오염토양, 유독물, 동물의 사체, 그 밖에 해양수산부령으로 정하는 오염물질을 버리거나 흘러가게 하는 행위; 「항만법」 제22조(금지행위) 누구든지 정당한 사유 없이 항만에서 다음 각 호의 행위를 하여서는 아니 된다. 1. 유독물이나 동물의 사체를 버리는 행위

에는 형사처벌을 받을 수도 있다.[12]

사망한 반려견은 동물장묘업자에게 위탁하여 처리하는 것이 가장 적절하다는 것은 앞서 말한 바와 같다. 현행 「동물보호법」 제22조 제3항에서는 “동물보호센터의 장은 제1항에 따라 동물의 사체가 발생한 경우 「폐기물관리법」에 따라 처리하거나 제33조에 따라 동물장묘업의 등록을 한 자가 설치·운영하는 동물장묘시설에서 처리하여야 한다”고 규정하고 있다. 또한 「폐기물처리법」 제3조 제1항 9호에는 「동물보호법」 제32조 제1항에 따른 동물장묘업의 등록을 한 자가 설치·운영하는 동물장묘시설에서 처리되는 동물의 사체는 폐기물에 적용되지 않는 것으로 규정하고 있다.

즉, 동물장묘업 등록을 한 자가 설치·운영하는 동물장묘시설에서 처리되는 동물의 사체는 「폐기물처리법」상의 폐기물이 아니다. 이러한 법률 규정에 맞추어 반려동물장례서비스가 등장하고 이를 업으로 하는 사업자와 관련 시설도 늘어나고 있다. 반려동물장례서비스는 반려동물의 장례를 치러주는 서비스로 반려동물을 위해 화장 및 납골당 안치 등을 동물장묘시설에서 진행하는 것이다.[13] 반려동물장례서비스를 ‘동물장묘업’이라고 하며, 「동물보호법」은 2007년 이후부터 이에 관한 상세한 규정을 두어 동물장묘업 규정을 시행하

12 수십마리의 소와 돼지를 제물로 사용하여 제사를 지낸 후 한강에 버린 행위에 대하여 「수질 및 수생태보전에 관한 법률」 위반으로 징역 1년에 집행유예 2년, 사회봉사명령 200시간이 선고된 사건이 있음(2016. 11. 10. 서울중앙지방법원 2016고단6979). 이후 2017년에 「수질 및 수생태보전에 관한 법률」은 「물환경보전법」으로 제목이 변경됨.

13 김홍석/정진구, 반려동물 장례관련법의 이해, 화산미디어, 2016, 5쪽.

고 있다. 즉, 「동물보호법」 제32조와 동 시행규칙 제37조(동물장묘업 등의 등록)에는 동물장묘업을 하려는 자에게 인력현황과 시설 내역,[14] 동물 사체에 대한 처리 후 잔재에 대한 처리계획서 등을 제출하여 등록하도록 하고 있다. 동물의 사체처리 방식으로는 화장(火葬), 건조멸균분쇄, 수분해장(水分解葬)[15]이 있고, 동물전용 장례식장에는 장례준비실과 분향실이 갖추어져 있다. 동물화장시설, 동물건조장시설 및 동물수분해장시설에는 각각 화장로, 건조·멸균분쇄시설 및 수분해시설의 작업내용을 확인할 수 있는 CCTV를 사각지대의 발생이 최소화될 수 있도록 설치·운영해야 하고, 소음·매연·분진·폐수·악취의 방지에 필요한 시설을 설치해야 한다. 또한 2023년 6월의 「동물보호법」 개정을 통하여, 동물장묘업자는 자신의 영업장에 있는 동물장묘시설을 다른 자에게 대여할 수 없도록 하고 있다. 이를 위반 하는 자에게는 1년 이하의 징역 또는 1천만원 이하의 벌금에 처하도록 규정하고 있다.

동물장묘업체는 관할 시·군·구에 등록하여야 한다. 즉, 동물전용 장례식장, 화장장, 납골시설 등 동물장묘업체는 관할 시·군·구에 등록해야 영업을 할 수 있으며, 영업을 하는 가운데 준수해야 할 의무사항은 법령에 정해져 있다. 동물장묘업을 등록제에서 허가제로 변경하는 「동물보호법」 개정이 2023년 4월 27일부터 시행됨으로 인하여 동물장묘업의 허가요건과 의무사항은 더욱 엄격해졌다. 경기도

14 동물장묘시설의 화장로 개수는 3개로 제한되어 있었는데, 이러한 화장로 개수 제한은 「동물보호법 시행규칙」의 개정을 통하여 2020년 8월 21일부터 폐지되었다.

15 수분해장은 화학용액을 사용하여 동물의 사체를 녹이고 유골만 수습하는 방법임.

고양시, 남양주시, 김포시, 파주시, 전라남도 담양군은 특별히 「동물장묘업 시설 기준 규칙」 혹은 「동물장묘시설의 설치 및 운영 조례」 등을 만들어 운영하고 있다. 동 규칙에는 동물장묘업에 관한 기본원칙, 시설기준, 소각·건조대상, 동물장묘업자의 준수사항 등에 관한 사항이 규정되어 있다.

농림축산식품부에는 2024년 6월 현재 총 74개 동물장묘업체가 등록되어 있는데, 동물장묘업체는 경기도에 26개소와 경상남도에 9개소 등 인구가 많은 도시를 중심으로 분포되어 있다. 서울특별시나 대전광역시, 제주특별자치도에는 등록된 동물장묘업체가 없다. 동물장묘업체는 동물보호정보시스템(www.animal.go.kr)의 '반려동물 영업자 정보'에서 연락처와 홈페이지 주소 등을 확인할 수 있다. 2017년 6월의 농림축산식품부 점검 결과 미등록 동물장묘업체가 19개소나 적발되기도 하였다.[16] 등록된 동물장묘업체에서 화장되는 동물의 수는 연간 31,000~33,000 정도에 이르지만, 아직도 동물의 사체는 아무데나 버려지고 있기도 하다. 2017년 6월 25일 서울시와 농림축산식품부 추산에 따르면 한해 죽음을 맞는 반려동물은 최소한 15만 마리 이상임에도 불구하고, 등록된 장묘업체에서 화장되는 동물의 수는 약 3만여 마리뿐이다. 화장되지 않는 나머지 12만 마리 이상은 생활폐기물이나 의료폐기물로 분류돼 민간 소각장에서 화장되거나, 야산·길거리 등에 몰래 매장되거나 버려진다. 이는 장묘업체 수가 아직은 많지 않아 불편하기도 하지만, 약 30만원 정도가 들어가는 장묘비용

16 농림축산식품부, 보도자료–동물장묘업체 점검결과, 불법 영업장 7개소 적발, 2017. 6. 22.

이 반려동물 주인들에게 부담이 되기 때문이라고 한다.[17] 최근 조사에 따르면, 반려동물이 죽었을 때 직접 매장한 경우가 58.7%이고 장묘시설을 이용한 경우는 29.6%에 불과했으며, 장묘시설을 이용한 가구는 장례비로 평균 38만원을 지출한 것으로 조사되었다. 그리고 반려가구 64.5%는 향후 수목장 혹은 봉안당을 이용하거나 메모리얼 스톤을 제작하기를 원하고 있으며 장례비용은 48만 천원 정도를 예상하고 있다.[18] 죽은 반려동물을 쓰레기와 함께 버리거나 아무데나 묻으면, 환경이 오염되고 공중위생에 해가 될 수 있다. 따라서 어느 정도 비용이 들어가더라도 반려견의 사체는 동물장묘업자를 통해 위생적으로 처리하는 것이 바람직하다.

동물장묘업자는 동물화장장을 운영할 수 있는데, 동물화장시설의 경우 동물사체 처리시 발생하는 분진이나 악취 등으로 인하여 환경오염 및 주민들의 주거환경 침해 문제가 야기될 수 있다. 2017년 3월에 대구 서구 상리동에서 동물화장장을 건설하려고 건축허가를 신청한 업체가 있었다. 동 민간사업자는 대구 서구청에 제출한 동물화장장 건축허가 신청서가 반려되자, 허가신청 반려처분을 취소하라고 행정소송을 제기하였다. 원고는 1·2심은 물론이고 2018년 8월에 대법원에서도 승소하였지만, 주민들의 반대는 계속되었다. 화장장 건축 예정지가 학교 주변이기 때문에 반대하였으며, 동물화장장

17 서준석, 반려동물 1,000만시대－종량제봉투에 버려졌다 극적으로 살아난 반려견－존중없는 동물의 최후, 중앙일보, 2017. 6. 26.

18 황원경, 이신애, 2023한국반려동물 보고서 - 반려동물 맞이준비와 건강관리, KB경영연구소, 2023, 45쪽.

은 개인사업자가 아닌 지자체나 중앙정부가 주체가 되어야 한다는 주장도 하였다.[19]

과거에는 「장사 등에 관한 법률」로 정하는 일정지역 외에는 별다른 설치장소 제한규정이 없어 인근 주민과의 분쟁이 발생하였다. 그러나 2018년 12월의 「동물보호법」 개정으로, 동물화장장 설치 과정에서 발생하는 인근 지역주민과의 분쟁을 줄이기 위하여, 인가밀집지역, 학교, 그 밖에 공중이 수시로 집합하는 시설 또는 장소로부터 300미터 이하 떨어진 곳에는 동물장묘시설을 설치할 수 없도록 하였다. 또한 지방자치단체의 장으로 하여금 공설 동물장묘시설을 설치·운영할 수 있도록 하는 법적 근거를 마련하였다.

「동물보호법」에서 동물장묘업의 지역적 등록제한사유를 불완전·불충분하게 규정한 것이 환경권을 침해한다고 주장하는 헌법소원심판이 제기된 적이 있다. 이 사건에서 헌법재판소는 「동물보호법」과 「장사 등에 관한 법률」 등에서 동물장묘업의 지역적 등록제한사유를 불완전·불충분하게 규정하였다고 하더라도, 환경권을 침해한 것으로 볼 수 없다고 판결하였다.

✔ 헌법재판소 결정(헌재 2020. 3. 26. 2017헌마1281(입법부작위 위헌확인)
동물보호법, '장사 등에 관한 법률', '동물장묘업의 시설설치 및 검사기준' 등 관계규정에서 동물장묘시설의 설치제한 지역을 상세하게 규정

19 '대법원 "적법" 판결에도 주민들 "반대" 대구 동물화장장 갈등 심화', 중앙일보, 2018. 11. 6.

하고, 매연, 소음, 분진, 악취 등 오염원 배출을 규제하기 위한 상세한 시설 및 검사기준을 두고 있는 등의 사정을 고려할 때, 심판대상조항에서 동물장묘업 등록에 관하여 '장사 등에 관한 법률' 제17조 외에 다른 지역적 제한사유를 규정하지 않았다는 사정만으로 청구인들의 환경권을 보호하기 위한 입법자의 의무를 과소하게 이행하였다고 평가할 수는 없다. 따라서 심판대상조항은 청구인들의 환경권을 침해하지 않는다.

농림축산검역본부가 2018년 11월에 2,000명을 대상으로 한 조사에 따르면, 기르는 반려동물이 죽었을 때 처리 계획에 대해서는 반려동물 장묘시설을 이용해 처리하겠다는 응답이 55.7%로 가장 높았으며, 주거지·야산 매립(35.5%), 동물병원에서 처리(8.5%) 등의 순으로 조사되었다.[20] 이렇게 반려동물이 죽으면 동물장묘시설을 이용하겠다는 응답이 많음에도 불구하고, 동물장묘시설을 설치하는 데에는 어려움이 많이 있다. 「동물보호법」이나 「건축법」과 「폐기물관리법」 등의 규정이 상충되는 것이 있고 각 지방자치단체의 관련 행정업무가 통일되지 않고 수많은 민원에 직면하기 때문이다.[21]

아직도 많은 사람은 동물의 장례를 기이하거나 사치스러운 것으로 생각하지만, 감정을 교류하고 아끼던 동물과의 헤어짐을 안타까워하여 장례식을 갖는 것은 사치스러운 것이 아니라 자연스러운 것이다. 반려동물의 사망으로 인한 상실감[22]에 대하여 비반려인들은

20 농림축산검역본부, 2018년 동물보호에 대한 국민의식 조사결과 보도자료, 2019. 2. 1. 3쪽.

21 김영순 동물장묘시설의 신설에 관한 행정규제의 쟁점 및 개선방안, 강원법학, 제50권, 2017, 463쪽.

이해하고 존중하여야 한다. 동물장묘업에 대한 수요가 증가하고 있기 때문에, 이동식 동물화장시설을 포함하여 동물장묘업의 활성화 방안이 지속적으로 검토되어야 한다.[23] 동물장묘시설을 규제하고 반대할 것이 아니라, 지리적 및 경제적 접근성을 강화하고 특히 환경에의 부담이 적어지도록 국가와 지방자치단체는 노력하여야 한다.

22 펫로스 증후군(pet loss syndrome)은 반려동물의 사망으로 인한 슬픔, 상실감, 우울증 등의 증상을 의미함.

23 장은혜, 동물장묘업의 법적 쟁점, 동물법연구, 창간호, 2020. 2, 105쪽.

03 반려견의 양육과 관리

1. 분양 및 매매
2. 사육과 관리의 기준
3. 주거와 소음
4. 외출과 배설물
5. 질병과 치료
6. 식품과 의약품
7. 유기동물 및 유실동물
8. 미시행 폐지된 신고포상금(펫파라치) 제도
9. 펫시터
10. 펫티켓과 펫러닝

03 반려견의 양육과 관리

1. 분양 및 매매

1) 일반견

일반적으로 동물판매업소나 일반인으로부터 반려견을 구입하나, 동물보호센터나 친지로부터 반려견을 분양받기도 한다. 한국소비자원이 2013년에 1,146명을 대상으로 한 조사에 따르면, 반려동물 획득경로는 아는 사람(53.9%), 동물판매업소(19.3%), 동물병원(9.4%), 인터넷 개인거래(6.0%), 기르던 동물이 낳은 새끼(3.6%), 반려동물 복합매장(2.8%), 길거리 판매자(1.7%), 동물보호센터(1.3%), 유기동물(1.2%) 순서이다. 지인을 통해 반려동물을 받는 경우가 53.9%로 가장 많다. 유기동물을 보호센터나 직접 데리고 오는 경우는 2.5%인 것이 큰 특징이다.[1]

농림축산검역본부가 2021년에 반려동물 양육자 1,296명을 대상으로 한 조사에 따르면, 반려동물 입양경로는 지인에게서 무료로 분양받음(44.3%), 펫샵에서 구입(22.5%), 지인에게서 유료로 분양받음(8.8%)의 순으로 나타났다.[2] 그리고 2023년에 조사된 반려동물 입양경로는 지인에게서 무료로 분양받음(41.8%), 펫샵에서 구입(24.0%), 동물보호시설(지자체+민간)(8.9%), 지인에게 유료로 분양받음(8.7%)길고양이 등을 데려다 키움(7.9%)의 순으로 나타났다.[3]

그리고 입양비용에 관한 2021년의 조사에 따르면, 유료로 분양받은 반려동물 양육자 548명을 대상으로 질문한 결과, 입양평균비용은 43.7만원으로 조사되었는데, 펫샵에서 구입한 사람이 평균 49.8만원으로 높고, 동물보호단체 등 민간동물보호시설에서 입양한 사람이 평균 31.5만원으로 낮게 대답하였다.[4] 반려견 입양비에 관한 2023년의 조사에서는 입양비가 평균 31만원이었는데, 일반 애견센터(57.1만원)나 반려동물 복합매장(65.3만원) 그리고 전문브리더(70만원) 순으로 분양비가 높았다. 동물보호센터(8.3만원) 친구나 친지 등 지인(8.4만원)의 경우에는 분양비가 낮았다.[5]

---

1 김선희, 반려동물 관련 소비실태 및 개선방안, 한국소비자원, 2013, 9쪽.

2 농림축산식품부, 2021년 동물보호에 대한 국민의식조사 결과보고서, 2021. 11. 97쪽.

3 농림수산식품교육문화정보원, 2023년 동물복지에 대한 국민의식조사 보고서, 2023. 12. 84쪽.

4 농림축산식품부, 2021년 동물보호에 대한 국민의식조사 결과보고서, 2021. 11. 97쪽.

5 황원경, 이신애, 2023한국반려동물 보고서 – 반려동물 맞이준비와 건강관리, KB경영연구소, 2023, 46쪽.

그림 5 **반려동물 입양경로** (단위: %)

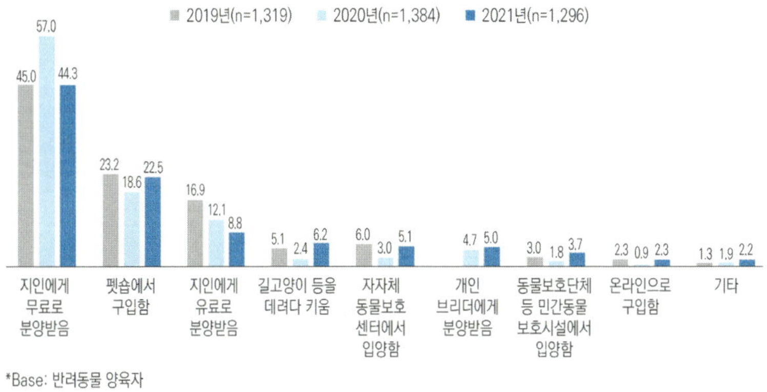

※ 출전: 농림축산식품부, 2021년 동물보호에 대한 국민의식조사 결과보고서, 2021. 11. 97쪽.

2017년 개정된 「동물보호법」 제8조 제3항에서는 "누구든지 … 동물에 대하여 포획하여 판매하거나 죽이는 행위, 판매하거나 죽일 목적으로 포획하는 행위 또는 다음 각 호에 해당하는 동물임을 알면서도 알선·구매하는 행위를 하여서는 아니 된다"고 규정하고 있고, 제32조 제1항에서는 "반려동물과 관련된 다음 각 호(1. 동물장묘업 2. 동물판매업 3. 동물수입업 4. 동물생산업 5. 동물전시업 6. 동물위탁관리법 7. 동물미용업 8. 동물운송업)의 영업을 하려는 자는 농림축산식품부령으로 정하는 기준에 맞는 시설과 인력을 갖추어야 한다"고 규정하고 있어서, 예를 들어 길거리에서 강아지를 파는 '노점판매'는 불법이다. 반려견을 번식(생산)하는 자는 관할 시·군·구청장의 허가를 받아야 하고, 반려견을 판매하는 자는 관할 시·군·구청에 등록하고 하여야 한다. 그러나 불특정 다수를 대상으로 하는 영업의 목적이 아닌 경우로서 친척이나 지인 등에게 반려견을 분양하는 것은 불법이 아니다. 특히 지인에게 유료로 분양을 한다고 하더라도 상시적으로 하지 않는 한, 영업의 목적을 가지고 있다고 볼 수 없을 것이기 때문에 불법으로 볼 수 없다.

20세에서 64세까지의 국민 5천명을 대상으로 한 동물보호에 대한 국민의식조사에 따르면, 개인 간 반려동물 거래 금지 필요성에 대해 '허가된 판매업자 이외에는 동물 판매를 금지해야 한다'가 37.9%로 가장 많았고, 그 다음으로는 '반려동물 입양 방법까지 법으로 규제하는 것은 과도하다'(28.9%), '모든 반려동물 거래를 금지해야 한다'(16.5%)의 순으로 나타났다.[6] 모든 반려동물의 거래를 금지하는 것이 이상적일 수는 있지만, 허가된 판매업자 이외에는 동물판매를 엄격히 금지하되 비영리 목적으로 기르던 개가 새끼를 낳아서 분양을 하는 가정분양의 경우에는 예외를 인정하는 것이 현실적이라 본다.

온라인을 통한 거래가 오프라인에서의 거래보다 많아진 상황에서 반려동물을 온라인으로 거래하는 것을 금지해야 한다는 의견이 있다. 즉, 반려동물을 온라인을 통해 손쉽게 거래하는 것은 부적절하므로 금지해야 한다는 의견이 48.0%로 가장 높고, 온라인 거래를 완전히 금지하는 것은 과도하므로 허가받은 영업자나 개인은 온라인 거래를 허용해야 한다가 31.2%. 온라인 동물거래를 제한하면 반려동물 입양이 어려워져 이를 금지하는 것은 과도하다 9.9%의 순으로 나타났다.[7]

6 농림축산식품부, 2021년 동물보호에 대한 국민의식조사 결과보고서, 2021. 11. 109쪽.

반려견 판매업을 하려는 자는 시장, 군수, 구청장에게 등록[8]하여야 하고, 반려견 판매업자는 동물의 보호와 공중위생에 필요한 조치와 피해의 방지를 위하여 필요한 시설과 인력을 갖춰야 한다. 또한 동물판매업 운영 등에 관한 준수사항을 지키고 필요한 교육도 받아야 한다(동물보호법 제36조 및 제37조). 농림축산식품부는 지방자치단체와 합동으로 펫숍이라고 불리는 반려동물 판매업체와 펫택시라 불리는 동물운송업체, 동물장묘시설 영업자 등 무등록 반려동물영업자에 대한 특별단속을 실시하기도 한다.[9] 허가를 받지 않고 동물생산업을 하거나 등록을 하지 않고 동물판매업 등을 하는 사람은 「동물보호법」 제46조 제3항에 의하여 500만원 이하의 벌금형에 처해질 수 있다.

동물판매업자는 생후 2개월 이상 된 반려견만 판매할 수 있으며, 반려견을 파는 때에는 동물판매업 등록번호, 업소명, 동물의 출생일자가 포함된 계약서를 소비자에게 주어야 한다. 농림축산검역본부가 2021년에 펫샵은 통해 입양한 반려동물 양육자 291명을 대상으로 한 조사에 따르면, 54.3%가 매매계약서를 발급받은 것으로 조사되었다.[10] 2023년의 조사에서는 57.5%가 매매계약서를 발급받은 것으로 나타났다. 매매계약서에서 확인하고 싶은 내용으로는 '반려동물의 건강 상태 및 진료기록'이 46.0%, '판매자 정보'가 25.7%, '반려

7 농림수산식품교육문화정보원, 2023년 동물복지에 대한 국민의식조사 보고서, 2023. 12. 98쪽.

8 동물판매업은 2022년 4월 26일에 개정된 「동물보호법」이 2023년 4월 27일부터 시행되면서 등록제에서 허가제로 변경된다.

9 서울신문, 농식품부, 무허가 애견호텔·펫숍 등 특별단속, 2019. 4. 24.

10 농림축산식품부, 2021년 동물보호에 대한 국민의식조사 결과보고서, 2021. 11. 104쪽.

동물 개체정보'가 17.1%의 순이다.[11]

반려견을 판매하려는 자는 반려견을 구매자에게 직접 전달하거나, 동물운송업의 등록을 한 자를 통하여 배송하여야 한다(동물보호법 제19조의2). 즉, 반려견은 단순한 물건이 아니기 때문에 물건을 배송하는 일반 택배 등의 방법으로는 할 수 없다. 반려동물 배송자는 급격한 출발이나 제동으로 동물에게 충격과 상해를 주어서는 안되고, 호흡곤란 등 고통과 불편을 최소화할 수 있는 차량을 이용하여야 하는 등의 시설과 기준을 준수하여야 한다(동물보호법 제19조).

반려견을 판매하는 동물판매업자의 의무사항을 정리해 보면, 관할 시·군·구청에 동물판매업 등록을 하고 동물의 보호와 공중 위생상의 위해방지를 위하여 필요한 시설과 인력을 갖춰야 하고,[12] 또한 동물판매업자는 생후 2개월 이상 된 반려견만 판매할 수 있으며, 동물을 실물로 보여주지 않고 판매하는 것은 금지된다. 이는 온라인 판매가 금지됨을 의미한다. 미성년자에게는 동물을 판매, 알선 또는 중개하는 것도 금지된다. 동물판매업자는 동물판매업 등록번호, 업소명, 주소 및 전화번호, 동물의 출생일자 및 판매업자가 입수한 날, 동물을 생산(수입)한 동물생산(수입)업자 업소명 및 주소, 동물의 종류, 품종, 색상 및 판매시의 특징, 예방접종, 약물투여 등 수의사의 치료기록 등이 포함된 계약서를 구매자에게 제공하여야 한다.[13]

---

11 농림수산식품교육문화정보원, 2023년 동물복지에 대한 국민의식조사 보고서, 2023. 12. 94쪽.

12 동물판매업의 시설 및 인력기준은 「동물보호법 시행규칙」 별표10(허가영업의 시설 및 인력기준)(2024. 5. 27. 개정)에 규정되어 있다.

반려견을 구입하려는 입장에서 보면, 판매업자에게 계약서를 달라고 하는 등 위의 사항을 요구할 수 있다. 만약 반려견의 구입과 관련하여 종종 분쟁이 발생하기도 하는데, 이러한 경우에는 다음의 '소비자분쟁 해결기준'에 의하여 해결될 수 있다.

표 6 **소비자분쟁 해결기준**14

애완동물판매업(개, 고양이에 한함)	
분쟁유형	해결기준
1) 구입 후 15일 이내 폐사 시	· 동종의 애완동물로 교환 또는 구입가 환급(단, 소비자의 중대한 과실로 인하여 피해가 발생한 경우에는 배상을 요구할 수 없음)
2) 구입 후 15일 이내 질병 발생	· 판매업소(사업자)가 제반비용을 부담하여 회복시켜 소비자에게 인도. 다만, 업소 책임하의 회복기간이 30일을 경과하거나, 판매업소 관리 중 폐사 시에는 동종의 애완동물로 교환 또는 구입가 환급
3) 계약서 미교부 시	· 계약해제(단, 구입 후 7일 이내)

※ 판매업자는 애완동물을 판매할 때 다음의 사항이 기재된 계약서를 소비자에게 제공하여야 함.
① 분양업자의 성명과 주소
② 애완동물의 출생일과 판매업자가 입수한 날
③ 혈통, 성, 색상과 판매당시의 특징사항
④ 면역 및 기생충 접종기록
⑤ 수의사의 치료기록 및 약물투여기록 등
⑥ 판매당시의 건강상태
⑦ 구입 시 구입금액과 구입날짜

그러나 이러한 기준은 합의 또는 권고의 기준을 제시하는 것으로 판매자와 소비자에게 구속력이 없기 때문에, '소비자분쟁 해결기준'에 의하여 해결되지 않는 경우에는 소송으로 이어질 수 있다. 소송

13 「동물보호법 시행규칙」 별표12(영업자의 준수사항)(2024. 5. 27. 개정) 참조.
14 「공정거래위원회고시」 제2023-28호, 별표2) 품목별 해결기준 29. 애완동물판매업(1개업종), 2023. 12. 20. 일부개정, 시행 2023. 12. 20.

의 예를 들면, 다음과 같은 사례이다.

어떤 사람이 등록도 하지 않고 2013. 10. 20.경 대전에서 130평의 매장에 진열장 49개와 책상, 의자 등을 갖추고 대전애완동물경매장이라는 상호로 개와 고양이를 중간도매업자에게 알선·판매하는 동물판매업을 하였다. 「동물보호법」 위반으로 기소된 피고인은 애견 생산자(번식업자)와 애견 분양자(애견센터, 동물병원 등)를 중개하고 양쪽에서 수수료를 받았을 뿐, 소비자에게 직접 애견을 판매하지 않았으므로 '동물판매업'을 영위한 것이 아니라고 주장하였다.

판례(대전지방법원 2015. 5. 28. 선고 2014고정2029 판결[동물보호법위반])

동물보호법 시행규칙 제36조 제2호는 동물보호법 제32조 제2항에 따른 동물판매업을 '소비자에게 제35조 제1항에 따른 동물을 판매하거나 알선하는 영업'이라고 정하고 있다. 피고인은 동물 판매를 '알선'하였다고 볼 수 있고, '소비자'의 개념을 최종 소비자라고 한정할 근거가 없으므로 피고인이 판매를 알선한 애견 분양자도 '소비자'에 포함된다고 보는 것이 타당하다. 따라서 피고인은 동물판매업을 영위하였다고 본다.

1심에서 벌금 백만원이 선고되자 피고인은 항소하였지만 항소심에서도 패소하였다. 항소심에서도 역시 '동물판매업'에는 '생산업자와 분양업자를 중개하고 양쪽으로부터 수수료를 지급받는 영업'도 포함된다고 보았다.[15] 반려견을 생산하고 '소매'하는 업자만이 아니

15 대전지방법원 2015. 11. 12. 선고 2015노1743 판결[동물보호법위반].

라 '도매'하는 업자도 동물판매업자라는 의미이다.

그러나 이러한 1심과 2심 재판과는 달리 대법원에서는 피고인이 동물판매업자에 해당하지 않는다고 하는 이유를 들어 피고인이 무죄라는 취지로 사건을 고등법원에 환송하였다.

판례(대법원 2016. 11. 24. 선고 2015도18765 판결[동물보호법위반])

동물보호법 시행규칙 제36조는 동물판매업을 '소비자에게 제35조 제1항에 따른 동물을 판매하거나 알선하는 영업'으로, 동물수입업과 동물생산업은 '~하여 영업자에게 판매하는 영업'으로 정의하여 소비자와 영업자를 구분하고 있다. (중략) 소비자를 반려동물을 구매하여 다른 사람에게 판매하는 영업을 하는 자도 포함한다고 보는 것은 그 '소비자'의 의미를 피고인에게 불리한 방향으로 지나치게 확장해석하거나 유추해석하는 것으로서 죄형법정주의에 어긋나므로 허용되지 아니한다.

동물보호법령의 미비를 지적하며, 형사재판에서는 죄형법정주의 원칙에 따라 미비한 법령을 적용하여 처벌할 수 없다는 의미를 강조한 판결이다. 이후 2017년 2월에 「동물보호법 시행규칙」이 개정되어 반려견 판매를 알선하는 중간판매업자도 동물보호법령의 적용을 받도록 명확히 규정되었다.

동물판매업과 동물수입업을 등록제에서 허가제로 변경하는 「동물보호법」 개정이 2023년 4월 27일부터 시행됨으로 인하여 동물판매업과 동물수입업의 허가요건과 의무사항은 더욱 엄격해졌다.

2) 맹견

「동물보호법」 및 「동물보호법 시행규칙」에 따르면, 맹견은 도사견, 핏불테리어(아메리칸 핏불테이어 포함), 아메리칸 스태퍼드셔 테리어, 스태퍼드셔 불테리어, 로트와일러 5가지 종류와 그 잡종의 개들이다. 과거에는 맹견을 분양받거나 사육함에 엄격한 규제가 없었으나, 맹견으로 인한 상해와 사망 등의 피해가 발생하면서, 맹견을 분양하거나 사육하는 것을 일정하게 규제하여야 한다는 주장이 제기되었으며, 2018년 3월의 「동물보호법」 개정을 통해 맹견에 대한 규제를 이전보다 강화하였다. 맹견에 대한 규제를 강화하였음에도 불구하고, 2019년 4월에 경기도 안성에서 산책을 하던 60대 여성이 맹견인 도사견에 물려 사망하였고, 2020년 2월에도 애견카페에서 일하던 여직원이 '도고 아르제티노'라는 맹견에게 입마개를 씌우려다 물려서 수차례 수술을 하는 등 개물림사고가 끊이지 않고 있다.

영국의 경우에는 이미 1991년에 「위험한 개법」(Dangerous Dogs Act)이 제정되었다. 이 법에서는 핏불테리어, 도사견, 도고 아르헨티노, 필라 브라질레이로 등을 특별한 관리대상으로 규정하고 이들을 사육하려면 법원의 허가를 받도록 하고 있다. 또한 공공장소에서의 입마개 착용을 의무화하고 배상보험가입과 중성화수술 및 마이크로칩 삽입도 의무화했다. 이러한 주의의무를 다하지 않아서 사람을 물어 상해를 입힌 경우에는 주인 혹은 관리책임이 있는 자에게 최대 5년, 사망에 이를 경우에는 최대 14년의 징역형이 선고될 수 있다.

독일의 경우에는 맹견을 19종으로 규정하여 엄격히 관리하도록 하고 있고, 아메리칸 핏불테리어, 아메리칸 스태퍼드셔테리어, 스태퍼드셔 불테리어, 잉글리시 불테리어 4종은 소유 자체를 금지하고 있다.[16] 외국에서는 맹견의 위험성을 법령과 판례에 반영하여, 우리보다는 상대적으로 맹견을 적극적으로 관리·통제하고 있다고 평가할 수 있다.

우리나라의 경우에도 맹견의 분양과 사육에 대한 규제, 특히 아파트 등 공동주택에서의 사육에 대한 규제와 법적 정비가 필요하다는 주장이 꾸준히 제기되다가, 맹견에 의한 물림사고로 인하여 맹견에 대한 사육 및 등록규제 등이 이루어 졌다. 2018년 3월의 「동물보호법」 개정(2018년 9월 21일 시행)을 통해서 맹견은 지역에 따른 예외없이 반드시 등록하여야 한다. 그리고 맹견의 소유자는 맹견을 소유한 날로부터 6개월 이내에 안전한 사육 및 관리에 관하여 교육을 받아야 하며, 이후에도 매년 3시간씩 정기적으로 교육을 받아야 한다. 동물보호정보시스템(http://www.animal.go.kr)을 통해 온라인(맹견 소유자 인터넷교육 동영상)으로도 교육을 받을 수 있다.

2020년 2월의 「동물보호법」 개정을 통해서 맹견을 소유하고 있는 사람은 반드시 맹견보험에 가입하도록 맹견보험을 의무화하였고, 1년간의 준비기간을 거쳐 맹견보험은 2021년 2월부터 시행되고 있다. 맹견보험은 맹견에게 물려 사람이 사망한 경우에는 8천만원, 후유장애를 입은 경우에는 후유장애등급에 따라 최대 8천만원, 상해를

16 박현영, '위험한 개' 판단시 … 동물관리 해외선 어떻게, 중앙일보, 2017. 10. 24.

입은 경우에는 상해등급에 따라 최대 1,500만원, 다른 동물이 상해를 입거나 죽은 경우 경우에는 사고 1건당 200만원 이상이 보상되어야 한다. 이러한 맹견보험에 가입하지 않은 경우에는 1차 위반시 100만원, 2차 200만원, 3차 300만원의 과태료가 부과될 수 있다. 맹견보험 미가입시 과태료의 액수가 높은 것은 맹견보험 가입률을 높이기 위한 조치이다.

그리고 맹견이 사람에게 신체적 피해를 주었거나 피해를 줄 우려가 있는 경우에는 소유자의 동의가 없더라도 맹견을 그물이나 포획틀 또는 마취총을 사용하여 생포한 후에 격리조치를 할 수 있다. 아동교육시설 등에의 맹견 출입금지와 외출시 입마개의무 등 맹견을 동반하고 외출하는 경우의 주의사항 등은 관련되는 곳에서 후술하기로 한다.

✔ 2024년 4월 27일부터 시행된 「동물보호법」(2022년 4월 26일 개정)

★ 맹견수입 신고제도 도입(제17조): 맹견을 수입하려는 사람은 맹견의 품종, 수입목적, 사육장소 등을 농림축산식품부 장관에게 신고하도록 함.

★ 맹견사육 허가 및 허가철회 제도 도입(제18조): 맹견을 사육하려는 사람은 요건을 갖추어 시·도지사에게 맹견사육허가를 받도록 하고, 시·도지사는 기질평가를 거쳐 맹견사육허가를 하도록 함.

★ 맹견 아닌 개(일반견)에 대한 기질평가(제24조): 맹견이 아닌 개가 사람 또는 동물에게 위해를 가한 경우나 개의 공격성이 분쟁의 대상이 된 경우에는 기질평가를 거쳐 맹견으로 지정될 수 있음.

3) 신종펫샵

'신종펫샵'이란 유기동물 보호소 혹은 반려동물 쉼터 등 다양한 명칭을 사용하면서 유기동물이나 파양동물을 팔거나 반려동물을 파양하려는 사람에게 책임비 명목 등으로 돈을 받는 등의 부당한 이익을 취하는 사람이나 사업장을 지칭한다. '신종펫샵'에서는 파양동물을 유기동물이라고 하면서 책임비 명목으로 고액의 입양비를 요구하기도 하고, 파양을 원하는 견주들에게는 재입양을 시켜주겠다고 하면서 관리비 명목의 파양비를 요구하기도 하며, 이 과정에서 반려견이 고령이거나 질병이 있다고 하면서 치료비와 수술비 등을 요구하는 경우도 있다고 한다. '신종펫샵'은 이렇게 파양견주에게서 돈을 받고 입양견주에게서 또 돈을 받는 등으로 사람들의 선의를 악용하여 돈벌이를 한다는 비판을 받는다. 유기견의 무료입양, 파양견의 무료입소 등을 내세우지만 막상 입양이나 파양을 원하는 사람에게 고액을 요구하는 사례가 보고되고 있다.

농림축산식품부는 2023년 8월 30일에 '반려동물영업 관리강화 방안'을 발표하면서, '보호소'를 사칭한 변칙영업 펫숍과 '보호비' 명목의 고액 파양비를 받은 후에 반려견을 학대·판매 · 유기하는 변칙영업의 확산을 지적하고 있다.[17]

---

17 "반려동물 양육 가구와 관심이 증가하면서 반려동물 영업은 지난 10년간 약 10배 증가하였으며, 그간 반려동물 상품화, 불법영업 등 문제 개선을 위해 관리 및 처벌 규정을 강화하였음에도 일부 반려동물 영업장에서의 모견 등 동물 학대와 동물 파양수요를 악용한 변칙영업(소위 '신종펫숍') 등의 무분별한 반려동물 생산·판매로 인한 문제가 지속되고 있다." 반려동물 불법영업 근절대책 발표, 농림축산식품부, 2023, 8. 30.

해당 시설이 국가에 등록된 동물보호센터인지를 국가동물보호정보시스템(https://www.animal.go.kr)에서 확인해 보는 것도 좋은 방법이며, 관리비 · 책임비 · 파양비 · 후원금 등의 명목으로 고액의 돈을 요구하는 곳이라면 '신종펫샵'일 가능성이 있다. 그리고, 어떠한 유기동물보호소도 파양을 권장하지 않기 때문에 파양된 반려동물을 잘 돌봐준다고 홍보하는 곳이라면 또한 '신종펫샵'일 가능성이 있다. 동물보호센터에서 불법행위나 영리행위가 있다면 국민들이 피해를 입지 않도록 국가는 관리 · 감독을 강화할 필요가 있으며, 동물판매업소에서 이러한 일이 발생하지 않도록 국가는 변칙영업을 예방 및 처벌할 필요가 있다. 입법적으로는 동물보호시설에서의 영리행위를 명확한 규정을 두어 금지할 필요가 있다.

2. 사육과 관리의 기준

반려견을 사육함에 있어서는 적절한 관리를 하여야 한다. 반려견의 특성에 맞도록 적절한 사육을 하여야 하고, 또한 반려견의 사육으로 인하여 이웃이나 다른 사람의 권리가 침해되지 않도록 주의하여야 한다. 이를 위해서 동물보호법령에서는 반려동물의 사육과 관리에 관해서 규정하고 있다. 특히 「동물보호법 시행규칙」 제5조와 별표2에서는 반려동물에 대한 사육 · 관리 · 보호 의무에 관해서 규정하고 있다.

법령

동물보호법 시행규칙 별표 2

반려동물에 대한 사육 · 관리 · 보호 의무(제6조제5항 관련)

1. 동물의 사육공간(동물이 먹이를 먹거나, 잠을 자거나, 휴식을 취하는 등의 행동을 하는 곳으로서 벽, 칸막이, 그 밖에 해당 동물의 습성에 맞는 설비로 구획된 공간을 말한다. 이하 같다)은 다음 각 목의 요건을 갖출 것

가. 사육공간의 위치는 차량, 구조물 등으로 인한 안전사고가 발생할 위험이 없는 곳에 마련할 것

나. 사육공간의 바닥은 망 등 동물의 발이 빠질 수 있는 재질로 하지 않을 것

다. 사육공간은 동물이 자연스러운 자세로 일어나거나 눕거나 움직이는 등의 일상적인 동작을 하는 데에 지장이 없도록 제공하되, 다음의 요건을 갖출 것

1) 가로 및 세로는 각각 사육하는 동물의 몸길이(동물의 코부터 꼬리까지의 길이를 말한다. 이하 같다)의 2.5배 및 2배 이상일 것. 이 경우 하나의 사육공간에서 사육하는 동물이 2마리 이상일 경우에는 마리당 해당 기준을 충족해야 한다.

2) 높이는 동물이 뒷발로 일어섰을 때 머리가 닿지 않는 높이 이상일 것

라. 동물을 실외에서 사육하는 경우 사육공간 내에 더위, 추위, 눈, 비 및 직사광선 등을 피할 수 있는 휴식공간을 제공할 것

마. 동물을 줄로 묶어서 사육하는 경우 그 줄의 길이는 2m 이상(해당 동물의 안전이나 사람 또는 다른 동물에 대한 위해를 방지하기 위해 불가피한 경우에는 제외한다)으로 하되, 다목에 따라 제공되는 동물의 사육공간을 제한하지 않을 것.

바. 동물의 습성 등 부득이한 사유가 없음에도 불구하고 동물을 빛이 차단된 어두운 공간에서 장기간 사육하지 않을 것

2. 동물의 위생·건강관리를 위해 다음 각 목의 사항을 준수할 것

가. 동물에게 질병(골절 등 상해를 포함한다. 이하 같다)이 발생한 경우 신속하게 수의학적 처치를 제공할 것

나. 2마리 이상의 동물을 함께 사육하는 경우에는 동물의 사체나 전염병이 발생한 동물은 즉시 다른 동물과 격리할 것

다. 동물을 줄로 묶어서 사육하는 경우 동물이 그 줄에 묶이거나 목이 조이는 등으로 인해 고통을 느끼거나 상해를 입지 않도록 할 것

라. 동물의 영양이 부족하지 않도록 사료 등 동물에게 적합한 먹이와 깨끗한 물을 공급할 것

마. 먹이와 물을 주기 위한 설비 및 휴식공간은 분변, 오물 등을 수시로 제거하고 청결하게 관리할 것

바. 동물의 행동에 불편함이 없도록 털과 발톱을 적절하게 관리할 것

사. 동물의 사육공간이 소유자등이 거주하는 곳으로부터 멀리 떨어져 있는 경우에는 해당 동물의 위생·건강상태를 정기적으로 관찰할 것

3. 주거와 소음

1) 반려견 사육

공동주택은 물론이고 단독주택을 임차하는 경우에 반려견을 기르지 못하도록 하는 경우가 있다. 공동주택의 경우에는 해당 공동주택의 관리규약이 중요하고 단독주택의 경우에는 임대인의 의사를 반영한 임대차계약서가 중요하다. 즉, 임대인 및 이웃 주민의 입장에서는 공동주택이나 단독주택에서 반려견을 기르지 못하도록 금지할

수 있느냐는 문제이고, 반려견을 사육하고자 하는 임차인의 입장에서는 이러한 금지의무를 준수하여야 하는가의 문제이기도 하다.

특히 아파트 등 공동주택에서는 위생·소음·안전 등에 관한 갈등과 분쟁 때문에 반려견의 사육이 문제되는데, 「공동주택관리법 시행령」에서 이에 관한 사항을 규율하고 있다. 「공동주택관리법 시행령」 제19조(관리규약의 준칙)에는 각 공동주택에 관리규약준칙을 만들어 시행하도록 하고 있는데, 제2항 제4호에서 가축을 사육하는 경우에는 관리주체의 동의를 받도록 하고 있다. 아파트에서 관리주체[18]는 대개 아파트 관리사무소장이다. '공동주택 관리규약'은 공동주택에서 지켜야할 사항들을 규정하고 있으며, 시장이나 도지사가 정한 공동주택 관리규약 준칙을 참조하여 각 공동주택의 입주자들이 자율적으로 정하는 규칙이다.[19]

18 「공동주택관리법」 제2조(정의) 10. "관리주체"란 공동주택을 관리하는 다음 각 목의 자를 말한다. 가. 제6조 제1항에 따른 자치관리기구의 대표자인 공동주택의 관리사무소장 나. 제13조 제1항에 따라 관리업무를 인계하기 전의 사업주체 다. 주택관리업자 라. 임대사업자 마. 「민간임대주택에 관한 특별법」 제2조 제11호에 따른 주택임대관리업자(시설물 유지·보수·개량 및 그 밖의 주택관리 업무를 수행하는 경우에 한정한다)

19 「공동주택관리법」 제18조(관리규약) ① 특별시장·광역시장·특별자치시장·도지사 또는 특별자치도지사(이하 "시·도지사"라 한다)는 공동주택의 입주자등을 보호하고 주거생활의 질서를 유지하기 위하여 대통령령으로 정하는 바에 따라 공동주택의 관리 또는 사용에 관하여 준거가 되는 관리규약의 준칙을 정하여야 한다.
② 입주자 등은 제1항에 따른 관리규약의 준칙을 참조하여 관리규약을 정한다. 이 경우 「주택법」 제35조에 따라 공동주택에 설치하는 어린이집의 임대료 등에 관한 사항은 제1항에 따른 관리규약의 준칙, 어린이집의 안정적 운영, 보육서비스 수준의 향상 등을 고려하여 결정하여야 한다. <개정 2021. 8. 10.>
③ 입주자등이 관리규약을 제정·개정하는 방법 등에 필요한 사항은 대통령령으로 정한다. <신설 2016. 1. 19.>
④ 관리규약은 입주자등의 지위를 승계한 사람에 대하여도 그 효력이 있다. <개정 2016. 1. 19.>

법령

「공동주택관리법 시행령」 제19조(관리규약의 준칙)

② 입주자 등은 다음 각 호의 어느 하나에 해당하는 행위를 하려는 경우에는 관리주체의 동의를 받아야 한다. <개정 2022. 11. 29.>

4. 가축(장애인 보조견은 제외한다)을 사육하거나 방송시설 등을 사용함으로써 공동주거생활에 피해를 미치는 행위

「공동주택관리법 시행령」이 정하는 바에 따라 각 공동주택에는 관리규약이 만들어져 시행되고 있는데, 각 공동주택마다 다소 다른 내용을 포함할 수도 있다. 각 공동주택의 관리규약은 관리사무소에 문의하면 알 수 있다.

인천광역시 공동주택 관리규약 준칙 (개정 2023. 9. 22)

제82조(관리주체의 동의기준) 관리주체가 영 제19조제2항에 따른 입주자 등의 신청에 대한 동의기준은 다음 각 호와 같다.

3. 가축(시각장애인 안내견은 제외한다)의 사육 또는 방송시설을 사용함으로써 공동주거생활에 피해를 미치는 사항
   가. 가축을 사육하는 행위 : 제6호에 따른 입주자등의 동의가 있을 경우 동의
6. 전유부분을 세대 내 과외(놀이방, 어린이집, 공부방 등) 또는 합숙소 등으로 사용하고자 하는 경우 통로식은 해당 통로, 복도식은 해당 복도 층에 거주하는 입주자등의 과반수 동의를 받아야 한다. 이 경우 직접적인 피해를 받는 인접세대(직상하층 포함)의 동의는 반드시 받아야 한다.

경기도 공동주택관리규약 준칙 (개정 2024. 4. 3)

제53조(관리주체의 동의기준) 관리주체가 영 제19조 제2항에 따른 입주자 등의 신청에 대한 동의기준은 다음 각 호와 같다.

3. 가축(장애인 보조견을 제외한다)의 사육 또는 방송시설을 사용함으로써 공동주거생활에 피해를 미치는 사항

가. 가축을 사육하는 행위 : 해당 동 또는 해당 층의 입주자등의 동의를 받아야 한다.(통로식은 해당 통로에, 복도식은 해당 복도 층의 입주자등 과반수 서면동의를 받아야 한다. 이 경우 해당 세대와 인접(직상하층 포함)하여 직접적인 피해를 입는 세대의 동의를 반드시 얻어야 한다.

가축사육 허용여부에 대하여는 공동주택 단지별 실정에 맞도록 입주자 등의 의견을 수렴하여 결정하여야 한다. 그리고 가축을 사육할 경우에는 가축소유자의 인적사항(주소, 주민등록번호, 전화번호 등) 및 가축사육 내용(종류, 사진, 특이사항 등) 등과 주민피해 최소화를 위한 서약서를 첨부하여 관리주체에게 신고하여야 한다. 가축을 사육하는 입주자 등은 다른 입주자 등에 대한 피해가 미치지 않도록 스스로 조심하여 주의를 다하여야 한다.

서울특별시 공동주택관리규약 준칙 (개정 2023. 9. 26)

제83조(관리주체의 동의기준) 관리주체가 영 제19조제2항에 따른 입주자등의 행위에 대한 관리주체의 동의기준은 다음 각 호와 같다. 다만, 관리주체는 행위의 구체적 내용(적재물의 종류 및 적재 기간, 게시물의 내용 및 게시 기간 등)에 따라 공용시설과 공동주거 생활에 끼치는 피해 정도를 검토하여 동의 여부를 결정하여야 하며, 부동의 하는 경

우 지체 없이 해당 입주자등에게 그 사유를 서면으로 알려야 한다.

3. 가축(시각장애인 안내견은 제외한다)의 사육 또는 방송시설(확성기 포함) 등을 사용하는 행위

가. 동의기준

1) (가축사육) 이 조 제6호에 따른 입주자등의 동의을 받은 경우

2) (방송시설) 입주자등에 대한 고지 또는 협조가 필요하다고 판단되는 경우

나. 동의 사항

1) (가축사육) 이 조 제6호에 따른 입주자등의 동의를 받아 가축을 사육하는 행위

2) (방송시설) 입주자등에 대한 고지 또는 협조가 필요하다고 판단되는 행위

다. 부동의 사항: 기타 동의기준을 준수하지 않은 행위

그러나 아무런 이유 없이 입주자 대표회의나 관리사무소장 등이 반려견의 사육을 금지할 수는 없다.[20] 공동주택이라고 하더라도 반려견을 기르는 것은 원칙적으로 개인의 자유이고 권리이다. 다만, 이웃의 안전을 위협할 수 있는 맹견을 기른다거나, 소음 또는 위생상의 이유로 인하여 이웃에게 피해를 줄 경우에는 이러한 자유와 권리가 일부 제한될 수 있는 것이다. 공동주택마다 관리규약은 다소 차이가 있을 수 있지만, '이웃에 피해를 주지 않고 반려견을 키울 수 있는 권리'가 보장되는 기본적인 틀 안에서 세부적인 내용이 규정될 수 있다. 공동주택의 관리규약은 물론이고 이러한 규약에 근거하여

20 따라서, 아파트관리사무소가 애완동물사육금지통보를 하거나, 주민 전체의 동의가 필요하다고 요청하거나, 벌금 명목의 일정한 금전을 요구하는 등은 부당한 요구사항에 해당한다. 김동훈, 동물법 이야기, Pet Love, 2013, 185쪽.

행해져야 하는 입주자대표회의의 결정 등은 헌법상의 권리를 포함하여 관련 법령을 위반할 수는 없는 것이다.[21] [22]

외국에서는 임대차계약서에 반려동물 금지조항(no pet clause)을 두는 경우가 있다. 이처럼, 우리나라에서도 임대차계약서에 특약으로 개나 고양이를 기르지 못하도록 명시하는 경우가 있다. 이러한 경우 일반적으로 반려견을 기를 자유보다는 계약의 자유가 우선한다.

반려견 사육을 금지할 수 있는지에 관해서 문제가 된 판례가 있다. 서울 타워팰리스 아파트에서 이웃이 기르는 체중 35kg 가량의 대형 반려견이 짖는 소리에 공포를 느낀다고 하여 입주민이 해당 반려견의 사육금지 가처분 신청을 낸 적이 있다. 신청인의 주장에 따르면, 해당 아파트 관리규약에 따르면 15kg 이상인 애완견을 기르지 못하고 해당 애완견이 신청인을 위협하고 소음을 발생시킴으로 인하여 신청인의 생명·신체·건강에 대한 인격권이 침해되었다고 하면서 사육금지 가처분을 신청하였다. 65세가 넘은 청구인은 반려견을 보

---

21 서울특별시 공동주택관리규약 준칙 『공동주택관리규약 준칙의 적용지침』 [적용 범위] 이 준칙은 서울특별시 행정구역에 소재하는 의무관리대상 공동주택에 적용함. [준칙의 적용] 이 준칙은 「공동주택관리법」 제18조 및 같은 법 시행령 제19조에 따라 입주자 및 사용자가 해당 공동주택관리규약을 제정 또는 개정할 때에 준거가 되는 것임. [유의사항] 해당 공동주택관리규약을 공동주택관리법, 같은 법 시행령, 같은 법 시행규칙, 공동주택관리 관련고시 및 관계법령에 위반하여 정한 경우에는 그 위반된 부분은 효력이 없는 것임.

22 경기도 공동주택관리규약 준칙 [준칙의 적용] 이 준칙은 경기도 행정구역에 소재하는 공동주택에 대하여 적용한다. 이 준칙은 「공동주택관리법(이하 "법"이라 함)」 제18조 및 같은 법 시행령 제20조에 따라 입주자 및 사용자가 해당 아파트 단지 공동주택관리규약을 제정 또는 개정할 때에 참조하는 것임. [유의사항] 해당 공동주택관리규약을 공동주택관리법, 같은 법 시행령, 같은 법 시행규칙, 공동주택관리 관련고시 및 민법 등 관계법령에 위반하여 정한 경우에는 그 위반된 부분은 효력이 없는 것임.

면 혐오감과 공포심을 갖는다는 가처분신청 이유를 밝히기도 하였다.

판례

법원은 "이 사건 애완견을 기르는 행위가 공동주거생활의 질서 유지라는 차원에서 볼 때 바람직한 행위는 아니라고 하더라도, 통상적인 사회일반인의 관점에서 보았을 때 피신청인들의 이 사건 애완견 사육행위가 신청인에게 정신적 고통을 줌으로써 생명·신체·건강에 대한 위해를 가하거나 가할 위험성이 있다는 점이 객관적으로 인정된다고 보기는 어렵다"고 하여 사육금지 가처분 신청을 기각하였다.[23]

2) 소음 문제

반려견이 짖거나 뛰어다니는 소음으로 인한 분쟁이 종종 발생하는데, 특히 공동주택에서 이웃 간에 소음으로 인한 분쟁이 문제되고 있다. 반려견으로 인하여 발생되는 소음은 이웃에게는 생활방해에 해당되는데, 이를 '층간소음'에 빗대어 '층견소음'이라 하기도 한다. 따라서 「공동주택관리법」 제20조(층간소음의 방지 등)[24]에 이와 관련된 관련

23 서울중앙지방법원 2011. 8. 2.자 2011카합1379 결정[사육및출입금지가처분].

24 「공동주택관리법」 제20조(층간소음의 방지 등) ① 공동주택의 입주자등(임대주택의 임차인을 포함한다. 이하 이 조에서 같다)은 공동주택에서 뛰거나 걷는 동작에서 발생하는 소음이나 음향기기를 사용하는 등의 활동에서 발생하는 소음 등 층간소음[벽간소음 등 인접한 세대 간의 소음(대각선에 위치한 세대 간의 소음을 포함한다)을 포함하며, 이하 "층간소음"이라 한다]으로 인하여 다른 입주자등에게 피해를 주지 아니하도록 노력하여야 한다. <개정 2017. 8. 9., 2023. 10. 24.>
② 제1항에 따른 층간소음으로 피해를 입은 입주자등은 관리주체에게 층간소음 발생 사실을 알리고, 관리주체가 층간소음 피해를 끼친 해당 입주자등에게 층간소음 발생을 중단하거나 소음차단 조치를 권고하도록 요청할 수 있다. 이 경우 관리주체는 사실관계 확인을 위하여 세대 내 확인 등 필요한 조사를 할 수 있다. <개정 2020. 6. 9.>
③ 층간소음 피해를 끼친 입주자등은 제2항에 따른 관리주체의 조치 및 권고에 협

규정을 두고 있으며, 「공동주택관리법 시행령」 제19조(관리규약의 준칙)에는 각 공동주택에 관리규약준칙을 만들어 시행하도록 하고 있는데, 제1항 제22호에서 '공동주택의 층간 소음에 관한 사항'이 동 준칙에 포함되도록 하고 있다. 인구가 밀집하고 공동주택이 많은 서울시와 경기도의 공동주택관리규약 준칙을 살펴보기로 한다.

서울특별시 공동주택관리규약 준칙(2023. 9. 26 개정)

제93조(층간소음 생활수칙 등) ① 입주자등은 공동주택의 층간소음으로 다른 입주자등에게 피해를 주지 아니하도록 노력하여야 한다.

② 입주자등은 오후 10시부터 다음날 오전 6시까지 다음 각 호의 행위를 금지한다.

1. 뛰거나 문, 창문 등을 크게 소리나게 닫는 행위
2. 망치질 등 세대내부 수리 및 탁자나 의자 등 가구를 끄는 행위
3. 피아노 등 악기의 연주
4. 헬스기구, 골프 연습기 등 운동기구의 사용
5. 반려동물이 짖도록 관리를 소홀히 하는 행위
6. 그 밖의 층간소음으로 입주자등에 피해를 끼치는 행위

조하여야 한다. <개정 2017. 8. 9.>

④ 제2항에 따른 관리주체의 조치에도 불구하고 층간소음 발생이 계속될 경우에는 층간소음 피해를 입은 입주자등은 제71조에 따른 공동주택관리 분쟁조정위원회나 「환경분쟁 조정법」 제4조에 따른 환경분쟁조정위원회에 조정을 신청할 수 있다.

⑤ 공동주택 층간소음의 범위와 기준은 국토교통부와 환경부의 공동부령으로 정한다.

⑥ 관리주체는 필요한 경우 입주자등을 대상으로 층간소음의 예방, 분쟁의 조정 등을 위한 교육을 실시할 수 있다.

⑦ 입주자등은 필요한 경우 층간소음에 따른 분쟁의 예방, 조정, 교육 등을 위하여 자치적인 조직을 구성하여 운영할 수 있다.

경기도 공동주택관리규약 준칙(2024. 4. 3 개정)

第55조(층간소음 생활규칙 등) ① 입주자등은 공동주택의 층간소음으로 다른 입주자등에게 피해를 주지 아니하도록 노력하여야 한다.

② 입주자등은 오후 10시부터 다음날 오전 6시까지 다음 각 호의 행위를 금지한다.

1. 뛰거나 문, 창문 등을 크게 소리나게 닫는 행위
2. 망치질 등 세대내부 수리 및 탁자나 의자 등 가구를 끄는 행위
3. 피아노 등 악기의 연주
4. 헬스기구, 골프 연습기 등 운동기구의 사용
5. <u>애완동물이 짖도록 관리를 소홀히 하는 행위</u>
6. 그 밖의 층간소음으로 입주자등에 피해를 끼치는 행위

경기도의 경우에는 '층간소음 관리위원회'를 구성하여 분쟁을 조정하도록 공동주택 관리규약 준칙 제55조의2 이하에서 규정하고 있으며, 서울시의 경우에는 준칙 제69조 이하에서 규정하고 있다. 경기도와 서울시의 층간소음 관리위원회 규정과 벌칙 규정이 유사하니, 서울시의 관련 규정만을 예시하기로 한다.

서울특별시 공동주택관리규약 준칙(2023. 9. 26 개정)

第96조(층간소음 분쟁조정 절차 등) ① 층간소음으로 피해를 입은 입주자등은 관리주체에게 층간소음 발생 사실을 알리고, 관리주체는 3일(관리사무소 근무일 기준) 이내에 사실관계 확인을 위해 필요한 조사를 하여야 하며, 관리주체는 조사 결과에 따라 층간소음 피해를 끼친 해당 입주자등에게 층간소음 발생을 중단하도록 요청하거나 소음 차단조치를 하도록 권고할 수 있다. <개정, 2023. 9. 26.>

② 층간소음 피해를 끼친 입주자등은 제1항에 따른 관리주체의 조치에 따라 층간소음 발생을 중단하는 등 협조하여야 한다.

③ 제1항에 따른 조치에도 불구하고 층간소음 발생이 계속될 경우 관리주체는 층간소음 관리위원회에 이 사실을 알리고 층간소음 분쟁의 조사, 조정을 요청하여야 한다. <개정, 2023. 9. 26.>

④ 제3항에 따른 요청을 받은 층간소음관리위원회는 층간소음 피해를 입은 입주자등과 층간소음 피해를 끼친 입주자등과의 다자면담을 실시하고, 면담 결과에 따라 층간소음을 발생시킨 입주자등에게 층간소음 발생을 중단하도록 요청하거나 소음 차단조치를 권고할 수 있다. 이 경우 층간소음관리위원회는 사실관계 확인을 위해 필요한 조사를 할 수 있다. <개정, 2023. 9. 26.>

⑤ 층간소음관리위원회의 분쟁조정에도 불구하고, 분쟁이 계속될 경우는 층간소음 갈등해결지원단의 전화상담을 통해 현장 상담을 요청할 수 있으며, 이 경우 층간소음관리위원회의 분쟁조정 결과 보고서를 제출해야 한다. 또한 입주자등은 원활한 상담업무가 진행될 수 있도록 적극 협조하여야 한다. <개정, 2023. 9. 26.>

⑥ 층간소음 갈등해결지원단의 현장 상담 결과, 층간소음 측정이 필요한 경우 층간소음 측정 서비스를 통해 결과를 받아볼 수 있고, 측정결과에 따라 서울특별시 환경분쟁조정위원회나 자치구 공동주택관리분쟁조정위원회에 조정을 신청할 수 있다. <신설, 2023. 9. 26.>

제102조(벌칙) ① 관리주체는 입주자등이 관리규약 및 하위규정을 위반하여 공동생활의 질서를 문란하게 한 때에는 다음 각 호에 따라 조치할 수 있으며, 이 경우 해당 입주자등은 조치에 따라야 한다. <개정, 2023. 9. 26.>

1. 1차: 시정권고(서면 통지) 또는 경고문 부착 <개정, 2023. 9. 26.>
2. 2차: 위반금 부과 사전통지(서면 통지) 및 당사자에게 10일(관리사무소 근무일 기준) 이상의 기간으로 의견제출 기회 부여 <신설,

2023. 9. 26.>

3. 3차: ○○만원 이하의 범위에서 위반금 부과(서면 통지) <개정, 2023. 9. 26.>

4. 4차: 위반금을 체납하는 경우 제103조 규정을 준용한다.

② 제1항제3호에 따라 관리주체로부터 위반금 부과를 통지받은 입주자등이 위반금 부과에 불복하는 경우 다음 각 호의 절차를 따른다. <신설, 2023. 9. 26.>

1. 불복하는 입주자등은 위반금 부과 통지를 받은 날부터 10일(관리사무소 근무일 기준) 이내에 관리주체에 서면으로 이의제기하여야 한다. 이 경우 관리주체의 위반금 부과 처분은 효력을 상실한다. <신설, 2023. 9. 26.>

2. 관리주체가 이의제기를 접수한 경우, 관리사무소장은 제37조에 따라 입주자대표회의에 안건으로 제안하여야 한다. <신설, 2023. 9. 26.>

3. 위반금 부과 여부에 관하여 입주자대표회의가 의결하고, 해당 입주자등과 관리주체는 그 결과를 따라야 한다. 단, 입주자대표회의 구성원이 해당 입주자등 일 경우는 해당 의결에서 제외한다. <신설, 2023. 9. 26.>

③ 제1항제2호에 따른 위반금의 부과기준은 입주자대표회의에서 의결하고 그 수입은 잡수입으로 회계처리한다.

④ 관리주체는 영 제19조제2항 각 호 및 제83조에 따른 관리주체의 동의사항을 위반한 입주자등에게 원상복구 등의 시정을 요구하거나 필요한 조치를 할 수 있으며 해당 입주자등은 시정 요구 또는 조치에 따라야 한다. <개정, 2023. 9. 26.>

반려동물로 인해 발생하는 층간소음이 발생한 경우에는 일차적으로 해당 공동주택에 구성된 '층간소음 관리위원회'에서 분쟁을 조정하도록 하고, 여기서 조정에 실패하여 분쟁이 계속될 경우에는 서울시나 경기도 등 광역지방자치단체에 구성되어 있는 환경분쟁조정위원회나 각 자치구 등에 구성되어 있는 공동주택관리 분쟁조정위원회에 조정을 신청할 수 있다.

공동주택에서 반려견의 소음이나 뛰어다니는 소리 또는 벽을 긁는 소리 등으로 인한 분쟁이 종종 발생하고 있으며, 경찰에 신고하는 경우도 있다. 그러나 경찰이 출동하더라도 반려견으로 인한 소음 시비는 대개 당사자 간에 해결하도록 유도하고 있는 실정이라고 한다.[25]

이웃집 반려견의 소음으로 인하여 손해를 입었다고 주장하며 손해배상을 청구한 사례도 있다. 즉, 이웃에서 반려견을 키움으로 인한 소음 등으로 인하여 극도의 스트레스를 받아 정신과와 피부과 치료를 받고 있고, 공공근로도 할 수 없게 되었다고 주장하며 손해배상 소송을 제기한 사례이다. 반려견의 주인은 같은 층 입주민의 개 사육 동의를 받아 관리사무소에 제출하고 반려견을 키웠다고 주장하였지만, 원고는 해당 아파트 임대인인 공사와 그 위탁관리자인 관리회사와 함께 반려견의 주인에게 손해배상 5,000만원(치료비 및 약제비 475,600원 + 일실이익 16,194,999원 + 위자료 33,329,401원)을 청구하였다. 제1심과 항소심에서는 이러한 손해배상 청구를 기각하였다.

25 김수진, 애완견 관리에 관한 법적 문제, 한국법제연구원, 2003, 60쪽.

판례

개를 좋아하는 사람인지 싫어하는 사람인지, 신체 상황 등에 따라 정도는 다르겠지만 원고는 피고가 기르는 개 때문에 어느 정도 스트레스를 받았을 수는 있다. 그러나 원고와 피고 사이의 서울남부지방법원 2011카합62 사육금지가처분사건에서 2011. 3. 3. '피고는 그 주거지에서 해당 층 입주민 과반수의 동의를 받지 아니하면 개 사육을 하지 않으며, 만일 피고가 그 동의 없이 사육할 경우 민·형사 책임을 진다'는 취지로 조정이 성립된 사실, 그 후 2011. 8.경 이 조정조서에 따라 해당 층 입주민 과반수의 동의를 받아 애완견을 사육한 사실, 피고의 또 다른 옆집 거주자는 피고의 개 사육에 동의한 사실과 피고가 애완견을 기르는 과정에서 어느 정도 소음이 발생할 수도 있으나, 애완견 짖는 소리·아기 울음소리·청소기 소리 등은 생활소음으로서 이웃 간에 인내할 수밖에 없는 상황도 있는 점, 피고의 애완견에 대하여 성대수술을 하는 등 소음 방지를 위하여 노력을 한 점, 원고의 정신증이나 가려움증이 반드시 피고가 기르는 개의 소음 때문에 발병하였다고 보기 어려운 점(유전적 요인이나 어릴 때의 양육 환경, 사회적 환경, 호르몬 분비 이상 등 그 원인은 다양하다)에 비추어 원고의 현재 상황을 피고의 탓만으로 돌릴 수는 없다(사람은 스트레스를 받게 되면 다른 사람에게 그 원인이 있다고 생각하는 경향이 있고 그것은 당연한 현상이다. 그러나 그 원인을 다른 사람 탓으로 돌리고 보상을 요구하는 과정에서 그 욕구가 충족되지 않아 좌절하면서 더욱 분노하는 등 더 많은 스트레스를 받게 되고 갈등 수위만 상승한다. 오히려 다른 사람을 탓하는 것보다 갈등 발생에 자신에게도 책임이 있다는 사실을 깨닫고 자신 문제를 먼저 들여다보는 것이 자신의 건강을 위해서도 꼭 필요하다). 따라서 원고가 제출한 증거만으로는 원고의 주장을 인정하기 어려워 피고에 대한 청구는 받아들이지 아니한다.[26]

26 항소심판결 서울중앙지방법원 2013. 12. 4. 선고 2013나11354 판결[손해배상(기) 및 위자료]; 제1심판결 서울중앙지방법원 2013. 1. 17. 선고 2012가단170859 판결[손해배상(기) 및 위자료].

반려견의 소음으로 인한 손해를 주장한 경우에 있어서 법원이 손해배상을 인정한 사례도 있다. 즉, 아파트 아래층에 사는 반려견이 밤낮을 가리지 않고 매일 5시간 이상 짖어대기 때문에 주로 집에서만 생활하는 지체장애인이 수면장애가 악화되었다고 주장하며 300만원의 정신적 피해를 청구한 소송에서 법원은 견주에게 100만원을 지급하라고 판결하였다.

판례

반려동물로 인한 소음이 '공동주택층간소음규칙에 해당하지 않더라도 매일 반복된다면 듣는 사람의 처지에서는 상당한 스트레스로 작용할 것 (중략) 따라서 피고의 반려견이 발생시킨 층간소음은 불법행위에 해당한다고 봄이 타당하다. (중략) 그러나 원고는 층간소음에 대한 충분한 증거를 제출하지 못했으므로 청구금액의 일부만을 인정한다.[27]

특히 아파트와 같은 공동주택에서 반려견을 키우는 사람에 대한 손해배상청구에 대하여 내린 이러한 법원의 판단은 주목할 만하다.

반려견의 소음으로 인한 폭행사건도 있다. 반려견이 짖는 문제로 인한 갈등이 고조되어 머리채를 잡고 싸우다 상대방의 팔을 물어서 상해죄로 기소된 사건인데, 피해자의 팔을 물어서 2주간의 치료를 받게 한 행위에 대하여 벌금 10만원에 집행유예 1년을 선고하였다.

---

27 광주지방법원 민사 24단독 2023. 6. 선고

판례

피해자 B(여, 31세)은 용인시 C아파트 D호에 거주하는 사람이고, 피고인은 같은 아파트 E호에 거주하는 사람으로, 피고인의 애완견이 짖는 문제로 피고인과 피해자 사이에 상호간 갈등이 있어 왔다. 피해자는 2022. 4. 29. 00:50경 피고인의 위 E호 주거지 현관문 앞에 이르러 개 짖는 소음에 대한 경고 문구를 부착하려다 시비가 되어 피해자의 주거지인 위 D호로 이동하게 되었다. 피고인은 2022. 4. 29. 00:50경 위 C아파트 D호 현관문 앞 복도에서피해자가 피고인의 머리채를 잡아 흔들자, 이에 대항하여 피해자의 머리채를 잡아 흔들고 계속해서 피해자의 왼팔을 물어, 피해자로 하여금 약 2주간의 치료가 필요한 아래팔의 다발성 열린상처 등의 상해를 가하였다. (중략) 피고인을 벌금 100만 원에 처한다. 다만 이 판결 확정일부터 1년간 위 형의 집행을 유예한다.[28]

공동주택에서 반려견을 기르는 경우에는 소음방지를 위하여 성대수술을 하는 경우가 있다. 아파트 등 공동주택 생활에 있어서 이웃 주민에게 발생할 수 있는 소음 등의 피해를 최소화하기 위해 반려동물의 성대제거를 요구하는 경우도 있다. 반려견 소음으로 인한 민원을 사전에 차단하려는 조치이다. 그러나 "짖는 것이 당연한 존재들을 두고 '성대수술을 해서라도 조용히 시켜라' 같은 무례한 말을 늘어놓아서는 안 되며"[29]라고 할 정도도 성대제거 수술에 대해서 논란이 있다. 반려견이 짖지 못하도록 성대제거 수술을 하는 행위 자체가 동물학대라고 보는 것이다. 그러나, 반려견 소음으로 인하여 고통을 받는 이웃의 생각은 이와 다를 수 있기 때문에, 개짖는 소음에

28 수원지방법원 2023. 6. 1. 선고 2023고정136

29 이소영, 동물에 대한 인간의 예의, 뜨인돌, 2020, 116쪽.

대한 이웃의 고통을 해소하여야 하는 보다 명확한 소음기준과 해결 방안이 필요하다. 최근 법원의 판례에서는 동물로 인한 소음을 층간 소음으로 인정하여 층간소음의 기준을 적용하고 있다. 그러나 반려견의 소음을 층간소음으로 인정할 것인가의 여부를 명확한 법적 근거나 기준없이 판례에만 맡겨놓아서는 곤란하다. 담당 재판부에 따라서 법률의 해석과 적용이 달라질 가능성이 있기 때문이다. 따라서 「소음·진동관리법」을 개정하여 동물의 소리도 이 법률의 적용대상이 되는 소음이라는 것을 다음과 같이 명확히 규정할 필요가 있다.

	현행	개정안
「소음·진동관리법」 제2조(정의)	1. "소음(騷音)"이란 기계·기구·시설, 그 밖의 물체의 사용 또는 공동주택(「주택법」 제2조 제3호에 따른 공동주택을 말한다. 이하 같다) 등 환경부령으로 정하는 장소에서 사람의 활동으로 인하여 발생하는 강한 소리를 말한다.	1. "소음(騷音)"이란 기계·기구·시설, 그 밖의 물체의 사용 또는 공동주택(「주택법」 제2조 제3호에 따른 공동주택을 말한다. 이하 같다) 등 환경부령으로 정하는 장소에서 사람 또는 동물의 활동으로 인하여 발생하는 강한 소리를 말한다.

이러한 개정이 이루어지면 동물의 소음에 대해서 어느 정도는 참아야 하고 어느 정도가 되면 참아야 하는 범위를 넘는 것인지에 관한 규정인 「공동주택 층간소음의 범위와 기준에 관한 규칙」[30](약칭: 공

30 「공동주택 층간소음의 범위와 기준에 관한 규칙」 제1조(목적) 이 규칙은 「소음·진동관리법」 제21조의2 제3항 및 「주택법」 제20조 제5항에 따라 공동주택 층간소음의 범위와 기준을 규정함을 목적으로 한다.
제2조(층간소음의 범위) 공동주택 층간소음의 범위는 입주자 또는 사용자의 활동으로 인하여 발생하는 소음으로서 다른 입주자 또는 사용자에게 피해를 주는 다음 각 호의 소음으로 한다. 다만, 욕실, 화장실 및 다용도실 등에서 급수·배수로 인하여 발생하는 소음은 제외한다.
1. 직접충격 소음: 뛰거나 걷는 동작 등으로 인하여 발생하는 소음

동주택층간소음규칙)이 적용될 수 있다. 소음의 기준이 명확해져서 어느 정도의 개짖는 소음이 생활방해에 해당하는지에 관한 예측가능성이 생기는 것이다. 이러한 기준을 넘기는 소음에 대해서는 반려견을 기르는 사람이 책임을 져야 하는 것이고, 기준을 넘지 않는 소음에 대해서는 이웃이 참아야 하는 것이다. 즉 기타의 층간소음을 해결하는 경우와 동일한 기준과 방식으로 해결하면 된다. 기본적으로는 반려견의 짖는 소리가 이웃을 방해하지 않도록 주의할 필요가 있지만, 그럼에도 불구하고 반려견의 짖는 소리로 분쟁이 발생하는 경우에

2. 공기전달 소음: 텔레비전, 음향기기 등의 사용으로 인하여 발생하는 소음
제3조(층간소음의 기준) 공동주택의 입주자 및 사용자는 공동주택에서 발생하는 층간소음을 별표에 따른 기준 이하가 되도록 노력하여야 한다.

[별표] 층간소음의 기준(제3조 관련)

층간소음의 구분		층간소음의 기준[단위: dB(A)]	
		주간 (06:00~22:00)	야간 (22:00~06:00)
1. 제2조 제1호에 따른 직접충격 소음	1분간 등가소음도 (Leq)	39	34
	최고소음도 (Lmax)	57	52
2. 제2조 제2호에 따른 공기전달 소음	5분간 등가소음도 (Leq)	45	40

비고
1. 직접충격 소음은 1분간 등가소음도(Leq) 및 최고소음도(Lmax)로 평가하고, 공기전달 소음은 5분간 등가소음도(Leq)로 평가한다.
2. 위 표의 기준에도 불구하고 「주택법」 제2조 제2호에 따른 공동주택으로서 「건축법」 제11조에 따라 건축허가를 받은 공동주택과 2005년 6월 30일 이전에 「주택법」 제16조에 따라 사업승인을 받은 공동주택의 직접충격 소음 기준에 대해서는 위 표 제1호에 따른 기준에 5dB(A)을 더한 값을 적용한다.
3. 층간소음의 측정방법은 「환경분야 시험·검사 등에 관한 법률」 제6조 제1항 제2호에 따라 환경부장관이 정하여 고시하는 소음·진동 관련 공정시험기준 중 동일 건물 내에서 사업장 소음을 측정하는 방법을 따르되, 1개 지점 이상에서 1시간 이상 측정하여야 한다.
4. 1분간 등가소음도(Leq) 및 5분간 등가소음도(Leq)는 비고 제3호에 따라 측정한 값 중 가장 높은 값으로 한다.
5. 최고소음도(Lmax)는 1시간에 3회 이상 초과할 경우 그 기준을 초과한 것으로 본다.

는 이러한 명확한 기준이 적용되도록 관련 규정이 정비되어야 할 것이다. 2020년 경기 안산에서는 개 짖는 소리가 시끄럽다는 이유로 자기가 사는 아파트 곳곳에 침핀을 박은 강아지 간식을 뿌린 사건이 있었고, 2021년 전북 부안에서는 개 짖는 소리가 시끄럽다며 이웃집 개 두 마리를 감전사시키는 등 반려견 소음으로 인한 이웃간의 크고 작은 범죄와 분쟁이 종종 발생하고 있다. 소음기준이 명확해진다고 하여 분노조절장애가 치유되지는 않을 것이지만, 참아야 하는 반려견 소음기준과 참을 수 없는 소음기준을 명확히 함으로써 반려견 소음분쟁을 사전에 예방하고 사후에 해결할 필요가 있다.

4. 외출과 배설물

1) 외출

반려견의 외출은 운동을 겸하고 있어서 반려견의 건강에 필수적이다. 한동안 인기 있었던 소설 '마시멜로 이야기'에도 주인공이 아르바이트로 반려견 산책을 시키는 이야기가 묘사되고 있으며, 미국에서는 반려견의 주인과 반려견 산책도우미를 연결시켜주는 앱(wag)이 활성화되고 있으며, 우리나라에서도 반려견 산책앱이 등장하였다.

KB경영연구소의 조사에 따르면, 반려견과 외출할 때 아무런 준비물 없이 나가는 가구는 13.1%에 불과하다. 반려견과 외출할 때 챙기는 것은 배변처리도구 90.0%, 목줄/하네스 89.7%, 반려동물 의류 43.5%, 인식표 38.0%의 순으로 많았다.[31]

반려견을 데리고 외출하는 경우에는 반드시 인식표를 부착하고 목줄을 채워야 한다. 즉, 「동물보호법」 제16조(등록대상동물의 관리 등)에 따르면, '소유자등은 등록대상동물을 기르는 곳에서 벗어나게 하는 경우에는 소유자등의 연락처 등 농림축산식품부령으로 정하는 사항을 표시한 인식표를 등록대상동물에게 부착하여야' 그리고 '등록대상동물을 동반하고 외출할 때에는 농림축산식품부령으로 정하는 바에 따라 목줄 등 안전조치를 하여야' 한다.

「동물보호법 시행규칙」 제12조 제2항에 따르면 "목줄 또는 가슴줄은 해당 동물을 효과적으로 통제할 수 있고, 다른 사람에게 위해(危害)를 주지 않는 범위의 길이여야 한다"고 규정되어 있었고, 목줄의 길이는 자방자치단체의 조례로 정할 수 있었다. 그러나 '효과적으로 통제할 수 있고 위해를 주지 않는 길이'가 구체적으로 어느 정도 길이인가라는 논란이 계속되었다. 그래서 반려견의 목줄 길이를 2미터 이하로 명확히 규정하는 조항이 신설되었다. 또한 아파트 등 공동주택의 건물 내부 엘리베이터나 복도 등 공용공간에서는 동물을 안거나 목줄의 목덜미 부분이나 가슴줄의 손잡이 부분을 잡도록 규정하는 조항도 신설되었다. 이러한 「동물보호법 시행규칙」은 2021년 2월에 개정되었는데, 1년의 유예기간을 거쳐, 2022년 2월 11일부터 시행되고 있다.

31 황원경, 이신애, 2023한국반려동물 보고서 – 반려동물 맞이준비와 건강관리, KB경영연구소, 2023, 35쪽.

법령

동물보호법 시행규칙 제11조(안전조치) 법 제16조 제2항 제1호에 따른 "농림축산식품부령으로 정하는 기준"이란 다음 각 호의 기준을 말한다.

1. 길이가 2미터 이하인 목줄 또는 가슴줄을 하거나 이동장치(등록대상동물이 탈출할 수 없도록 잠금장치를 갖춘 것을 말한다)를 사용할 것. 다만, 소유자등이 월령 3개월 미만인 등록대상동물을 직접 안아서 외출하는 경우에는 목줄, 가슴줄 또는 이동장치를 하지 않을 수 있다.
2. 다음 각 목에 해당하는 공간에서는 등록대상동물을 직접 안거나 목줄의 목덜미 부분 또는 가슴줄의 손잡이 부분을 잡는 등 등록대상동물의 이동을 제한할 것

가.「주택법 시행령」 제2조제2호에 따른 다중주택 및 같은 조 제3호에 따른 다가구주택의 건물 내부의 공용공간

나.「주택법 시행령」 제3조에 따른 공동주택의 건물 내부의 공용공간

다.「주택법 시행령」 제4조에 따른 준주택의 건물 내부의 공용공간

인식표를 부착하지 않고 반려견을 기르는 곳에서 벗어나게 한 경우에는 1차 위반시 5만원, 2차 위반시 10만원, 3차례 이상 위반시에는 20만원의 과태료를 물리고 있다. 또한 외출시 목줄 및 입마개 등 안전조치를 하지 않은 경우에는 1차 위반시 20만원, 2차 위반시 30만원, 3차례 이상 위반시에는 50만원의 과태료를 물리고 있다.[32]

그리고 특히 맹견은 소유자등이 없이 기르는 곳을 벗어날 수 없으며, 외출시에는 목줄과 입마개를 착용하거나 탈출방지용 이동장치를 사용하도록 하며, 공동주택 내에서의 사육을 엄격히 제한하고,

32 「동물보호법 시행령」 별표 과태료의 부과기준 참조.

어린이와 노인, 장애인 관련 시설에의 출입을 금지하는 규정이 2018년에 신설되었다.[33] 현행 「동물보호법」 제22조(맹견의 출입금지 등)에 따르면 맹견은 어린이집·유치원·초등학교·특수학교·노인복지시설·장애인복지시설·어린이공원·어린이놀이시설에 들어갈 수 없으며, 이에 더하여 불특정 다수인이 이용하는 장소로서 시·도 조례로 정하는 장소에도 출입할 수 없다. 이러한 출입금지구역에 맹견이 출입한 경우에는 「동물보호법」 제101조 제2항 제2호에 의하여 300만원 이하의 과태료가 부과될 수 있다. 즉, 1차 위반시 100만원, 2차 200만원, 3차 300만원의 과태료가 부과될 수 있다.

2) 반려견 외출시의 입마개 의무화 문제

맹견 등에 의한 물림사고가 종종 발생하면서, 반려견을 데리고 외출하는 때에는 목줄에 더하여 입마개를 의무화하여야 한다는 의견이 많아졌다.

월령이 3개월 이상인 맹견의 경우에는 목줄에 더하여 입마개를 하고 외출을 하여야 한다. 이전에는 맹견에 대한 입마개 의무규정이 「동물보호법 시행규칙」 제12조에 규정되어 있었는데, 2018년 3월에 개정·공포된 「동물보호법」에 따라 입마개 의무규정은 이제 「동물보호법」 제21조(맹견의 관리)에 규정되어 있다. 이에 따르면, 월령 3개월 이상인 맹견을 동반하고 외출할 때에는 목줄과 입마개를 하거나 맹견

33 농림축산식품부, 반려견 소유자의 안전관리 의무 강화 및 반려동물 에티켓 확산, 2018. 1. 18, 3쪽.

의 탈출을 방지할 수 있는 적정한 이동장치를 갖추어야 한다. 외출 시 목줄과 입마개를 하여야 하는 맹견(猛犬)의 종류는 「동물보호법 시행규칙」 제2조(맹견의 범위)에 기재되어 있는데, 맹견은 다음과 같다.

표 7 목줄과 입마개를 하여야 하는 맹견의 종류

1. 도사견과 그 잡종의 개
2. 핏불테리어(아메리칸 핏불테리어를 포함한다)와 그 잡종의 개
3. 아메리칸 스태퍼드셔 테리어와 그 잡종의 개
4. 스태퍼드셔 불테리어와 그 잡종의 개
5. 로트와일러와 그 잡종의 개

그러나 맹견의 종류가 이보다 많음에도 불구하고, 맹견의 종류가 너무 제한적으로 열거되어 있다는 주장이 있다. 따라서, 농림축산식품부는 「동물보호법 시행규칙」을 개정하여 맹견의 종류에 마스티프, 라이카, 오브차카, 캉갈, 울프독과 유사한 견종 및 그 잡종을 추가하기로 하였다.[34] 그러나 계획과 달리 맹견의 종류는 결국 확대되지 않았다. 다만, 2018년 9월 21일의 「동물보호법 시행규칙」 개정을 통하여 별표에서 규정하던 방식에서 본문에서 규정하는 방식으로 변경되었다. '내용'은 변하지 않고 '형식'만 변한 것이다. 이 과정에서 오히려 "그 밖에 사람을 공격하여 상해를 입힐 가능성이 높은 개"라는 규정은 삭제되었다. 법규의 불명확성은 해소되었을지 몰라도, 국민들의 불안감은 해소되지 않고 있다. 맹견이 아닌 일반견의 경우에

34 농림축산식품부, 반려견 소유자의 안전관리 의무 강화 및 반려동물 에티켓 확산, 2018. 1. 18, 3쪽.

도 기질평가위원회의 기질평가를 거쳐 맹견으로 지정될 수 있도록 하는 제도가 2022년 4월 26일의 「동물보호법」 개정을 통해 새로이 도입되었다. 이 제도는 2년의 경과기간을 거쳐 2024년 4월 27일부터 시행되고 있다.

맹견에게 입마개를 하지 않고 외출하는 경우에는 「동물보호법」 제101조 제2항에 의하여 300만원 이하(1차 위반 100만원, 2차 200만원, 3차 300만원)의 과태료가 부과될 수 있다. 그리고 맹견에게 목줄과 입마개를 하지 않고 다니는 등으로 사람을 사망케 한 자에게는 「동물보호법」 제97조에 의하여 3년 이하의 징역 또는 3천만원 이하의 벌금, 상해에 이르게 한 자에게는 2년 이하의 징역 또는 2천만원 이하의 벌금에 처해질 수 있다.

2018년 1월에 농림축산식품부는 '반려견 소유자의 안전관리 의무 강화 및 반려동물 에티켓 확산'이라는 제목으로 '반려견 안전관리 대책'을 마련하여 발표하였는데, 이 중에는 맹견을 포함하여 체고 40cm 이상 대형견의 외출시에 입마개를 의무화하자는 방안도 있었다.

✔ 관리 대상견 안전관리 의무

사람을 공격해 상해를 입힌 이력이 있거나, 체고(바닥에서 어깨뼈 가장 높은 곳까지의 높이) 40cm 이상인 개를 관리대상견으로 구분하고, 엘리베이터, 복도 등 건물내 협소한 공간과 보행로 등에서는 입마개도 착용하도록 의무를 부과한다. 단, 전문가평가를 거쳐 공격성이 높지 않고,

소유자가 안전하게 통제할 수 있는 것으로 판단된 경우는 제외한다.

- 개의 크기와 공격성은 무관하지만 중대형견이 공격적인 행동을 한 경우 심각한 상해·사망사고가 발생할 가능성이 커 소유자가 보다 주의깊게 관리해야 할 필요가 있으므로 공격성을 평가해 목줄만으로 통제가 어려운 공격적인 개체는 입마개도 착용하도록 한 것이다.

이러한 입마개 의무화 논란과 방안에 대하여, '모든 반려견에게 입마개를 하게 해야 한다'는 주장도 있고, '반려견에게 입마개를 강요하는 것 자체가 동물학대'로 볼 수 있다는 주장도 있다. 절충적인 의견으로는 반려견의 종류와 크기 등에 따라 제한적으로 입마개를 의무화해야 한다는 주장이 있었다.

이러한 논쟁에 대하여 "입마개를 착용하는 것은 학대가 아니라 사고를 예방하며 참교육을 할 기회를 주는 것"이고, "물고 싶어하는 반려견에게 물 수 있게 하는 것은 교육도 친절도 아닌 방임"[35]이라는 의견이 있다. 또한 "우리는 반려견에게 입마개를 강요하는 농식품부의 대책에 반대합니다. 우리는 이 대책이 철회되고 농식품부의 관행처럼 돼 버린 불합리한 행정이 개선될 데까지 끝까지 행동할 것입니다. 산업은 봐주고, 국민만 규제하는 농림축산식품부에게 입마개를 채우고 싶은 심정입니다"[36]라는 다소 도발적인 의견도 있다.

35 김지영, "강형욱, 입마개 착용은 학대? 학대 아니다 … 누구도 물려선 안돼", 한국스포츠경제, 2017. 10. 21.

36 동물권 단체 케어(care), 체고 40Cm 입마개 의무화를 반대합니다, http://fromcare.org/greeting, 2018. 2. 9 방문.

결론적으로, 체고 40cm 이상의 대형견이라고 하더라도 일반견에게는 입마개를 의무화하지 않았지만, 월령 3개월 이상의 맹견에게는 입마개를 의무화하였다. 맹견을 데리고 외출하는 경우에는 목줄 착용은 물론이고 반드시 입마개를 씌워야 한다.

그리고 전술한 바와 같이, 2020년 2월의 「동물보호법」 개정을 통해서 맹견을 소유하고 있는 사람은 반드시 맹견보험에 가입하도록 맹견보험을 의무화하였다. 맹견보험에 관한 사항은 현행 「동물보호법」 제23조에 규정되어 있다.

3) 반려견과의 교통수단 이용

KB경영연구소의 2023년 조사에 따르면, 반려동물과 외출할 때 이용하는 이동수단으로는 자가용(78.7%)이 가장 많고, 도보(16.5%), 택시(10.5%), 버스(4.9%), 지하철(4.9%), 펫택시(3.9%), 기차(2.7%) 등의 순으로 많았다. 2021년과 비교하여 코로나 시기를 거치면서 택시, 버스, 지하철 등 대중교통은 줄고 자가용 이용은 늘어난 것이다.[37]

시각장애인 안내견은 어디나 출입할 수 있지만, 모든 곳에 일반 반려견을 동반할 수 있는 권리는 보장되지 않는다. 그리고 대중교통이나 공공시설, 개인사업장에서는 합리적인 범위에서 반려견의 출입을 금지할 수 있는 권한 혹은 권리가 있다. 그러나 반려견의 동반과 출입에 관해서는 법령상의 규제 이전에, 위생문제가 고려되어야

37 황원경, 이신애, 2023한국반려동물 보고서 - 반려동물 맞이준비와 건강관리, KB경영연구소, 2023, 35쪽.

하며 반려견을 무서워하는 사람을 위한 배려가 있어야 한다.

숙박업소, 대중교통, 식당, 마트 등에서는 반려견을 포함하여 반려동물의 출입을 금지하는 경우가 있다. 다만, 반려동물 전용 운반도구(캐리어)를 사용하는 경우에는 출입이 허용될 수 있다. 특히, 반려견의 대중교통 이용에 관해서는 관련 법령과 해당 대중교통의 약관에 규정되어 있다. 원칙적으로, 대중교통에 반려견을 동반하기 위해서는 반드시 운반도구를 이용하여야 한다. 관련 규정은 다음과 같다.

> **여객자동차운수사업법 시행규칙 제44조(운송사업자 및 운수종사자의 준수사항 등)** ③ 법 제21조 제13항 및 법 제26조 제1항 제9호에 따른 운송사업자 및 운수종사자의 준수사항은 별표 4와 같다.
>
> [별표 4] 운송사업자 및 운수종사자의 준수사항(제44조 관련)
>
> 2. 운수종사자의 준수사항
>
> 마. 여객이 다음 행위를 할 때에는 안전운행과 다른 여객의 편의를 위하여 이를 제지하고 필요한 사항을 안내해야 한다.
>
> 2) 다른 여객에게 위해를 끼치거나 불쾌감을 줄 우려가 있는 동물(장애인 보조견 및 전용 운반상자에 넣은 애완동물은 제외한다)을 자동차 안으로 데리고 들어오는 행위

지하철의 경우에도 반려견을 전용 운반상자에 넣어서 탑승할 수 있으며, 구체적인 사항은 해당철의 운송약관에 규정되어 있다. 이에 위반되는 반려견의 동반에 대해서는 승차가 거절될 수 있고, 승차 이후에는 하차 지시를 받을 수 있다. 서울과 인천 지하철의 경우를 예로 들어본다.

서울교통공사 여객운송약관 제34조(휴대금지품) ① 여객은 다음 각 호의 어느 하나에 해당하는 물품은 휴대하고 승차할 수 없습니다.

4. 동물. 다만, 소수량의 조류, 소충류 및 크기가 작은 애완동물로서 용기에 넣고 겉포장을 하여 안이 보이지 않게 하고, 불쾌한 냄새가 발생하지 않도록 한 경우와 장애인의 보조를 위하여 장애인보조견 표지를 부착한 장애인보조견은 제외합니다.

② 직원은 여객의 휴대품 중 금지품이 있는 것으로 예상될 때에는 그 물건의 내용을 확인할 수 있습니다.

③ 제2항에 의하여 휴대품의 내용을 확인할 경우 이에 협조하지 아니하는 여객에 대하여는 승차를 거절할 수 있습니다.

인천교통공사 여객운송약관 제28조(휴대금지품) 여객은 다음 각 호 어느 하나에 해당하는 물품은 휴대하고 승차할 수 없습니다.

2. 동물. 다만, 애완용동물에 한하여 용기에 넣고 겉포장을 하여 용기 안이 보이지 않게 하고 불쾌한 냄새가 발생하지 않도록 한 경우와 시각장애인용 인도견은 예외

이러한 규정에 따르면 반려견을 데리고 버스나 지하철을 이용하는 경우에 전용 운반도구를 이용해야 하기 때문에 장애인보조견을 제외한 대형견은 데리고 탈 수가 없다. 반려견을 데리고 버스나 지하철을 타는 것이 불편하거나 대형견의 경우에는 반려동물 전용 택시인 '펫택시'(pet+taxi)를 이용할 수 있는데, 예약제로 운영되고 있는 펫택시 관련 정보는 인터넷에서 어렵지 않게 찾아볼 수 있다. 반려견과 함께 기차나 비행기를 타는 경우에도 버스나 지하철의 경우와 유사하다. 일반적으로 반려견 전용운송도구에 넣어 이동하여야 하며, 해당 상세한 사항은 여객운송약관에 규정되어 있다.

특히 비행기는 항공사마다 반려견 운송 정책에 차이가 있으나, 반려견을 동반하는 경우에는 반려견의 크기에 따라 전용케이지나 손가방 등 별도의 운반용기에 동반하여야 하고, 별도의 운반비를 지불하여야 하는 경우도 있다. 마일리지에서 차감하는 정책을 채택하고 있는 항공사도 있다.

반려견의 출입과 관련한 분쟁도 늘어나고 있다. 반려견을 데리고 버스를 타려다 이를 제지하는 운전사를 폭행한 사례를 살펴보기로 하자.

시내버스에 강아지를 안고 승차하였다는 이유로 운전사가 버스에서 내리라고 하자, 운전석에 앉아 있는 운전사에게 욕을 하고 지갑을 쥔 손으로 머리를 1회 때린 경우이다. 운전사에게 욕하고 폭행한 강아지 주인은 운행 중인 자동차의 운전자를 폭행하였다고 하여 「특정범죄 가중처벌 등에 관한 법률」 위반으로 기소되었다.

판례

특가법상 운전자폭행죄는 일반 폭행죄에 대한 가중적 구성요건으로서 특별한 사정이 없는 한 그 적용범위를 자동차가 실제 운행 중인 때에만 성립하는 것으로 제한하여야 하고 문언의 의미를 넘어 과도하게 확장하는 것은 적절하다고 할 수 없는데, 피고인이 갑을 폭행한 당시, 버스는 정차 중이었고 갑은 피고인이 내린 후 버스 문을 닫고 버스를 출발시키려고 하였는데, 피고인이 갑을 폭행하자 갑은 피고인이 버스에서 내려 도주하는 것을 막기 위해 급하게 버스를 출발시키고 이어서 버스 문을 닫은 것으로 보이는 등 제반 사정을 종합할 때, 피고인이 갑을 폭행할 때 버스가 운행 중이었다고 볼 수 없어 운전자 폭행에 의한 특가법 위반

죄의 책임을 지울 수 없다고 보았다. 그러나 이 경우에도 운전사를 폭행한 형사책임은 면할 수 없다.[38]

그러나 재판이 진행되는 기간에 피해자와 피고인이 합의하여 이 사건은 공소가 기각되었다.

이런 일도 있었다. 반려견을 안고 엘리베이터에 있다가 안고 있는 개를 수차례 때리는 사람을 저지하기 위하여 상대방의 얼굴을 민 행위에 대하여 무죄를 선고한 경우가 있었다.

판례

엘리베이터 안에서 피고인이 엘리베이터 안에서 개를 안고 있다가 갑과 시비가 되어 갑이 개를 때리자 손으로 갑의 얼굴을 때리고 밀치는 등으로 상해를 가하였다는 내용으로 기소된 사안에서, 피고인이 갑을 향해 뻗은 오른손이 갑의 얼굴에 근접하였으므로 갑의 얼굴에 닿았을 가능성은 있으나, 피고인의 오른손이 갑의 얼굴에 근접한 직후 갑의 얼굴 움직임, 그 이후 갑의 행동 등에 비추어 피고인의 오른손이 갑의 얼굴을 민 정도에 이르렀다고 단정하기 어렵고, 피고인이 오른손으로 갑의 얼굴을 한 차례 민 사실이 인정되더라도, 피고인의 행위는 어린 손자 이외에는 아무도 없는 밀폐된 엘리베이터 안에서 건장한 30대 남성인 갑이 자신이 안고 있는 개를 수차례 때리고 피고인도 폭행하며 위협적인 행동을 계속하고 있던 상황에서 갑이 가까이 오지 못하게 하거나 자신의 개를 때리지 못하게 하기 위한 행위이므로 소극적 방어행위로서 사회상규에 위배되지 않는 정당행위에 해당한다.[39]

38 서울고등법원 2013. 6. 13. 2013노1275; 상고[특정범죄가중처벌등에관한법률위반(운전자폭행등)(인정된죄명: 폭행)].

4) 반려견을 태우고 자동차를 운전하는 경우

근래에는 거리에서 반려동물을 태우고 운전을 하는 경우를 종종 볼 수 있다. 반려견을 안고 자동차를 운전하는 것은 원칙적으로 「도로교통법」을 위반하는 행위이다. 반려견을 안고 자동차를 운전하다가 적발되면 「도로교통법 시행령」 별표8(범칙행위 33. 적재 제한 위반, 적재물 추락방지 위반 또는 영유아나 동물을 안고 운전하는 행위)에 따라 5만원 이하의 범칙금이 부과될 수 있다. 실제로 동물을 안고 운전하다가 단속되는 건수는 그리 많지 않지만, 이는 엄연한 「도로교통법」 위반행위인 것이다.

법령

도로교통법 제39조(승차 또는 적재의 방법과 제한) ⑤ 모든 차의 운전자는 영유아나 동물을 안고 운전 장치를 조작하거나 운전석 주위에 물건을 싣는 등 안전에 지장을 줄 우려가 있는 상태로 운전하여서는 아니 된다. <개정 2014. 12. 30.>

제156조(벌칙) 다음 각호의 어느 하나에 해당하는 사람은 20만원 이하의 벌금이나 구류 또는 과료에 처한다.

1. (전략) 제39조 제5항 (후략)

몇몇 외국에서는 반려견을 태우고 운전하는 경우에 '베이비 시트' 처럼 '도그 시트'에 고정시키거나 고정줄(car dog seat belt)에 묶어 놓는 경우가 있다. 우리나라에서도 반려동물을 태우고 운전을 하는 경우에 가방에 넣거나 '도그 시트'에 앉히도록 의무화 하기 위한 법안이

39 서울남부지방법원 2016. 6. 9. 2015고정402; 확정[상해].

2013년 9월 6일 서영교 의원에 의하여 발의된 바 있었다.

✔ 서영교 의원이 대표 발의한 도로교통법 개정안의 제안이유 및 주요내용

최근 애완동물을 태우고 운전하는 경우가 크게 늘어나면서 동반한 동물로 인해 안전운전에 방해를 받을 위험성이 높아지고 있음. 미국의 경우 애완동물을 승용차에 태우고 가다가 부주의로 인해 일어나는 교통사고가 매년 3만건 이상이라는 통계자료가 발표된 바 있으며, 이러한 위험성 때문에 미국의 자동차 안전운행수칙에서는 애완동물 동반 시 이들의 움직임을 제어할 수 있는 보조시트나 장치를 사용하도록 하고 있고 뉴저지주에서는 동반한 애완동물에게 안전벨트를 매게 하지 않은 경우 벌금을 부과하고 있음. 그러나 우리나라 현행법에서는 '유아나 동물을 안고 운전 장치를 조작하거나 운전석 주위에 물건을 싣는 등 안전에 지장을 줄 우려가 있는 상태로 운전하여서는 아니 된다'라고만 규정하고 있을 뿐 동반한 동물의 움직임을 제어할 수 있는 안전조치에 관해서는 별다른 규정이 없는 상태임. 이에 애완견 등 동물을 동반할 경우 자동차의 운전자로 하여금 그 동물을 애완동물용 상자 또는 가방에 넣어 차의 바닥에 내려놓거나 애완동물용 안전띠 등으로 좌석에 고정시키는 등의 필요한 안전조치를 한 상태에서 운전하도록 규정함으로써 안전운전에 장해가 될 수 있는 행위를 미연에 방지하려는 것임(안 제50조제9항 및 제160조제4항 신설).

현행	개정안
제50조(특정 운전자의 준수사항) 〈신설〉	제50조(특정 운전자의 준수사항) ⑨ 자동차(이륜자동차는 제외한다)의 운전자는 자동차에 애완견 등 동물을 동반할 경우 안전운전에 장해가 되지 않도록 그 동물을 애완동물용 상자 또는 가방 속에 넣어 차의 바닥에 내려놓거나 애완동물용 안전띠 등을 사용하여 좌석에 고정시키는 등 필요한 안전조치를 한 상태에서 운전하여야 한다. 다만, 자동차의 승차공간이 아닌 곳에 태우는 경우에는 그러하지 아니하다.

그러나 이 법안은 국회에서 통과되지 못하고 제19대 국회의 임기 만료로 폐기되었다. 이와 같은 「도로교통법」에 대해서는 "현실적으로 국민들의 법규준수를 기대하기 쉽지 않다"[40]는 국회 내부의 검토보고서가 작성된 바 있다. 그러나 이러한 제도화나 의무화가 되기 이전이라고 하더라도, 반려견의 안전을 위하는 견주들이 자발적으로 반려견용 자동차 안전시트를 사용하는 시기가 곧 올 것으로 생각한다.

5) 외출시 반려견의 배설물 처리

공공장소에서 개의 배설물을 방치하는 경우에는 미관상 좋지 않을 뿐만 아니라 질병감염위험 등 위생상의 문제가 발생할 수 있다. 따라서 반려견을 데리고 외출을 하다가 배설물이 생긴 경우에는 즉시 수거하여야 한다. 반려견이 대변 등 수거 가능한 배설물을 배설

40 국회 안전행정위원회 검토보고서, 2014. 4., 7쪽.

한 경우에는 당연히 수거하여야 하고, 엘리베이터 · 계단 · 평상 · 의자 등에 소변을 본 경우에도 즉시 닦아야 한다. 반려견을 데리고 외출을 하는 경우에는 비닐봉지와 휴지 등 배설물을 처리하기 위한 준비물이 필수품이다.

> **동물보호법 제16조(등록대상동물의 관리 등)** ② 등록대상동물의 소유자 등은 등록대상동물을 동반하고 외출할 때에는 다음 각 호의 사항을 준수하여야 한다.
> 3. 배설물(소변의 경우에는 공동주택의 엘리베이터 · 계단 등 건물 내부의 공용공간 및 평상 · 의자 등 사람이 눕거나 앉을 수 있는 기구 위의 것으로 한정한다)이 생겼을 때에는 즉시 수거할 것

즉, 「동물보호법」은 동물을 데리고 외출하는 사람에게 해당 동물의 배설물을 수거할 의무를 부과하고 있다. 배설물을 수거하지 않은 경우에는 「동물보호법」 제101조 제4항에 의하여 50만원 이하의 과태료가 부과될 수 있다. 그리고 「동물보호법 시행령」 별표에는 구체적인 과태료 액수가 규정되어 있는데, 외출시 배설물을 수거하지 않은 경우에는 1차 위반시 5만원, 2차 위반시 7만원, 3차례 이상 위반시에는 10만원의 과태료를 물리고 있다.[41] 동반하는 반려견의 배설물을 처리하는 문제는 법령상의 의무이기 이전에 반려인이 기본적으로 갖추어야 하는 에티켓의 문제이다.

41 「동물보호법 시행령」 별표 과태료의 부과기준 참조.

5. 질병과 치료

1) 일반론

반려견을 키우는데 있어서 가장 어려움을 호소하는 경우는 반려견이 아플 때이다. 반려견이 질병이나 사고로 인하여 치료를 받아야 하는데 동물약품을 다루는 약국에서 약을 사서 먹이면 되는지, 어느 동물병원에 가야 하는지, 치료비는 얼마나 들지 하는 문제 등에 직면하게 된다. 한 여론조사기관에 따르면, "최근 1년간 키우는 동물 때문에 동물병원을 방문한 적이 있습니까"라는 질문에 대하여, 2002년에는 없다 51% 있다 49%였는데, 2015년에는 있다 75% 없다 25%인 것으로 나타났다.[42] 동물병원 이용자가 이처럼 늘어난 것을 보면, 일견 반려동물에 대한 의료복지 수준이 점차 개선되고 있다고 평가할 수 있다. 동물병원이 많아짐에 따라 동물병원에의 접근성이 개선되었고 반려동물 보호자의 의식도 변화된 결과라고 할 수 있다.

일반적으로 동물병원의 진료비는 사람이 다니는 병원의 진료비에 비하여 높게 느껴진다는 의견이 많다. 반려동물 진료비는 동물병원에 따라 진료비가 천차만별이고, 진료비를 비교할 수 있는 기준이나 방법도 없기 때문에, 비싸고 불투명한 동물병원 진료비에 대하여 반려견 소유자들의 불만과 불신이 적지 않다.[43] 2022년의 제20대 대통

42 한국갤럽, 반려동물과 동물에 대한 인식조사, 2015, 3쪽.

43 반려동물보험의 문제점으로 표준진료수가 체계가 부재하고, 등록제도의 미비에 따른 정보의 비대칭성, 반려동물 보험금청구의 복잡성 등이 지적되고 있다. 김창호,

령선거 후보자들이 제시한 정책공약에 동물병원 표준수가제, 동물병원 진료비 표준화, 반려동물 의료보험제도 도입 등이 있는 것도 반려동물의 치료에 대한 양육자들의 부담을 의식한 것이라 할 수 있다.동물병원 진료비 부가가치세 폐지도 지속적으로 주장되어 왔다. 동물병원 진료비에 10%가 부과되는 부가가치세는 면제되다가 2011년부터 다시 부과되기 시작하였고 일부 항목만 면제되고 있었는데, 「부가가치세법」의 개정을 통하여 2023년 10월부터는 100여개의 진료항목에 대하여 부가가치세가 면제되고 있다.

현재 우리나라의 반려동물 의료제도는 「수의사법」과 「약사법」에 일부 관련 규정이 있는 것을 제외하고는 법령과 정책이 매우 미비하다. 동물보건소 설치, 저소득층을 위한 반려동물 의료서비스 지원, 반려동물 질병 예방교육 실시 등의 정책아이디어를 제도화할 필요가 있다.[44] 특정 업종이나 산업의 발전으로 접근할 것이 아니라 동물의 복지와 보호자의 권익향상에 관심을 두어, 반려동물의 의료를 포기하는 상황에 처하지 않도록 관련 업계가 협력하여야 하고 제도가 만들어져야 할 것이다.

2) 반려견 의료보험

동물병원은 당연히 사람의 경우처럼 공보험(公保險)인 국민건강보험

반려동물보험 현황 및 향후 과제, 이슈와 논점 제1577호, 국회입법조사처 2019, 5, 2, 1쪽 이하.

44 박주연, 반려동물 의료체계의 문제점 및 제도개선 방안, 환경법과 정책, 강원대학교 비교법학연구소, 2017, 127쪽.

이 적용되지 않고, 사보험(私保險)으로서의 반려견보험(애견보험, 펫보험, 개보험 등으로도 불림)도 보험가입률이 낮은 형편이어서, 반려견이 질병에 걸릴 경우에는 경제적인 부담이 적지 않다. 2018년의 조사에 따르면 응답에 참여한 양육자의 87.0%가 동물의료보험에 가입하지 않았고, 보험에 가입한 반려인의 경우 평균보험비용은 17.5만원인데, 보험료 5만원 이하가 23.2%로 가장 많았다.[45] 2023년의 조사에 따르면 월평균 보험료가 6만 9천원이고, 보상을 받은 항목으로는 '통원치료비 및 약제비'가 28.6%, 수술비가 19.3%, 입원비가 14.3% 등의 순으로 조사되었다.[46] 적지 않은 경우는 보험에 가입하지 않고 진료비를 자비로 부담하고 있기 때문에, 반려견이 아픈 경우에는 제대로 치료를 받지 못하는 경우도 발생한다.

현재 반려견 혹은 반려묘를 대상으로 한 반려동물 의료보험[47]이 운영되고 있으며 진료비·검사비·치료비·입원비·수술비·통원치료비·응급실비 등을 보장하고 있으나 보장범위는 보험사마다 다르다. 근래에는 특약으로 반려견 사망시 위로금과 장례비를 지급하는 상품도 있고, 사람이나 다른 사람 소유의 반려동물에게 손해를 입힌 경우에 배상금을 지급하는 상품도 생겨났다. 그러나 보험사에 따라

45 문화체육관광부/농촌진흥청, 2018년 반려동물에 대한 인식 및 양육현황 조사보고서, 2018, 63~64쪽.

46 황원경, 이신애, 2023한국반려동물 보고서 - 반려동물 맞이준비와 건강관리, KB경영연구소, 2023, 57쪽.

47 의료보험 혹은 건강보험 이외에 반려동물이 타인의 신체 및 재물에 초래한 손해를 배상해 주는 보험이 늘어나고 있다. 또한 반려동물이 상해를 입거나 사망한 경우를 원인으로 하는 보험도 있는데, 앞으로는 다양한 종류의 동물보험 상품이 개발되고 출시되리라 본다.

가입 가능연령은 7세 혹은 8세 이하로 제한되어 있고, 월 4~6만원 정도의 보험료를 납부함에도 비급여 항목이 많아서 가입자가 많지 않다. 반려동물 의료보험을 판매하는 보험사는 2017년 3개사(롯데, 삼성, 현대)에서 2018년 7개사(신규: 한화, 메리츠 KB손보, DB손보), 2020년에는 11개사(신규: 에이스, 하나, 농협, 캐롯)로 점차 늘어났다.

반려동물보험은 일반적으로 사업자의 입장에서는 수익성이 낮고 가입자의 입장에서는 보장성이 낮은 것으로 평가되고 있다. 현재 동물진료비에 대해서는 법적으로 강제할 수 있는 규정이 없기 때문에, 동물병원마다 진료비 금액에 차이가 있다. 따라서 반려동물을 양육하는 가구의 43.9%가 '진료비 표준 수가제 도입'을 반려동물의료보험 활성화를 위한 가장 큰 과제로 응답할 만큼 진료비 표준수가제 도입이 필요하다.[48]

정부는 1999년 동물병원의 담합을 막고 자율경쟁을 도입한다는 취지하에, 이전에 시행하던 '동물의료수가제'를 폐지하였다. 반려견 의료비 표준화는 수의업계와 반려동물 양육인, 보험회사, 정부 등 다양한 이해관계자의 합의를 통해 정해져야 할 사안으로 보인다. 최근 들어 중소형 보험사도 반려동물 보험상품의 출시를 검토하는 분위기가 있으며, 향후에는 보장이 다양화·세분화되고 치료비·사망위로금·배상책임 등을 포함하는 종합보험도 나올 가능성이 있으며, 가입대상이나 가입기간도 확대될 가능성이 커졌다고 예측되고 있

48 정대, 반려동물 보험제도에 관한 고찰, 동물법연구, 제2호, 2020. 8, 25쪽; 황원경, 이신애, 2023한국반려동물 보고서 – 반려동물 맞이준비와 건강관리, KB경영연구소, 2023, 59쪽.

다.[49] 여하간 반려동물보험의 수요는 반려동물의 증가와 함께 확대되고 있으며,[50] 반려동물 관련 보험시장의 성장과 육성을 위한 제도적 지원이 필요하다[51]는 점과 반려동물 보험의 실효성 확보를 위한 입법이 필요하다[52]는 점에 주목하여 이에 관한 정책개발과 관련 입법의 정비가 필요해 보인다.

2021에는 반려동물의 진료보험에 관한 사항을 내용으로 하는 법안이 발의된 적이 있다.

✔ 조정훈 의원이 대표 발의한 반려동물진료보험법안 제정안의 제안 이유

반려동물을 양육하는 가구가 해마다 늘어남에 따라 "반려동물과 함께하는 삶"이 우리사회의 중요한 가치 중 하나가 되었으며, 이러한 가치를 구현하기 위하여 동물을 사람의 학대 등으로부터 보호하기 위한 방향으로 제도 개선 논의가 이루어져 왔음. 그러나 반려동물의 경우 사람의 학대 뿐 아니라 예기치 못한 질병 등으로부터 고통 받고 있고, 이를 예방·치료하기 위한 비용 등을 지불하여야 하는 소유자에게 경제적으로 큰 부담으로 작용하고 있어 반려동물의 질병 등에 대한 예방 및 치료가 적시에 이루어지지 못함으로써 반려동물의 생명 및 건강을 해칠 우려가 있음. 현재 반려동물 소유자의 반려동물에 대한 치료비용의 경감을 위하여 일부 보험회사에서 보험을 판매 중에 있으나, 보험료 부담 등으로 인하여 가입률(약 0.3%)은 매우 저조한 실정임. 이에 반려동물에 대한 진료비용을

49 반려동물 보험료 확 내려간다, 마이더스, 연합뉴스 동북아센터, 2018. 9, 103쪽.

50 김세중, 중국 반려동물보험 현황과 시사점, 보험연구원, 2017. 9. 18, 18쪽.

51 유제범, 「동물보호법」 제12조(등록대상동물의 등록)의 입법영향분석, 국회 입법조사처, 2017. 12. 29, 67쪽.

52 권용수, 반려동물 보험의 실효성 확보를 위한 입법과제 검토, 법조, 통권 제745호, 2021. 2, 277쪽.

보상하는 반려동물진료보험에 관한 사항을 규정함으로써 반려동물 소유자의 부담을 경감하고 반려동물의 보건 증진에 이바지하고자 함.

보험급여의 범위는 예방접종비용, 구충제투약비용, 건강검진비용, 중성화수술비용 등으로 한정되어 있다. 이 법안은 2021년 8월 23일에 발의되어 2021년 12월 3일에 국회 농림축산식품해양수산위원회에 상정되었다. 그러나 이후 법안심사가 적극적으로 진행되고 있지는 않다.

일본의 반려동물보험 가입률은 2018년 기준 9.1%이고 보험시장규모는 667억 엔(약 7.1천억원)이고 스웨덴은 가입률 40%이고 보험시장규모는 32억 크로나(약 4천억원)이며 미국은 가입률 10%이고 보험시장규모는 10.3억달러(약 1.1조원) 정도로 추산되고 있으며,[53] 영국의 반려동물 보험 시장규모는 1조원 정도로 추산되고 있다.[54] 최근 미국과 캐나다의 반려동물보험은 15~20%의 높은 성장세를 보이고 있다. 이에 비하여 우리나라의 반려동물보험 시장규모는 2013년 4억원에서 2017년 10억원으로 2020년에는 156억원으로 성장했는데, 아직도 동물등록수 대비 보험가입률은 1,45%에 그칠 정도로 매우 낮다.

53 국회 농림축산식품해양수산위원회, 검토보고서, 조정훈 의원 대표발의 반려동물진료보험법안. 2021. 12, 26쪽.

54 김창호, 반려동물보험 현황 및 향후 과제, 이슈와 논점 제1577호, 국회입법조사처 2019, 5, 2, 2쪽.

55 국회 농림축산식품해양수산위원회, 검토보고서, 조정훈 의원 대표발의 반려동물진료보험법안. 2021. 12, 5쪽.

표 8 반려동물보험 연도별 계약건수 및 보험료[55]

구분	2013	2014	2015	2016	2017	2018	2019	2020
계약건수(건)	1,199	1,683	1,826	1,819	2,776	8,147	24,289	33,621
연간보험 (백만원)	405	572	731	690	984	1,280	9,194	15,604
등록동물 (마리)	70만	89만	98만	107만	117만	130만	209만	232만
등록동물수 대비가입률(%)	0.17	0.19	0.19	0.17	0.22	0.62	1.16	1.45

우리나라 반려동물보험의 가입률이 낮은 것은 의료비 보장범위의 한계, 반려동물 식별의 어려움, 의료비 비표준화, 낮은 인지도 등으로 지적되고 있다. 특히 펫보험 시장이 활성화되기 위해서는 개체식별을 가능케 하는 반려동물 등록율이 높아져야 하는데, 2022년 말 현재 등록견은 전술한 바와 같이 약 302만 마리 정도이다. 2018년의 반려견 등록율 20%보다는 향상되었지만 아직도 38% 정도의 등록률에 머물고 있기 때문에, 펫보험 시장이 활성화되기에는 아직 등록률이 충분치 않은 것으로 평가되고 있다. 반면, 반려견을 키우는 사람들은 반려견 의료보험과 관련하여 의료비 보장범위의 확대, 연령제한 완화, 부가서비스 지원, 경제적 부가혜택 등을 개선사항으로 들고 있다. 특히 선천적·유전적 질병, 기왕증, 바이러스 감염증으로 인한 질병 등 백신을 통해 예방이 가능한 질병, 임신·출산 관련 치료비 및 수술비, 중성화 수술 등이 대부분 보장범위에서 제외되고 있는 점이 개선될 필요가 있다.[56]

56 최아라/구혜경, 소비자의 반려견 양육비 지출부담 유형별 반려동물 보험에 대한 반응 및 요구도 연구, Financial Planning Review, 한국 FP협회 2019. 8, 168, 174쪽.

반려동물 의료보험과 관련한 제도와 법령이 정비되어, 반려견을 키우는 반려인들의 고충이 해소될 필요가 절실하다.

반려동물을 대상으로 하는 의료보험시장의 확대는 보험사와 수의업계에 매우 중요한 사안이고, 논란도 적지 않다. 반려동물의 비싼 치료비가 유기견 발생의 원인 중 하나이기 때문에 반려동물 의료보험 상품개발과 정책개발은 반려동물 정책의 중요이슈이자 사회적 과제라고 볼 수 있다. 병든 반려견을 버리는 경우가 발생하지 않도록 하기 위해서라도 적정한 비용부담과 수익구조의 균형이 잡히는 반려견 보험시장이 형성될 필요가 있다.

표 9 반려동물 민간의료보험 현황(20. 11. 28 기준)[57]

- 판매 보험사: 11개사 - 메리츠, 한화, 롯데, 삼성, 현대, KB, DB, 에이스, 하나, 농협, 캐롯
- 가입대상 동물: 개, 고양이
- 보험비(보험료) 수준: 반려동물 종별·연령 및 가입기간(일반 · 장기)에 따라 보험료가 상이하나, 통상적으로 연간 약 40~50만원 수준(0세 말티즈 기준)
- 보장내용: 입원비·통원비·수술비·배상책임·장례비 등

[반려동물보험 상품현황]

구분	현황
담보 범위	기본계약, 특약 등으로 보장
가입 연령	신규가입 만 10세 보장(갱신 만 20세)
보장 내용	입·통원비·배상책임
판매 채널	설계사, 대리점, CM, 간단손보대리점(펫샵·동물병원)

57 국회 농림축산식품해양수산위원회, 검토보고서, 조정훈 의원 대표발의 반려동물진료보험법안. 2021. 12, 27쪽.

[보험가입 현황]

구분	2015	2016	2017	2018	2019	2020
계약건수(건)	1,826	1,819	2,776	8,147	22,220	33,621
연간 보험료 (백만원)	731	690	984	1,280	11,250	15,604

◦ 보험가입률: 1.45%[등록마리수(232만 마리) 대비]
◦ 지급 방법: 보험별로 보험사 부담 최대 금액*이 정해져 있고, 자기부담금(통상 1~3만원)을 제외한 금액을 보험사가 50% 또는 70% 수준 부담
  * 예시: 수술(200만원), 입·통원(15만원) 등이며 최대금액은 1천만원 수준

3) 동물병원 관련

전국적으로 동물병원의 숫자는 2022년에 5,053개로 5천개를 돌파하였고 매년 약 350개 이상의 동물병원이 개원할 정도로 동물병원은 계속 증가하고 있으며, 동물병원 폐업율은 약 50% 정도이다. 특히 서울시의 동물병원 수는 총 924개로 자치구당 평균 37개소이며, 동물병원 1개소 당 반려견 등록수는 662마리이다.[58]

2022년에는 동물병원 이용자의 알권리와 진료선택권 보장을 위하여 「수의사법」이 개정되었다. 즉 그동안 반려동물을 기르는 반려인들의 요구사항이었던 ① 수술 등 중대진료에 관한 설명의무, ② 중대진료의 예상 진료비용 고지, ③ 진료비용의 게시에 관한 의무를 수의사와 동물병원에 부여하였다. 개정된 내용에 관해서 보다 상세히 설명하면 다음과 같다.

① 수의사는 동물의 생명 또는 신체에 중대한 위해를 발생하게 할

58 이다영, 박선미, 서울 펫 스마트 라이프 : 데이터로 본 반려동물과의 동행, 서울디지털재단, 2024, 9쪽.

우려가 있는 수술 등 중대진료를 하는 경우에는 수술 등 중대진료 전에 동물의 소유자 또는 관리자에게 동물에게 발생하거나 발생 가능한 증상의 진단명, 진료의 필요성·방법 및 내용 등의 사항을 설명하고 서면으로 동의를 받도록 하였다. 다만, 설명 및 동의 절차로 수술 등 중대진료가 지체되면 동물의 생명이 위험해지거나 동물의 신체에 중대한 장애를 가져올 우려가 있는 경우에는 수술 등 중대진료 이후에 설명하고 동의를 받을 수 있도록 하였다(제13조의2 신설) [2022. 7. 5.부터 시행].

② 동물병원 개설자는 수술 등 중대진료 전에 예상 진료비용을 동물 소유자 또는 관리자에게 고지하도록 하였다. 다만, 해당 진료가 지체되면 동물의 생명 또는 신체에 중대한 장애를 가져올 우려가 있거나 진료과정에서 진료비용이 추가되는 경우에는 진료 후에 진료비용을 고지하거나 변경하여 고지할 수 있도록 하였다(제19조 신설) [2023. 1. 5.부터 시행] [진료비용 미고지시 과태료 부과는 2024. 1. 5.부터 시행].

③ 동물병원 개설자는 진찰, 입원, 예방접종, 검사 등 농림축산식품부령으로 정하는 동물진료업의 행위에 대한 진료비용을 동물 소유자 또는 관리자가 쉽게 알 수 있도록 게시하고, 게시한 금액을 초과하여 진료비용을 받을 수 없도록 하였다(제20조 신설) [수의사 2인 이상 병원은 2023. 1. 5.부터 시행, 수의사 1인 병원은 2024. 1. 5.부터 시행].

이러한 사항들은 앞에서도 설명한 바와 같이, 그동안 반려인들이 동물의 진료와 관련하여 지속적으로 문제를 제기하고 제도개선을 요구하여 오던 것들이었으며, 궁극적으로는 동물병원 서비스 품질 향상과 반려동물 가구의 부담을 완화하기 위한 이러한 제도개선 요구[59]가 받아들여져서 「수의사법」이 개정된 것이다.

그리고 농림축산식품부장관은 동물의 질병명, 진료항목 등 동물진료에 관한 표준화된 분류체계를 작성하여 고시하고 동물병원의 진료비용 및 산정기준을 조사하여 공개하도록 법률에 규정하였다(「수의사법」 제20조의3, 제20조의4 신설). 이렇게 동물진료의 표준화와 비용공개가 지속적으로 이루어지면, 반려인들이 보다 편하고 걱정없이 반려동물을 치료하는데 도움이 될 것으로 본다. 농림축산식품부가 제공하는 동물병원 진료비용 공개(https://animalclinicfee.or.kr/intro.do) 홈페이지에서 지역별로 동물병원 진료비를 상세히 검색할 수 있는데, 개와 고양이를 구분하여 초진 진찰료와 재진 진찰료가 나와 있고, 개의 경우 입원비는 소형·중형·대형으로 구분하여 나와 있다. 진찰료, 입원비, 상담료, 백신비용 등이 최저비용과 최고비용 및 중간비용으로 구분되어 나와 있으니, 이를 참고하여 동물병원을 이용할 수 있다.

그간 동물병원에서의 과잉진료행위[60]를 하였다는 불만과 분쟁이

59 민인시, 공급자 경쟁이 반려동물 진료비에 미치는 영향, 보험금융연구, 제35권 제1호, 2024, 35쪽.

60 「수의사법 시행령」 제20조의2(과잉진료행위 등) 법 제32조 제2항 제6호에서 "과잉진료행위나 그 밖에 동물병원 운영과 관련된 행위로서 대통령령으로 정하는 행위"란 다음 각 호의 행위를 말한다. <개정 2013. 3. 23.>

1. 불필요한 검사·투약 또는 수술 등 과잉진료행위를 하거나 부당하게 많은 진료비를 요구하는 행위
2. 정당한 사유 없이 동물의 고통을 줄이기 위한 조치를 하지 아니하고 시술하는 행위나 그 밖에 이에 준하는 행위로서 농림축산식품부령으로 정하는 행위
3. 허위광고 또는 과대광고 행위
4. 동물병원의 개설자격이 없는 자에게 고용되어 동물을 진료하는 행위
5. 다른 동물병원을 이용하려는 동물의 소유자 또는 관리자를 자신이 종사하거나 개설한 동물병원으로 유인하거나 유인하게 하는 행위
6. 법 제11조, 제12조 제1항·제3항, 제13조 제1항·제2항 또는 제17조 제1항을 위반하는 행위

종종 제기되었기 때문에 진료거부나 과잉진료행위 등에 대한 과태료가 다음과 같이 상향 조정되었다.

표 10 과태료 부과기준 및 액수

<table>
<tr><th rowspan="2">위반행위</th><th rowspan="2">관련 「수의사법」 규정</th><th colspan="3">과태료 액수 (만원)</th></tr>
<tr><th>1회</th><th>2회</th><th>3회 이상</th></tr>
<tr><td>정당한 사유없는 진료거부</td><td>제11조, 제41조 제1항 1호</td><td>150</td><td>200</td><td>250</td></tr>
<tr><td>정당한 사유없는 진단서, 검안서, 증명서, 처방전 발급거부</td><td>제12조 제3항, 제41조 제2항 제1호의3</td><td>50</td><td>75</td><td>100</td></tr>
<tr><td>거짓이나 기타 부정한 방법으로 진단서, 검안서, 증명서, 처방전 발급</td><td>제12조 제1항, 제41조 제2항 1호</td><td>50</td><td>75</td><td>100</td></tr>
<tr><td>진료부, 검안부 미기록 또는 허위기록</td><td>제13조, 제41조 제2항 2호</td><td>50</td><td>75</td><td>100</td></tr>
<tr><td>고지·게시한 금액을 초과한 진료비용 징수</td><td>제20조의2 제3항, 제41조 제2항 6호의2</td><td>30</td><td>60</td><td>90</td></tr>
</table>

4) 반려견 관련 의료분쟁 판례

반려견의 치료와 관련하여 동물병원과의 분쟁이 있는 경우가 있다. 한국소비자원에 피해구제를 신청한 사유 중에는 진료중 폐사, 수술미흡 등의 '품질상 문제'가 81.8% 진료비 과다가 9.1% 등이었다.

표 11 신청이유별 소비자피해구제 현황 (단위: 건, %)[61]

<table>
<tr><th colspan="4">품질(81.8%)</th><th rowspan="2">진료비 과다</th><th rowspan="2">기타</th><th rowspan="2"></th></tr>
<tr><th>진료중 폐사</th><th>수술미흡 부작용</th><th>진단 지연</th><th>오진, 검사오류</th></tr>
<tr><td>14</td><td>8</td><td>3</td><td>2</td><td>3</td><td>3</td><td>33</td></tr>
<tr><td>42.4</td><td>24.2</td><td>9.1</td><td>6.1</td><td>9.1</td><td>9.1</td><td>100</td></tr>
</table>

※ 기타: 강아지 건강프로그램 해지, 약품대금 환급 등

이러한 불만 중 일부는 법적 분쟁으로 비화되는 경우가 있다. 특히 반려견에 대한 의료과실 인정 여부 및 이로 인한 손해배상이 문제되는 경우, 반려견에 대한 의료과실로 인한 질병악화에 대하여 손해배상책임을 부인한 사례도 있고 인정한 사례도 있다.

판례 1

甲이 자신이 키우는 반려견에게 빈뇨·혈뇨 등의 증상이 있어서 치료를 위하여 반려견을 데리고 수의사 乙이 운영하던 동물병원에 찾아가 진찰을 받고 약을 처방받아 투약하였는데도 증상이 계속되자 다른 동물병원을 방문하여 반려견이 방광염과 방광결석을 앓고 있다는 진단을 받은 사안에서, 乙이 반려견의 방광염 및 방광결석에 대하여 부적절한 처방을 한 의료상의 과실이 있었고, 이로 인하여 甲이 반려견의 방광염 및 방광결석을 적기에 적절하게 치료하지 못하는 바람에 반려견의 방광염이 만성화된 것으로 볼 수 있으므로, 乙은 위와 같은 의료상 과실로 인하여 반려견의 증상이 악화됨으로써 甲이 입은 손해를 배상할 책임이 있다고 한 사례이다.

손해배상의 범위는 이미 지출한 기왕 치료비 2,770,870원과 향후 치료비(페니키즈의 평균수명을 고려하여 기대여명 약 4년 4개월에 대한 치료비) 3,849,946원이 손해액으로 인정되었다. 다만 반려견의 나이, 건강상태, 향후치료기간 등을 고려하여 乙의 甲에 대한 손해배상책임을 80%로 제한하여 총 5,296,652원이 인정되었다. 위자료에 대해서 법원은 "원고는 상당한 기간 동안 함께 지내온 이 사건 반려견이 피고의 의료상의 과실로 인하여 방광염 및 방광결석에 대한 치료를 적기에 적절하게 받지 못하여 방광염이 만성화되는 바람에, 이

61 김선희, 반려동물 관련 소비실태 및 개선방안, 한국소비자원, 2013, 9쪽.

미 오랫동안 상당한 시간과 비용을 들여 이 사건 반려견의 만성 방광염 등을 치료하여 왔을 뿐만 아니라, 향후에도 계속하여 만성 방광염의 재발을 예방하기 위하여 주기적으로 관련 검사를 받게 하거나, 만성 방광염이 재발하는 경우 이를 치료하여야 함으로써 상당한 정신적 고통을 겪었다"는 점을 인정하여 2,000,000원을 위자료로 인정하였다. 또한, 별도로 진행된 명예훼손죄 소송[62]에서 위증으로 인하여 유죄의 확정판결을 받은 사실 등이 감안되어, 위증으로 인한 손해배상 1,000,000원이 부가되었다.[63]

판례 2

甲은 자신이 키우던 반려견이 심장약을 먹던 중 생리를 하자 수의사 乙이 운영하는 동물병원에 데리고 가서 진찰을 받았으며, 수의사의 권유에 따라 반려견은 자궁농축수술을 받았다. 수술 후 회복중에 반려견은 동물병원에서 사망하였다.

원고는 4,940만원(반려견 사망으로 인한 재산상 손해 100만원과 장례비 40만원, 위자료 4,800만원)의 손해배상을 청구하였으나 제1심 법원은 청구를 기각하였다.[64] 항소심 법원은 이 사건 수술의 경위 및 경과, 견주인 원고의 선택의 기회 침해의 정도, 기타 이 사건 변론에 나타난 제반 사정을 참작하여 수의사인 피고가 원고에게 배상해야 하는 범위로 제1심의 판결을 일부 취소하여 위자료로 2,000,000원을 인정하였다.[65]

62 인터넷에서 해당 동물병원 의사를 비방하였다는 혐의로 기소된 1심(서울동부지방법원 2009. 11. 11. 선고 2009고정662)에서는 벌금 200만원이 선고되었고, 항소심(서울동부지방법원 2010. 6. 11. 선고 2009노1721)에서는 원심판결을 파기하고 선고유예가 내려졌으며, 상고심(대법원 2012. 1. 26. 선고 2010도8143)에서는 항소심의 원심판결이 파기·환송되었다.

63 항소심판결 서울동부지방법원 2011. 9. 21. 선고 2009나558; 제1심판결 서울동부지방법원 2008. 12. 17. 선고 2008가소186847.

64 대구지방법원 2018. 6. 20. 선고 2016가단38556.

65 대구지방법원 2019. 2. 14. 선고 2018나5438.

판례 3

원고의 반려견은 2012년 6월에 피고가 운영하는 동물병원에서 임신중절 수술을 받은 적이 있고 이후에도 종종 진료를 받아왔으며, 2017년 9월에는 동물병원에서 치료를 받다가 죽었다.

원고의 반려견이 죽기 전에 시행한 초음파 검사에서는 잔존 난소 및 자궁이 확인되고 내강에 다량의 농성 의심물질이 관찰되었다. 그러나 피고의 수술상의 과실이나 적절한 치료를 하지 않았다는 주장 및 자궁축농증으로 인한 복막염으로 인하여 사망하였다는 주장에 대하여는 이를 인정한 증거가 없으므로 1심법원과 항소심법원은 원고의 청구를 기각하였다.[66]

판례 4

2020년 8월에 동물병원으로 데리고 온 피고의 반려견을 입원시켜 골절 치료 수술을 완료하였으나 이후 견주는 진료비와 입원비를 납부하지도 않고 반려견을 인수하지도 아니하였다.

이에 동물병원 원장은 동물의 인수와 진료비·입원비 등을 청구하는 소송을 제기하였다. 이에 대하여 법원은 견주에게 대하여 반려견을 인수할 것과 진료비 등 5,986,000원 및 이자 그리고 의무이행완료일까지 발생하는 일 38,500원의 입원비를 지급하라고 판결하였다.[67]

판례 5

원고는 2017년 2월에 A동물병원에 반려견을 데리고 가서 진찰을 받고 수차례에 걸쳐 처방을 받아 약을 투약하였으나 반려견의 증상이 호전되지 않자 B동물병원에 데리고 가서 진찰을 받은 결과 골육종 가능성이

66 서울남부지방법원 2019. 4. 19. 선고 2018나2849.

67 인천지방법원 2021. 4. 1. 선고 2020가단273501.

높다는 진단을 받았다.
이에 원고는 A동물병원의 오진으로 인하여 적절한 검사 및 치료를 받지 못하였다고 주장하며 총 8,232,100원(반려견의 재산적 가치 500,000원 +A병원 진료비 2,732,100원+위자료 5,000,000원)을 청구하는 손해배상소송을 제기하였다. 이에 대하여 법원은 증거자료에 대한 검토를 토대로 하여 A동물병원의 수의사에게 최선의 주의의무를 다하지 않은 과실을 인정하였으나, 원고가 주장한 재산상의 손해는 인정하지 아니하되 다만 2백만원의 위자료를 인정하였다.[68]

판례 6

갑이 6년 동안 길러오던 반려견의 발바닥 피부병 치료를 위해 을이 운영하는 병원에 방문하였다가 을의 권유로 중성화수술을 하였는데, 수술부위의 봉합부분이 벌어지고 피고름이 나는 상태를 발견하여 을의 병원에서 반려견의 입·퇴원을 반복하며 치료를 하였으나 상태가 악화되자, 다른 병원에서 괴사조직 제거 및 피부봉합 등의 조치를 다시 하였고, 이에 갑이 을을 상대로 진료상 과실이 있다는 이유로 손해배상을 구한 사안이다.
수의사는 비록 의료법에서 규정하는 의료인은 아니나 '동물의 건강증진'을 목적으로 하는 수의사의 진료행위에도 특별한 사정이 없는 한 의료법상의 의료인에게 적용되는 의료과실에 관한 법리를 유추 적용할 필요성이 있는데, 을이 위 수술 이전에 한 혈액 검사, 알러젠 검사 결과에 의하면 반려견에게 살충제 중독으로 인한 발바닥 피부병 외에 염증수치가 높다거나 다른 특이사항이 없었던 점, 1차 퇴원 이후 반려견의 수술부위가 제대로 아물지 않은 상태에서 피고름이 나오고 흑변 등의 증상이 나타나서 을로부터 재차 치료를 받았고, 이후에도 을의 병원에서 다시 입

68 인천지방법원 부천지원 2021. 10. 29. 선고 2019나60816.

원 치료를 받은 다음 2차 퇴원을 하였지만, 반려견의 수술부위가 여전히 봉합되지 않은 상태로 벌어져 있었을 뿐만 아니라 수술부위 주변의 피부 괴사, 감염 등으로 수술 후 처치가 제대로 이루어지지 않은 사실이 확인되는 점 등을 종합하면, 을은 위 수술을 직접 시행한 수의사로서 수술부위의 회복을 위해 알맞은 치료, 수술부위의 봉합 및 감염예방을 위한 적절한 조치를 취해야 함에도 불구하고 이를 소홀히 함으로써 반려견의 수술부위의 개방, 피부 괴사, 감염을 제대로 진단하지 못하고 이에 대하여 적절하게 치료하지 못한 과실이 있고, 이로 인하여 반려견의 수술부위가 제대로 아물지 못하는 상태에서 주변 피부의 괴사나 감염이 진행된 것이므로, 을은 갑에게 이와 관련하여 갑이 입은 손해를 배상할 책임이 있는데, 이때 생명체인 반려견의 객관적 교환가치를 산정하여 재산상 손해배상범위를 제한할 수 없는 이상 을은 갑에게 발생한 기왕치료비 손해 전부를 배상할 책임이 있고, 나아가 갑은 상당한 시간과 비용을 들여 오랫동안 함께 지낸 반려견을 치료한 점, 갑이 6년 넘게 반려견을 키우며 많은 애정을 쏟는 등 정신적 교감이나 유대정도가 강하였던 것으로 보이는 점을 종합하면, 갑이 을의 제안에 따라 위 수술을 하여 반려견의 입·퇴원을 반복하고 다른 병원에서 재수술을 받는 과정에서 상당한 정신적 고통을 겪었다고 할 것이므로, 을은 갑에게 위자료를 지급할 의무도 있다.

피고는 원고에게 피고는 원고에게 4,192,000원(= 재산상 손해 2,192,000원 + 위자료 2,000,000원)을 지급하라.[69]

판례 7

원고의 반려견은 2018년 심장병 진단을 받고 일본에 있는 동물병원에서 수술을 받았으나 병이 호전되지 않아 그 후에도 수의사인 피고로부터

69 항소심 판결 대전지방법원 2022. 9. 8. 선고 2021나150; 제1심판결 대전지방법원 천안지원 아산시법원 2021. 1. 27. 선고 2020가소5572.

치료를 받아온 사실, 피고는 2021. 2. 5. 반려견의 호흡곤란 등을 이유로 내원한 원고에게 반려견이 말기 심부전 상태로 심장 기능이 심각하게 저하되어 생존기간이 길어야 3개월이고 이뇨제 투약량을 증량하지 않을 경우 심정지 위험이 높아진다고 설명하였으나 원고가 신장기능 저하를 이유로 이뇨제 증량을 거부하여 강심제만 증량하기로 함과 아울러 반려견이 급작스러운 호흡곤란 및 폐수종으로 돌연사할 가능성도 있다고 안내한 사실, 피고는 2021. 3. 하순경 원고에게 기존에 처방하던 이뇨제인 푸로세미드 3.5mg/kg을 토르세미드 0.2mg/kg으로 변경하겠다고 설명하였으나 실수로 푸로세미드 3.5mg/kg에 토르세미드 0.2mg/kg을 더하여 처방한 사실, 원고의 반려견은 이후 상태가 급격히 악화되어 2021. 4. 2. 입원하였다가 더 이상의 의학적인 조치가 불가능하여 다음날 퇴원하였고 2021. 4. 19. 죽은 사실을 인정할 수 있다.

그간 피고가 이뇨제 증량을 권고하고 원고가 신장 부담을 이유로 이를 거부하다 받아들인 치료 경과에 비추어 보면 새로운 이뇨제는 기존의 이뇨제를 대체할 수 있는 것이고 또 그 약효는 기존의 이뇨제보다 다소 강하리라 추단할 수 있다. 피고가 이뇨제를 변경하여 처방한 것은 그 약과 그 투약량이 당시 반려견의 상태와 여건에 최적이라고 판단하였기 때문일 것인데 실수로 이를 기존의 이뇨제와 중복하여 처방하였으므로 이로써 적합한 투약량보다 현저하게 많은 양으로 과도하게 투약하였다고 봄이 타당하다. 피고는 원고에게 5,000,000원을 지급하라.[70]

판례 8

원고의 반려견(이름 뽀미, 품종 비숑프리제, 생년월일 2017. 9. 25.생, 이하 뽀미라고 한다)은 2020. 12. 18. 피고가 운영하는 C동물병원에서 혈뇨로 치료를 받았는데, 2021. 10. 26.부터 혈뇨가 다시 발생하여 2022. 2.경까지

70 수원지방법원 성남지원 2023. 3. 28. 선고 2022가단210450.

간헐적 약물치료 등을 받았다. 뽀미가 2022. 2. 21. 구토하여 위 병원에서 촬영한 방사선상 결석이 커져 식이성위장염 진단하에 약물 처방을 받았으나 구토를 계속하였고, 원고의 요청으로 피고는 다음 날 새벽 04:00경 뽀미에게 진정하 결석제거술을 시행하였는데 뽀미는 위 시술 도중에 폐사하였다.

소비자분쟁조정위원회 분쟁조정회의는 2023. 2. 13. 원고가 제기한 '반려견 결석치료 중 폐사에 따른 손해배상 요구' 사건(사건번호 2022일다207)에서 뽀미의 사망에 대한 직접원인은 수술 중의 마취쇼크사이지만 수술 자체의 당부에 관하여는뽀미가 만성신부전, 만성간부전을 동반한 결석이 있음에도 전날 과메기를 섭취 후에 구토가 자극되었고 피고가 그러한 구토의 원인을 피고가 방광결석으로 추정하여 수술을 하게 된 것이나 결석제거술의 시행 자체나 수술과정에서의 의료과실이 있다고 보기는 어렵다고 판단하였다. 하지만 당시 뽀미의 만성신부전 등 건강상태 등을 고려하여 수술 전에 원고에게 마취합병증 발생가능성과 수술의 예후 등에 관해 보다 구체적으로 설명을 하여 원고가 뽀미에 대한 수술 진행 여부를 신중히 결정할 수 있도록 해야 했으나 피고가 그와 같은 설명의무를 해태하였으므로 설명의무 소홀에 따른 손해배상책임을 인정하는 결정을 하였다.

위 인정사실을 종합하면, 피고에게 뽀미의 폐사에 대한 의료처치상의 과실은 인정되지 않으나 수술 전 설명의무 해태에 따른 손해배상책임은 인정된다.

위 인정사실에 나타난 뽀미의 나이, 건강상태, 폐사원인, 피고의 설명의무 소홀에 따른 원고의 수술여부에 대한 선택권의 침해 정도 등 여러 사정을 고려하면 원고에 대한 위자료는 그 수액을 800,000원으로 정함이 상당하다.[71]

71 대구지방법원 2023. 8. 8. 선고 2023가소4852.

수의사가 동물을 치료함에 있어서 주의의무가 요구되는 것은 당연하지만, 치료과정에서의 과실에 대한 손해배상책임을 강화하게 되면 수의사가 적극적인 치료를 회피할 가능성도 있다. 의료과실에 대한 입증책임의 부담과 입증책임의 전환에 관한 문제도 고려해 볼 문제이며, 반려동물 의료보험제도의 강화와 확대도 의료과실로 인한 수의사와 견주간의 법적 분쟁을 줄이는 효과가 있을 것이다.[72]

6. 식품과 의약품

1) 일반론

KB경영연구소의 2023년 조사에 따르면, 반려동물을 키우는 가구의 주요 관심사는 건강관리(55.0%)와 양육(38.8%)이다. 특히 양육과 관련해서 가장 관심이 많은 사항은 '사료/간식/영양제 등 펫푸드'가 39.5%를 차지한다.[73] 아프지 않고 음식 잘 먹기를 바라는 것은 사람에게만 해당하는 것이 아니라, 반려동물에게도 동일하게 해당하는 것이다.

우선 반려동물이 먹는 '사료'를 앞으로는 '동물식품'으로 부르기를 제안한다. 법안이 통과되지는 않았지만 동물이 물건으로 해석되고 있는 「민법」 제98조를 개정하자는 법안이 발의된 적이 있고, 많은

72 조은희, 수의사의 동물 의료과실에 대한 법적 책임, 동물법연구, 제2권, 2020. 8, 110쪽.

73 황원경, 이신애, 2023한국반려동물 보고서 - 반려동물 맞이준비와 건강관리, KB경영연구소, 2023, 41쪽.

국민들이 이 법안을 지지하고 있으며, 반려동물을 친구나 가족으로 생각하는 인식의 변화가 있다. 이러한 변화에 걸맞게 반려동물이 먹는 음식을 이제는 '사료'라고 하지 말고 '동물식품'으로 부르자는 것이다. 마침 정부에서도 "가축용 사료와 펫푸드(반려동물 사료) 간 제도적 구분"을 추진하고 있다. 반려동물이 먹는 동물식품은 분류체계, 표시기준, 영양관리 및 맞춤형 기준 등 펫푸드에 특화된 제도적 기반을 구체화하려는 계획이다.[74]

동물용 식품과 의약품에 대해서는 사람이 먹는 식품과 의약품에 비하여 안전기준과 검사가 현저히 다르다. 당연히 같을 수가 없지만, 지금까지 일어난 동물용 식품과 의약품으로 인한 동물의 사망사고 등에 비추어 보면, 현재보다는 동물용 식품과 의약품에 대한 안전기준과 검사를 강화할 필요가 있다. 동물용이라고 하더라도 식품을 약품인 것처럼 광고하거나 과대광고에 대한 규제도 필요하다. 동물용 식품과 의약품에 대한 강화된 안전기준과 검사절차와 검사내용 등은 법령에 반영될 수 밖에 없을 것이다. 이와 관련된 제도개선과 법령개정이 필요한 이유이다.

2) 동물식품

동물용 식품으로 인한 안전사고는 계속 일어나고 있다. 2024년에는 '볼드모트 사료' 논란이 일어났는데, 동물보호단체 라이프에 따르면 급성질환 피해 고양이가 512마리, 사망한 고양이는 181마리라고

74 정부 관계부처 합동, 반려동물 연관산업 육성대책, 2023. 8. 9, 23쪽.

신고를 집계하였다. 사망한 고양이의 연령대와 품종, 지역이 다양하기 때문에 특정 전염성 질병으로 보기 어렵고, 특정 제조원에서 2024년 1월~4월 생산된 사료를 급여했다는 공통점을 가지고 있다고 한다.[75] 문제된 사료를 '볼드모트 사료'로 부르는데, 제품명을 특정하면 법적 분쟁 가능성이 있기 때문에, 해리포터 시리즈에서 이름을 부르면 안되는 악인인 '볼드모트'를 따서 '볼드모트 사료'라고 부르고 있다.

2007년에는 멜라민에 오염된 사료로 인하여 반려견과 반려묘 여러 마리가 신장 관련 질병으로 사망했는데, 미국의 업체가 멜라민에 오염된 중국산 밀 글루텐을 사용한 것으로 알려졌다. 2004년에는 수입사료 '페디그리(Pedigree)'로 인하여 반려견 1000마리 이상에 신장 질환이 나타났는데, 제품의 원료를 저장하는 태국 공장에서 유독성 곰팡이가 발견돼 리콜을 하기도 하였다.

미국과 유럽연합의 경우 미국사료관리협회(AAFCO)와 유럽펫푸드산업연합(FEDIAF)에서 반려견과 반려묘의 영양성분 가이드라인을 제시하는 것처럼 우리나라도 동물식품에 대한 성분표시제도 등을 통해 소비자들에게 정확한 정보를 제공할 필요가 있고 반려동물의 식품안전을 위하여 지금보다 엄격한 규제를 시행할 필요가 있다. 그리고 대량의 식품안전사고를 예방하기 위하여 동물식품도 리콜제도를 도입할 필요가 있다. 동물식품도 일반식품, 기능성 식품, 처방식품 등으로 분류하여 규제를 차별화할 필요도 있다. 이러한 사항 이외에도

75 MTN뉴스, 2024. 5. 12.

동물의 식품안전을 위하여 그리고 반려인의 소비자선택권 보장을 위하여 동물사료 관련법을 제정하여야 한다.

3) 동물의약품

반려동물을 키우다 보면 약국에서 동물약을 구입하여 투약하기도 한다. 전국적으로 동물약국은 그 수가 많은데, 서울시에만 총 2,362개의 동물약국이 있다.[76] 심장사상충약이나 구충약 등의 간단한 동물약품은 가까운 약국에서 구입하여 투약할 수 있기 때문에 간단한 질병에 대해서는 동물병원 보다 동물약국이 지리적·경비적 접근성이 높다고 할 수 있다. 대한동물약국협회의 조사(2017년 3월 24일~30일, 국내 거주 만 20세~59세 반려동물 보호자 450명 대상)에 따르면 반려동물보호자들이 직접 가정 접종을 하는 비율은 개가 40.8%, 고양이가 45%로, 비용절감(69.5%) 동물병원 방문의 어려움(20.1%) 등을 직접 예방접종의 이유로 답하였다.

가정에서 키우는 반려동물의 개체수가 확연히 증가함에 따라 반려동물의 의약품을 포함하여 동물의약품의 시장규모도 날로 증가하고 있다. 동물의약품의 양적 증가와 함께 동물의약품의 안전성 강화와 소비자보호 등을 포함한 동물의약품의 질적 개선이 동반되어야 하리라 본다.

농림축산식품부 자료에 따르면 지난 2022년 기준 국내 동물용 의약품 시장 규모는 9,557억 원으로 추정된다. 아직 국내 인체용 의약품 시장의

76 이다영, 박선미, 서울 펫 스마트 라이프 : 데이터로 본 반려동물과의 동행, 서울디지털재단, 2024, 10쪽.

약 3% 수준이지만, 꾸준한 반려동물 양육 인구 증가 등의 영향으로 지난 2013년(5459억원) 대비 75% 성장했다.

- 데일리한국, 2024. 5. 14.

2013년 8월부터는 일부 동물용의약품에 대한 수의사 처방제가 시행되고 있다. 수의사 처방제는 동물용의약품의 관리를 강화하기 위하여 도입된 것으로, 동물용 의약품이 오·남용되어 동물 및 축산물에 잔류하거나 항생제 내성균의 출현 등을 예방하기 위한 목적 등을 지니고 있다. 즉, 수의사 처방제는 '처방대상 동물용의약품'을 구입·사용할 경우에는 수의사의 직접진료 후에 수의사에게 직접 조제받거나 처방전으로 발급받아 동물약품을 구매하도록 하는 제도이다. 여기서 '처방대상 동물용의약품'이란 수의사 또는 수산질병관리사의 처방전 없이는 판매할 수 없는 동물용의약품을 말한다.

2013년에 동물용의약품 처방제를 시행하면서 농림축산식품부는 「처방대상 동물용의약품 지정에 관한 규정」을 제정하여 마취제, 호르몬제, 항생제, 생물학적 제제, 전문지식이 필요한 약품 등 수의사 또는 수산질병관리사의 처방전이 있어야만 판매·구입이 가능한 97개 품목을 지정하였다. 2017년에는 이 규정을 개정하여 기존 성분 8종의 지정을 해제하고, 마취제 2종, 호르몬제 2종, 항생항균제 14종, 생물학적 제제(백신) 13종, 기타 전문지식이 필요한 동물용의약품 15종을 추가로 지정했다.[77] 현행 규정은 2020년에 개정되어 2021년부터

77 수의사의 처방이 있어야만 구입할 수 있는 동물의약품은 「처방대상 동물용의약품 지정에 관한 규정」[시행 2017. 11. 1.] [농림축산식품부고시 제2017-43호, 2017.

시행되는 「처방대상 동물용의약품 지정에 관한 규정」(농림축산식품부 고시 제2020-90호)이다. 구체적인 생물학적 제제와 동물용의약품의 유효성분은 동 규정 별표에서 확인할 수 있다. 처방전에 따라 구입한 이러한 동물용의약품은 수의사 뿐만이 아니라 소유자(또는 관리자)도 반려견에게 직접 투약할 수 있다.

정부가 관계부처 합동으로 2023년 8월 9일에 발표한 '반려동물 연관산업 육성대책'에 따르면, 정부는 동물용 의약품 신제품 개발 및 품질 경쟁력 제고를 위한 효능·안전성 평가, 신약 시제품 생산 등을 위한 거점을 2025년까지 2개소를 조성하는 등의 계획을 가지고 있으며, 동물의약품의 안전성 및 유효성을 증명하기 위한 시스템을 만들기 위하여 노력하고 있다.[78]

7. 유기동물 및 유실동물

1) 유실·유기동물의 개념과 현황

의미를 따지자면, 유실(遺失)동물은 잃어버린 동물을 말하고 유기(遺棄)동물은 버린 동물을 말한다. 고의·과실이라고 하는 관점에서 보자면, 유실동물은 과실로 잃어버린 동물을 말하고 유기동물은 고의적

5. 22. 일부개정] 별표 1-5에서 확인할 수 있다. 처방대상 동물의약품의 확대를 두고 수의사업계와 약사업계 간의 갈등이 있었다.

78 정부 관계부처 합동, 반려동물 연관산업 육성대책, 2023. 8. 9, 14쪽.

으로 버린 동물이라는 점을 전제하고 있다. 그러나 현실에서는 유실한 것처럼 유기한 경우가 있고, 반려견을 버리고도 잃어버렸다고 주장할 것이기 때문에, 유실동물과 유기동물의 구분에 의미가 없을 수가 있다. 따라서 「동물보호법」에서는 '유실·유기동물'을 합해서 '도로·공원 등의 공공장소에서 소유자등이 없이 배회하거나 내버려진 동물'(제4조 제1항 제2호)로 규정하고 있다.

유실·유기동물을 일시적으로 보호하기 위하여 2016년에 제정되고 2022년에 개정된 「동물보호센터 운영 지침」[79](농림축산식품부고시 제2021-89호, 2021. 12. 8. 개정, 2022. 1. 1. 시행)이 현재 시행되고 있는데, 이 지침 제3조(보호조치 동물의 범위)에서는 "센터에서 보호 조치하는 동물의 범위"를 규정하고 있다. 이에 따르면 유실·유기동물은 다음과 같이 3가지로 구분된다.

① 도로·공원 등의 공공장소에서 소유자 등이 없이 배회하거나 종이상자 등에 담겨져 내버려진 동물[80]

② 「동물보호법」 제8조 제2항에 따른 학대를 받은 동물("피학대 동물") 중 소유자를 알 수 없는 동물

③ 소유자로부터 「동물보호법」 제8조 제2항에 따른 학대를 받아 적정하게 치료·보호받을 수 없다고 판단되는 동물

구조된 유기·유실동물은 2014년에는 81,200마리, 2015년에는

79 제1조(목적) 이 지침은 「동물보호법」 제14조 및 제15조에서 규정하고 있는 동물의 구조·보호 및 동물보호센터 운영에 관하여 필요한 사항을 정함을 목적으로 한다.

80 다만 「동물보호법 시행규칙」 제13조로 정한 고양이는 제외되나, 구조 신고된 고양이 중 다치거나 어미로부터 분리되어 스스로 살아가기 힘들다고 판단되는 3개월령 이하의 고양이는 포함한다.

82,082마리, 2016년에는 89,732마리, 2017년에는 102,593마리, 2018년에는 121,077마리, 2019년 135,791마리, 2020년 130,401마리, 2021년 118,273마리, 2022년 113,440마리이다. 최근 통계인 2022년 말을 기준으로 보면, 유기·유실동물 중에는 개가 80,393마리(71.6%), 고양이가 31,525마리(27.8%), 토끼 등 기타동물이 1,522마리(1.3%)를 차지하고 있다.[81] 그러나 이 통계는 지자체 보호소에 들어온 유기·유실동물의 수이기 때문에, 실제로 유기·유실되는 동물의 수는 훨씬 많을 것으로 추정되고 있다.[82]

한국소비자원이 1,146명을 대상으로 한 2013년 조사에 따르면, 반려견 획득경로로 유기·유실동물을 보호센터나 직접 데리고 오는 경우는 합해서 2.5% 정도이다.[83] 그리고 2023년에 조사된 반려동물 입양경로를 보면 길고양이 등 유기동물을 데려다 키움이 7.9%이다.[84] '사지말고 입양하자'는 인식의 확산으로 유기·유실동물의 입양율이 점점 높아지고는 있지만, 아직도 버려지는 동물은 많은데 버려진 유기동물을 입양하는 경우는 아직도 많지 않은 것이다.

유기동물을 입양할 의향이 없는 응답자(n=59)를 대상으로 유기동물 입양을 고려하지 않는 이유에 대해 물어본 결과, '질병, 행동 문

81 농림축산식품부, 2022년 반려동물 보호·복지 실태조사 결과 보도자료, 2023. 8. 13, 4쪽.

82 길에서 데려간 동물들은 어떻게 됐을까?, 전국 지자체 유기동물보호소 진단과 제안, 동물권단체 케어, 2017, 24쪽.

83 김선희, 반려동물 관련 소비실태 및 개선방안, 한국소비자원, 2013, 9쪽.

84 농림수산식품교육문화정보원, 2023년 동물복지에 대한 국민의식조사 보고서, 2023. 12. 84쪽.

제 등이 있을 것 같다'가 35.6%로 가장 많았고, 그 다음으로는 '어린 동물을 키우고 싶은데, 유기동물은 보통 성견이나 연령이 높은 경우가 많다'(32.2%), '입양 방법이나 절차 등을 잘 모른다'(22.0%)의 순으로 조사되고 있다.[85] 유기동물 입양율을 높이는 정책 개발에 참고할 필요가 있다.

2) 동물유기와 관련된 판례

동물을 유기하는 행위는 「동물보호법」 제8조 제4항에 동물학대로 규정되어 있으며, 따라서 일반 반려견을 유기하면 300만원 이하의 과태료가 부과될 수 있다. 그리고 맹견을 유기하는 경우에는 과태료 정도가 아니라 형벌을 과할 수 있도록 2018년 3월에 「동물보호법」이 개정되었다. 즉 맹견이 떠돌이 개가 되는 위험성을 감안하여 「동물보호법」 제46조에는 맹견을 유기하면 3년 이하의 징역 또는 3천만원 이하의 벌금에 처하도록 규정되어 있다.

판례

동물의 소유자와 일시적 또는 영구적으로 동물을 사육관리 또는 보호하는 사람들은 동물을 유기하여서는 아니 된다. 그럼에도 불구하고 피고인은 2021. 3. 11. 알 수 없는 시간에 순천시 B에 있는 'C' 앞 인도에 설치된 쓰레기통 속에 갓 태어난 강아지를 신문지로 싼 후 검정 비닐봉투에 담아서 버렸다. 이로써 피고인은 피고인 소유의 동물을 유기하였다. (중략) 피고인에 대한 형을 벌금 1,000,000원으로 정한다.[86]

85 농림축산식품부, 2021년 동물보호에 대한 국민의식조사 결과보고서, 2021. 11. 137쪽.
86 광주지방법원 순천지원 2021. 10. 1. 선고 2021고정233.

판례

누구든지 목을 매다는 등의 잔인한 방법으로 동물을 죽음에 이르게 하는 행위를 하여서는 아니 된다. 피고인은 페키니즈 종으로 약 12년간 살아 온 강아지(수컷)를 반려견으로 키우고 있었는데, 위 반려견이 나이가 들어 기력이 없고, 움직임이 거의 없으며, 밥을 먹지 않자, 위 반려견의 건강이 회복되지 않을 것이라 생각하고 장례비를 아끼려는 마음에 위 반려견을 매장하기로 마음먹었다. 피고인은 2020. 5. 26. 22:15경 부산 북구 구포1동 1172에 있는 힐링교 옆 철도부지화단에서, 준비해 간 호미로 구덩이를 파고, 검은색 비닐봉지에 넣어간 반려견을 위 구덩이에 묻고 흙을 덮은 다음 그곳을 떠났고, 이후 같은 날 23:11경 위 반려견은 길을 가던 행인의 신고에 의해 119구급대원에게 구조되고 B로 인계되었으나, 2020. 5. 29. 04:00경 죽음에 이르게 되었다. 이로써 피고인은 살아 있는 동물을 매장하는 잔인한 방법으로 동물을 죽음에 이르게 하였다. (중략) 피고인에 대한 형을 벌금 1,000,000원으로 정한다.[87]

판례

누구든지 동물에 대하여 질병의 예방이나 치료 등 농림축산식품부령으로 정하는 경우를 제외하고는 도구·약물 등 물리적·화학적 방법을 사용하여 상해를 입히는 학대행위를 하여서는 아니된다. 그럼에도 피고인은 2020. 7. 13. 23:00경 대전 동구 B에 있는 피고인의 집에서, 기르던 개(치와와, 생후 3개월)가 대소변을 가리지 못한다는 이유로 집 안에 있던 배수관 파이프로 개를 약 5회 때린 다음 쓰레기봉투에 집어넣어 같은 구 C 앞 전봇대 앞 도로에 유기하는 등 개에게 두개골 골절 및 뇌출혈 등의 상해를 입게 하는 학대행위를 하였다. (중략) 피고인을 벌금 2,000,000원에 처한다.[88]

87 부산지방법원 서부지원 2021. 1. 8. 선고 2020고단2258.

3) 유실·유기동물의 관리와 처리

유기·유실동물의 발견사실을 7일 이상 공고하였음에도 불구하고 공고한 날로부터 10일이 지나도 동물의 소유자 등을 알 수 없는 경우이거나 동물의 소유자가 해당 동물의 소유권을 포기하거나 보호

그림 6 유기·유실동물 보호·관리 체계도[89]

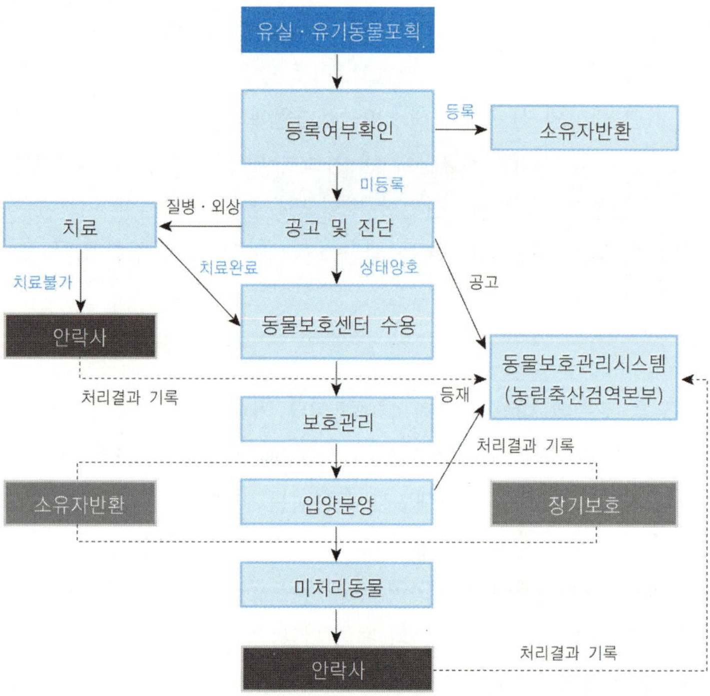

88 대전지방법원 2021. 5. 6. 선고 2020고단5418.

89 농림축산검역본부, 유실·유기동물 보호·관리 체계도, 2022. 4. 15. 방문.

비용을 납부하지 않은 경우에는 해당 시·군·구 등이 동물의 소유권을 갖게 된다.

이러한 유기·유실동물들은 기증되거나 분양될 수 있는데, 2018년 말 기준으로 동물보호센터에 입소된 유실·유기동물은 분양(27.6%), 자연사(23.9%), 안락사(20.2%), 소유주 인도(13.0%), 보호 중(11.7%) 순으로 처리되었는데, 보호 중인 동물의 비율은 전년 4.7%에서 11.7%로 증가하였다.[90] 그리고 2022년말 기준으로는 분양(27.5%), 자연사(26.9%), 안락사(16.8%), 소유주 반환(12.4%) 순이다.[91]

동물등록제의 의무화가 시행된 2014년 이후에 안락사(인도적 처리)는 점차 줄어들고 있지만, 아직도 안락사를 줄이기 위한 사회적 노력이 필요하다, 유기·유실동물의 기증·분양의 요건 및 절차에 관한 사항은 시·도의 조례에 규정되어 있다.

표 12 유실·유기동물 보호형태 연도별 현황

처리방법	비율(%)						
	2014	2015	2016	2017	2018	2019	2020
인도	13.0	14.6	15.2	14.5	13.0	12.1	11.4
분양	31.4	32.0	30.4	30.1	27.6	26.4	29.6
기증	1.0	1.2	1.6	1.9	1.8	1.4	1.2
자연사	23.0	22.7	25.0	27.1	23.9	24.8	25.1
안락사	22.7	20.0	19.9	20.2	20.2	21.8	20.8
기타	1.0	1.3	1.7	1.5	1.8	1.7	1.7
보호중	7.9	8.2	6.2	4.7	11.7	11.8	10.4

90 농림축산식품부, 보도자료 – 2016년 유실·유기동물 9만마리 구조·보호, 지난해 대비 9.3% 증가, 2017. 6. 11. 2018. 2. 9 방문.

91 농림축산식품부, 2022년 반려동물 보호·복지 실태조사 결과 보도자료, 2023. 8. 13, 5쪽.

동물보호센터는 전국에 총 239개소가 있는데 민간위탁(위탁보호)이 171개소(71.5%), 지자체가 직접 운영하는 곳이 68개소(28.5%)이다.[92]

유실·유기동물을 일시 보호하는 동물보호센터에서 분양되지 않은 유기동물은 안락사되는데, 「동물보호법」 제22조(동물의 인도적인 처리 등) 및 「동물보호센터 운영지침」 제20조(인도적인 처리 대상 동물의 선정) 이하에서는 유기동물의 안락사를 "인도적인 처리 등"이라고 부르며 그 요건과 절차를 규정하고 있다. 안락사되는 유기동물의 비율은 2014년 22.7%에서 2015년 20%로 낮아졌는데, 2017년과 2018년에는 20.2% 수준으로 유지되고 있다. 그리고 2021년에는 15.7%이고 2022년에는 16.8%인데, 이렇게 안락사 비율이 점점 낮아지는 긍정적인 추세를 보이고 있다.

안락사 비율의 감소는 동물보호가들의 공격과 비난을 지자체와 보호소 운영주체가 큰 부담으로 받아들이고 있으며, 안락사를 막으려는 봉사자 등의 적극적인 입양홍보 등에 기인한다고 분석되고 있다.[93] 입양이 되지 않는 유기동물을 안락사시키지 않는 정책(no kill policy)을 표방하고 있는 동물보호단체도 있다. 앞으로는 유기된 동물의 분양이 더욱 활성화되어 안락사되는 유기동물의 비율이 더 낮아져야 하고, 유기동물이 안락사되지 않도록 노력하는 단체와 정책에 대한 지원이 더욱 늘어나야 할 것이다.

92 농림축산식품부, 2022년 반려동물 보호·복지 실태조사 결과 보도자료, 2023. 8. 13, 3쪽.
93 길에서 데려간 동물들은 어떻게 됐을까?, 전국 지자체 유기동물보호소 진단과 제안, 동물권단체 케어, 2017, 24쪽.

유기동물정책은 특히 사후대책보다는 사전예방이 중요하다. 과잉 생산·무분별한 분양의 억제, 반려동물등록제 강화, 소유자에 대한 의무교육 등을 통해 동물유기와 학대의 근본적인 차단이 필요하다는 점이 강조되고 있다.[94]

반려동물 양육자(n=1,296)를 대상으로 반려동물 양육포기 또는 파양 고려 경험에 대해 물어본 결과, 26.1%가 경험이 있는 것으로 나타났고, 반려동물 양육포기 또는 파양을 고려한 경험이 있는 반려동물 양육자(n=338)를 대상으로 양육포기 또는 파양 고려 이유에 대해 물어본 결과, '물건훼손·짖음 등 동물의 행동문제'가 27.8%로 가장 많았고, 그 다음으로는 '예상보다 지출이 많음'(22.2%), '동물이 질병에 걸리거나 사고를 당함'(18.9%)의 순으로 조사되었다.[95] 따라서 양육포기와 파양 고려의 요인을 제거하는 정책도 효과적이라 본다. 즉, 반려견의 행동교정 프로그램을 국가와 지방자치단체가 직간접적으로 지원한다거나 반려견의 질병과 사고 대응을 위한 동물보건소 설치, 동물의료보험 도입 등의 동물복지정책을 개발하는 것도 유기동물 발생을 억제할 수 있을 것으로 본다. 반려동물 유기의 원인이 매우 다양한 만큼 반려동물과 관련한 다양한 정책이 개발되고 반려동물을 안전하고 쾌적하게 기르고 산책하고 치료할 수 있는 공원이나 시설 등 사회적 인프라의 개선이 필요하다.

94 길에서 데려간 동물들은 어떻게 됐을까?, 전국 지자체 유기동물보호소 진단과 제안, 동물권단체 케어, 2017, 24쪽.

95 농림축산식품부, 2021년 동물보호에 대한 국민의식조사 결과보고서, 2021. 11. 126쪽.

✔ 2023년 4월 27일부터 시행된 「동물보호법」(2022년 4월 26일 개정)

★ 사육포기동물의 인수제도 도입(제44조) 소유자 등이 징기입원 또는 요양, 병역복무 등의 사유로 보호하는 동물의 인수를 신청하는 경우 시·도지사와 시장·군수·구청장은 해당 동물을 인수할 수 있는 근거를 마련함.

★ 민간동물보호시설의 신고 및 지원(제37조) 향후 대통령령으로 정하는 규모 이상의 유실·유기동물 및 피학대동물을 기증·인수받아 임시적으로 보호하기 위한 시설을 설치할 수 있고 국가 또는 지방자치단체는 이들 시설의 환경개선 및 운영을 위한 비용을 지원할 수 있는 근거를 마련함.

8. 미시행 폐지된 신고포상금(펫파라치) 제도

근래 개물림사고가 종종 발생하자 정부가 내놓은 대책 중에서 신고포상금(개파라치·펫파라치) 제도는 특히 주목을 받은 바 있다.[96] 동물등록을 하지 않거나, 외출시 인식표를 부착하지 않거나, 목줄을 매지 않거나, 배설물을 치우지 않은 경우 등의 「동물보호법」 위반행위를 신고하면 신고자에게 포상금을 주는 제도이며, 신고자를 일명 '개파라치' 혹은 '펫파라치'라고 부르고 있다.

96 "단속 사각지대를 최소화하고 소유자의 경각심을 제고하기 위해 목줄착용, 동물등록 등 소유자 준수사항 위반에 대한 신고포상금제도를 3. 22일부터 시행한다." 농림축산식품부, 반려견 소유자의 안전관리 의무강화 및 반려동물 에티켓 확산, 2018. 1. 18, 5쪽.

2017년 3월에 「동물보호법」이 개정(시행은 2018년 3월 22일)되면서 도입된 제도 중의 하나가 신고포상금제도인데, 2018년 3월 22일로 예정된 시행 직전에 신고포상금 제도는 시행이 연기되었다. 신고포상금제도의 시행을 위하여 「동물보호법」과 시행령은 개정되었지만, 포상금 지급의 세부기준과 지급 방법 및 지급 절차 등에 필요한 사항을 정하는 시행규칙과 고시는 마련되지 않았기 때문이다.

구 법령(아래 '포상금' 규정은 2020년 2월 11일에 삭제됨)

동물보호법 제41조의2(포상금) ① 농림축산식품부장관, 시·도지사 및 시장·군수·구청장은 다음 각 호의 어느 하나에 해당하는 자를 관계 행정기관 또는 수사기관에 신고 또는 고발한 자에 대하여 예산의 범위에서 포상금을 지급할 수 있다.

1. 제12조 제1항을 위반하여 등록대상동물을 등록하지 아니한 소유자
2. 제13조 제1항을 위반하여 인식표를 부착하지 아니한 소유자등
3. 제13조 제2항을 위반하여 안전조치를 하지 아니하거나 배설물을 수거하지 아니한 소유자등

② 제1항에 따른 포상금 지급의 기준, 방법 및 절차 등에 관하여 필요한 사항은 대통령령으로 정한다. [본조신설 2017. 3. 21.]

앞서 언급한 바와 같이 주택 등에서 반려견을 기르는 경우에는 반드시 등록하여야 하고, 반려견을 데리고 외출할 때에는 안전조치를 하고 배설물을 반드시 수거하여야 한다. 위반행위가 사진으로 찍혀 신고 되었을 경우에는 과태료를 납부하여야 한다. 신고포상금은 예산의 범위 내에서 건당 1만원에서 10만원이 신고자에게 지급된다.

동일한 신고자에 대한 포상금 지급은 연간 20건을 초과할 수 없는데, 이는 전문 '신고꾼'을 막기 위한 제한 조치이다.

그러나 일명 '펫파라치' 혹은 '개파라치' 제도의 도입에 대해서 논란이 있었다. 신고포상금 제도가 필요하다는 의견도 있지만, 반려견을 키우는 집과 이웃간에 서로 불신을 쌓이게 할 것이라는 의견과 신고를 위하여 사진을 찍는다고 변명하는 '몰카' 장려책이 될 것이라는 의견도 있고, 사생활의 침해와 관련하여 분쟁의 소지가 있을 것이라는 우려도 있었다. 특히 반려견과 함께 산책하는 여성의 다리 등의 신체가 촬영되는 경우가 있을 것인데, 이는 '몰카'를 처벌하기 위한 「성폭력범죄의 처벌 등에 관한 특례법」 제14조(카메라 등을 이용한 촬영)97 위반행위가 될 수 있기 때문에 빈번한 법적 분쟁은 물론이고 커다란 사회적 논쟁을 일으킬 가능성도 있었다.

2020년 2월의 「동물보호법」 개정을 통해서, 신고포상금 제도를 도입하려던 근거규정이 삭제되었다. 정책의 수립과 이행에는 신중함이 있어야 한다. 이렇게 논란이 많은 제도를 아무런 의견반영이나

---

97 「성폭력범죄의 처벌 등에 관한 특례법」 제14조(카메라 등을 이용한 촬영) ① 카메라나 그 밖에 이와 유사한 기능을 갖춘 기계장치를 이용하여 성적 욕망 또는 수치심을 유발할 수 있는 다른 사람의 신체를 그 의사에 반하여 촬영하거나 그 촬영물을 반포·판매·임대·제공 또는 공공연하게 전시·상영한 자는 5년 이하의 징역 또는 1천만원 이하의 벌금에 처한다.
② 제1항의 촬영이 촬영 당시에는 촬영대상자의 의사에 반하지 아니하는 경우에도 사후에 그 의사에 반하여 촬영물을 반포·판매·임대·제공 또는 공공연하게 전시·상영한 자는 3년 이하의 징역 또는 500만원 이하의 벌금에 처한다.
③ 영리를 목적으로 제1항의 촬영물을 「정보통신망 이용촉진 및 정보보호 등에 관한 법률」 제2조 제1항 제1호의 정보통신망(이하 "정보통신망"이라 한다)을 이용하여 유포한 자는 7년 이하의 징역 또는 3천만원 이하의 벌금에 처한다.

제도적 검토없이 도입했다가 시행을 연기하고, 얼마 지나지 않아 결국은 폐지하는 일은 바람직하지 못하다. 관련 정책을 추진했다가 포기한 정부나, 법률을 개정하여 개파라치 제도를 도입했다가 다시 법률을 개정하여 개파라치 제도를 폐지한 국회는 반성해야 한다. 「동물보호법」 일부 규정 위반에 대한 신고포상금 제도의 도입과 폐지는 반려인들과 비반려인들 사이에서 일관성없이 갈팡질팡한다는 비판을 초래한 정책 사안이었다.

9. 펫시터

아이를 대신 돌보아주는 사람을 베이비시터(babysitter)라고 하듯이, 반려동물 특히 반려견을 돌보아주는 사람을 펫시터(petsitter)라고 부른다. 미국에서는 산책 대행인을 연결시켜주는 앱도 있고 휴가 등으로 반려견을 맡기는 것을 연결시켜주는 앱도 있으며, 우리나라에서도 최근에 반려견을 산책을 시켜주거나 일시적으로 돌보아 주는 서비스와 앱이 생겨서 운영되고 있다.

반려견을 돌보는 일을 영업으로 하는 경우에는 이를 동물위탁관리업이라고 부르고, 동물위탁관리업을 하고자 하는 자는 원칙적으로 법령에 규정된 시설과 인력을 갖추어 해당 시장·군수·구청장에게 등록하여야 한다.[98]

법령

동물보호법 시행규칙 별표 11(등록영업의 시설 및 인력기준) (2023. 4. 27. 개정)

1. 공통 기준

가. 영업장은 독립된 건물이거나 다른 용도로 사용되는 시설과 같은 건물에 있을 경우에는 해당 시설과 분리(벽이나 층 등으로 나누어진 경우를 말한다. 이하 같다)되어야 한다. 다만, 다음의 경우에는 분리하지 않을 수 있다.

1) 영업장과 동물병원의 시설이 함께 있는 경우

2) 영업장과 금붕어, 앵무새, 이구아나 및 거북이 등을 판매하는 시설이 함께 있는 경우

나. 영업 시설은 동물의 습성 및 특징에 따라 채광 및 환기가 잘 되어야 하고, 동물을 위생적으로 건강하게 관리할 수 있도록 온도와 습도 조절이 가능해야 한다.

다. 청결 유지와 위생 관리에 필요한 급수시설 및 배수시설을 갖춰야 하고, 바닥은 청소와 소독을 쉽게 할 수 있고 동물들이 다칠 우려가 없는 재질이어야 한다.

라. 설치류나 해충 등의 출입을 막을 수 있는 설비를 해야 하고, 소독약과 소독장비를 갖추고 정기적으로 청소 및 소독을 실시해야 한다.

마. 영업장에는 「소방시설 설치 및 관리에 관한 법률」 제12조에 따라 소방시설을 화재안전기준에 적합하게 설치 또는 유지·관리해야 한다.

2. 개별 기준

나. 동물위탁관리업

1) 동물의 위탁관리실과 고객응대실은 분리, 구획 또는 구분되어야 한다. 다만, 동물판매업, 동물전시업 또는 동물병원을 같이 하는 경우

98 「동물보호법」 제32조 및 제33조.

에는 고객응대실을 공동으로 이용할 수 있다.

2) 위탁관리하는 동물을 위한 개별 휴식실이 있어야 하며 사료와 물을 주기 위한 설비를 갖춰야 한다.
3) 위탁관리하는 동물이 영업장 밖으로 나가지 않도록 출입구에 이중문과 잠금장치를 설치해야 한다.
4) 동물병원을 같이 하는 경우 동물의 위탁관리실과 동물병원의 입원실은 분리 또는 구획되어야 한다.
5) 개 또는 고양이 20마리당 1명 이상의 관리인력을 확보해야 한다.
6) 영 별표 3에 따라 고정형 영상정보처리기기를 설치·관리할 것

애견호텔 또는 애견유치원, 강아지유치원, 애견놀이터, 애견카페 등으로 불리는 곳이 바로 이러한 동물위탁관리업소이다. 물론 이러한 곳 중에는 미등록업소도 있고 이름과 달리 동물위탁관리업소가 아닌 곳도 있을 수 있다. 또한 반려동물관리사 자격증 소지자가 하는 곳도 있고 아닌 곳도 있을 수 있다.

그리고 가정집에서 반려견을 돌보는 사람을 '가정집 펫시터'라고 부르기도 하는데, 근래에는 가정집 펫시터가 애견호텔보다 가격이 저렴해서 새로운 반려동물 관리서비스로 떠오르고 있다.[99] 가정집 펫시터는 시설과 인력을 갖추어 등록한 업소가 아닌 경우가 많다. 이를테면 미등록 업소인데, 이를 관리의 사각지대로 방치할 것이 아니라 양성화하는 방향으로 가자는 의견도 있다. 가정집 펫시터에 반려견을 맡겼다가 피해를 보거나 기타 분쟁이 발생하는 경우가 늘어나고 있고, 규제완화의 차원에서 시설기준과 등록기준을 가정집 펫시

99 한국경제, 2019. 9. 3.

터에 적합하게 하여, 소비자에게는 편리함을 주고 펫시터를 원하는 사람에게는 규제를 완화해줄 필요가 있다. 앞에서 본 바와 같이 위탁관리업은 2022년말 현재 5,034개 영업장에서 5,991명이 종사하고 있다.[100] 앞으로 점차 영업장과 종사자가 늘어날 것으로 예상된다.

인터넷에는 펫시터를 하려고 하는데 반려동물관리사 자격증이 필요하냐는 질문이 많고, 반려견을 맡기려고 하는데 어떤 펫시터가 반려동물관리사 자격증을 가지고 하는지 등에 관한 질문도 있다. 반려동물관리사 자격증은 국가자격증이 아니라 민간자격증이기 때문에 교육·발급기관도 다양하고, 현재로서는 펫시터나 애견호텔직원이 반드시 이 자격증을 취득하여야 하는 법적 의무를 지니는 것도 아니지만, 반려동물을 맡기는 사람의 입장에서는 자격을 지닌 전문가를 선호할 것이다. 향후에는 의무화될 가능성도 없지 않다. 이 분야는 수요도 많고 초기단계이기 때문에 향후에 다양한 정책이 개발되고 법령도 개선되리라 본다.

10. 펫티켓과 펫러닝

펫티켓은 애완동물 pet과 예의 etiquette을 합성한 단어이다. 법으

100 농림축산식품부, 2022년 반려동물 보호·복지 실태조사 결과 보도자료, 2023. 8. 13, 6쪽.

로 금지하고 있는 행동은 하지 말아야 함은 물론 법으로 금지하고 있지 않더라도 반려견으로 인하여 다른 사람에게 피해를 주거나 불쾌함을 주는 행위는 하지 말아야 한다. 그러기 위해서는 펫티켓을 지켜야 하며 펫티켓을 지키지 않는 경우에는 '민폐형 반려인'[101]이 될 수 있다. 반려견을 키우면서 반려견으로 인하여 이웃들에게 민폐를 끼치게 되는 경우에는, 책제목처럼 "당신은 개를 키우면 안된다." 개와 관련된 문제와 분쟁은 법으로만 해결할 필요가 없고 법으로만 해결되는 것도 아니다. 근래에도 "법에 앞서 개주인이 먼저 펫티켓(펫에티켓)을 지켜야 한다"[102]는 촉구가 있었다.

인간사회의 분쟁이 법으로만 해결되는 것이 아니듯이, 반려견을 둘러싼 분쟁이 법으로만 해결되는 것이 아니다. 인간사회에서도 예의 혹은 에티켓이 있듯이 반려견을 양육하는 경우에는 펫티켓을 지켜야 한다. 법률이나 조례 등에서 의무로 정하고 있는 사항은 물론 준수하여야 하고, 강행규정으로 정하고 있지 않은 사항이라고 할지라도 존중하여야 한다. 반려견을 생각하고 주변 사람들을 배려하는 사람만이 반려견을 키울 자격이 있다.

2017년 10월에 유명 한식당 대표가 사망한 이후에 반려동물에 물려 사람이 다치거나 사망하는 것을 우려하는 '펫포비아(pet phobia)'가 확산되는 것으로 보는 견해[103]도 있기 때문에 반려동물을 기르는 사

101 나쁜 개를 만드는 반려견 문화부터 반성해야 한다, 중앙일보, 2017. 10. 27.
102 조선일보, 2017. 10. 23.
103 입마개부터 똥가방까지 … '펫티켓 인증'하는 사람들, 조선일보, 2017. 11. 1.

람은 법령상의 의무를 준수하여야 함은 물론이고 펫티켓도 철저히 지킬 필요가 있는 것이다.

법령 등에 규정된 항목도 있기는 하지만 펫티켓은 법령에 명시적으로 규정되어지는 것이 아니기 때문에, 펫티켓이 구체적으로 무엇인지에 대해서는 논란이 있을 수 있다. 인간 사회에 있어서도 어디까지가 예절인지에 대하여 논란이 있는 것과 마찬가지이다. 참고로, 반려견 펫티켓의 예로 제시되는 5계명은 다음과 같다.

표 13 반려동물 에티켓 5계명[104]

1. 공동 현관·엘리베이터에선 안고 다니기
2. 나갈 땐 목줄 등 안전장치 하기
3. 대중교통에선 전용가방 등에 넣기
4. 외출시 배변봉투 지참해 용변치우기
5. 지자체에 동물 등록, 인식표 달기

반려동물 주무부처인 농림축산검역본부 홈페이지에는 '적정한 사육 및 관리는 동물소유자의 의무'임을 강조하며 다음과 같은 사항을 지키도록 하고 있다. 이 내용에도 펫티켓에 해당되는 내용을 일부 담고 있다.

104 '페티켓'(펫＋에티켓) 지키고 계십니까, 조선일보, 2017. 10. 23.

표 14 적정한 사육 및 관리[105]

- 동물에게 적합한 사료와 깨끗한 물을 주고 운동, 휴식, 수면을 보장하는 한편 동물이 아프거나 다쳤을 때 신속한 치료를 받도록 노력해야 합니다.
- 동물의 종류, 크기, 특성, 건강상태, 사육목적 등을 고려해 최대한 적절한 사육환경을 제공해야 합니다. 특히 야외에서 기르는 경우 직사광선, 비바람 등을 피할 수 있는 우리 등을 갖춰야 합니다. 이때 우리는 동물에게 상처를 입힐 우려가 없는 재료로 만들어야 하며, 동물이 눕거나 움직이는 데 지장이 없는 크기여야 합니다.
- 전염병 예방을 위해 동물에게 정기적으로 예방접종을 시켜야 하며, 개는 분기마다 1회 이상 구충을 해야 합니다. 또 번식을 목적으로 기르는 것이 아니라면 개나 고양이가 수의사가 권고하는 연령이 되면 중성화수술(불임수술)을 시켜야 합니다.
- 기르는 동물이 공포감을 조성하거나 털, 소리, 냄새 등으로 인해 다른 사람에게 피해를 주지 않도록 노력해야 합니다. 특히 개는 사람에 대한 공격성을 줄이기 위해 복종훈련을 시켜야 하며, 공동 주택에서 기르는 경우 짖지 못하게 훈련시켜야 합니다.
- 시·도지사는 반려동물(개)의 유기 또는 공중위생상의 위해 방지를 위해 필요한 경우 예방접종을 실시하게 하거나 특정지역 또는 장소에서 동물의 사육 또는 출입을 제한할 수 있습니다.

내 반려견의 불편함을 해소하려는 노력도 중요하지만, 다른 사람의 안전과 공중위생 등을 먼저 생각하고 배려하는 자세를 가져야 한다. 특히, 반려견의 공공장소 이용을 부정적으로 보는 사람들 중에서는 반려인의 펫티켓 부족, 반려견 관리 미흡을 문제점으로 들고 있고,[106] 2,000명을 대상으로 한 여론조사에서도 가장 필요하다고 생각하는 반려동물 관련 정책은 '성숙한 반려동물문화 정착'이라는 응답이 제일 많았다.[107]

반려인은 펫티켓을 존중하고 비반려인은 반려견과 반려인을 존중

105 농림축산검역본부(http://www.qia.go.kr)

106 김미형 외, 국내 반려견의 공공장소 이용 문화에 대한 비반려인의 인식 및 개선방안, 한국동물매개심리치료학회지, 제7권 제1호, 2018, 39쪽.

107 문화체육관광부/농촌진흥청, 2018년 반려동물에 대한 인식 및 양육현황 조사보고서, 2018, 6쪽.

하는 상호존중의 시민의식이 필요하다고 하겠다. 즉, 반려견을 좋아하는 사람은 반려견을 무서워하는 사람을 배려하여야 하고, 반려견을 싫어하는 사람의 입장도 무시해서는 아니 된다. 반려인이 펫티켓을 철저히 지켜야 하는 이유이다.

펫러닝은 애완동물 pet과 학습 learning을 합성한 단어이다. 반려동물의 특성을 이해하고 행동이 의미하는 바를 알아야 한다는 필요에서 시작되었다. 펫러닝은 특히 반려견이 올바르게 생활할 수 있도록 견주와 반려견 모두를 대상으로 하는 교육이다. 층간소음으로 인한 분쟁이나 개물림사고와 관련된 위험 등을 줄이고 반려인과 반려견 및 비반려인이 갈등과 마찰없이 공존하기 위해서는 펫러닝을 통해 서로를 이해하고 배워야 한다는 취지를 지니는 교육이다. 반려견 행동교정과 올바른 습관형성을 포함하여 기초적인 반려견 훈련법은 물론이고 분리불안 해소법과 펫티켓 등 다양한 내용과 프로그램으로 공공기관을 포함한 다양한 단체에서 운영되고 있다.

농림축산식품부는 2022년 1월부터 '동물사랑배움터'라는 동물보호복지 교육포털을 운영하고 있다. 반려동물관련 영업자·맹견소유자·동물보호명예감시원 등 의무교육 대상자뿐만 아니라 반려동물 입양을 원하는 사람에게도 다음과 같은 정보와 교육기회를 제공하고 있다.

<table>
<tr><td rowspan="2">교육과정</td><td>자율</td><td>❶ 일반국민 (반려동물입양예정자) ❷ 초등학생</td></tr>
<tr><td>의무</td><td>❸ 반려동물관련 영업자, ❹ 맹견소유자, ❺ 동물보호명예감시원</td></tr>
<tr><td colspan="2">반려동물 훈련</td><td>❶ 사회화교육 (케어적응훈련 생후 100일 전, 생후 100일 후)
❷ 기초교육 (앉아, 엎드려, 기다려)
❸ 문제행동교육 (입질, 짖음, 배변)
❹ 산책방법 (슬로우산책, 노즈워크, 리더워크, 조깅)</td></tr>
<tr><td colspan="2">동물보호센터</td><td>전국 동물보호센터의 주소, 전화번호</td></tr>
<tr><td colspan="2">생활정보</td><td>❶ 동물병원, 동물약국, 의료용구 판매업의 위치
❷ 미용업, 위탁관리업, 운송업, 장묘업, 수입업, 판매업, 전시업의 위치</td></tr>
</table>

04 개물림사고

반려견 법률상식

04
개물림사고

1. 개물림사고 일반론

반려견이 늘어나면서 반려견이 사람을 무는 사고도 매년 증가하고 있다. 한국소비자원에 따르면 2011년 1월부터 2014년 12월까지 소비사위해감시시스템(CISS)에 접수된 개물림사고는 총 2,097건으로, 해마다 증가한 것으로 나타났다. 즉, 개물림사고는 2011년 245건, 2012년 560건, 2013년 616건, 2014년 676건, 2016년 1,019건으로 점증하고 있다. 연령대별로는 '10세 미만' 어린이들의 사고가 404건(19.3%)으로 가장 많았다. 특히, 신장이 작은 '10세 미만'의 어린이들은 상해 정도가 클 수 있는 머리/얼굴 부위를 물린 경우가 119건(29.5%)으로 가장 많이 발생한 반면, 타 연령대는 손/손목 부위를 물리는 사고가 593건(35.0%)으로 가장 많았다. 사고 발생장소는 '가정'이 1,509건

(72.0%)으로 가장 많았고, '교통시설' 145건(6.9%), '상업시설' 77건(3.7%), '여가 및 문화놀이시설' 69건(3.3%)으로, 가정과 다중이용시설 등 모두에서 개물림사고가 발생하고 있다.[1]

소방청 자료에 의하면 개물림사고로 병원에 이송한 환자가 매년 2,000명이 넘는다. 연령별로는 50대가 가장 많은 개물림사고를 당하고 있다.[2]

표 15 연도별 개물림사고 환자 이송 통계[3]

구분	2016년도	2017년도	2018년도	2019년도	2020년도	총계
개 물림 사고 건수	2,111	2,405	2,368	2,154	2,114	11,152
일일 평균 사고 건수	5.78	6.59	6.49	5.90	5.79	6.11

그림 7 월별 개물림사고 환자 이송 건수(2020년)[4]

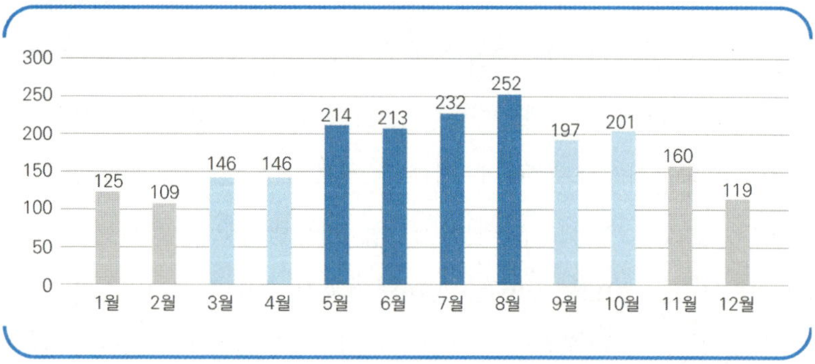

1 한국소비자원, 애완견 물림사고, 가정에서 10세 미만 어린이에게 많이 발생, 2015. 1. 21, 7쪽.

2 소방청, 하루 6명꼴 개물림사고로 119구급대 출동–매년 2천여명 이상 사고발생, 2019. 2. 13, 1쪽.

3 소방청, 야외활동시 개물림사고 주의 당부, 2021. 5. 24, 1쪽.

계절별로는 야외활동이 많은 5월~10월의 기간에 특히 개물림사고가 가장 많이 일어나고, 있음을 알 수 있다. 견주는 물론이고 보행자도 특히 이 기간 동안에 개물림사고가 일어나지 않도록 주의할 필요가 있다.

반려견의 수가 가장 많은 미국에서는 매년 약 4백만 건 이상의 개물림사고가 발생하고 있으며, 개물림사고를 전문으로 하는 로펌(Law Firm)까지 있을 정도라고 한다. 개물림사고시 견주에게 책임을 묻는 개물림법(Dog Bite Law)을 대다수의 주가 입법하였는데, 2017년 현재 14개의 주를 제외한 미국의 다른 주에는 개물림법이 시행되고 있다. 이 법률은 개물림사고 발생시 견주의 관리자로서의 의무를 소홀히 한 것에 대하여 책임을 부과하는 내용에 주안점이 있으며,[5] 이들 대부분의 주에서는 반려견이 위험하다는 점을 알고 있거나 사람을 문 전력이 있는 반려견이 다시 사람을 무는 경우에 책임을 묻는(One-bite law) 방식을 택하고 있다. 이와는 별도로 미국에서는 매년 4월에 미국수의사회, 우정청, 질병조사국 등이 공동으로 '전국 개물림 예방 주간(National Dog Bite Prevention Week)'을 개최해 사고 예방을 위한 안전 정보를 제공하고 있다. 미국 개물림 예방 주간의 슬로건은 '어떤 개라도 물 수 있다(Any dog can bite)'이다. 많은 견주들이 가지고 있는 '나의 개는 순해서 물지 않는다'는 생각을 가지고 방심을 해서는 안된다는 경고를 표현하고 있는 것이다.

4 소방청, 야외활동시 개물림사고 주의 당부, 2021. 5. 24, 2쪽.

5 백경희/심영주, 개물림사고에 대한 소유자의 법적 책임에 관한 소고－미국의 개물림 법제와의 비교를 중심으로, 법제연구, 제54호, 한국법제연구원, 2018, 272쪽.

다음 중, 길에서 산책하는 개를 만났을 때 건네기 적절한 말을 고르시오. 1. 물어요? 2. 거 참 무섭게 생겼다. 3. 귀엽긴. 제 주인 눈에만 귀엽지. 4. 얼마 주고 샀어요? 정답은? 없다. 행여나 궁금하실 분들에게 개에게 건넬 만한 말을 알려주자면, 없다. 모르는 개 앞에서는 아무 말 않고 지나가는 것이 가장 바람직하다. 격하게 건네는 인사나 무섭다고 지르는 비명, 관심으로 포장된 참견은 평온한 산책을 방해할 뿐이다. 개 보호자로서, 개를 봐도 못 본 척 지나가는 사람들이 가장 고맙다. (중략) 참고로, 보기에 나온 말은 내가 지난 일주일 동안 개와 산책하면서 들을 것들이다.

– 김신회, 우리 개는 안 물어요, 내가 물어요, 조선일보2024. 6. 1.

2. 개물림사고 관련 법령

개물림사고에 적용될 수 있는 현행 법령은 우선 「형법」 제268조의 과실치사상죄, 「민법」 제759조에 따른 동물 소유자 또는 점유자의 책임 등이 있다.

법률

형법 제266조(과실치상) ① 과실로 인하여 사람의 신체를 상해에 이르게 한 자는 500만원 이하의 벌금, 구류 또는 과료에 처한다.

② 제1항의 죄는 피해자의 명시한 의사에 반하여 공소를 제기할 수 없다.

제267조(과실치사) 과실로 인하여 사람을 사망에 이르게 한 자는 2년 이

하의 금고 또는 700만원 이하의 벌금에 처한다.

제268조(업무상과실·중과실 치사상) 업무상과실 또는 중대한 과실로 인하여 사람을 사상에 이르게 한 자는 5년 이하의 금고 또는 2천만원 이하의 벌금에 처한다.

민법 제759조(동물의 점유자의 책임) ① 동물의 점유자는 그 동물이 타인에게 가한 손해를 배상할 책임이 있다. 그러나 동물의 종류와 성질에 따라 그 보관에 상당한 주의를 해태하지 아니한 때에는 그러하지 아니하다.

② 점유자에 갈음하여 동물을 보관한 자도 전항의 책임이 있다

그리고「동물보호법」제15조 등록대상동물의 관리, 제21조 맹견의 관리, 제22조 맹견의 출입금지 등의 규정을 두고 있다.

법률

동물보호법 제16조(등록대상동물의 관리 등) ① 등록대상동물의 소유자등은 소유자등이 없이 등록대상동물을 기르는 곳에서 벗어나지 아니하도록 관리하여야 한다.

② 등록대상동물의 소유자등은 등록대상동물을 동반하고 외출할 때에는 다음 각 호의 사항을 준수하여야 한다.

1. 농림축산식품부령으로 정하는 기준에 맞는 목줄 착용 등 사람 또는 동물에 대한 위해를 예방하기 위한 안전조치를 할 것
2. 등록대상동물의 이름, 소유자의 연락처, 그 밖에 농림축산식품부령으로 정하는 사항을 표시한 인식표를 등록대상동물에게 부착할 것
3. 배설물(소변의 경우에는 공동주택의 엘리베이터·계단 등 건물 내부의 공용공간 및 평상·의자 등 사람이 눕거나 앉을 수 있는 기구 위의 것으로 한정한다)이 생겼을 때에는 즉시 수거할 것

③ 시·도지사는 등록대상동물의 유실·유기 또는 공중위생상의 위해 방지를 위하여 필요할 때에는 시·도의 조례로 정하는 바에 따라 소유자등으로 하여금 등록대상동물에 대하여 예방접종을 하게 하거나 특정 지역 또는 장소에서의 사육 또는 출입을 제한하게 하는 등 필요한 조치를 할 수 있다.

제21조(맹견의 관리) ① 맹견의 소유자등은 다음 각 호의 사항을 준수하여야 한다.

1. 소유자등 없이 맹견을 기르는 곳에서 벗어나지 아니하게 할 것. 다만, 제18조에 따라 맹견사육허가를 받은 사람의 맹견은 맹견사육허가를 받은 사람 또는 대통령령으로 정하는 맹견사육에 대한 전문지식을 가진 사람 없이 맹견을 기르는 곳에서 벗어나지 아니하게 할 것
2. 월령이 3개월 이상인 맹견을 동반하고 외출할 때에는 농림축산식품부령으로 정하는 바에 따라 목줄 및 입마개 등 안전장치를 하거나 맹견의 탈출을 방지할 수 있는 적정한 이동장치를 할 것
3. 그 밖에 맹견이 사람 또는 동물에게 위해를 가하지 못하도록 하기 위하여 농림축산식품부령으로 정하는 사항을 따를 것

② 시·도지사와 시장·군수·구청장은 맹견이 사람에게 신체적 피해를 주는 경우 농림축산식품부령으로 정하는 바에 따라 소유자등의 동의 없이 맹견에 대하여 격리조치 등 필요한 조치를 취할 수 있다.

③ 제18조제1항 및 제2항에 따라 맹견사육허가를 받은 사람은 맹견의 안전한 사육·관리 또는 보호에 관하여 농림축산식품부령으로 정하는 바에 따라 정기적으로 교육을 받아야 한다.

제22조(맹견의 출입금지 등) 맹견의 소유자등은 다음 각 호의 어느 하나에 해당하는 장소에 맹견이 출입하지 아니하도록 하여야 한다.

1. 「영유아보육법」 제2조 제3호에 따른 어린이집
2. 「유아교육법」 제2조 제2호에 따른 유치원

3. 「초·중등교육법」 제2조제1호 및 제4호에 따른 초등학교 및 특수학교
4. 「노인복지법」 제31조에 따른 노인복지시설
5. 「장애인복지법」 제58조에 따른 장애인복지시설
6. 「도시공원 및 녹지 등에 관한 법률」 제15조제1항제2호나목에 따른 어린이공원
7. 「어린이놀이시설 안전관리법」 제2조제2호에 따른 어린이놀이시설
8. 그 밖에 불특정 다수인이 이용하는 장소로서 시·도의 조례로 정하는 장소

또한 반려견을 포함하여 개의 관리를 소홀히 하면 「경범죄처벌법」으로도 처벌될 수 있다. 즉, 「경범죄처벌법」 제3조 제1항 25호(위험한 동물의 관리 소홀)에 규정된 "사람이나 가축에 해를 끼치는 버릇이 있는 개나 그 밖의 동물을 함부로 풀어놓거나 제대로 살피지 아니하여 나다니게 한 사람"과 제26호(동물 등에 의한 행패 등)에 규정된 "개나 그 밖의 동물을 시켜 사람이나 가축에게 달려들게 한 사람"에게는 10만원 이하의 벌금, 구류 또는 과료에 처해지거나, 일정한 경우에는 특례 규정에 의해 5만원과 8만원의 범칙금이 부과될 수 있다.

3. 개물림사고 관련 사건과 판례

반려견이 사람을 문 '개물림사고'의 경우에는 견주나 관리자 등

책임이 있는 사람에게 「형법」상의 과실치상죄나 과실치사죄 등이 적용되기도 한다. 그리고 견주 또는 관리자는 개물림으로 발생한 손해에 대하여 민사상 손해배상책임을 지기도 한다.

1) 개물림사고로 인한 형사책임

맹견이 사람이나 반려동물을 공격하는 경우가 종종 발생되고 이로 인하여 형사처벌이 문제되는 경우가 있다. 특히 개가 사람을 공격하여 상처를 입거나 심한 경우 사망에 이르게 되면 개의 주인 또는 관리자가 형사처벌을 받는 경우가 발생할 수도 있다. 반려견을 포함하여 개가 사람을 물어 상해를 입히거나 사망에 이르게 하면 소유자 등에게 과실치상 또는 과실치사의 책임을 묻는다. 과실치상의 경우에는 500만원 이하의 벌금과 구류(구류는 1일 이상 30일 미만임) 또는 과료(과료는 2천원 이상 5만원 미만임), 과실치사는 2년 이하의 금고 또는 700만원 이하의 벌금에 처한다. 그리고 개를 관리하는데 중대한 과실이 인정되는 경우에는 5년 이하의 금고 또는 2,000만원 이하의 벌금에 처해지는 중과실치사의 책임을 질 수 있다. 반려견을 기르는 사람은 공공장소 등에서 반려견을 동반할 경우 목줄을 묶어서 타인을 공격하지 못하게 하여야 할 주의의무가 있다.

① 목줄을 하지 않은 반려견이 사람에게 상해를 입힌 사건

㉠ 2014. 5. 14. 13 : 55경 대전 중구에 위치한 아파트 상가 앞 노상에서, 자신이 기르는 개의 목줄을 매지 않은 채 관리한 과실로, 마침 그곳을 지나가던 9세 아동의 왼쪽 종아리를 반려견이 물었다. 위와

같은 과실로 피해자 아동에게 치료 일수 미상의 왼쪽 종아리 부위 상해를 입게 하였다. 이로 인하여 반려견의 주인에게는 벌금 50만원이 선고되었다.[6]

ⓛ 2018년 7월 15일 부산 연제구 부산시청 앞의 등대광장에서 주인과 목줄을 매지 않은 채 산책하던 말티즈 반려견이 4세 어린이의 좌측 허벅지를 물어, 약 3주간의 치료를 요하는 좌측 허벅지 열상 등의 상해를 입게 하였다. 법원은 "광장에는 휴식을 취하는 사람들이 많으므로 이 사건 반려견이 다른 사람들에게 해악을 끼치는 일이 없도록 이 사건 반려견에 목줄을 매는 등 필요한 조치를 취함과 아울러 그 관리에 주의를 기울려야 함에도, 이 사건 반려견이 목줄도 없이 자유롭게 위 광장을 돌아다니게 한 잘못"을 견주에게 인정하여 벌금 100만원을 선고하였다.[7]

ⓒ 2017년 8월에 서울 동대문구에서 기르던 7마리의 개 중에서 4마리가 목줄을 묶지 않은 상태에서 열린 대문으로 나아가 집 앞을 지나던 이웃집 사람의 종아리를 물었다. 법원은 "개를 키우는 사람은 목줄을 단단히 묶고 다른 사람을 물거나 위협적인 행동을 가하지 않도록 주의하면서 안전사고가 발생하지 않도록 주의하여야 할 주의의무가 있다"고 하면서, 벌금 200만원을 선고하였다.[8]

ⓔ 피고인은 2020. 8. 14. 11:10경 B에 있는 피고인 운영의 'C카페'에서 다수의 불특정 고객들이 카페를 출입을 하는 등으로 돌발 상황

6 대전지방법원 2015. 3. 11. 선고 2014고정1793 판결[과실치상].
7 부산지방법원 2019. 2. 20. 선고 2019고정73 판결[과실치상].
8 서울북부지방법원 2018. 5. 18. 선고 2017고정2295 판결[과실치상].

이 발생할 수 있음에도 입마개나 목줄 등 개물림 사고를 방지할 충분한 조치를 취하지 않은 채 피고인이 키우는 개 'D'(리트리버 계통의 믹스견, 23kg)를 카페 내에 놓아둔 과실로 마침 손님인 피해자 E가 자신의 애완견(포메라니안)을 안고 있는 상황에서 위 'D'와 근접하게 되면서 복부 부위를 물려 피해자에게 약 2주간의 치료를 요하는 몸통의 상세불명 부위의 열린상처를 입게 하였다. (중략) 피고인을 벌금 200만원에 처한다.[9]

② 목줄을 한 반려견이 사람에게 상해를 입힌 사건

㉠ 2018년 울산 울주군의 식당 앞 길에서 차우차우 개를 산책시키면서 입마개를 하지 않은 상태에서 목줄을 잡고 지나가고 있었다. 피고인은 63세의 여성과 그 가족들이 있는 것을 보고 인사를 하던 중 잡고 있던 목줄에 매어있던 반려견이 63세 여성의 오른손을 물어 2주간의 치료를 요하는 상해를 입게 하였다. 법원은 "개를 산책시킬 때에는 목줄을 하고 입마개를 하여 개가 사람을 물지 못하도록 하여야 할 주의의무가 있었다. 그러나 피고인은 이를 게을리한 과실"이 있음을 인정하여 150만원의 벌금을 선고하였다.[10]

9 제주지방법원 2021. 9. 8. 선고 2021고정142 판결[과실치상]. "양형의 이유 아무리 인간과 친밀한 환경에서 자랐다고 하더라도 개는 인간과는 전혀 다른 개만의 고유한 사고방식과 습성이 있기에, 주인이라고 하더라도 개의 행동을 완전히 예상하고 컨트롤하는 것은 불가능하다. 따라서 다수의 불특정 고객들이 출입하는 카페를 운영하는 피고인으로서는 입마개나 목줄을 하는 등 개물림 사고를 방지할 수 있도록 최대한의 조치를 취해야 한다. 피고인은 여러 차례 재판이 진행되는 중에도 끝끝내 자신의 잘못은 되돌아보지 않고 피해자만을 탓하면서 반성하지 않았다. 이러한 점을 고려하면 기존에 발부된 약식명령의 벌금액만으로는 피고인에 대한 처벌의 목적을 충분히 달성할 수 없다고 보이므로 형사소송법 제457조의2에 근거하여 벌금을 증액" (후략)

㉡ 2017. 10. 22. 11:00경 대구 달서구의 시장에서 푸들이 68세 피해자의 종아리를 물어 약 1주일간의 치료가 필요한 상해를 입게 하였다. 법원은 "애완견을 동반한 견주로서 애완견이 다른 사람을 물거나 다치게 하지 못하도록 애완견에 대한 관리·감독을 철저히 할 주의의무가 있었다. 그럼에도 불구하고 피고인은 목줄을 당기거나 입마개를 하지 않은 상태의 위 푸들에 대하여 관리·감독을 소홀히 한 과실"로 인한 형사책임을 물어 벌금 150만원을 선고하였다.[11]

㉢ 2018년 5월 31일 대구 남구 주택가 길거리에서 주인과 함께 산책하던 진도 믹스견이 행인의 좌측 팔과 귀를 수회 물었다. 피해자는 약 4주간의 치료를 필요로 하는 위팔과 귓바퀴에 상처를 입었다. 법원은 "그곳은 사람들의 보행이 잦은 장소이므로, 반려견과 함께 걷게 된 피고인으로서는 반려견을 지켜보며 다른 보행자에게 위협을 주지 않게끔 반려견에게 미리 주의를 주거나 다른 보행자와의 거리가 좁혀질 경우 목줄을 더 짧게 잡아 그 길이를 조절하는 등의 방법으로 반려견에 대한 관리를 철저히 함으로써 사고를 미리 방지하여야 할 주의의무가 있었다. 그런데 피고인은 이러한 주의의무를 게을리 한 채 위 진도 믹스견에 대한 관리를 소홀히 한 과실"이 있음을 인정하였다. 그러나 공소제기 후에 피고인은 피해자와 합의하고 처벌불원의사를 표시하여서 공소가 기각되었다.[12]

㉣ 피고인은 2021. 5. 3. 22:20경 의정부시 B에 있는 피고인 운영

10 울산지방법원 2019. 3. 11. 선고 2019고정46 판결[과실치상].

11 대구지방법원 서부지원 2018. 10. 19. 선고 2017고단3109 판결[과실치상].

12 대구지방법원 2019. 7. 4. 선고 2018고정1212 판결[과실치상].

의 가게 입구 근처에 피고인 소유 진돗개 두 마리를 줄로 묶어 두었다. 그곳은 사람의 통행이 잦은 도로에 인접한 곳이었으므로 이러한 경우 위 진돗개의 소유자로서는 진돗개가 행인들에게 달려드는 등 해를 가하지 않도록 충분한 안전조치를 취하여 사고를 미리 막아야 할 주의의무가 있었다. 그럼에도 불구하고 피고인은 이를 게을리 한 채 진돗개 두 마리를 제대로 묶지 않고 입마개를 하지 않은 과실로 진돗개 두 마리가 회룡천 자전거로 입구에서 산책 중이던 피해자 C(남, 56세)의 반려견에게 달려들자 이를 제지하는 피해자의 손을 물고 피해자에게 달려들어 피해자로 하여금 진돗개 두 마리 사이에 연결된 줄에 걸려 넘어지게 하였다. 이로써 피고인은 피해자에게 약 3주간의 치료가 필요한 코뼈의 폐쇄성 골절 및 치관의 파절 등 상해를 입게 하였다. (중략) 피고인을 벌금 200만원에 처한다.[13]

③ 견주가 목줄을 놓쳐서 에어컨 설치기사에게 상해를 입힌 사건

2018. 5. 5. 15:00경 성남시 수정구에 있는 피고인의 집 마당에서 주변을 제대로 살피지 않은 채 홀로 목줄을 잡고 대형견 2마리를 이동시키다가 목줄을 놓치는 바람에 대형견 중 한 마리가 피고인의 집에 에어컨을 설치하러 온 50세의 피해자에게 달려들어 오른팔을 물었다. 법원은 "대형견들을 다른 곳으로 이동시킬 경우에는 주변에 다른 사람이 있는지 잘 살피고 위 대형견들을 목줄 등으로 단단히 고정하여 위 대형견들이 다른 사람들에게 달려들 수 없도록 조치하여야 할 주의의무가 있"음을 인정하면서, 과실로 인하여 피해자에게

13 의정부지방법원 2022. 4. 14. 선고 2021고정1129 판결[과실치상].

다발성 상처를 입게 한 견주에게 벌금 200만원을 선고하였다.[14]

④ 반려견이 집으로 배달온 마트직원에게 상해를 입힌 사건

2016년 7월에 경기도 구리시에서 마트 직원이 배달을 갔다가 현관에서 '미니핀'에게 새끼손가락을 물려 피가 나는 상처를 입었다. 마트직원은 5일간 치료가 필요하다는 의사 소견을 들은 뒤 반려견의 주인을 찾아가 치료비를 요구했지만 거부되었다. 마트직원은 반려견 주인을 경찰에 고소했고 반려견 주인은 과실치상 혐의로 기소되었다. 법원은 "애완견이 낯선 사람을 보면 그 사람을 물거나 피해를 줄 위험이 있으므로, 애완견을 키우는 사람은 낯선 사람에게 달려들지 못하도록 안전조치를 하는 등 그와 같은 위험을 사전에 방지하여야 할 주의의무가 있다"고 하면서, 이러한 주의의무를 게을리 하여 사람에게 상해를 입게 한 반려견의 주인에게 벌금 50만원을 선고하였다.[15]

피고인 및 변호인은 피고인의 애완견이 피해자를 문 사실이 없고, 가사 피해자를 물었다고 하더라도 피해자가 상해를 입은 사실이 없다고 주장하였다. 이에 대하여 법원은, 반려견의 주인은 반려견을 붙잡거나 방문객에게 접근하는 것을 막지 않았으며, 반려견 주인의 주의의무 위반의 내용과 정도 등에 비추어 죄질이 결코 가볍지 않으며, 범행을 부인하면서 잘못을 반성하지 않는 점 등을 감안하여 벌금 50만원을 선고한 것이다.

14 수원지방법원 성남지원 2019. 5. 21. 선고 2019고정94 판결[과실치상].

15 의정부지방법원 2017. 8. 24. 선고 2017고정474 판결[과실치상].

⑤ 개물림 경고문이 있음에도 견주에게 벌금을 물린 사건

2018년 서울의 식당에서 손님으로 온 여성이 반려견이 먹이를 먹는 모습을 보려고 반려견 주인 옆에 앉는 순간, 반려견이 피해자의 왼쪽 뺨 부위를 물어 14일의 치료를 요하는 상해를 입게 하였다. 법원은 개집에 "경고–D에게 절대 먹이를 주지 마세요. 물려도 책임안짐"이라고 기재하여 위 식당 손님들이 위 장소에 들어 올 가능성과 위 반려견이 손님에게 위해를 가할 가능성을 인식하고 있었다. 반려견을 기를 때에는 반려견이 다른 사람에게 위해를 가하지 못하도록 입마개를 착용하거나 울타리를 설치하는 등 안전조치를 하여 위험발생을 사전에 방지하여야 할 주의의무가 있었다. 그럼에도 불구하고 피고인은 이를 게을리 한 채 반려견을 방치한 과실"에 대한 과실치상 책임을 물어 벌금 100만원을 선고하였다.[16]

⑥ 사냥개가 개장을 뛰쳐나와 아동에게 상해를 입힌 사건

피고인들은 창원시에 위치한 운동장에서 사냥견들과 함께 사냥을 마친 후 화물차 개장에 사냥견들을 넣고 있었다. 그런데 아이들이 주변에 있는 운동장에서는 사냥견이 아이들에게 달려들어 무는 사고의 위험이 있으므로, 피고인들에게는 사냥견을 개장에 넣을 경우 사냥견을 넣은 다음 개장의 문을 잠그거나 한 사람이 개장의 문을 잡고 다른 사람이 다음에 넣을 사냥견의 목줄을 풀어 개장에 넣어 사냥견이 개장에서 튀어나와 다른 사람을 무는 사고를 미리 방지하여야 할 업무상 주의의무가 있었다. 피고인들은 이러한 주의의무를

16 서울동부지방법원 2019. 4. 23. 선고 2018고정1285 판결[과실치상].

게을리 한 결과, 사냥견의 목줄을 풀어 개장에 넣는 과정에서 그레이하운드 사냥견이 개장 밖으로 튀어나와 운동장에서 놀고 있던 9세 아동의 왼쪽 볼 부위 등을 물어서 약 6주간의 치료를 요하는 상해를 입게 하였다. 이에 대하여 법원은 "사냥견들은 집에서 기르는 다른 일반견이나 애완견보다 위험성이 더 높은 점, 피고인들의 위와 같은 부주위로 범죄사실 기재와 같은 중한 결과가 발생한 점, 이 사건 사고로 인하여 피해자는 9살이라는 어린 나이에 육체적·정신적으로 지울 수 없는 커다란 상처를 입게 된 점 등을 감안하면 피고인들을 엄히 처벌하여야 할 것이나, 피고인들이 이 사건 범행을 깊이 뉘우치고 있고, 벌금형 이외에 별다른 범죄 전력이 없으며, 뒤늦게나마 피해변제를 위하여 합계 20,000,000원을 공탁한 점을 참작하여" 금고 6월에 집행유예 2년을 선고하였다.[17]

2) 개물림사고로 인한 민사책임

다른 사람의 개가 사람이나 동물을 공격하여 피해가 발생한 경우에는 형사책임과는 별도로 민사책임을 지는 경우가 있다. 즉, 동물이 타인에게 입힌 손해에 대하여는「민법」제759조에 의하여 손해를 입힌 동물을 데리고 다닌 점유자가 배상할 책임이 있다.「민법」제759조에 의한 손해에는 신체상의 손해는 물론이고 재산상·정신적 손해도 포함하며, 재산상의 손해에는 영업이익의 손해도 포함될 수 있다.[18]

17 창원지방법원 2008. 7. 11. 선고 2008고단1277, 2008초기641 판결[업무상과실치상배상명령신청].

① 외출 또는 산책 중인 반려견이 사람에게 상해를 입힌 사건

㉠ 2013년 6월에 서울의 공원에서 반려견을 데리고 공원 벤치에 앉아 이야기를 하다가 반려견의 목줄을 놓쳐서, 반려견이 벤치 부근에 있던 4세 아동의 종아리를 물었다. 피해 아동은 그로 인하여 약 2주간의 치료를 요하는 손상 등을 입었다. 이 사고로 인하여 서울동부지방법원 2013고약9104호로 과실치상죄로 약식기소되어 벌금 50만원의 약식명령을 받아 확정되었다.

이후 제기된 손해배상 청구소송에서 서울지방법원은 위자료 250만원을 포함하여 5,579,385원을 배상하라고 판결하였다. "피고는 자신의 애완견이 주변 사람들에게 위해를 가하지 못하도록 애완견 줄을 단단히 잡고 있을 의무가 있음에도 불구하고 그러한 의무를 위반한 과실로 원고로 하여금 상해를 입게 하였으므로 피고는 원고에게 이 사건 사고로 인하여 원고가 입은 손해를 배상할 의무가 있다"고 하였다.

재판과정에서 피고는 원고의 보호자가 원고를 방치하였고 원고가 혼자 놀면서 반려견을 자극함으로써 이 사건 사고를 자초하였을 가능성이 있으므로 이를 원고 측 과실로 참작하여야 한다고 주장하였다. 그러나 법원은 "어린아이의 보호자로서는 아이에게 위해를 가할 수 있는 주변 상황을 잘 살필 의무가 있고 아이 주변에 동물이 있을 경우 그 동물이 아이를 공격할 가능성에 대비할 필요가 있다고 할 것이나, 주인이 동행하는 애완견의 경우 그 주인이 그러한 사고 가

18 박규용, 개물림 사고에 있어서 견주(犬主)의 민사책임, 법과정책, 제27집 제3호, 2021, 67쪽.

능성을 예방하는 적절한 조치를 취할 것으로 믿는 것이 일반적이고, 더욱이 이 사건 사고 직전에 원고의 보호자가 원고를 혼자 놀도록 방치하였다고 인정할 증거가 없고 사고가 순간적으로 발생하여 그 정확한 경위에 관한 객관적인 자료가 없는 이 사건에서, 원고의 보호자가 사고 예방을 위하여 아이의 보호자로서 마땅히 취해야 할 조치를 방임하였다고 볼 근거도 없으므로 피고의 주장은 받아들일 수 없다"고 하였다.[19] 개를 데리고 가는 사람이 사고를 막을 주의의무를 다하지 않았다면, 피해자가 사망하거나 상처를 입은 데 따른 손해배상책임을 부담하여야 한다는 것이다.

ⓛ 2015년 3월에 경기도 남양주시에서 주인과 산책하던 반려견이 다가오는 아동에게 달려들어 목줄을 놓쳤고, 아동은 얼굴과 가슴 등을 크게 물려 18일간의 입원치료를 포함한 외상치료와 미술치료와 최면치료 등 정신과 치료를 받았다. 개주인은 과실치상죄로 벌금 50만원의 약식명령을 받았다. 그리고 개주인이 가입해 있던 일상생활배상책임보험의 보험사는 합의금으로 1,800만원을 제시하였으나, 피해자의 부모는 이를 받아들이지 않고 대한법률구조공단이 도움을 받아 소송을 진행하였다.

법원은 "개를 데리고 산책을 함에 있어서 입마개를 하고, 목줄을 단단히 잡는 등 개가 다른 사람을 물지 않도록 예방할 주의의무가 있음에도 불구하고 입마개 등 안전장치를 하지 않고 개의 목줄을 제대로 붙잡지 아니한 과실로 인하여 원고로 하여금 개에 물리게 하였고, 사고 발생 즉시 원고에게서 자신의 개를 떼어내지 못하여 원고

19 서울동부지방법원 2015. 5. 13. 선고 2014나22750.

에게 적지 않은 상해를 입게 하였다"고 하면서 동물의 점유자로서 그 보관상 주의의무를 다하지 아니하여 원고에게 손해를 발생시켰음을 인정하였다. 결국 보험사에게는 보험 특약에 따른 보험금 지급의무가 인정되었고, 법원은 기왕 치료비 4,603,061원과 향후 치료비 25,231,527원의 80%(20%는 피고의 과실)와 위자료 3천만원을 손해배상으로 인정하였다.[20]

법원은 다만, 피해자가 초등학교 1학년(만 6세 9개월)의 어린 나이였는데도 사고가 일어난 장소에서 자신을 보호·감독할 부모 없이 혼자 있었다는 점과 큰 개 옆에 가까이 다가가지 않도록 부모가 충분히 지도하지 않은 잘못 등을 20%의 과실로 보아 반려견 주인의 책임을 80%로 제한하였다.

② 음식점 주차장에서 반려견이 사람에게 상해를 입힌 사건

원고 A(사고 당시 만 9세)는 2021. 5. 22. 저녁 무렵 충남 서천군 E에 있는 F(이하 '이 사건 음식점'이라 한다)에서, 일행인 소외 G를 부르기 위해 이 사건 음식점 출입문을 나와 주차장 쪽으로 걸어가던 중 피고의 진도견(이하 '가해견'이라 한다)이 갑자기 원고 A에게 달려 들었다. 가해견은 도망치는 원고 A의 허리와 엉덩이를 물었고, 이로 인해 원고 A는 약 2주간의 안정가료를 요하는 개물림(교상)에 의한 열상 및 다발성 표재성 손상 등의 상해를 입게 되었다. 원고 B는 원고 A의 아버지이고, 원고 C는 원고 A의 어머니이다.

손해의 범위 (1) 기왕 치료비 : 원고 A에 대한 기왕치료비로

20 의정부지방법원 2018. 6. 27. 선고 2016가단8442.

710,690원이 인정된다. (2) 위자료 : 원고 A의 나이, 이 사건 사고의 발생 경위와 내용, 원고 A의 피해 내용 및 정도, 가족관계 등 기록에 나타난 여러 사정을 종합하여, 원고 A에 대한 위자료를 5,000,000원으로, 원고 B, C에 대한 위자료를 각 500,000원으로 정한다.[21]

③ 행동교정 훈련 중인 반려견이 사람에게 상해를 입힌 사건

피고 B은 말티즈 품종의 개 1마리의 소유자이고, 피고 C은 반려견 행동 교정전문가이다. 피고 B은 피고 C에게 이 사건 개의 행동 교정을 위탁하였다. 피고들은 2016. 11. 17. 서울 서초구 D에 있는 식당에서 이 사건 개의 행동 교정 교육을 실시하고 있었는데, 원고가 같은 날 위 식당에서 식사 후 14:00경 위 식당을 나오던 중 이 사건 개에게 원고의 왼쪽 다리 부분을 물려 상처를 입었다. 원고는 이 사건 사고로 인하여 2016. 11. 21.부터 2016. 12. 2.까지 치료비 및 약값으로 합계 495,440원을 지출하였다. 법원은 판결문에서 "피고들은 이 사건 개가 타인에게 위해를 가하지 못하도록 관리할 의무가 있음에도 이를 위반하여 이 사건 개가 원고를 물게 하였으므로, 민법 제759조 제1항에 따라 이 사건 사고로 원고가 입은 손해를 배상할 책임이 있다"고 하였다. 손해배상의 범위에 대해서는, 치료비 및 약값 합계 495,440원 및 위자료로 1,000,000원을 인정하였다. 다만, 병원 치료 등을 받느라 시간당 10만원씩 총 410만원의 일실수입 손해와 개물림사고를 당한 사람의 어머니가 받은 "매우 심한 정신적 충격"에 대한 위자료는 인정되지 않았다.[22]

21 대전지방법원 홍성지원 2022. 9. 21. 선고 2022가단30334

④ 미용실에서 반려견이 사람에게 상해를 입힌 사건

2014년 5월 경기도 고양시에서 52세의 여성은 건물과 미용실 입구에 '애완동물 출입을 삼가 달라'는 안내판이 있음에도 불구하고 미용실에 반려견을 데리고 갔다. 여성은 반려견이 든 손가방을 탁자에 놓고 미용서비스를 받았고 미용실 직원은 탁자 위에 놓인 컵을 정리하다가 손가방 밖으로 머리와 앞발을 내놓은 반려견의 이름을 부른 순간 반려견이 코끝을 이빨로 물어 상처를 입었다. 이 직원은 피부가 파여 치료를 받더라도 흉터가 남을 수 있다는 의사 진단을 받자 치료비와 위자료 등 300만원을 지급하라는 손해배상 청구 소송을 제기하여 일부 승소했다. 법원은 반려견의 주인에게 치료비 27만원과 위자료 250만원을 합하여 총 277만원을 배상하라는 판결을 내렸다. 법원은 반려견 전용가방이 아닌 손가방에 애완견을 넣어 방치하였다고 보아 관리와 주의의무를 소홀히 한 잘못을 인정한 것이다. 반려견 주인이 '반려견이 사나우니 조심하라'는 말을 했다고 주장하였지만 이것으로 주의의무를 다했다고 볼 수 없다는 것이다. 다만, 피해자가 반려견의 이름을 불러 공격행동을 초래한 잘못을 감안하여, 반려견 주인의 책임을 60%로 제한하였다.[23]

⑤ 울타리를 뛰어나간 반려견이 행인에게 상해를 입힌 사건

원고는 서울 양천구에서 소형 마트를 운영하고 있었고, 피고는 서

22 항소심판결 서울중앙지방법원 2018. 1. 12. 선고 2017나52612; 제1심판결 서울중앙지방법원 2017. 7. 6. 선고 2016가소492209.

23 손가방 속 애완견 쳐다보다 코 물려 … 견주 277만원 배상, 연합뉴스, 2017. 10. 25.

울 양천구에서 인테리어 업체를 운영하고 있다. 피고의 위 영업장에서 키우고 있는 진돗개가 2022. 6. 9. 14:00경 피고의 위 영업장을 뛰어나가 횡단보도를 건너던 원고의 발목을 무는 사고가 발생하였다. 원고는 이 사건 사고로 인하여 2주간의 치료가 필요한 발목의 열린 상처(3×4cm 크기)의 상해를 입었다. 인정사실과 변론 전체의 취지에 의하면, 피고가 진돗개 울타리의 잠금장치를 소홀히 관리한 과실로 인하여 원고가 피고의 진돗개에게 물린 사실을 인정할 수 있으므로, 피고는 원고에게 이 사건 사고로 인하여 원고가 입은 손해를 배상할 책임이 있다. 성형수술비나 마트를 운영하지 못한 특별손해 등은 인정하지 않았으나, 기왕치료비 95,800원과 정신적 손해로 인한 위자료 1,000,000원이 인정되었다.[24]

⑥ 반려견을 만지는 것을 허락한 경우의 개물림 사건

5세 11개월인 원고는 2018. 5. 14. 16:30경 용인시 기흥구의 아파트 관리사무실 앞 화단에서 이 사건 반려견에게 안면부를 물렸고, 이로 인하여 약 2주간의 치료를 요하는 상해를 입었다. 이 사건 반려견(와이머라너)이 동물보호법상 입마개를 하여야 하는 맹견에 해당하지 않는다고 하더라도 당시 만 5세 11개월에 불과하였던 원고 가 견주의 허락을 받고 이 사건 반려견에 가까이 다가가 만지게 되었던 이상 이 사건 반려견이 입마개를 하지 아니한 상태였으므로 견주는 반려견의 입 부위나 이 사건 반려견이 예민하게 반응할 수 있는 부위는 만지지 못하도록 하고, 목줄을 짧게 잡거나, 반려견과 원고 사이

24 서울남부지방법원, 2023. 5. 30. 선고 2022가단12781.

에 위치하는 등으로 혹시 모를 상황에 대비하여 바로 제재조치를 할 수 있도록 하여야 함에도 견주는 원고가 반려견에 가까이 앉은 상태에서 손을 이 사건 반려견의 입 부위에 갖다 댐에도 이를 제지하지 아니하였던 것으로 보이고 오히려 목줄을 길게 한 상태에서 위와 같은 모습을 촬영하였다. 또한 사고 당시 원고의 보호자가 부재한 상황이었으므로 견주는 더욱 세심한 주의를 기울였어야 한다. 특히 이 사건 반려견의 크기와 크게 차이가 나지 않는 작은 체구의 어린아이들이 가까이 다가오거나 접촉할 경우 공격성을 나타내거나 돌발행동을 할 가능성이 있으므로 이를 방지하기 위해 그 행동을 더욱 예의주시하고 안전조치를 하여야 하는 점 등에 비추어 보면, 이 사건 사고 발생의 주된 책임은 안전조치를 제대로 하지 않은 데 있다. (또 다른 원고인 부모의 교육 및 감독의무 소홀로 인하여 손해배상책임을 80%로 제한함, 피고는 견주의 일상생활사고에 대한 배상책임을 부담하는 보험사)

손해배상의 범위로는 기왕치료비 3,297,570원과 향후치료비 3,020,375원의 80%인 5,054,356원과 위자료(피해아동 700만원, 부모 각 150만원)가 인정되었다.[25]

4. 개물림사고 방지를 위한 정책방향

개물림사고는 사후처벌보다 사전예방이 중요하다는 것은 말할 나위가 없다. 개물림사고에 있어서도 법은 최우선적인 수단이 아니라

25 수원지방법원, 2020. 6. 16. 선고 2019가단508949.

보충적인 수단이기 때문이다. 반려견에 의한 물림사고를 예방하기 위하여 우선적으로 견주는 반려견의 관리에 충실하여야 한다. 특히 물림사고가 가족, 외부인 구분 없이 발생하고 있기 때문에, 적절한 훈육을 통해 돌발행동을 통제하고 목줄과 입마개 등의 장비를 통해 물림사고의 예방을 위하여 노력하여야 한다. 한국소비자원에서는 개물림사고 예방을 위한 주의사항을 다음과 같이 제시하였다.

표 16 개물림사고 예방을 위한 6계명[26]

1. 영유아가 있는 가정에서는 공격성이 강한 개는 가급적 키우지 않도록 한다.
2. 보호자가 없는 곳에서 애완견과 아이가 따로 놀지 않도록 한다.
3. 애완견이 잠을 자거나 음식을 먹거나 새끼를 돌보는 경우 함부로 건드리지 않는다.
4. 타인의 개를 만지는 경우 견주에게 괜찮은지 물어보고, 특히 공격성이 강한 개에게는 함부로 다가가거나 장난치지 않는다.
5. 개가 공격성을 보이는 경우 도망가거나 소리를 지르지 말고, 침착하게 행동하며 개와 눈을 마주치지 않는다.
6. 애완견의 사회성을 길러주고 적절한 훈련을 통해 애완견 물림 사고 위험을 최소화한다.

소방청에서는 개물림 사고의 예방을 위해 아래와 같은 수의사항을 당부하고 있다.

✔ 소방청의 개물림 사고 예방 수칙

주인의 허락없이 개를 만지거나 다가가지 말아야 하고, 특히, 음식을 먹거나 새끼를 키우는 개는 민감하므로 자극하지 말아야 한다. 또한,

26 한국소비자원, 애완견 물림사고, 가정에서 10세 미만 어린이에게 많이 발생, 2015. 1. 21, 1~2쪽.

어린이와 개가 단 둘이 있게 하지 말아야 하고 외출 시에는 개에게 반드시 목줄을 매고 입마개를 해야 한다고 하고. 개가 공격할 때는 가방, 옷 등으로 신체접근을 최대한 막고, 넘어졌을 때는 몸을 웅크리고 손으로 귀와 목을 감싸 보호해야 한다.[27]

그리고 개물림사고가 종종 발생하자 반려견 출입금지를 강화하는 방안이 발표되었다. 특히 맹견은 소유자등이 없이 기르는 곳을 벗어날 수 없으며, 외출시에는 목줄과 입마개를 착용하거나 탈출방지용 이동장치를 사용하도록 하며, 공동주택 내에서의 사육을 엄격히 제한하고, 어린이집, 유치원, 초등·특수학교 등의 출입을 법령에 명시적으로 금지하도록 하는 방안을 추진하였다.[28] 이러한 규제는 2018년 3월 20일의 「동물보호법」 개정에 반영되어, 2018년 9월 21일부터 시행되고 있다.

그리고 2017년에 발생한 맹견 '프렌치 불도그'에 의한 사망사고를 계기로 청와대 홈페이지에는 '맹견관리법' 제정을 촉구하는 국민청원이 등록된 적이 있고, 맹견관리를 강화하자는 입법운동이 일어났다.

✔ **주승용 의원이 대표 발의한 동물보호법 개정안의 제안 이유**

사회경제적 발전으로 핵가족화와 1인 가구 등이 증가함에 따라 함께 애정을 나눌 수 있는 반려동물을 키우는 가구가 1천만으로 추정되고

27 소방청, 하루 6명꼴 개물림사고로 119구급대 출동 - 매년 2천여명 이상 사고발생, 2019. 2. 13, 2쪽.

28 농림축산식품부, 반려견 소유자의 안전관리 의무 강화 및 반려동물 에티켓 확산, 2018. 1. 18, 3쪽.

이에 따른 안전사고 또한 증가하고 있음. 그러나 맹견으로 분류되는 사나운 개들이 사람들을 무차별 공격하는 등 인명사고가 잇달아 발생하고 있으나 맹견 관리 및 안전사고 예방에는 미흡하다는 지적이 있음. 이에 현행 「동물보호법」의 제명을 「동물보호 및 관리에 관한 법률」로 개정하고, 현행법에 소유자등의 맹견에 대한 관리의무를 강화하고 어린이 보호시설 및 공공기관 출입제한 규정을 마련하고 이를 위반했을 경우에 대한 처벌규정을 마련하려는 것임.

맹견의 관리를 강화하는 「동물보호법」 개정안이 다수의 국회의원들에 의하여 발의되었으며, 맹견에 대한 관리강화를 위한 「동물보호법」 개정법률이 2018년 3월에 통과되어 시행되고 있다. 맹견에 대한 등록강화 등에 대해서는 전술하였고, 맹견과 함께 외출할 경우의 규제도 역시 강화되었다.

2017년 10월에 유명 한식당 대표를 물어 패혈증을 유발한 '프렌치 불도그'는 「동물보호법 시행규칙」에 명시된 맹견에 해당되지 않는다. 따라서 맹견의 종류를 보다 확대하여 규정함과 동시에 사람과 동물을 공격한 전력이 있거나 공격성이 있는 개에게는 입마개를 의무화하도록 한다는 주장이 있다. 즉, 개물림사고는 맹견이 아닌 일반견에 의하여 발생하기도 하므로, 개의 종류만을 기준으로 일률적으로 맹견규제정책으로만 나아갈 것이 아니라 견주의 기본적인 책임과 교육을 강화하여 개물림사고를 예방하는 정책으로 나아가는 것이 바람직하다.[29] 그러나 맹견 관련 사고 등 개물림사고가 일어날

29 백경희/심영주, 개물림사고에 대한 소유자의 법적 책임에 관한 소고 – 미국의 개물

때 마다 일시적으로 부분적인 입법적 대처를 할 것이 아니라, 보다 포괄적·체계적으로 맹견과 일반견을 포함한 개물림사고를 예방하고 통제하기 위한 입법이 필요하다.[30] 전술한 바와 같이 2022년 4월 26일의 「동물보호법」 개정으로 2024년 4월 27일부터는 맹견사육허가제와 맹견수입신고제가 도입되었다. 또한 그 이전에 맹견소유자에 대한 교육과 맹견보험을 의무화하고 사고맹견이나 위험한 맹견에 대한 생포 및 격리조치 등을 통해 맹견관리가 개선되었다고 볼 수 있다. 그러나 맹견의 종류가 아직도 5가지로 한정되고 있다는 점은 개선해 나가야 할 사항이라고 본다.

2018년 11월의 조사에 따르면, 개물림사고를 줄이기 위한 방안으로, 목줄이나 입마개 착용 등 안전관리가 부실할 경우 처벌을 강화해야 한다는 응답이 56.6%로 가장 높았고, 맹견 소유자 정기교육을 의무화해야 한다(16.1%)는 응답이 다음으로 높았다. 또한, 반려동물 비양육층은 안전관리 부실시 처벌강화를 답한 비율이 높게 나타났고, 반려동물 양육층은 비양육층에 비해 맹견 소유자의 정기교육 의무화가 필요하다고 보았다. 구체적으로 정기교육 의무화가 필요하다고 응답한 사람은 양육층이 20.8%이고 비양육층이 14.7%였으며, 소유자 처벌강화를 응답한 사람은 양육층이 51.2%, 비양육층이 58.3%였다.[31] 이러한 의견이 법률에 반영되어 맹견 소유자의 정기교육이

림 법제와의 비교를 중심으로, 법제연구, 제54호, 한국법제연구원, 2018, 296쪽.

30 조성자, '개물림 대책과 그 처리에 관한 법률'의 제안 연구－미국 뉴욕주의 개물림 규제 법들을 중심으로, 법학연구, 제29권 제3호, 연세대학교 법학연구원, 2019, 119쪽.

31 농림축산검역본부, 2018년 동물보호에 대한 국민의식 조사결과 보도자료, 2019. 2. 1. 4쪽.

의무화되어, 현재는 맹견 소유자는 매년 3시간씩의 정기교육을 받아야 한다.

이러한 의견이 반영되어, 2021년 2월부터 맹견을 사육하는 사람에게 개물림사고에 대한 일정가액 이상의 책임보험 가입을 의무화한 것은 사후조치로서 바람직한 것이었다. 상해등급에 따른 보험금액은 1급 1,500만원에서부터 14급 20만원까지 정해져 있고, 후유장애 등급에 따른 보험금액은 1급 8,000만원에서부터 14급 500만원까지 정해져 있다(「동물보호법 시행규칙 별표 3의2」 참조).

그러나 맹견보험은 맹견에 의한 개물림 사고의 사후적 조치라고 할 수 있다. 개물림사고가 발생한 이후의 사후처리보다도 더욱 중요한 것은 사전예방과 재발방지라고 본다. 맹견의 특성에 관한 지식과 개물림 사고 예방에 관한 사전 교육을 의무화하고 맹견사육을 위한 시설 등을 사전에 점검한다면 어느 정도 맹견에 의한 개물림 사고를 예방할 수 있으리라 본다. 동물학대의 경우에는 형벌과 함께 수강명령 또는 치료프로그램의 이수명령을 병과할 수 있도록 「동물보호법」이 2022년 4월에 개정되었다. 개물림사고의 책임이 있는 사람에 대한 형벌과 수강명령의 병과는 2023년 6월에 개정되어 2024년 4월 27일부터 시행되고 있다. 개물림사고의 책임이 있는 사람에 대한 엄격한 처벌과 교육은 개물림사고를 예방하는 효과가 있다.

그리고 사람 또는 동물을 공격한 전력이 있는 맹견에 대한 현재의 격리조치 등에는 미비한 점이 있다. 「동물보호법 시행규칙」 별표 2의2(맹견의 격리조치 등에 관한 기준)에는 격리조치 기준과 보호조치 및 반환 기준이 규정되어 있다. 이에 따르면, 그물·포획틀이나 마취총으로 생포하여 격리한 맹견에 대하여 치료 및 보호를 하도록 하고 있고, 10일 이내(이후 10일 연장 가능)에 보호해제 여부를 결정하고 맹견을 소유자 등에게 반환하도록 규정하고 있다. 그러나 사람을 물어서 중대한 상해를 입혔거나 살인을 한 전력이 있는 경우에도 재발방지를 위한 훈련이나 안락사[32] 등에 관한 근거규정은 마련되어 있지 않다.

반려견 출입을 금지하는 점포도 있지만 반려견 동반이 가능한 반려견 친화적인 점포가 늘어나면서 개물림사고에 노출될 가능성이 커지고 있다. 따라서 반려견을 허용하는 대규모 점포에서는 안전관리요원의 배치 등을 통해 개물림사고를 사전예방하여야 하며, 반려동물 동반과 관련한 안전 가이드라인을 마련할 필요가 있다.[33]

---

32 농림축산검역본부, 2018년 동물보호에 대한 국민의식 조사결과 보도자료, 2019. 2. 1. 4쪽.

33 한국소비자원, 반려동물 동반 가능 다중이용시설 안전실태 조사 - 대규모점포를 중심으로, 2020. 7. 59쪽.

05
동물학대

1. 동물학대의 개념과 유형
2. 동물학대 관련 몇가지 이슈
3. 동물학대의 관련 법령
4. 동물학대 관련 사건과 판례
5. 동물학대 방지를 위한 정책방향

반려견 법률상식

05

동물학대

1. 동물학대의 개념과 유형

반려동물의 수가 증가하고 있는 것만큼이나, 반려동물을 오락이나 장난의 대상으로 삼거나 학대를 하는 사례도 늘어나고 있다. 근래에는 동물을 학대하는 동영상이 인터넷에 게시되기도 하고, 유튜브를 통하여 동물학대 실황을 방송한 자도 있었다. 동물을 학대한 자에 대하여 고발·수사·기소·재판·처벌이 이루어지기도 하고, 동물보호단체에서는 동물학대 금지를 위한 서명운동을 하거나 캠페인을 벌이기도 한다. 동물학대를 금지하는 것은 동물의 보호 나아가서는 동물의 복지를 위한 것이며, 나아가서는 인간의 안전을 위한 것이고, 더 나아가서는 인간과 동물의 조화로운 공존을 위한 것이다.

동물학대에 관한 논의 전개를 위해서는 반려동물과 비반려동물을 구분하는 것이 현실적이라 본다. 반려동물은 개와 고양이 등 집에서 기르는 것이고, 비반려동물은 반려동물 이외의 동물로서 소, 돼지, 닭, 오리 등이다. 물론 비반려동물로 구분되는 종류의 동물이라고 하더라도 반려의 목적으로 기르는 경우가 있기 때문에, 반려동물과 비반려동물의 구분이 절대적인 것은 아니다. 동물윤리의 관점에서는 모든 동물을 학대하지 말아야 하지만, 법적인 관점에서는 법령에 규정된 대상동물에 대하여 법령에 규정된 학대행위를 하지 말아야 하는 것이다. 동물학대를 금지·처벌하는 근거법률인 「동물보호법」의 규율대상은 동법 제2조에 따라 "고통을 느낄 수 있는 신경체계가 발달한 척추동물"인데, 포유류와 조류를 포함하여 식용을 목적으로 하지 않는 파충류·양서류·어류가 「동물보호법」이 규정하는 동물이다. 새총으로 비둘기를 쏘아 죽인 사람에게 벌금형이 선고된 경우도 있다.

판례

2017년 12월경부터 2018년 7월 중순경까지 사이에 부산 사하구 아파트 내 어린이 놀이터에서 비둘기에게 새총을 쏘아 맞혀 4마리의 비둘기를 죽게 하고, 2마리의 비둘기에게 상해를 입히는 행위를 한 사람에게 법원은 벌금 150만원을 선고하였다.[1]

현실세계에서의 동물학대의 유형은 다양하다. 기르던 동물을 낯선 곳에 버리거나 음식을 적절히 주지 않는 행위, 동물에게 도구·약

1 부산지방법원 서부지원 2019. 8. 28. 선고 2019고단136.

물 등 물리적·화학적 방법을 사용하여 상해를 입히거나 살아 있는 상태에서 동물의 신체를 손상하거나 체액을 채취하고 도박·광고·오락·유흥 등의 목적으로 동물에게 상해를 입히는 행위 등의 학대 행위들이 종종 보도되고 있으며, 노출되지 않는 동물학대는 더욱 많을 것으로 추측해볼 수 있다.

현행 「동물보호법」 제2조에는 동물학대의 개념이 정의되어 있는데, "동물학대란 동물을 대상으로 정당한 사유 없이 불필요하거나 피할 수 있는 신체적 고통과 스트레스를 주는 행위 및 굶주림, 질병 등에 대하여 적절한 조치를 게을리하거나 방치하는 행위를 말한다"고 정의하고 있다. 그리고 「동물보호법」 제10조(동물학대 등의 금지)에는 동물학대의 구체적인 유형이 규정되어 있다.

동물학대는 고의적인 경우도 있겠지만, 어떠한 행위가 동물학대인 것을 모르고 한 행위도 있을 수 있다. 또한 「동물보호법」에는 전형적인 동물학대 행위만이 규정되어 있다. 현실세계에서는 「동물보호법」에 규정되지 않은 다양한 동물학대행위가 있으며, 법으로 혹은 관행적으로 허용되는 행위라고 할지라도 동물학대 논쟁이 있는 경우도 있다. 예를 들어, 5,000명을 대상으로 한 2023년 조사에서는 '빛이 없는 공간에 감금하여 사육하는 행위'(91.1%), '동물을 좁은 공간에 감금 사육하는 행위'(86.5%)는 동물학대라는 의견이 매우 많았다. 오래전부터 '마당개' 논쟁이 있었는데, 마당개 중에서도 '2미터 이내 짧은 목줄에 묶어 사육하는 행위'를 동물학대로 보는 의견은 36.7%, 동물학대가 아니라는 의견이 43.8%, 잘 모르겠다는 의견이 19.5%이 있다.[2]

또한, 일상생활에서 빈번하게 발생하는 동물학대는 동물을 방치하는 행위와 같은 소극적 동물학대가 포함되고, 동물학대행위를 이와 같은 소극적인 동물학대행위로 확대하자는 의견도 있다. 즉, 「동물보호법」 제3조[3]에 규정되어 있는 동물보호의 기본원칙 규정을 처벌가능한 규정으로 전환하자는 의견[4]이 있었다. 이후 「동물보호법」 제3조의 내용 중에서 추상적이고 원칙적인 내용을 보다 구체화하여 2022년 4월의 「동물보호법」 제10조(동물학대 등의 금지)[5]의 개정에 반영하였다.

동물을 버리는 것, 즉 동물유기는 동물학대의 전형적인 유형이라 할 수 있으며, 동물을 유기해서는 안된다는 규정은 「동물보호법」 제

---

2 농림축산식품부, 2023 동물복지에 대한 국민의식조사 보고서, 2023. 12, 60쪽.

3 「동물보호법」 제3조(동물보호의 기본원칙) 누구든지 동물을 사육·관리 또는 보호할 때에는 다음 각 호의 원칙을 준수하여야 한다.
1. 동물이 본래의 습성과 신체의 원형을 유지하면서 정상적으로 살 수 있도록 할 것
2. 동물이 갈증 및 굶주림을 겪거나 영양이 결핍되지 아니하도록 할 것
3. 동물이 정상적인 행동을 표현할 수 있고 불편함을 겪지 아니하도록 할 것
4. 동물이 고통·상해 및 질병으로부터 자유롭도록 할 것
5. 동물이 공포와 스트레스를 받지 아니하도록 할 것

4 김동훈, 동물법 이야기, PetLove, 2013, 65쪽; 국립수의과학검역원, 2010년 동물보호에 대한 국민의식 조사보고서, 2010.

5 「동물보호법」 제10조(동물학대 등의 금지) ② 누구든지 동물에 대하여 다음 각호의 행위를 하여서는 아니된다.
4. 동물의 몸에 고통을 주거나 상해를 입히는 다음 각 목에 해당하는 행위
가. 사람의 생명·신체에 대한 직접적 위협이나 재산상의 피해를 방지하기 위하여 다른 방법이 있음에도 불구하고 동물에게 고통을 주거나 상해를 입히는 행위
나. 동물의 습성 또는 사육환경 등의 부득이한 사유가 없음에도 불구하고 동물을 혹서·혹한 등의 환경에 방치하여 고통을 주거나 상해를 입히는 행위
다. 갈증이나 굶주림의 해소 또는 질병의 예방이나 치료 등의 목적 없이 동물에게 물이나 음식을 강제로 먹여 고통을 주거나 상해를 입히는 행위
라. 동물의 사육·훈련 등을 위하여 필요한 방식이 아님에도 불구하고 다른 동물과 싸우게 하거나 도구를 사용하는 등 잔인한 방식으로 고통을 주거나 상해를 입히는 행위

10조(동물학대 등의 금지)에 있다. 유기동물과 유실동물 구분하기는 어려우며, 법령에서도 유기동물과 유실동물은 함께 규정되어 있음은 전술한 바와 같다.

유기동물과 유실동물의 구분이 어렵다는 것은 전술하였지만, 동물의 유기를 동물학대로 보는 경우에는 유기(遺棄)냐 유실(遺失)이냐의 구분이 필요하다. 동물을 잃어버린 것을 동물학대라고 보아 벌금(2020년 2월에 과태료에서 벌금으로 개정되었음. 과태료는 행정벌이지만, 벌금은 형벌로서 전과로 기록됨.)을 부과하는 것은 잘못된 것이기 때문이다. 동물의 유기(遺棄)와 유실(遺失)을 구분하는 것은 결국 고의성 여부일 수밖에 없다. 최근에는 애견호텔이나 애견카페에 반려견을 맡기고는 찾아가지 않는 경우가 종종 발생하고 있다.[6] 따라서 반려견 관련 위탁업체에서는 이러한 경우를 대비하여 위탁계약서를 작성할 필요가 있다. 그러나 이러한 법적인 대비를 하더라도 이러한 '유사(類似) 유기' 행위를 「동물보호법」 위반으로 처리한다거나 밀린 요금을 받는 다거나 하기는 쉽지 않고, 계약서상의 소유권 이전 조항을 통해 동물보호소에 반려견을 맡기면 안락사 가능성도 배제할 수 없기 때문에 해결하기 어려운 문제이나. 반려견을 위탁하면서 허위의 신상정보를 기재하거나 고의성이 입증되는 경우 등 유기라고 볼 수 있는 경우에는 이를 동물유기행위로 처벌하는 판례가 형성될 필요가 있고, 일정한 요건을 「동물보호법」에 규정하여 고의적인 유기행위에는 벌금형 이상의 처벌을 부과하는 대처방법도 생각해 볼 수 있을 것이다.

6 한국경제신문, 2019. 10. 24.

2. 동물학대 관련 몇가지 이슈

1) 성대제거 수술

성대제거수술(debarking operation)이 동물학대인가의 문제가 있다. 공동주택에서 소음방지를 위하여 성대제거수술을 하는 경우가 있는데, 이러한 성대제거수술을 어떻게 볼 것인가가 문제이다. 논란은 있을 수 있지만 성대제거수술은 「동물보호법」의 동물학대금지행위에 규정되어있지 않고, 성대제거수술을 동물학대행위로 해석한 법원의 판례도 없다. 그렇다면 법적으로 성대제거수술은 동물학대행위로 볼 수 없는 것이다. 다만, 성대수술을 하는 경우에도 수의사에 의하여 적정한 의료적 처치를 통해서 하여야 한다.

2023년 10월 22일 인천지법은 동물보호법 및 수의사법 위반 혐의로 기소된 60세 피고인에게 벌금 100만원을 선고하였다.

판례

2021년 4월에 인천 강화군의 개농장에서 개58마리의 성대를 제거하고 이 중 30마리는 질병에 감염되어 사망케 하는 등 상해를 입힌 혐의로 기소되었다. 피고인은 수의사가 아닌데도 가위로 개의 성대를 잘라내고 항생제를 투여하였기에 동물보호법 및 수의사법 위반으로 기소되었으며, 법원은 벌금 30만원을 선고하였다.[7]

7 인천지방법원 ....

전기자극을 통해 반려견이 짖지 못하게 하는 반려견 목걸이도 있으며, 이에 대해서도 긍정적 의견과 부정적 의견이 있다.

2) 꼬리 자르기와 거세

꼬리 자르기나 거세의 경우도 마찬가지로 동물학대인가의 문제가 있지만, 「동물보호법」 제11조에는 꼬리 자르기나 거세 등 수의학적인 방법에 따른 외과적 수술을 허용하고 있다. 즉, 수의학적인 방법에 따르지 아니하고 견주가 함부로 반려견 등의 꼬리자르기를 하는 경우에는 동물학대로 처벌받을 수 있다. 실제로 기르던 개의 꼬리를 잘라서, 법정에 서게 되어 벌금을 물게 된 사건이 있었다.

판례

2016년 4월에 작두를 이용해 자기가 기르던 강아지 세 마리의 꼬리를 자른 사람이 「동물보호법」의 학대행위 규정을 위반한 죄로 약식기소되었다. 피고인은 강아지의 건강한 성장을 돕기 위한 행위이며 강아지 꼬리를 자르는 것이 위법한 행위인줄 몰랐다고 항변하였다. 그러나 법원은 동물보호법은 도구·약물을 사용하여 상해를 입히는 학대행위를 금지하고 있을 뿐 그 행위가 학대성향의 발현일 것을 요구하지 않는다고 하였다. 또한 강아지의 건강을 돕는 것이라는 수의학적 근거가 있다고 보기도 어렵다고 판단하였다. 다만, 장애3급인 피고인이 이후 강아지를 건강하게 길러낸 점을 양형에 고려하여 벌금 30만원을 선고하였다.[8]

이 판결에 대하여 "민법 해석상 동물을 재물과 동일하게 취급하고

8 대전지방법원 천안지원 2017. 4. 13 선고 2016고정763.

있으므로, 만일 타인 소유의 강아지 꼬리를 절단하였다면 이는 재물손괴죄도 성립하게 된다. 「동물보호법」은 1년 이하의 징역 또는 1,000만원 이하의 벌금형을, 형법상 재물손괴죄는 3년 이하의 징역 또는 700만원 이하의 벌금형을 각각 규정하고 있기 때문에 제3자가 반려동물을 해쳤을 경우 형량이 높은 형법상 재물손괴죄가 적용되기도 한다. 이때 적용되는 형량은 재물의 가액을 기준으로 하므로 벌금형 역시 가벼울 수밖에 없는데, 반려동물을 자신의 가족처럼 생각하는 사람들에게 그 형량은 도저히 받아들일 수 없는 게 현실이다. (중략) 동물보호에 대한 국내외 관심이 높아지고 생명존중 인식이 확산되는 상황일 뿐 아니라, 동물 학대가 동물만으로 그치지 않고 사람에 대한 강력범죄를 유발하는 경우가 많다는 전문가들의 연구 결과도 있으므로 향후 동물학대 범죄에 대해 보다 엄중하게 처벌할 수 있도록 양형기준을 마련할 필요성이 있고, 관련 법령도 현실에 맞게 재정비해야 할 것으로 보인다"[9]는 평석이 있다.

2022년 3월에는 의료목적이 아닌 미용목적의 꼬리 또는 귀 자르기 수술을 금지하는 법안이 발의되었다. 이상헌 의원의 대표발의로 국회에 제출된 「동물보호법」 일부개정법률안은 다음과 같다.

✔ **이상헌 의원이 대표 발의한 동물보호법 개정안의 제안이유 및 주요내용**

현행법은 거세, 뿔 없애기, 꼬리 자르기 등 동물에 대한 외과적 수술을 하는 사람은 수의학적 방법에 따르도록 하고 있음. 그러나 최근 몇 년

9 이태한, 판례해설－강아지꼬리 절단사건, 법률신문, 2017. 5. 2.

간 특정 품종견이 유행하면서 미용 목적의 꼬리 자르기 및 귀 자르기 수술이 성행하였고, 이로 인한 동물학대 논란이 계속되고 있음. 현행법상 미용 목적의 동물 수술은 「동물보호법」 제3조 및 제8조 제2항 제2호 위반으로 볼 수 있으나, 명시적인 규정이 없어 다수에 의해 경각심 없이 되풀이되고 있는 상황임. 한편, 이미 영국과 스위스 등 해외 주요국에서는 미용목적의 동물 수술을 법으로 금지하고 있는 것으로 확인됨. 이에 미용을 목적으로 외과적 수술을 할 수 없도록 하고, 위반 시 과태료를 부과함으로써 추가적인 동물학대 행위를 근절하려는 것임(안 제11조 등).

현행	개정안
제11조(동물의 수술) 거세, 뿔 없애기, 꼬리 자르기 등 동물에 대한 외과적 수술을 하는 사람은 수의학적 방법에 따라야 한다. <신설>	제11조(동물의 수술) ① 거세, 뿔 없애기, 꼬리 자르기, 귀 자르기 등 동물에 대한 외과적 수술을 하는 사람은 수의학적 방법에 따라야 한다. ② 제1항에 따른 외과적 수술은 미용을 목적으로 하여서는 아니 된다.

이 법안은 2022년 3월 29일에 발의되어 2022년 3월 30일에 국회 법제사법위원회에 회부는 되었으나, 이후 회의에 상정되지도 않고 있다.

미용을 목적으로 동물에게 성형수술을 시키는 행위(귀자르기와 꼬리자르기 등)를 처벌을 하여야 한다는 의견도 있다. 즉, 5,000명을 대상으로 한 2023년의 조사에서는, 이러한 행위를 처벌하여야 한다는 응답자가 55.9%에 이르렀다.[10]

10 농림축산식품부, 2023 동물복지에 대한 국민의식조사 보고서, 2023. 12, 24쪽.

3) 뜬장

과밀수용이나 비위생적인 환경도 문제이고, 배설물이 쉽게 처리되도록 바닥이 철망으로 되어 있는 '뜬장'이 특히 문제로 지적되었다. 개농장 등에서는 배설물 청소의 편의를 위하여 대개 바닥이 땅으로부터 떠 있는 철제 케이지를 축사로 이용하고 있는데, '뜬장'은 일반 가축의 축사처럼 비바람이나 햇빛을 가려주는 벽이나 지붕이 없다. '뜬장'은 추위나 더위 등의 외부환경에 그대로 노출될 수 있는 것이기 때문에 개는 물론이고 가축을 사육하기에는 매우 부적합한 시설이다.[11]

이렇듯 동물의 발가락이나 심지어는 다리가 빠지는 '뜬장'에 관해서는 「동물보호법 시행규칙」 별표 10은 허가영업 시설의 공통기준으로 "바닥은 청소와 소독을 쉽게 할 수 있고 동물들이 다칠 우려가 없는 재질이어야 한다"고 규정하여 금지하고 있다. 특히 동물생산업의 사육실과 분만실 등의 바닥기준으로 "사육설비의 바닥은 망으로 하지 않아야 한다" "분만실의 바닥에는 망을 사용하지 않아야 한다"는 규정을 두고 있다. 예외적으로 2018년 3월 22일 「동물보호법 시행규칙」 개정 전에 이미 설치된 사육설비에 대해서는 바닥의 50%까지 촘촘한 망을 인정하고 있었지만, 이제는 예외를 인정하는 규정이 없다. 이와 같이 바닥이 망으로 되어 있는 '뜬장'에서 개를 사육하는 것은 그 자체가 동물학대라고 보는 것이기 때문에 「동물보호법 시행규칙」에 규정을 두어 금지하고 있는 것이다. 즉, 개의 발이 빠지는

11 한민정, 개고기 유통 관련법의 문제점 검토, 유통법연구, 제5권 제2호, 2018, 258쪽.

'뜬장'에서 개를 사육하는 것은 「동물보호법 시행규칙」 별표 13의 행정처분 기준에 따라 15일에서 3개월의 영업정지를 받을 수 있는 법규위반행위이다.

'뜬장'에서 개를 사육하는 것에 대하여는 영업정지 정도가 아니라 처벌을 하여야 한다는 의견도 있다. 즉, 5,000명을 대상으로 한 2023년의 조사에서는, 동물을 뜬장에서 사육하는 행위는 처벌을 하여야 한다는 응답자가 82.4%에 이르렀다.[12]

4) 강아지 공장

일명 '강아지 공장'이 문제되고 있기도 하다. 강아지 공장이란 공장에서 물건을 찍어내듯이 강아지를 생산한다는 의미로, 개를 번식시켜 동물판매업자 등에게 판매하는 업체의 시설[13]을 말한다. 생산을 최대화하고 비용을 최소화하기 위하여 집약적이고 비위생적으로 사육하는 '공장식 가축농장(Factory Farm)' 혹은 '집중가축사육시설(Concentrated Animal Feeding Operations)' 시스템[14]을 강아지 번식에 도입한 것이 강아지 공장이다. 강아지공장의 비위생적이고 열악한 환경에 대해

12 농림축산식품부, 2023 동물복지에 대한 국민의식조사 보고서, 2023. 12, 24쪽.

13 "구체적인 사례를 살펴보면 집단적 동물생산업 사업자에 의한 동물학대의 한 사례로 일명 '강아지공장' 사건은 본인의 허름한 가건물－비닐하우스－안에 사육 내지 출산시설을 갖춘 곳에서 수컷의 종견에 호르몬제를 투여하여 체액을 채취하여 출산견에게 자연수정이 아닌 주사기(개의 종류, 크기에 따라 구비되어 있음)를 이용한 인공수정부터 출산과 산후조리 및 대리모견, 그리고 안락사까지 반려견의 출생부터 사망에 이르는 전 과정에 대하여 일체의 시설이 구비되어 있었다." 박만평, 우리나라 동물학대의 대응 및 한계 그리고 개선방안, 전북대학교 법학연구소 법학연구, 제54집, 2017, 93쪽.

14 박상표, 가축이 행복해야 인간이 건강하다, 개마고원, 2012, 11~12쪽.

서 사회적 이슈가 되기도 하였다.[15] 또한 개를 밀집사육하는 경우에는 다양하고 강력한 세균에 감염될 위험이 크고 질병을 예방하기 위해서 많은 항생제와 살충제·소독약을 사용하게 된다.[16] 밀집사육을 하는 양계장에서 발생할 수 있는 문제가 개를 사육하는 곳에서도 동일하게 발생할 수 있는 것이다.

우리나라에서도 큰 논란이 되었던 광우병과 구제역, 조류 인플루엔자와 살충제 계란 파동도 본질적인 원인은 공장식 축산이다. 공장식 축산의 핵심은 위생과 안전이 아니라 저비용과 고효율[17]이고, 공장식 사육장을 운영하는 이들은 "동물들을 사료를 투입하면 고기나 젖 또는 달걀을 만들어내는 단순한 기계로 대한다. 아무런 감정도 권리도 없는 한낱 자동판매기로 취급하는 것이다."[18] '강아지 공장'은 공장식 사육장 보다도 더욱 열악한 환경일 경우가 많고, 이러한 '강아지 공장'의 비위생과 열악한 환경이 조류 인플루엔자나 메르스와 같은 대규모의 감염병을 유발하지 않도록 주의를 기울여야 할 필요가 있다.

모견을 쉴 틈 없이 임신시키고 출산하게 하는 것에 대하여 동물학대 문제가 제기되기도 하였는데, 2021년 6월 17일의 「동물보호법 시행규칙」의 개정을 통하여 별표 12(영업자의 준수사항)에서 출산 후 다음 출

15 "한국에서 입양되는 강아지의 90%가 팻 팩토리에서 태어난다고 합니다. 저는 진심으로 이런 비인도적인 생산방식을 비난합니다." 강형욱, 당신은 개를 키우면 안된다, 동아일보사, 2014, 48쪽.

16 박종원, 우리나라 동물복지축산의 현황과 법적 과제, 환경법과 정책, 제19권, 2017, 145쪽.

17 하재영, 아무도 미워하지 않는 개의 죽음, 창비, 2018, 207~212쪽.

18 제인 구달 외, 김은영 옮김, 희망의 밥상, 사이언스북스, 2006, 127쪽.

산 사이에 10개월 이상(이전에는 8개월)의 기간을 두도록 하였다. 월령이 12개월 미만인 개·고양이는 교배 및 출산시킬 수 없다.

2017년 3월의 「동물보호법」 개정(시행은 2018년 3월 22일부터)에서는 다양한 동물학대 사례가 보고된 바 있는 '강아지 공장'과 같은 동물생산업장에 대한 관리를 강화하기 위하여 신고대상인 동물생산업을 허가대상으로 전환하였다. 특히 반려동물 생산업 등의 허가요건과 관련해서 관심사는 1인당 관리가 허용되는 동물의 개체 수였다. 1인당 관리해야 하는 동물의 수가 많은 수록 사육여건은 열악해지기 때문에, 1인당 관리대상 동물의 수는 적정하게 규정되어야 한다. 생산자단체에서는 인건비 문제 등을 이유로 기존 규정처럼 100마리당 1인 이상을 주장하였고, 동물보호단체에서는 50마리당 1인 이상을 주장하였다. 그리고 2018년 3월 22일에 「동물보호법 시행규칙」이 개정되면서 이들의 의견이 절충되어, 75마리당 1인 이상의 사육·관리인력을 확보하도록 「동물보호법 시행규칙」 별표 9(동물관련 영업별 시설 및 인력 기준)[19]에 규정하였다. 이후 2021년 6월 17일에는 50마리당 1인 이상의 인력을 확보하도록 이러한 인력기준이 강화되었다(2022년 6월 18일부터 시행). 현재 「동물보호법 시행규칙」 별표 10(허가영업의 시설 및 인력 기준) 개와 고양이의 경우 동물생산업과 동물수입업, 동물판매업은 50마리당 1명 이상의 인력을 사육·관리인력을 확보해야 한다. 그리고 별표 11(등록영업의 시설 및 인력 기준)에 따라 동물전시업이나 동물위탁관리업은 20마리당 1

19 '2. 개별기준 라. 동물생산업 1) 일반기준 마)': 번식이 가능한 12개월 된 개 또는 고양이 75마리당 1명 이상의 사육·관리 인력을 확보해야 한다.

명 이상의 관리인력을 확보하도록 하고 있다.

5) 동물과다사육 (animal horder)

외국에서는 동물을 과다하게 사육하여 제대로 돌보지 못하는 경우에는 처벌을 하고, 해당 반려동물을 구조하는 규정을 두고 있는 경우가 있다. 그러나 아직 우리나라에서는 반려동물 등 동물을 과다하게 사육하여 제대로 돌보지 못하는 '동물 과다사육자'(animal horder)에 관한 논의가 아직은 큰 관심을 끌고 있지 않다.

다만, 동물을 과다하게 사육하면서 제대로 돌보지 못하여 죽음에 이르게 하거나 상해나 질병을 유발시키는 경우에는 동물학대로 처벌될 수 있는 판례가 등장하였다.

판례

① 사건개요 : 피고인은 2018. 10.경부터 울산 북구 (주소생략)에서 고양이 6마리를 양육하며 거주하였고, 고양이 새끼가 태어나기 시작하면서 2021. 3.경에는 양육하는 고양이가 20마리까지 늘어나게 되었다. 위와 같이 다수의 고양이를 양육하기 위해서는 양육환경, 위생 등의 문제에 각별한 신경을 써야함에도 불구하고 피고인은 2021. 3.경부터 고양이들에게 제대로 사료를 챙겨주지 않거나 배설물을 치워주지 않아 아파트 거주자들로부터 냄새가 심하다는 등 다수의 민원을 받을 정도로 고양이들을 방치하였다.

② 동물을 죽음에 이르게 하는 학대행위 : 누구든지 수의학적 처치의 필요, 동물로 인한 사람의 생명 · 신체 · 재산의 피해 등 농림축산식품부령으로 정하는 정당한 사유 없이 동물을 죽음에 이르게 하여서는 아니된

다. 그럼에도 불구하고 피고인은 2021. 8. 4.경부터 8. 8.경 사이에 위 기재 장소에서 양육하고 있던 고양이 20마리를 두고, 돌 볼 사람들을 전혀 마련해놓지 않은 채 휴가를 가버림으로써 더위와 굶주림에 지친 고양이들이 세탁실의 열린 창문을 통해 10층 밖으로 뛰어내리다가 고양이 6마리가 사망하게 하여 정당한 이유 없이 고양이를 죽음에 이르게 하는 학대행위를 하였다.

③ 동물에게 상해를 입히거나 질병을 유발시키는 학대행위 : 누구든지 반려동물에게 최소한의 사육공간 제공 등 농림축산식품부령으로 정하는 사육·관리 의무를 위반하여 상해를 입히거나 질병을 유발시키는 등으로 동물을 학대하여서는 아니된다. 그럼에도 불구하고 피고인은 2021. 3. 초순경부터 2021. 8. 16경까지 위 기재 장소에서 고양이 20마리나 키우면서도 분변·오물 등을 수시로 제거하지 아니한 채 방치하여 베란다, 주방, 작은방 등에 고양이 배설물들이 쌓이게 하고, 사료와 물을 제대로 주지 않아 양육하는 고양이 9마리에게 피부염, 영양실조 등의 질병을 유발시키는 학대행위를 하였다.

④ 양형의 이유 : 피고인은 이 사건에서 피해 동물로 하여금 죽음에 이르게 하거나 영양실조 등 질병에 감염되게 함으로써 가해행위를 하였고, 피해를 입은 동물의 수, 가해행위의 내용과 정도 등에 비추어 볼 때 그 사안이 가볍지 않다. 다만 피고인이 범행을 깊이 반성하면서 재범하지 않을 것을 다짐하는 점, 동물들의 번식으로 보호해야 할 개체수가 급격히 증가하고 투병 중인 모친을 간호하는 과정에서 여력이 없자 방치에 이르게 된 것인 점, 동종 전력 및 징역형의 집행유예 이상의 형사처분을 받은 전력은 없는 점, 그밖에 피고인의 연령, 성행, 직업 및 환경, 범죄 전력, 범행의 동기와 경위, 방법 및 결과, 범행 전후의 정황을 비롯하여 이 사건 기록과 변론에 나타난 양형의 조건이 되는 여러 사정들을 참작하여 징역 4개월에 집행유예 1년 그리고 40시간의 사회봉사명령을 선고하였다.[20]

판례

누구든지 반려 목적으로 기르는 개 고양이 등의 동물에게 최소한의 사육공간을 제공하는 등의 사육·관리 의무를 위반하여 상해를 입히거나 질병을 유발시키는 등의 동물학대 행위를 하여서는 아니 된다.

피고인은 2018. 9.경부터 2020. 1. 23.까지 인천 남동구 B 소재 비닐하우스에서 반려동물로 개 50여 마리와 고양이 40여 마리 가량을 사육하고 있었으므로, 사육하는 동물별로 몸길이의 2.5배 및 2배 이상 및 동물이 뒷발로 일어섰을 때 머리가 닿지 않는 높이 이상의 공간을 확보하고, 동물의 영양이 부족하지 않도록 사료 등 동물에게 적합한 음식과 깨끗한 물을 공급하고, 사료와 물을 주기 위한 설비 및 휴식공간은 분변, 오물 등을 수시로 제거하고 청결하게 관리하며, 동물의 행동에 불편함이 없도록 털과 발톱을 적절하게 관리하는 등의 사육·관리 의무가 있었다.

그럼에도 피고인은 이를 위반한 채 적정한 사육공간을 제공하지 아니한 채 동물을 일어서지 못하는 높이(약 50cm)의 좁은 공간(케이지 등)에 가두어 두고, 밥 그릇과 물 그릇에 분변과 오물이 묻어 있는 상태로 방치하였으며, 비닐하우스 내·외부 쓰레기를 방치하고 케이지 바닥을 분변 등으로 덮여있게 방치하여 휴식공간을 청결하게 관리하지 아니하였고, 동물에게 먹이로 주는 생고기가 담긴 박스를 방치하고 물 그릇에 더러운 물을 담겨 있게 하는 등 적합한 음식과 깨끗한 물을 공급하지 아니하였으며, 죽은 동물의 사체를 다른 동물들이 접촉할 수 있는 사육공간 내에 방치하였고, 개와 고양이의 위생 상태를 청결하게 유지하지 못한 채 털이 엉키고 오물이 묻어 있는 상태로 방치하였으며 (중략) 피고인을 벌금 200만원에 처한다.[21]

20 울산지방법원 2022. 7. 7. 선고 2021고단3462 판결[동물보호법 위반].
21 인천지방법원 2021. 3. 12. 선고 2020고정1747 판결[동물보호법 위반].

이처럼 동물을 과다하게 사육하면서 제대로 돌보지 못하여 죽음에 이르게 하거나 상해나 질병을 유발시키는 경우를 동물학대로 '처벌'하는 것은 '동물 과다사육'(animal horder) 자체를 법률에서 규제하는 전 단계로 볼 수 있다.

법률에서 동물과다사육 자체를 금지하지는 않으나, 조례에서 동물과다사육을 금지하는 경우가 있다.

부산진구에서는 2017년에 가구당 반려견 사육을 5마리로 제한하는 조례안을 마련할 계획임을 밝혔으나,[22] 이러한 사육규제조례에는 논란이 있어서 추진되지 못하였다. 그러나 다음해인 2018년에 가구당 키울 수 있는 반려동물을 10마리 이내로 제한하는 '부산진구 오수·분뇨 및 가축분뇨의 관리에 관한 조례' 개정안을 통과시켜 시행하고 있다. 이에 따르면, 해당 지역 가정에서는 반려동물을 10마리 이상 키울 수 없고, 새끼를 낳아 10마리 제한을 넘어서면 3월 이내에 분양해야 한다.[23] 이를 지키지 않을 경우 1회에 한해 이행명령이 내

22 논란은 부산 부산진구 부암동의 한 가정집에서 50여 마리의 개를 키우면서 시작됐다. 악취와 소음이 심하다는 주민들의 항의가 이어지자 사육 마릿수를 제한해 민원을 해결하고자 조례안이 발의되었다. 50여 마리를 키우는 견주는 길을 떠도는 유기견을 한 마리씩 집에 데려와 키우다 보니50여 마리로 늘어났다고 하며, 조례안에 반발해 청와대 홈페이지 내 국민청원 및 제안 게시판에 반대 청원 글을 올리기도 하였다. 중앙일보, 2017. 11. 7.

23 「부산광역시 부산진구 오수·분뇨 및 가축분뇨의 관리에 관한 조례」 제13조(가축사육의 제한) ① 「가축분뇨의 관리 및 이용에 관한 법률」 제8조제1항에 따라 부산광역시 부산진구 전 지역을 가축사육 제한지역으로 한다.
② 제1항에도 불구하고 다음 각 호의 어느 하나에 해당하는 경우에는 가축을 사육할 수 있다. <개정 2015.10.30., 2018.2.6.>
1. 학교, 공공기관, 의료법인, 수의사 또는 가축인공 수정사가 연구, 인공수정, 진료 그 밖에 공공의 목적을 위하여 사육 또는 계류하는 가축
2. 농림축산식품부령에 따라 허가 또는 등록된 농산물 도매시장 축산부 도축, 도견,

려지고 이후에는 1,000만원 이하의 벌금이 부과된다. 이외의 지역에서도 조례를 통하여 반려동물의 사육을 3~5마리로 제한하는 경우가 있다. 예를 들어, 「충주시 가축분뇨의 관리와 이용에 관한 조례」에 따르면, 주거지역이나 상업지역 등에서는 가구당 개를 3마리 이하만 사육할 수 있다.[24]

그러나 이러한 반려동물을 기를 수 있는 숫자의 제한은 매우 논쟁적이다. 고양이의 숫자는 규제하지 않으면서 개의 숫자만을 규제한다면 이는 차별적이라 부당하다는 의견이 있을 수 있고, 도시와 농촌지역은 주거환경이 다르므로 오히려 차등 적용할 필요가 있으며, 이러한 사육가능한 반려동물 숫자의 규제는 실효성이 없다는 의견도 있다. 이러한 비판과 문제제기에도 불구하고 가구당 반려동물 사육숫자의 제한은 전국적으로 확산될 것으로 예상된다.

도계장 및 부하장에 부설된 계류장의 가축
3. 동물판매업소에 계류 중인 가축
4. 가정에서 애완용 또는 방범용으로 사육하는 10마리 이내의 가축(단, 월령 3개월 미만은 사육두수에 산입하지 아니한다)

24 「충주시 가축분뇨의 관리와 이용에 관한 조례」 제3조(가축사육 제한구역의 지정 및 해제) ③ 가축사육이 제한되는 구역에서는 가축을 사육할 수 없다. 다만, 각 호의 어느 하나에 해당할 때에는 그렇지 않다.
6. 전부제한구역에서 영리를 목적으로 하지 않는 애완동물 및 반려동물로 다음 각 목에 해당하는 가축사육
가. 개 : 가구당 3마리 이하. 다만, 월령 2개월 미만은 포함하지 않는다.
나. 닭, 오리 : 가구당 5마리 이하. 다만, 월령 3개월 미만은 포함하지 않는다.
다. 가축 소유자가 거주지가 아닌 다른 장소에서 가축을 사육하려는 경우 인접 주택과 50미터 이상의 거리를 둔 장소에서 사육해야 한다.

3. 동물학대 관련 법령

앞에서 이야기한 바와 같이 동물보호를 방지하기 위한 대표적인 법률은 「동물보호법」이며, 이 법률에서는 동물학대를 금지하고 처벌하고 있다. 즉, 「동물보호법」 제10조에서는 '동물학대 등의 금지'라는 제목으로 동물학대의 유형을 구분하고 있다.[25]

법률

동물보호법 제10조(동물학대 등의 금지) ① 누구든지 동물을 죽이거나 죽음에 이르게 하는 다음 각 호의 행위를 하여서는 아니 된다.

1. 목을 매다는 등의 잔인한 방법으로 죽음에 이르게 하는 행위
2. 노상 등 공개된 장소에서 죽이거나 같은 종류의 다른 동물이 보는 앞에서 죽음에 이르게 하는 행위
3. 동물의 습성 및 생태환경 등 부득이한 사유가 없음에도 불구하고 해당 동물을 다른 동물의 먹이로 사용하는 행위
4. 그 밖에 사람의 생명·신체에 대한 직접적인 위협이나 재산상의 피해방지 등 농림축산식품부령으로 정하는 정당한 사유 없이 동물을 죽음에 이르게 하는 행위

② 누구든지 동물에 대하여 다음 각 호의 학대행위를 하여서는 아니 된다.

1. 도구·약물 등 물리적·화학적 방법을 사용하여 상해를 입히는 행위. 다만, 해당 동물의 질병 예방이나 치료 등 농림축산식품부령으

25 2022년 4월 26일 개정되어 2023년 4월 27일부터 시행되는 「동물보호법」에서는 제10조(동물학대 등의 금지)로 변경되어 있고 동물학대행위가 보완 및 추가되었다.

로 정하는 경우는 제외한다.

2. 살아있는 상태에서 동물의 몸을 손상하거나 체액을 채취하거나 체액을 채취하기 위한 장치를 설치하는 행위. 다만, 해당 동물의 질병 예방 및 동물실험 등 농림축산식품부령으로 정하는 경우는 제외한다.
3. 도박·광고·오락·유흥 등의 목적으로 동물에게 상해를 입히는 행위. 다만, 민속경기 등 농림축산식품부령으로 정하는 경우는 제외한다.
4. 동물의 몸에 고통을 주거나 상해를 입히는 다음 각 목에 해당하는 행위
   가. 사람의 생명·신체에 대한 직접적 위협이나 재산상의 피해를 방지하기 위하여 다른 방법이 있음에도 불구하고 동물에게 고통을 주거나 상해를 입히는 행위
   나. 동물의 습성 또는 사육환경 등의 부득이한 사유가 없음에도 불구하고 동물을 혹서·혹한 등의 환경에 방치하여 고통을 주거나 상해를 입히는 행위
   다. 갈증이나 굶주림의 해소 또는 질병의 예방이나 치료 등의 목적 없이 동물에게 물이나 음식을 강제로 먹여 고통을 주거나 상해를 입히는 행위
   라. 동물의 사육·훈련 등을 위하여 필요한 방식이 아님에도 불구하고 다른 동물과 싸우게 하거나 도구를 사용하는 등 잔인한 방식으로 고통을 주거나 상해를 입히는 행위

③ 누구든지 소유자등이 없이 배회하거나 내버려진 동물 또는 피학대 동물 중 소유자등을 알 수 없는 동물에 대하여 다음 각 호의 어느 하나에 해당하는 행위를 하여서는 아니 된다.

1. 포획하여 판매하는 행위
2. 포획하여 죽이는 행위

3. 판매하거나 죽일 목적으로 포획하는 행위
4. 소유자등이 없이 배회하거나 내버려진 동물 또는 피학대동물 중 소유자등을 알 수 없는 동물임을 알면서 알선·구매하는 행위

④ 소유자등은 다음 각호의 행위를 하여서는 아니 된다.

1. 동물을 유기하는 행위
2. 반려동물에게 최소한의 사육공간 및 먹이 제공, 적정한 길이의 목줄, 위생·건강 관리를 위한 사항 등 농림축산식품부령으로 정하는 사육·관리 또는 보호의무를 위반하여 상해를 입히거나 질병을 유발하는 행위
3. 제2호의 행위로 인하여 반려동물을 죽음에 이르게 하는 행위

⑤ 누구든지 다음 각 호의 행위를 하여서는 아니 된다.

1. 제1항부터 제4항까지(제4항제1호는 제외한다)의 규정에 해당하는 행위를 촬영한 사진 또는 영상물을 판매·전시·전달·상영하거나 인터넷에 게재하는 행위. 다만, 동물보호 의식을 고양하기 위한 목적이 표시된 홍보 활동 등 농림축산식품부령으로 정하는 경우에는 그러하지 아니하다.
2. 도박을 목적으로 동물을 이용하는 행위 또는 동물을 이용하는 도박을 행할 목적으로 광고·선전하는 행위. 다만, 「사행산업통합감독위원회법」 제2조제1호에 따른 사행산업은 제외한다.
3. 도박·시합·복권·오락·유흥·광고 등의 상이나 경품으로 동물을 제공하는 행위
4. 영리를 목적으로 동물을 대여하는 행위. 다만, 「장애인복지법」 제40조에 따른 장애인 보조견의 대여 등 농림축산식품부령으로 정하는 경우는 제외한다.

4. 동물학대 관련 사건과 판례[26]

1) 동물학대 사건의 발생과 판례의 경향

동물학대 처벌규정 강화에 대한 논의를 불러일으킨 계기가 되었던 사건은 반려견은 아니지만 반려묘에 관한 이른바 '고양이 은비사건'이다. 2010년 6월 15일 오전 4시경 술에 취해 귀가하던 24세 여성이 자신이 거주하는 오피스텔 10층 엘리베이터 앞에서 도망 나온 고양이 '은비'를 발견하였다. 가해자는 하이힐을 신은 채 고양이를 발로 여러 차례 걷어차고, 자신의 집으로 데리고 들어가 10층 창밖으로 떨어트려 죽였다.

판례

서울중앙지방법원은 2010년 10월 1일 이웃 주민이 기르던 고양이를 창밖으로 던져 죽인 혐의(동물보호법 위반 등)로 기소된 채○○에게 징역 4월과 집행유예 2년을 선고했다. 재판부는 "동물의 생명을 잔인한 방법으로 박탈하고 재산권을 침해한 것을 넘어 고양이와 교감을 나눠온 주인에게 씻을 수 없는 고통을 줬다. 다만, 동종 전력이 없고 잘못을 뉘우치고 있으며 피해자를 위해 150만원을 공탁한 점 등을 참작한다"고 하였다.[27]

---

26 동물유기도 동물학대에 해당함. 동물유기에 관한 사건과 판례는 관련 부분을 참고하기 바람

27 김동훈, 동물보호법상 동물학대행위의 적정형량에 관한 연구, 원광대학교 법학과 학위논문, 2011, 47~49쪽; 이세원, "'고양이 폭행녀' 징역형 선고받아", 연합뉴스, 2010. 10. 1.

동물학대 사건 중에서 가장 유명한 사건은 소위 '악마 에쿠스 사건'이라고 할 수 있다. 2012년 4월에 에쿠스 승용차의 트렁크 쪽에 개를 매달고 고속도로를 주행하는 장면이 인터넷에 공개되었지만, 운전자는 결국 무혐의로 불기소되었다. 이후 개를 차에 매달고 달리는 유사사건이 수차례 발생하였다. 2017년 3월에 제주시에서 오토바이에 개를 목줄에 묶어 쓰러진 채로 끌고 가서 목을 매달아 죽인 혐의로 재판에 넘겨진 사람과 이러한 학대행위를 시키고 음주운전으로 승용차를 타고 따라간 사람에게 각각 징역 8개월에 집행유예 2년이 선고되었다.[28] 이후 이와 유사한 사건들은 무혐의가 아니라 주로 징역형 집행유예가 선고되고 있는데, 구체적 형량은 사건마다 차이가 있다.

판례

피고인은 2021. 3. 7. 10:38경 상주시 B 인근 농로에서부터 C 도로에 이르기까지 약 5km 구간에서 자동차 뒷 부분에 피고인이 기르던 개의 목줄을 연결한 상태에서 위 자동차를 10~50km/h 상당의 속도로 운전하여, 위 개가 위 자동차를 따라 강제로 달리게 하는 방법으로 약 5km 가량을 끌고 가던 중 위 개로 하여금 차량의 속도를 따라가지 못한 채 바닥에 끌려가며 앞다리, 양쪽 어깨 부위의 가죽이 벗겨져 근육이 드러나도록 다치게 하여 다음 날 죽음에 이르게 하였다. (중략) 피고인을 징역 4개월에 처한다. 다만, 이 판결 확정일부터 1년간 위 형의 집행을 유예한다.[29]

28 제주지방법원 2018. 3. 22 선고 2017고단1339, 1948(병합) 각 보호관찰과 160시간의 사회봉사명령이 병과되었다.

29 대구지방법원 상주지원 2021. 11. 17. 선고 2021고단221 판결[동물보호법 위반].

2019년 7월에는 경의선 숲길에서 고양이 '자두'를 학대해 숨지게 한 가해자가 동물학대와 재물손괴 혐의로 불구속 기소되었다. 이후 진행된 1심 재판에서 "범행수법이 매우 잔혹하고 피고인에게서 생명을 존중하는 태도를 찾아보기 어렵다"고 보아 징역 6월의 실형이 선고되어 법정 구속되었다.

2019년 10월에는 주인과의 산책 중에 길을 잃은 반려견 '토순이'가 잔혹하게 살해된 뒤 주택가 주차장에 사체가 유기된 일이 서울 마포구에서 발생하였다. 주변 CCTV 등을 확인하고 탐문한 반려견주인과 친구들의 노력으로 잡힌 가해자는 동물학대와 재물손괴 혐의로 구속 기소되어 재판에 넘겨졌다. 과거의 사건처리 관행으로 보면 「동물보호법」 위반 등 혐의를 받는 피의자가 구속 기소된 것은 이례적이지만, 이는 동물학대범죄를 엄격히 다루겠다는 일종의 '국가적 의지'라고 볼 수 있을 것이다. 이후 1심에서 검찰은 징역 1년 6개월을 구형하였고 법원은 징역 8개월을 선고하였다.

최근의 동물학대 사건으로는 양평에서 개와 고양이 등 1천여 마리를 굶겨 죽인 사건으로, 법원은 이 사건으로 구속 기소된 60대에게 동물학대 위반죄의 법정 최고형인 징역 3년을 선고하였다.

판례

수원지법 여주지원은 2023년 5월 11일 개와 고양이 등 반려동물 1천여 마리를 굶겨서 죽인 혐의로 구속기소된 ○○에게 징역 3년을 선고했다. 재판부는 "이 사건 범행은 피고인이 번식 농장에서 상품성이 떨어진다고 버려진 개와 고양이를 수거해 사료와 물을 주지 않아 죽음에 이르게 했다. 학대 내용과 그 정도, 개체수, 피해 동물의 고통을 고려할 때 그 죄책이 매우 중하다. (중략) 피고인이 2014년 파산 선고를 받는 등 경제적으로 어렵고, 고물 처리만으로 생계가 어려운 점, 잘못을 인정하고 반성하는 점 등을 감안하더라도 엄벌은 불가피하다"고 하였다.[30]

피고인은 2020년 2월부터 3년여간 불법 반려동물 번식장 등에서 '개나 고양이를 처분해달라'며 데려온 동물들에게 밥을 주지 않아 굶어 죽게 하였다. 경기도 양평군에 위치한 그의 집에서 발견된 개, 고양이 등 동물사체는 1천256구에 달하는 것으로 조사됐다. 피고인은 "처리비로 마리당 1만원을 받았다"고 진술한 것으로 전해졌다. 동물학대로 동물을 죽음에 이르게 한 경우의 최고형으로 「동물보호법」은 징역 3년을 규정하고 있는데, 그간 동물학대에 대한 처벌수위가 낮다는 평가가 많았다. 이번 판례는 동물학대에 대하여 징역 3년이라는 법정최고형을 선고한 첫 사례로서 의미를 찾을 수 있다.

2) 전살법에 의한 개 도살은 불법

2011년부터 2016년 7월까지 경기도 김포의 개농장에서 연간 30마리 이상의 개를 전살법(電殺法)으로 도살한 개농장의 주인이 「동물보호법」 위반 혐의로 2017년 2월에 기소되었다. 개농장 주인은 전기가 흐르는 쇠꼬챙이를 개 주둥이에 접촉해 감전시키는 '전살법'으로 개들을 도살하였는데, 이러한 '전살법'이라고 하는 도축방법이

30 연합뉴스, 2023. 5. 11.

「동물보호법」에서 금지하고 있는 "잔인한 방법으로 죽음에 이르게 하는 행위"[31]에 해당하는지 여부가 재판의 쟁점이었다. 검찰은 전기를 이용해 가축을 도살하는 '전살법'이 관련 법령에 규정돼 있지만, 이는 동물의 고통을 줄이는 조치가 있을 때만 인정되는 방법이고, 개를 전살법으로 죽여 판 것은 「동물보호법」이 금지하는 동물학대라고 보아 기소하였다. 개농장 주인은 돼지 등도 전기충격기로 도살장에서 도축하며 이는 통상적인 도축방법이라고 항변을 하였다. 이러한 주장에 대하여 1심인 인천지법 재판부는 개농장 주인의 도살방법이 「동물보호법」이 정한 '잔인한 방법'이라고 보기 어렵다며 무죄를 선고했다. 이에 검찰은 항소하였지만 항소심을 담당한 서울고법 형사2부 재판부는 검찰의 항소를 기각하고 개농장 주인을 무죄로 판결하였다.

「동물보호법」 제10조(동물의 도살방법) 제1항에는 모든 동물은 혐오감을 주거나 잔인한 방법으로 도살되어서는 아니 되며, 도살과정에 불필요한 고통이나 공포, 스트레스를 주어서는 아니 된다고 규정되어 있다. 또한 제3항에도 동물을 불가피하게 죽여야 하는 경우에는 고통을 최소화할 수 있는 방법에 따라야 한다고 규정되어 있다. 「축산물위생관리법」에는 가축의 도축방법으로 '전살법'이 규정되어 있지만 개는 「축산물위생관리법」의 적용대상이 아니다. 또한 개농장은 합법적인 도축시설이 아니기 때문에 무허가 도축장을 운영한 것으로 볼 수 있다. 대한수의사회는 "축산물 위생관리법에서 '개'는 가축

31 「동물보호법」 제8조 제1항.

에 해당되지 않으므로 식용으로 도살할 수 없다. (중략) 우리나라 법령에 개에 대한 도살 기준이 없고, 개의 도축에 대한 과학적인 연구결과가 없는 상황에서 임의로 제작한 전기꼬챙이를 이용하여 개를 도살하는 행위는 개를 강렬한 고통 속에서 감전사시키는 행위와 동일하다고 판단되므로 명백한 동물학대행위에 해당한다"고 하였다.[32]

이러한 논란 이후에, 사건에 대한 상고심을 담당한 대법원의 판단은 달랐다. 대법원은 "잔인한 방법에 해당하는지 여부는 해당 도살방법 허용이 동물의 생명존중 등 국민 정서에 미치는 영향, 동물별 특성 및 그에 따라 해당 도살방법으로 겪을 수 있는 고통의 정도와 지속시간, 대상 동물에 대한 그 시대, 사회의 인식 등을 종합적으로 고려해 판단해야" 한다고 하면서, 1심과 2심의 판결은 일반적으로 전살법이 가축의 도살에 쓰인다는 이유만으로 개를 전살법으로 도축한 이 사건에서의 행위가 "잔인한 방법에 해당하지 않는다고 섣불리 단정"하여 무죄로 판단하면서 재판을 다시 하라고 파기환송하였다.[33]

판례

◇ 동물보호법의 동물학대 조항에 규정된 '잔인한 방법으로 동물을 죽이는 행위'에 해당하는지 여부의 판단기준

잔인한 방법인지 여부를 판단할 때에는 해당 도살방법의 허용이 동물의

32 이병욱, "개 전기도살은 잔인하고 전기도살 무죄판결은 더 잔인", news1뉴스, 2017. 8. 22.

33 대법원 2018. 9. 13. 선고 2017도16732.

생명존중 등 국민 정서에 미치는 영향, 동물별 특성 및 그에 따라 해당 도살방법으로 인해 겪을 수 있는 고통의 정도와 지속시간, 대상 동물에 대한 그 시대, 사회의 인식 등을 종합적으로 고려하여야 한다. (중략) 특정 도살방법이 동물에게 가하는 고통의 정도를 객관적으로 측정할 수 없다고 하더라도, 그 사용되는 도구, 행위 형태 및 그로 인한 사체의 외관 등을 전체적으로 볼 때 그 도살방법 자체가 사회통념상 객관적, 규범적으로 잔인하다고 평가될 수 있는 경우에는 이 사건 조항에서 금지하는 잔인한 방법에 해당한다고 볼 수 있다. (중략) 특정 도살방법이 이 사건 조항에서 금지하는 잔인한 방법인지 여부는 동물별 특성에 따라 해당 동물에게 주는 고통의 정도와 지속시간을 고려하여 판단되어야 한다. 동일한 도살방법이라도 도살과정에서 겪을 수 있는 고통의 정도 등은 동물별 특성에 따라 다를 수 있고, 동일한 물질, 도구 등을 이용하더라도 그 구체적인 이용방법, 행위 태양을 달리한다면 이와 마찬가지이다. 따라서 위와 같은 사정에 대한 고려 없이, 특정 도살방법이 관련 법령에서 일반적인 동물의 도살방법으로 규정되어 있다거나 도살에 이용한 물질, 도구 등이 관련 법령에서 정한 것과 동일 또는 유사하다는 것만으로는 이를 다른 동물에게도 그 특성에 적합한 도살방법이라고 볼 수 없다. 특정 동물에 대한 그 시대, 사회의 인식은 해당 동물을 죽이거나 죽음에 이르게 하는 행위 자체 및 그 방법에 대한 평가에 영향을 주므로 이 사건 조항에서 금지되는 잔인한 방법인지 여부를 판단할 때에는 이를 고려하여야 한다. 위와 같은 인식은 사회 평균인의 입장에서 사회통념에 따라 객관적으로 평가되어야 한다.[34]

위 사건은 개농장 운영자인 피고인이 농장 도축시설에서 개를 묶은 상태에서 전기가 흐르는 쇠꼬챙이를 개의 주둥이에 대어 감전시

34 대법원 2018. 9. 13. 선고 2017도16732.

키는 방법으로 도살한 행위를 유죄로 보아, 이를 무죄로 인정한 고등법원 판결을 파기한 대법원 판례이다.

이후 2019년 12월 19일에 선고된 서울고등법원의 파기환송심에서는 벌금 100만원을 2년간 선고유예하였다. 재판부는 판결문에서, 전살법을 사용하여 도살하는 경우에는 무의식적 상태로 이르는 조치가 필요하나 피고인의 행위는 이러한 인도적 도살방법에 의하지 않았다고 지적하며, 도살과정에서 개가 심한 고통을 겪었을 것이라는 점을 충분히 추론할 수 있다고 하였다. 또한 피고인의 주장하는 도살방식은 국제협약 미국수의학지침과 동떨어진 방식이고, 사회통념상으로 객관적으로 잔인한 방법에 해당된다고 판단하였다.

판례

쇠꼬챙이를 개의 주둥이에 넣어 도살하는 방법은 동물보호센터 운영지침 및 미국 수의학협회 지침에서 정하는 인도적 도살방법이 아니다. (중략) 피고인이 사용한 도살 방법은 동물보호법에서 정하는 잔인한 방법으로 동물을 도살한 경우에 해당한다. (중략) 인도적 도살 방법으로 도살하지 않았음은 물론 즉각적·무의식 상태에 이르도록 하기 위해 개의 뇌에 전류를 집중시켜 감전시키는 점에 대해 아무런 고려를 하지 않았다.[35]

이 판결은 전살법의 방법으로 개를 도살한 행위를 「동물보호법」이 금지하는 '잔인한 방법'에 의한 도살로 인정하여 유죄로 보았다는 의미를 지니고 있으며, 향후 이러한 유사 행위에 대한 법원판결의

35 서울고등법원 2019. 12. 19. 선고 2018노2595.

기준이 될 것이다. 다만 피고인에 대해서는 2년간 죄를 저지르지 않으면 벌금을 내지 않도록 선고유예라는 ‘인도적인 판결’을 한 것이다.

3) 수간은 동물학대

동물을 대상으로 성행위를 하는 수간(獸姦) 혹은 동물에 대한 성적 학대는 동물학대로 처벌될 수 있다. 일부 국가에서는 수간 행위 자체를 처벌하는 규정을 두고 있는 경우도 있다고 하지만, 우리는 법률에 이러한 규정을 두고 있지 않다. 다만, 이러한 행위로 동물에게 상처를 입혀 동물학대에 해당되는 경우에는 동물학대행위로 처벌될 수 있다.

우선은 암소를 대상으로 하는 수간 사건이 실제로 문제된 적이 있다. 성적 욕구를 충족시키기 위하여 축사에 4회 이상 침입하여 암소의 생식기에 팔을 집어넣었다 빼는 행동을 반복함으로써 암소 1마리를 죽게 하고 6마리의 생식기능을 상실케 한 행위에 대하여 징역 1년 6월이 선고된 적이 있다. 피고인의 범죄 전력 및 범행동기와 수법에 비추어 보면, 피고인이 술에 취할 경우 연약한 여성을 상대로 성폭력범죄를 저지를 위험을 배제할 수 없고 이러한 불안감으로 주민들이 피고인을 엄벌에 처해달라고 하였기 때문에 1년 6월의 징역형에 처해진 사건이다.

판례

범행수법이 매우 변태적이고 이로 인해 피해자에게 재산상으로 큰 피해를 주었으며, 특히 피고인은 최초 범행 직후 현행범으로 체포되어 경찰에서 조사를 받았음에도 이후 3회 더 같은 장소에서 범행을 반복한 점에서 비난가능성이 더욱 크다.[36]

이 사건 이후에도 암소를 수간할 생각으로 축사 안으로 들어가 암소의 생식기 내에 손을 넣었다가 빼고 성기를 집어넣는 방법으로 암소를 수간한 사람에게 법원은 「형법」 제319조 건조물침입죄와 「형법」 제366조 재물손괴죄의 책임을 물어 징역 10개월과 집행유예 2년을 선고하였다.

판례

피해자의 축사 안에서 그곳에 있던 피해자 소유인 암소를 상대로 피고인의 성적 욕구를 충족하기 위하여 위 암소의 생식기 내에 손을 넣었다가 빼고 피고인의 성기를 집어넣는 방법으로 수간하였다. 피고인은 총 5회에 걸쳐 위와 같은 방법으로 암소에게 음부열장을 가하였다. 이로써 피고인은 정당한 사유 없이 동물에게 상해를 입혀 학대함과 동시에 피해자 소유인 재물을 손괴하였다.[37]

이러한 수간 사건은 반려견을 대상으로 하는 경우도 있었다. 2017년에 어떤 40대 남성이 타인 소유 주택의 마당에 있던 암컷 진돗개

36 광주지방법원 순천지원 2015. 2. 12. 선고 2014고단1855.

37 대전지방법원 천안지원 2019. 8. 29. 선고 2018고단2730.

를 컨테이너 사무실로 안고 들어가서, 진돗개의 성기 주변에 마요네즈를 바른 후 피고인의 손가락을 진돗개의 성기에 집어넣었다 빼는 행동을 수회 반복하여 진돗개로 하여금 상해를 입게 하고 결국 그 후유증으로 죽게 하였다. 우리 「형법」은 동물을 재물로 보고 있으므로, 법원은 시가 7만원 상당의 타인의 재물을 손괴함과 동시에 정당한 사유 없이 동물에게 상해를 입혀 학대하였다고 하여, 「형법」상 재물손괴죄 및 「동물보호법」상 동물학대죄[38]를 적용하였다. 오토바이 무면허운전, 건조물 침입, 다른 일시의 강제추행죄를 병합하여 피고인에게 징역 10월과 벌금 30만원에 처하고 40시간의 성폭력프로그램 이수와 성범죄자로서 신상정보를 등록하도록 하였다.

판례

피고인은 피해자 소유의 반려견과 수간(獸姦)을 시도하다 개에게 상해를 가하고 결국 개를 죽음에 이르게 하였다. ① 먼저 피고인의 이 사건 범행은 자신의 성적 욕구를 충족시키기 위하여 개를 도구로 사용함으로써 정당한 사유 없이 개에게 신체적 고통을 주고 상해를 입힌 것이다. ② 또한 반려견의 소유자인 피해자는 개의 재산적 가치 상당의 피해를 입었을 뿐만 아니라, 피고인의 변태적인 범행에 의해 반려견을 상실함으로 인한 정신적 고통을 받은 것으로 보인다. ③ 마지막으로 이 사건 범행은 생명을 존중하고자 하는 일반 국민들의 정서 및 감정에 악영향을 미치는 범죄이다. 동물보호법은 우리 공동체의 구성원들이 일반적으로 동물의 고통에 대해 공감하고 함께 아파하는 범위를 설정하고, 이 범위

38 「동물보호법」 제8조 제2항 4호: 그 밖에 수의학적 처치의 필요, 동물로 인한 사람의 생명·신체·재산의 피해 등 농림축산식품부령으로 정하는 정당한 사유 없이 신체적 고통을 주거나 상해를 입히는 행위

를 심히 침해하는 인간의 동물에 대한 학대행위를 금지하고 있다. 그런데 피고인은 성적 쾌락의 수단으로 개에게 상해를 가함으로써 위 범위를 침해하고, 동물 보호를 통해 동물의 생명 존중 등 국민 정서를 함양하고자 하는 동물보호법의 목적과 입법 취지에 정면으로 반하는 행위를 하였다.[39]

2018년에는 '페미니스트와 반려견의 안전한 성'이라는 책의 출간이 사회문제로 비화한 적이 있었고, 수간(獸姦)은 동물학대라는 항의와 신고가 이어졌으며, 결국 2018년 11월에 간행물윤리위원회는 이 책을 유해간행물로 지정하였다.

반려견이 다른 개에 의하여 강제로 임신이 된 경우가 발생하는 경우도 있었다. 실제로 국내에서도 애견호텔에 맡긴 반려견이 임신을 하여 문제된 적이 있었는데, 애견호텔주인이 수술비 등 동물병원비를 부담했음에도 불구하고 견주가 호텔비를 내지 않겠다고 하자, 애견호텔주인이 견주를 사기혐의로 검찰에 고소를 하였다. 이에 대해 검찰은 사기 혐의가 성립되지 않는다며 불기소처분을 한 바 있다.[40]

유럽연합 회원국이나 미국 등에서는 동물에 대한 성범죄와 성교 등을 포함하여 동물에 대한 성학대를 금지하고 처벌하는 규정(bestiality law)을 두고 있다.[41] 소아성애(pedophilia)처럼 동물성애(zoophilia)도 성도착증의 일종이기 때문에 이를 금지할 필요가 있고, 동물에 대한 성범죄

39 대구지방법원 안동지원 2018. 7. 6. 선고 2018고단103(동물보호법 위반).

40 문화일보, 애견호텔 맡겼더니 덜컥 임신-'개 성폭행 사건' 전말, 2015. 1. 28.

41 "Denmark passes law to ban bestiality", BBC News, 2015. 4. 22. https://www.bbc.com/news/newsbeat-32411241

는 인간에 대한 성범죄로 전이될 가능성이 있기 때문에 이를 처벌할 필요가 있다. 즉, 우리도 「동물보호법」 개정을 통하여 동물에 대한 성학대를 명시적으로 금지하고 처벌할 필요가 있다.

4) 다양한 동물학대 판례

근래 들어와 우리 사회는 동물을 학대하지 말아야 한다는 사회운동이 강해졌고, 이러한 인식과 사회운동에 힘입어 법원에서도 동물학대에 대하여 적극적으로 대처하고 있다. 동물학대로 기소되는 사건수가 늘어나고 있으며, 법원에서도 동물학대를 가볍게 여기지 않는 판결들을 내놓고 있다.

사람이 반려견을 때려서 상처를 입히거나 죽인 경우에는 대개 「동물보호법」 위반과 「형법」 재물손괴죄 위반으로 처벌될 수 있다. 즉, 「동물보호법」상의 동물학대죄(동물학대로 죽은 경우에는 3년 이하의 징역 또는 3천만원 이하의 벌금, 상해를 입힌 경우에는 2년 이하의 징역 또는 2천만원 이하의 벌금, 기타 동물학대는 3백만원 이하의 벌금) 위반과 「형법」상의 재물손괴죄(3년 이하의 징역 또는 700만원 이하의 벌금) 위반으로 처벌될 수 있는 것이다.

판례 1

2013년 3월에 경기도 안성시의 자기가 운영하는 개사육장에서 이웃집 개(로트와일러) 2마리가 자기의 진돗개를 물어뜯는 등 공격하였다는 이유로, 마침 나무를 자르고 있던 기계톱으로 시가 300만원 상당의 이웃집 개 1마리를 1회 내리쳐 등 부분을 절개하여 죽인 일이 발생하였다. 피고인은 이웃집 개를 죽인 것은 자기의 개를 보호하기 위한 긴급피난이었다는 취지의 주장을 하였다. 이에 대하여 1심 법원은 「동물보호법」 위반에 대해서는 무죄라고 하고 재물손괴죄만을 적용하여 벌금 30만원을 선고하였다. 항소심 법원도 「동물보호법」 위반에 대해서는 무죄라고 하고 재물손괴죄 위반으로 인한 벌금 30만원에 대해서도 원심판결을 파기하고 선고를 유예하였다.[42]

이에 대하여 상고심인 대법원은 다른 사람의 개를 잔인하게 죽인 사람을 무죄로 판단한 하급심 판결을 파기환송하였다. 개를 기계톱으로 죽인 경우에는 「동물보호법」 제8조 제1항에 규정된 "잔인한 방법으로 동물을 죽이는 행위"에 해당한다는 취지이다.

대법원의 판결이유는 다음과 같다. "피고인이 피해견으로부터 직접적인 공격은 받지 아니하여 피고인으로서는 진돗개의 목줄을 풀어 다른 곳으로 피하거나 주위에 있는 몽둥이나 기계톱 등을 휘둘러 피해견을 쫓아버릴 수도 있었음에도 불구하고 그 자체로 매우 위험한 물건인 기계톱의 엑셀을 잡아당겨 작동시킨 후 이를 이용하여 피해견의 척추를 포함한 등 부분에서부터 배 부분까지 절단함으로써 내장이 밖으로 다 튀어나올 정도로 죽인 사실을 알 수 있는바, 위와 같이 피해견을 죽이게 된 경위, 피해견을 죽이는 데 사용한 도구 및 방법, 행위 태양 및 그 결과를 앞서 본 법리에 비추어 보면, 위와 같은 피고인의 행위는 「동물보호법」 제8조 제1항 제1호에 의하여 금지되는 '목을 매다는 등의 잔인한 방법으로 죽이는 행위'에 해당한다고 봄이 상당할 뿐 아니라, 나아가 피고인의 행위에 위법성조각사유 또는 책임조각사유가 있다고 보기도 어렵다. 그럼에도 원심은 이와 달리 「동물보호법」 제8조 제1항 제1호에서 정한 '잔인한 방법으로 동물을 죽이는 행위'란 '정당하고 합리적인 이유 없이' 동물을 잔인한 방법으로 죽이는 행위라는 잘못된 해석을 전제로, 자신의 진돗개를 공격하던 피해견을 쫓아버리기 위하여 엔진톱으로 피해견을 위협하다가 죽이게 된 사정을 고려할 때 피고인의 위와 같은 행위는 위

42 수원지방법원 2014. 1. 22. 선고 2013노5055 판결[동물보호법위반·재물손괴].

조항에서 규정한 구성요건을 충족하지 못한다는 이유로 이 사건 공소사실 중 「동물보호법」 위반의 점을 무죄로 판단하였으므로, 이러한 원심의 판단에는 그 판결 이유에 모순이 있거나 「동물보호법」 제8조 제1항 제1호에서 정한 구성요건의 해석에 관한 법리를 오해함으로써 판결에 영향을 미친 잘못이 있고, 이를 지적하는 취지의 상고이유 주장은 이유 있다. 따라서 원심판결 중 「동물보호법」 위반 부분은 위에서 본 바와 같은 잘못이 있어 파기를 면할 수 없는데, 이 부분은 원심이 유죄로 판단한 재물손괴 부분과 상상적 경합관계에 있어 이들 전부에 대하여 하나의 형을 선고하여야 하므로, 결국 원심판결은 전부 파기될 수밖에 없다."[43]

이후 2016년 8월 파기환송심을 담당한 수원지법 형사항소 2부는 대법원 판결의 취지에 따라 벌금 70만원을 선고하였다.

2016년부터 2019년까지 수차례 자행한 동물학대 사례를 보기로 한다. 범죄사실은 다음과 같다. 피고인은 어느 도시의 지역주택조합 조합장이다. 조합은 공소외 1주식회사를 264세대 아파트 신축 시공사로 선정하였으나 공소외 1주식회사의 신용도가 낮은 이유로 금융회사로부터 중도금 대출을 받지 못해 사업진행이 어렵게 되자, 피고인은 공소외 1주식회사에 대한 불만을 품게 되었다. 피고인은 이 회사의 현장사무실 앞에서 현장책임자가 기르는 진도견을 ① 2018. 10. 중순경 진도견의 목줄을 발로 밟아 움직이지 못하게 한 후 주먹으로 3~4회 때리고, 발로 3~4회 걷어차고 목과 머리를 밟았다. ② 2018. 10. 말경에는 목줄을 발로 밟아 움직이지 못하게 한 후 발로 3~4회 걷어차고 목과 머리를 밟았다. ③ 2018. 11. 중순경에는 목줄을 발로

43 대법원 2016. 1. 28 선고 2014도2477.

밟아 움직이지 못하게 한 후 발로 3~4회 걷어차고 목과 머리를 밟았다. ④ 2018. 12. 초순경에는 목줄을 발로 밟아 움직이지 못하게 한 후 발로 3~4회 걷어차고 목과 머리를 밟았다. ⑤ 2018. 12. 중순경에는 목줄을 발로 밟아 움직이지 못하게 한 후 발로 3~4회 걷어차고 목과 머리를 밟았다. ⑥ 2019. 1. 15. 15:00경에는 각목으로 4~5회 때리고, 발로 7회 걷어차고, 목줄을 밟아 움직이지 못하게 한 후 발로 머리와 목을 밟았다.

판례 2

지역주택조합 조합장인 피고인이, 위 조합이 아파트 신축공사 시공사로 선정한 갑 건설회사의 신용도가 낮아 사업 진행이 어렵게 된 데 불만을 품고 갑 회사의 현장 책임자 을이 기르는 개[견, 진도견]의 목줄을 발로 밟아 움직이지 못하게 한 후 주먹 또는 각목으로 때리거나 발로 걷어차고 목과 머리를 밟는 방법으로 신체적 고통을 주어 학대하였다고 하여 동물보호법 위반으로 기소된 사안이다.

범행 경위와 동기가 견주(견주)에 대한 보복 또는 원한에서 비롯된 점, 범행 기간과 범행 횟수가 일회적이지 않고 약 3개월에 걸쳐 지속적으로 이루어졌으며, 피해 동물이 성견이 아닌 생후 약 4~5개월가량인 강아지인 점, 특히 피고인의 범행이 촬영된 영상에서 확인된 범행 방법과 태양이 상당히 폭력적이고 잔인해 보이는 점 등에 비추어 죄질이 매우 나쁘고 비난가능성도 높을 뿐 아니라, 생명체로서의 동물을 보호해야 하고 동물을 하나의 권리 주체로서 인정해야 한다는 운동이 본격적으로 펼쳐지기 시작하여 1978년 유네스코 세계동물권리선언으로 이어졌는데, 획기적으로 동물에 대한 인식을 바꾼 위 선언의 내용으로부터 동물에게도 생명체로서의 존엄을 인정하려는 노력들이 이어지면서 이른바 '동물권'

이라는 개념이 논의·확대된 점, 전 세계 및 우리나라의 동물에 대한 인식 변화와 이를 반영한 입법 내용 및 동물보호법의 목적과 체계 등을 살펴볼 때 동물의 생명 및 신체의 온전성도 보호법익으로서 소중히 다루어져야 할 가치에 해당하고 이를 보호해야 할 필요성과 당위성도 충분히 인정되므로, 동물의 생명이나 신체를 침해하거나 학대하는 행위의 위법성을 더 이상 간과하거나 경시하여서는 안 되는 점, 동물 역시 생명체로서 고통을 느끼는 존재임을 인식해야 하고, 동물학대행위를 단순히 권리의 객체인 물건의 손괴행위로 인식할 수는 없으며, 특히 가학적·충동적으로 동물을 학대하는 행위는 생명체에 대한 심각한 경시행위에 해당하므로 이에 대하여는 더욱 엄격히 죄책을 물어야 하는 점, 나아가 동물학대행위를 방지해야 하는 이유는 그것이 사회적으로나 생태적으로 가장 미약한 존재에 대한 폭력적이고 잔인한 행위에 해당하기 때문인 점 등을 종합하면, 피고인의 범행은 생명체에 대한 존중의식이 미약한 상태에서 이루어진 생명경시행위에 해당하여 이에 대하여는 엄정한 형사책임을 물어야 한다는 이유로 징역형을 선고한 사례이다.[44]

다만, 위 사건에서 피고인은 실형은 살지 않았고, 징역 4월에 집행유예 1년이 선고되었다.

이외에도 동물학대로 인한 형사판례에는 아래와 같은 사건들이 있다.

판례 3

피고인은 2020. 9. 1. 06:30경 양산시 B에 있는 C가 거주하는 단독주택 앞에서, 그 옆 노상에 묶여 있던 C 소유 개 두 마리가 시끄럽게 짖는다

44 울산지방법원 2020. 5. 8. 선고 2019고단3906 판결 : 항소 [동물보호법위반].

는 이유로 화가 나, 그 근처 도로에 있던 주차금지 팻말의 나무 기둥 부분을 부러뜨려 위 나무 각목으로 개들을 수회 때려 한 마리는 죽게 하고, 다른 한 마리는 눈 부위에 상해를 입게 하였다. (중략) 피고인을 벌금 1,200만원에 처한다.[45]

판례 4

피고인은 2015. 8. 30. 23:00경 서울 성북구 ○○로○○○길 ○○ 앞에서 자신이 기르는 개의 주둥이를 왼손으로 잡고, 오른손에 들고 있던 망치로 개의 정수리를 수회 내리쳐 개에 대하여 상해를 입히는 학대행위를 하였다. (중략) 피고인을 벌금 500만원에 처한다.[46]

판례 5

피해자가 기르는 개 2마리(진돗개, 보더콜리)가 짖는다는 이유로 그곳에 놓여 있던 피해자 소유인 시가 7,000원 상당의 빗자루 1개, 시가 합계 15,000원 상당의 밀대걸레 3개, 시가 20,000원 상당의 밀대걸레 1개를 집어 들어 위 개들을 수회 때리고, 손으로 위 개들의 머리 부위를 때리고 목줄을 잡아끌고, 주변에 놓여 있던 벽돌을 위 개들에게 집어 던져 두부타박상 등을 가하였다. 이로써 피고인은 피해자의 재물을 손괴하고, 물리적 방법을 사용하여 동물을 학대하였다. (중략) 피고인을 벌금 300만원에 처한다.[47]

판례 6

반려견이 나이가 들어 기력이 없고, 움직임이 거의 없으며, 밥을 먹지 않

45 울산지방법원 2021. 1. 22. 선고 2020고단4809 판결[동물보호법 위반].

46 서울북부지방법원 2015. 11. 17. 선고 2015고정2234 판결[동물보호법 위반].

47 대전지방법원 논산지원 2021. 7. 20. 선고 2021고단103 판결[재물손괴 등].

자, 위 반려견의 건강이 회복되지 않을 것이라 생각하고 장례비를 아끼려는 마음에 위 반려견을 매장하기로 마음먹었다. 피고인은 2020. 5. 26. 22:15경 부산 북구 구포1동 1172에 있는 힐링교 옆 철도부지화단에서, 준비해 간 호미로 구덩이를 파고, 검은색 비닐봉지에 넣어간 반려견을 위 구덩이에 묻고 흙을 덮은 다음 그곳을 떠났고, 이후 같은 날 23:11경 위 반려견은 길을 가던 행인의 신고에 의해 119구급대원에게 구조되고 B로 인계되었으나, 2020. 5. 29. 04:00경 죽음에 이르게 되었다. 이로써 피고인은 살아 있는 동물을 매장하는 잔인한 방법으로 동물을 죽음에 이르게 하였다. (중략) 피고인을 벌금 2,000,000원에 처한다.[48]

판례 7

피고인들은 2020. 12. 28. 23:29경 포항시 북구 C아파트 주차장 입구 앞 골목길에서 위 흰색 토이푸들을 산책시키던 중 소유주인 피고인 A은 잡고 있던 토이푸들의 목줄을 마치 쥐불놀이를 하듯이 허공에 원을 그리며 1~2회 돌린 다음 피고인 B에게 목줄을 건네주고, 피고인 B은 넘겨받은 목줄을 잡고 위와 같은 방법으로 허공에 원을 그리며 3회 가량 돌려 토이푸들에게 신체적 고통을 주었다. 이로써 피고인들은 공모하여 동물에게 신체적 고통을 주는 학대행위를 하였다. (중략) 피고인들을 각 벌금 1,000,000원에 처한다.[49]

판례 8

2019년 6월 4일 부산시 영도구 위치한 아파트에서 술에 취한 피고인이 아무런 이유도 없이 피해자 소유의 요크셔테리어 강아지의 목을 수건으로 감아 조르는 방법으로 죽음에 이르게 하였다. 이에 대하여 법원은

48 부산지방법원 서부지원 2021. 1. 8. 선고 2020고단2258 판결[동물보호법 위반].

49 대구지방법원 포항지원 2021. 4. 21. 선고 2021고단137 판결[동물보호법 위반].

"피고인은 동물에 대하여 잔인한 방법으로 죽음에 이르게 함과 동시에 피해자 소유인 시가 30만원 상당의 강아지를 죽여 효용을 해하였다"고 하여 「동물보호법」의 동물학대죄와 「형법」의 재물손괴죄를 적용하였다. 다만 피고인이 반성하고 있고 피해자와 합의를 하였으며 기타 양형조건을 고려하여 징역 4월에 집행유예 1년을 선고하였다.[50]

판례 9

피고인들은 2018. 12. 5. 00:30경 창원시 성산구 B, C호에서 자신의 애완견 목덜미를 잡아 바닥에 던지고, 발로 수회 밟고 차, 애완견에 대하여 좌측 천장골 탈구 등의 신체를 손상하는 학대행위를 하였다.
(중략) 피고인을 벌금 3,000,000원에 처한다 다만, 이 판결 확정일로부터 1년간 위 형의 집행을 유예한다.[51]

판례 10

피고인은 2012년 11월 5일 경남 양산시 명동의 버스정류장에서 오락이나 유흥 등의 목적으로 생후 약 1개월 된 강아지(약 30Cm)의 머리를 손바닥으로 수회 때리고 바닥에 집어던지고 실신한 강아지의 목을 바닥에 짓누르는 등으로 다리 골절의 상해를 입게 하는 등 동물을 학대하였다. 또한 피고인은 동물을 학대하는 상황을 목격한 피해자 B(66세)이 이를 말리자 "개새끼야 내 개를 내가 때리는데 니가 무슨 상관이냐"라며 주먹으로 그의 오른쪽 얼굴 부위를 1회 때려 피해자에게 약 2주간 치료가 필요한 우측 안면부 타박상을 가하였다. 이에 대하여 법원은 벌금 200만원을 선고하였다.[52]

50 부산지방법원 2019. 8. 29. 선고 2019고단3056 판결[재물손괴 등].
51 창원지방법원 2019. 6. 26. 선고 2019고정206 판결[동물보호법 위반].
52 울산지방법원 2013. 12. 20. 선고 2013고정1231 판결[상해, 동물보호법 위반].

판례 11

피고인은 2018년 7월 1일 경기도 부천시의 아파트에서 1년생 시츄 반려견이 대·소변을 가리지 못하였다는 이유로 화가 나 주먹과 손바닥으로 강아지의 몸통과 머리 부위를 여러 차례 때려 강아지의 안구에 충혈이 생기도록 하고, 좌측 전지를 탈골시키는 등 신체를 손상시켜 학대하였다. 이에 대하여 법원은 "누구든지 동물에 대하여 살아 있는 상태에서 동물의 신체를 손상하여서는 아니된다"고 하면서, 「동물보호법」 위반으로 벌금 100만원을 선고하였다.[53]

반려견을 때리거나 가혹행위를 하는 등 학대하는 경우에 형사책임과는 별도로 민사책임을 져야 하는 경우도 있다. 반려견 미용실에서 반려견을 미용하는 과정에서 반려견의 목을 조르고 얼굴을 때려서 상해를 입힌 경우에 불법행위로 인한 손해배상책임을 인정한 경우가 있었다.

판례 12

2018년 2월 25일 원고의 의뢰에 따라 반려견을 미용하는 과정에서 반려견의 목을 조르고, 얼굴을 때리는 등 학대하였고, 이 과정에서 반려견은 좌측 뒷다리에 슬개골 탈구 등의 상해를 입었다. 법원은 피고에게 이 사건 상해로 인하여 원고가 입은 손해를 배상할 책임이 있다고 인정하였다. 따라서 불법행위에 대한 손해배상으로 피고는 원고에게 반려견의 좌측 뒷다리를 치료하기 위해서 이미 지출한 진료비 및 수술비 705,000원, 그리고 향후 예상되는 치료비 60만원과 위자료 50만원을 합하여 합계 1,805,000원(=기왕 치료비 705,000원 향후 치료비 60만원 위자료 50만

53 인천지방법원 부천지원 2018. 11. 2. 선고 2018고정692 판결.

원)을 지급할 의무가 있음을 인정하였다.[54]

5. 동물학대 방지를 위한 정책방향

동물학대는 동물에 대한 학대에 그치지 않는다. 동물학대는 심각한 정신적 장애의 징표이며, 동물을 학대하는 인간이나 인간에게 폭력을 행사하는 인간이나 정신 상태는 비슷하다는 것이다. 나아가 동물학대는 가정폭력과도 상관관계가 있으며, 동물학대는 인간 생명에 대한 경시와도 연결된다고 한다.[55] 따라서 동물학대 행위를 엄격히 통제하고 처벌하는 것은 우리 모두를 안전하게 만드는 일이기도 하지만 우리 사회에 생명 존중과 타자 존중의 문화를 확고히 하는데 필요한 일이기도 하다.

일본에서는 「동물의 애호 및 관리에 관한 법률」에 동물의 보호 및 학대행위 등에 대한 벌칙을 규정하고 있다. 즉, 동법에서는 (애호)동물을 죽이거나 상처를 입힌 자에게는 2년 이하의 징역 또는 200만 엔 이하의 벌금에 처하고 있으며, 학대 및 유기한 경우에는 100만 엔 이하의 벌금에 처하도록 하고 있다. 이전의 법률에서는 동물학대자에게 벌금형만이 규정되어 있었는데, 「동물의 애호 및 관리에 관한

54 부산지방법원 2019. 5. 31. 선고 2018나56626 판결[손해배상(기) 및 위자료].

55 황성원 역, 캐서린 그랜트 저, 동물권, 인간의 이기심은 어디까지인가?, 이후, 2012, 186쪽.

법률」의 개정을 통하여 동물학대행위에 대한 처벌을 강화하였다. 이러한 동물학대행위에 대한 처벌강화는 동물학대행위를 줄이는데 실질적인 효과가 있는 것으로 평가되고 있다.[56] 일본 도쿄지방재판소는 2016년 3월부터 2017년 2월까지 13마리의 고양이(9마리 사망, 4마리 화상)에게 뜨거운 물을 붓는 등의 학대행위를 한 남성에게 징역 1년 10월에 집행유예 4년을 선고했다.[57] 일본에서도 잔인한 동물학대사건이 종종 보도되고 있고, 동물학대에 대하여 엄벌하자는 여론이 커졌으며, 이에 대응하여 관련 법규가 강화된 것이다.

미국에서는 주마다 동물학대에 관한 처벌이 다르지만, 대부분의 주에서는 동물학대에 대하여 최고 10년 이하의 징역에 처하거나 100,000달러 이하의 벌금에 처할 수 있을 정도로 동물학대를 중한 죄(felony)로 처벌하고 있다. 미국의 한 남성이 2006년에 자신의 반려견을 상습 폭행하여 징역 3년에 처하는 형을 선고 받기도 하였고, 2010년에는 미국 LA인근 린우드 지역에서 애견센터를 운영하는 한인 애견센터 업주가 개와 고양이를 무자비하게 때려 도살한 뒤 쓰레기통에 버린 혐의와 마취를 하지 않은 채 시술을 한 혐의 등 총 8개의 동물학대 혐의로 기소되어 징역 6년의 실형을 선고 받기도 하였다.[58]

우리나라에서도 앞서 이야기한 바와 같이 「동물보호법」에는 동물

56 김동훈, 앞의 논문, 2011, 49~55쪽.

57 平成29年特(わ)第1985号, 第2048号 動物の愛護及び管理に関する法律違反被告事件, 일본 재판소 홈페이지 참조, 최종검색일: 2018. 2. 28, http://www.courts.go.jp/app/ hanrei_jp/detail4?id=87409

58 김동훈, 앞의 논문, 2011, 53~54쪽.

학대의 유형이 나열되어 있으며 위반시에는 구체적인 학대행위에 상응하여 징역형·벌금형·과태료가 부과되고 있으며, 그 동안 동물 학대행위에 대한 법정형은 조금씩 상향 조정되어 왔다. 그러나 사실상 동물학대행위에 대한 처벌이 적정하였느냐에 대해서는 의문이 제기되고 있다.[59] 따라서, 이러한 동물학대행위의 발생을 막기 위해서는 우선 관련 법률을 준수하고 엄격히 집행하는 일이 필요하다. 법령이 미비하여 반려견을 포함한 동물학대가 발생하는 것이라기보다는, 법률이 잘 집행되지 못하여 동물학대가 계속적으로 발생한다고 볼 수 있다. 따라서 우선 동물학대에 관한 법규정을 제대로 집행하고 동물학대에 대한 처벌을 엄격히 하며, 그 다음으로 미비한 규정을 개선해 나가야 할 것으로 본다.

앞의 판례에서 본 바와 같이 우리나라의 동물학대 처벌 수준은 외국에 비하여 현저히 낮다는 것이 대다수 국민들의 여론이다. 최근의 여론조사결과를 보더라도, 동물학대 시 처벌 수준에 대해 물어본 결과, 강하다는 의견은 16.4%(매우 강하다 : 1.7% + 강한 편이다 : 14.7%)이고, 약하다는 의견은 41.1%(매우 약하다 : 13.4% + 약한 편이다 : 27.8%)로 동물학대에 대한 처벌이 약하다는 의견이 우세하다. 반려동물 양육 여부에 따른 처벌 수준의 강도를 살펴보더라도, 반려동물 양육자와 미양육자 공히 처벌 수준이 약하다는 의견이 우세하다.[60] 2023년의 조사에서도 강하다는 의견은 12.8%(매우 강하다 : 1.7% + 강한 편이다 : 11.1%)이고, 약하다는 의견은 45.6%(매

59 박용철, 형사법상 동물권 인정에 관한 연구, 동물법연구, 제4호, 2022, 73쪽.
60 농림축산식품부, 2021년 동물보호에 대한 국민의식조사 보고서, 2021. 11. 83쪽.

우 약하다 : 16.5% + 약한 편이다 : 29.0%)[61]로 동물학대에 대한 처벌이 약하다는 의견이 더욱 우세한 추세를 보이고 있다. 더 나아가 동물학대범에 대한 강력한 처벌은 물론이고 사육을 금지해야 한다는 의견도 89.7%로 매우 높다.[62]

> 동물보호법 위반으로만 기소된 사건 중 형이 확정된 사례는 모두 194건이었고, 201명이 기소됐습니다. 이 중 벌금형을 선고받은 사람은 모두 165명으로 82%를 차지했습니다. 벌금액 평균은 142만 6천원이었습니다. 실제로 처벌하지 않는 선고유예는 13명이었고 실형을 선고받은 사람은 단 한 명으로 징역 6개월이었습니다. (중략) 2019년 충남 아산의 한 고등학교 직원이 쇠파이프를 이용해 고양이를 학대하는 사건이 있었는데요. 학대범은 법원으로부터 벌금 100만원을 선고받았습니다. 영국에서도 2019년 2살 짜리 강아지 '스타'가 진공청소기 부품인 금속막대로 학대당한 사건이 있었는데요, 법원은 학대범에게 18주간의 징역형과 함께 동물 영구 소유금지 처분을 내리기도 했습니다. 비슷한 사건이지만 우리나라와 영국의 처벌은 상당히 다르다고 볼 수 있습니다. 법원의 판결문을 분석한 결과나, 다른 나라와 처벌수위를 비교해 보면 우리나라는 동물학대에 관대하다는 주장은 대체로 사실인 것으로 판명됩니다.
>
> – mbn뉴스, 2022. 5. 13.

잔인하거나 상습적인 동물학대에 대해서는 법원에서 처벌의 수준을 높여야 할 것이라 본다. 처벌이 약하다는 지적도 받아들여야 하

61 농림축산식품부, 2023 동물복지에 대한 국민의식조사 보고서, 2023. 12, 58쪽.
62 농림축산식품부, 2023 동물복지에 대한 국민의식조사 보고서, 2023. 12, 82쪽.

지만, 동물학대에 대한 양형기준이 제대로 마련되어 있지 않다는 지적에도 주목해 볼 필요가 있다. 또한 처벌만이 능사가 아니기 때문에 동물보호교육 프로그램의 이수나 심리치료, 동물보호 관련 사회봉사 등 다양한 조치도 처벌수준의 강화와 함께 병행되어야 할 것이다. 다행히 2023년 4월부터는, 개정 「동물보호법」 제100조(형벌과 수강명령 등의 병과)의 시행으로 수강명령과 치료프로그램 이수명령 제도가 도입되었고, 이에 더하여 보호관찰이나 사회봉사 처분이 병과될 수 있게 되었다.

이외에도 동물학대 방지를 위한 개선방안으로는 다음 사항들이 지적되고 있다. 첫째, 양벌규정을 도입할 필요성이다. 현재 동물은 자연인에 국한되지 않고 대형동물병원, 기업 내 동물실험실 등 법인 역시 소유하고 있다는 점에서, 피용자의 학대행위에 대하여 사용자에게도 일정한 관리책임을 부담케 한다면 동물학대를 보다 효과적으로 예방할 수 있다.[63] 둘째, 「동물보호법」은 동물학대행위에 대한 법정형은 높여왔으나 실제 선고형의 형량은 매우 낮다는 의견이 많다. 잔인하거나 상습적인 동물학대에 대해서는 엄벌을 하는 방향으로 나아가야 하고, 법원마다의 형량 편차를 줄이기 위해 동물학대에 대한 양형기준을 세부적으로 마련하여야 할 것이다. 셋째, 주요 외국에서는 동물에 대한 성학대를 처벌하고 있고 우리나라의 경우에도 동물에 대한 성학대 사건이 발생하고 있으므로, 「동물보호법」을 개정하여 동물에 대한 성학대를 처벌할 필요가 있다.

63 김동훈, 앞의 논문, 2011, 68~69쪽.

입법은 국회에서 하고 재판은 법원에서 하는 것이므로, 국회는 현실에 맞고 집행가능한 법률을 만들어야 하고, 법원은 시대정신과 입법취지에 맞는 재판을 하여야 할 것이다.

또한 향후에는 전술한 '동물 과다사육자'(animal horder)에 관한 논의가 필요하고 이에 관한 법률 규정이 만들어질 필요가 있다. 현행법의 해석을 통해 동물의 과다사육으로 인하여 동물학대가 발생되는 경우에는 형사처벌을 할 수 있지만, 이는 동물학대의 문제이지 과다사육 자체의 문제라고는 볼 수 없다. 그러나 무엇보다도 반려동물의 과다사육으로 인한 동물학대가 발생하기 이전에, 적절한 환경에서 적절한 규모로 사육을 할 수 있도록 법령을 통해 제도화할 필요가 있다고 본다.

06
반려견 관련 판례

1. 반려견과 관련한 형사 책임 문제
2. 반려견과 관련한 민사 책임 문제

반려견 법률상식

06 반려견 관련 판례

1. 반려견과 관련한 형사책임 문제

전술한 바와 같이 동물은 물건에 해당되기 때문에 타인 소유의 동물을 다치게 하거나 죽게 한 경우에는 「형법」 제366조에 따라 재물손괴죄가 적용된다. 자기 소유의 동물을 학대하면 「동물보호법」상의 동물학대죄(동물학대로 죽은 경우에는 3년 이하의 징역 또는 3천만원 이하의 벌금, 상해를 입힌 경우에는 2년 이하의 징역 또는 2천만원 이하의 벌금, 기타 동물학대는 3백만원 이하의 벌금)가 적용되고, 타인 소유의 동물을 다치게 하거나 죽게 하면 「동물보호법」 위반과 함께 「형법」상의 재물손괴죄(3년 이하의 징역 또는 700만원 이하의 벌금)가 적용되는 것이다. 동물학대와 개물림사고 등 주제와 관련된 판례는 해당 부분에서 소개하였으므로, 여기서는 그 이외의 판례를 보기로 한다.

1) 반려견 관리 소홀로 인한 과실치상 사건

반려견에 대한 관리 소홀로 인하여 사람이 물린 사건에 관해서는 개물림사고 부분에서 다루었다. 여기서는 반려견이 사람을 문 경우는 아니지만, 반려견에 대한 관리 소홀로 인하여 사람이 다친 경우에 해당하는 형사사건을 모아 보았다.

① 피고인은 2014. 6. 27. 20:30경 의정부시 신곡동의 아파트 앞 중랑천 자전거도로에서 약 40㎝ 가량인 애완견을 데리고 걷게 되었다. 그런데 그곳은 자전거도로로서 자전거의 출입이 잦은 곳이므로 애완견의 출입이 금지되어야 하고, 만약 애완견과 함께 걷게 되었다면 애완견에 목줄을 착용하는 등으로 자전거와의 충돌을 방지하여야 할 주의의무가 있었다. 그럼에도 피고인은 애완견에 목줄을 하지 않아 애완견으로 하여금 위 자전거도로를 뛰어다니게 한 과실로 때마침 자전거를 운전해 오는 피해자(20세)로 하여금 갑자기 뛰어든 애완견을 발견하고 충돌을 피하려다가 급정거를 하면서 바닥으로 넘어지게 하였다. 결국 피고인은 위와 같은 과실로 피해자로 하여금 약 8주간의 치료가 필요한 요골머리의 골절 등의 상해를 입게 하였다. 이에 법원은 반려견의 주인에게 벌금 100만원을 선고하였다.[1]

② 2019년 울산 울주군의 산책로에서 주인과 함께 산책하던 9kg의 반려견이 73세의 남성을 보고 짖으면서 달려들었고 이에 놀란 피해자가 바닥에 넘어져서 약 8주간의 치료가 필요한 상해를 입게 하였다. 법원은 "개를 데리고 다니는 사람은 자신의 전면에서 개를 지

1 의정부지방법원 2015. 7. 23. 선고 2015고정614 판결[과실치상].

켜보면서 개가 다른 사람들에게 위협을 줄 경우 개에게 주의를 주거나 목줄을 짧게 잡는 등의 방법으로 개에 대한 관리를 철저히 해야 할 주의의무가 있었다. 그럼에도 불구하고 피고인은 위 개의 목줄을 풀어놓은 채 휴대폰을 보면서 걷는 등 위 개에 대한 관리를 소홀히 한 과실"을 인정하여 150만원의 벌금을 선고하였다.[2]

③ 피고인은 양어장을 관리운영하는 사람으로, 2013. 1.경 이래 잡종견 1마리를 양어장에서 길러 왔는 바, 개를 기르는 사람으로서는 개의 목에 줄을 묶어 놓거나 입마개 등의 보호장구를 착용시켜 다른 사람에게 해를 가하지 못하도록 관리할 주의의무가 있다. 그럼에도 불구하고, 피고인은 2014. 8. 1. 11:00경부터 서귀포시 소재 위 양어장 앞길에서 위 잡종견의 목줄을 묶지 않고 입마개도 착용하지 않은 상태로 배회하는 것을 그대로 방치한 과실로, 같은날 16:00경 인근의 길에서 피해자인 53세 여성이 애완견에 목줄을 묶어 산책하던 중, 피고인의 개가 달려들어 애완견을 물어뜯는 등으로 공격하자, 이에 놀란 피해자가 애완견 목줄을 잡아 당겨 위 잡종견의 공격을 제지하려다가 몸의 중심을 잃고 2회 넘어져 그 충격으로 약 12주간의 치료를 요하는 제3번 요추 압박골절 등 상해를 입게 하였다. 피고인은 자기에게 어떠한 과실이 있다고 볼 수 없고 피고인의 개가 피해자를 직접 공격한 것이 아니므로 상당인과관계도 없다고 주장하였으나, 법원은 "개를 키우는 피고인으로서는 당연히 목줄로 개를 묶어 두고 목줄이 제 기능을 하는지 상시 점검하는 등의 방법으로 자신의 개가 사람이나 동물들을 물고 공격하는 등의 사고를 방지하

2 울산지방법원 2020. 5. 29. 선고 2019고정811 판결[과실치상].

여야 할 주의의무가 있다 할 것이고 피고인이 개에 대한 관리를 소홀히 하여 개가 양어장을 나와 길을 돌아다니다가 피해자와 같이 가던 애완견을 공격하였고 피해자가 이를 피하려고 애완견의 목줄을 잡아당기다가 넘어져 다친 이상 피고인의 과실과 이 사건 사고 사이에 상당인과관계 역시 인정된다고 봄이 상당하다"고 하여 과실치상의 책임을 물어 벌금 3백만원을 선고하였다.[3]

2) 반려견 절도 사건

전술한 바와 같이 현행법상 반려견은 재물 혹은 물건에 해당하므로, 주인의 동의없이 반려견을 데려가는 경우에는 절도죄가 성립한다.

① 피고인은 2013년 9월 6일에 부산 연제구에 위치한 상가건물 1층에 있는 피해자가 운영하는 'F치킨'에서, 피해자가 잠시 자리를 비운 틈을 이용하여 피해자가 데리고 있던 시가 75만원 상당의 암컷 애완견(화이트 슈나우저 품종) 1마리를 가져가 절취하였다. 법원은 피고인에게 절도죄의 책임을 물어 징역 2월을 선고하였다.[4]

② 피고인은 2018년 1월 31일 강원도 화천군에 있는 피해자의 집에서 피해자가 외출하여 집에 아무도 없는 틈을 이용하여 마당에 설치된 개장 안에 있는 개를 훔칠 목적으로 마당까지 걸어서 들어가 피해자의 주거에 침입하여 그 평온을 해하였다. 그리고 피고인은 마당에 설치된 개장 안에 있는 시가 50,000원 상당의 반려견을 1톤 화물차량 적재함에 싣고 나와 피해자 소유의 재물을 절취하였다. 법원

3 제주지방법원 2015. 9. 4. 선고 2015고정428 판결[과실치상].

4 부산지방법원 2014. 2. 28. 선고 2013고단9619 판결[절도].

은 피고인에게 벌금 200만원을 선고하였다.[5]

혹시 주인이 버리거나 주인을 잃은 유기견 혹은 유실견인 것처럼 보이더라도, 반려견을 함부로 데리고 간다면 절도행위로 오인될 수 있기 때문에 특히 조심하여야 한다. 이러한 경우 반려견을 보호하고 싶다면 경찰에 신고한 이후에 데리고 있거나, 동물보호센터 등에 데려다 주어야 한다.

3) 동물병원에서의 무전진료(無錢診療) 등 사기 사건

① 2018년 8월 27일 부산시 동래구에 있는 동물병원에서, 피고인은 피해자인 동물병원 의사에게 "반려견을 진료해 달라"고 하면서 그 비용을 지급할 것 같은 태도를 보였다. 그러나 피고인은 현금, 신용카드 등 대금결제수단을 전혀 보유하고 있지 않아 반려견에 대한 진료를 받더라도 그 비용을 지급할 의사나 능력이 없었다. 동물병원 의사는 해당 반려견에 대한 혈액검사, 전염병검사, X-ray검사 등 진료를 하였다. 법원은 피고인이 "피해자를 기망하여 위 반려견 진료비 등 575,500원에 해당하는 재산상의 이익을 취득하였다"고 하여 「형법」 347조 사기죄를 적용하여 벌금 100만원을 선고하었다.[6]

② 2016년 12월 12일부터 같은 달 21일 경까지 서울 송파구에 있는 동물병원에서, 데리고 온 반려견을 치료한 후에 달라고 요청하였으나, 치료비를 지급하지 않았다. 법원은 피고인에게 "치료비를 지

5 춘천지방법원 2018. 8. 14. 선고 2018고정132 판결[절도 등].

6 부산지방법원 2019. 7. 24. 선고 2019고정398.

급할 의사나 능력이 없음에도 치료비를 지급할 것처럼 행세하면서 반려견의 치료를 요청하여 (중략) 치료비 2,884,430원 상당의 재산상 이익을 취득하였다"고 하였다. 피고인에게는 이미 사기죄 전과가 있고 이후 휴대폰 판매를 가장한 사기 사건과 합하여 징역 10개월이 선고되었다.[7]

③ 2018년 8월 3일에 제주시에 위치한 동물병원에 반려견 2마리를 위탁한 사람이 있었는데, 별다른 수익이나 자산이 없어서 위탁비용을 지불할 의사나 능력이 없었다. 법원은 동물병원 의사를 기망하여 8월 3일부터 12일까지 발생한 위탁비용 3,130,000원의 재산상 이득을 취하고, 다른 사기 사건으로 각 600만원과 1,000만원의 피해를 입힌 피고인에게 징역 3월을 선고하였다.[8]

④ 2019년 4월에 인터넷에 글을 올려서 시베리안 허스키를 분양하기를 원하는 사람에게 "분양받고 싶다. 데리고 와서 3개월 정도는 훈련소 가서 교육하고, 집에 데리고 와서 키울 예정이다. 집은 45평이다. 직업은 반려견 훈련사이고 스트레스 해소 겸 등뼈랑 사료를 같이 줄 것이다. 내 아이같이 생각하고 키우겠다. 틈틈이 사진도 찍어서 보내주겠다"고 하였다. 그러나 법원은 피고인이 반려견 훈련사도 아니고 강아지를 받아 다른 사람에게 매도하거나 증여할 생각이었으며 그와 같은 방법으로 개를 키울 의사나 능력이 없었다고 보았다. 따라서 시베리안 허스키(수컷, 4개월, 피해자 주장 가격 100만원)라는 재물을 피해자를 기망하여 교부받았으므로 벌금 100만원을 선고하였다.[9]

7 수원지방법원 안양지원 2019. 8. 13. 선고 2019고단846, 919[사기].

8 제주지방법원 2019. 10. 23. 선고 2019고단1171[사기].

4) 반려견 관련 사기 및 동물보호법 위반 교사

2019년 5월 17일 인천시 미추홀구에 있는 건축자재보관소에서 진돗개 모녀 2마리를 잘 키우겠다고 속이고 건네받은 70대 남성이 보신탕용으로 잡아먹기 위하여 입양후 1시간만에 도살을 의뢰한 행위에 대하여 징역 6개월을 선고하였다. 입양 하루전에 이미 10만원을 받고 진돗개를 넘겨주기로 약속하고 진돗개 2마리를 건네받은 것이다. 동물보호법 위반으로 기소된 도살장 업주에게는 징역 4개월에 집행유예 1년이 선고되었다.

5) 동물병원의 업무를 방해한 사건

2019년 4월 16일 인천시 계양구에 있는 동물병원에서, 술에 취해 아무런 이유 없이 그곳에 보관 중이던 반려견들을 때리고, 동물병원 직원이 이를 제지하자 "내가 만지겠다는데 무슨 상관이냐"며 소리를 지르고 욕설을 하면서 소란을 피우는 등 약 30분간 위력으로 업무를 방해하였다. 이에 대하여 법원은 「형법」 314조 업무방해죄를 적용하여 징역6월에 집행유예 2년을 선고하였다.[10]

6) 수의사에 의하지 아니한 유기견 안락사 사건

수의사에 의하지 아니한 반려견이나 유기견의 안락사는 금지되며 처벌된다. 유기동물의 보호 등을 목적으로 운영되고 있는 협회의 직

9 인천지방법원 2019. 11. 19. 선고 2019고정2065[사기].

10 인천지방법원 2019. 7. 4. 선고 2019고단2774.

원이 보호하던 유기견과 유기묘 179마리를 수의사의 진단도 없이 안락사를 시켰다. 「동물보호법」 위반으로 기소된 이 사건에서 법원은 벌금 200만원을 선고하였다.[11] 이후 2011년 8월 4일에 「동물보호법」 제22조 및 「동물보호법 시행규칙」 제22조의 개정을 통하여 유기동물의 안락사는 반드시 수의사가 진단하고 시행할 것을 명확히 하였다. 2019년에는 동물보호소 공간이 부족하다는 이유로 보호하던 반려견들의 안락사를 지시한 혐의를 받는 모 동물보호단체의 대표가 재판에 넘겨지기도 하였다.

7) 경찰의 공무집행을 방해한 사건

피고인은 2021. 6. 9. 15:15경 경기 남양주시 B에 있는 C 앞 노상에서 위 식당을 이용한 손님이 식당 밖에 애완견을 묶어 둔 것을 보고 동물학대라며 소리를 지르는 등 소란을 피우던 중 '술 취한 아줌마가 욕하고 사진 촬영한다'라는 112 신고를 받고 현장에 출동한 경기 남양주북부경찰서 D파출소 소속 경찰관 경위 E, 경장 F가 자신을 제지하자 화가나, F를 향해 주먹을 휘두르고 손으로 F의 멱살을4 잡아 흔들었다. 계속해서 피고인은 E가 피고인을 공무집행방해죄의 현행범으로 체포하려 하자 입으로 E의 손가락을 물었다. 이로써 피고인은 경찰공무원의 112 신고 사건 처리 및 현행범체포에 관한 정당한 직무집행을 방해하였다. 이에 대하여 법원은 「형법」 136조 공무집행방해죄를 적용하여 벌금 500만원을 선고하였다.[12]

11 대구지방법원 2008. 7. 23. 선고 2008고정1633.

12 의정부지방법원 2021. 11. 10. 선고 2021고단2854[공무집행방해].

8) 반려견과 관련한 명예훼손·모욕 사건

반려견과 관련한 직접적인 판례는 아니지만, 반려견으로 인하여 발생한 명예훼손 등 반려견과 관련한 형사사건 판례도 있다.

① 약 10여 년간 키우던 반려견의 건강이 악화되어 2011년 9월에 동물의료센터에 입원치료를 맡겼으나 반려견이 전이성 폐종양진단을 받고 1주일 만에 죽었다. 동물의료센터에서는 반려견에 대해 흉부 방사선 촬영, 흉수 제거, 흉수 세포학적 검사를 한 뒤 전이성 폐종양으로 진단하여 더 이상의 치료를 하지 않고 퇴원조치 하였을 뿐 임상실험이나 학대를 한 사실이 없었다. 그럼에도 견주는 동물의료센터에서 자신의 반려견에 대하여 실험과 학대를 하여 반려견이 죽게 되었다고 생각하였다. 그리고, 동물의료센터 담당교수와 센터장을 비방할 목적으로, 모 방송국 'TV동물농장' 프로그램 시청자게시판에 '○○병원에서 내가 키우던 강아지에게 밤새 폐에 물을 넣고 실험과 연구를 하여 그 결과 1주일 동안 진통제로 연명하다가 결국 죽었다'는 취시의 게시물을 올리는 등, "총 14회에 걸쳐 정보통신망을 통하여 공연히 허위의 사실을 적시하여 피해자들의 명예를 훼손하였다." 법원은 인터넷에서의 명예훼손으로 기소된 피고인에 대하여 징역 6월에 집행유예 1년을 선고하였다.[13]

② 애완견 번식업을 운영하는 피고인이 모기·파리 구제용 살충제를 자신의 애완견 사육장에 살포한 후에 애완견이 갑자기 유산하거

13 수원지방법원 2014. 4. 9. 선고 2013고단6635 판결[정보통신망이용촉진및정보보호등에관한법률위반(명예훼손)].

나 죽자 살충제 판매자에게 전화하여 개가 죽은 원인규명 및 손해배상을 요구하였다. 그러나 피해자가 응하지 않자 화가 나서 국민신문고에 민원을 제기하고 인터넷카페 공개토론방과 보건소 군민의소리방 홈페이지에 '해당 살충제의 약효와 광고내용이 허위·과대·과장'이라는 내용으로 글을 올렸다. 이에 피고인은 허위사실 적시에 의한 명예훼손으로 기소되었으나 무죄가 선고되었다.[14]

③ 피고인은 피해자 B가 운영하는 동물병원에서 치료를 받던 자신의 애완견이 사망한 후 그 대금을 지불하지 않던 중 피해자로부터 민사소송을 제기당하여 패소하자 이에 불만을 품었다. 피고인은 2019. 8. 7. 21:54경 C 카페 "D"에 작성된 "E"라는 제목의 글에 "F병원 G은 쓰레기입니다"라는 댓글을 달았다. 이로써 피고인은 공연히 사람을 모욕하였다. (중략) 피고인을 벌금 500,000원에 처한다.[15]

9) 반려견과 관련한 폭행·상해 사건

반려견과 관련한 직접적인 판례는 또한 아니지만, 반려견으로 인하여 발생한 폭행 또는 상해 등 반려견과 관련한 형사사건 판례도 있다.

① 피고인은 2021. 2. 21. 15:30경 수원시 팔달구의 화성행궁 광장에서 피해자 B(75세)로부터 피고인과 함께 있던 반려견에 대하여 입마개를 하지 않았다는 이유로 항의를 받자, 이에 화가 나 피해자의 멱

14 청주지방법원 2014. 10. 23. 선고 2013고정1090 판결[정보통신망이용촉진및정보보호등에관한법률위반(명예훼손)].

15 서울중앙지방법원 2020. 10. 23. 선고 2020고정1394 판결.

살을 잡고 넘어뜨려 폭행하였다. 이에 대하여 법원은 이전의 공무집행방해죄로 인한 징역형과 폭행죄로 인한 벌금형 등을 참작하여 벌금 300만원을 선고하였다.[16]

② 피고인은 서울 양천구에 있는 'C' 동물병원에 자신이 키우던 반려견의 중성화 수술을 의뢰한 보호자이며, 피해자 D(남, 51세)는 위 동물병원의 원장, 피해자 E(남, 41세)는 위 병원에서 근무하는 수의사이다. 1. 피해자 D에 대한 범행 피고인은 2021. 7. 27. 17:30경 위 동물병원 수술실에서, 피해자로부터 위 반려견의 중성화수술을 받던 중 반려견이 죽게 되자, 이에 격분하여 '안 살리면 너 죽어, 죽기만 해봐, 씨발놈아 살려내 새끼야' 등 소리를 지르고, 그곳 수술대 위에 있던 위험한 물건인 의료용 가위(전체길이 14cm, 가위날 길이 5cm)를 집어들어 피해자의 오른쪽 아래팔 부위를 찔러 치료일수를 알 수 없는 열상을 가하였다. 이로써 피고인은 위험한 물건을 휴대하여 피해자를 상해하였다. 2. 피해자 E에 대한 범행 피고인은 2021. 7. 27. 18:14경 위 동물병원에서, 술에 취한 상태로 오른손에 소주병을 들고 담배를 피우면서 들이와, 그곳 안내데스크에 서 있던 피해자에게 '니가 조수냐!' 등 소리를 지르며 다가가 피해자의 얼굴에 소주를 뿌리고, 곧바로 위험한 물건인 소주병으로 피해자의 얼굴을 1회 때려 피해자의 오른쪽 눈두덩이가 약 3cm 찢어지게 하는 등 치료일수를 알 수 없는 열상을 가하였다. 이로써 피고인은 위험한 물건을 휴대하여 피해자를 상해하였다. 이에 대하여 법원은 징역 1년 2개월에 집행유예 2년을 선고하였다.[17]

16 수원지방법원 2021. 9. 16. 선고 2021고정883 판결[폭행].

③ 2014. 11. 17. 20:10경 서울 강서구의 아파트 엘리베이터에서 강아지를 풀어놓고 다니는 문제로 시비가 되어 피해자가 자신의 강아지를 때리자, 피고인은 손으로 피해자의 얼굴을 때리고 밀치는 등 하여 피해자에게 약 2주간의 치료를 요하는 상해를 가하였다. 법원은 CCTV 등의 증거를 검토하여, 피고인의 행위는 어린 손자 이외에는 아무도 없는 밀폐된 엘리베이터 안에서 건장한 30대 남성인 피해자가 자신이 안고 있는 개를 수차례 때리고 피고인도 폭행하며 위협적인 행동을 계속하고 있던 상황에서 피해자를 가까이 오지 못하게 하거나 자신의 개를 때리지 못하게 하기 위한 행위이므로 소극적 방어행위로서 사회상규에 위배되지 않는 정당행위에 해당한다고 하여 무죄를 선고하였다.[18]

2. 반려견과 관련한 민사책임 문제

1) 반려견 교통사고

① 2010년 8월에 울산시의 한 주차장에서 목줄을 하지 않은 시추 강아지를 치어 상해를 입힌 사건이 발생하였다. 목줄을 묶지 않은 상태에서 강아지가 자유로이 움직이고 있었으므로 피고는 주차장에 주차된 차량을 출발시키면서 특별히 강아지의 동태를 살피면서 안

17 서울남부지방법원 2021. 9. 16. 선고 2021고단3536 판결[특수상해].

18 서울남부지방법원 2016 6. 9. 선고 2015고정402 판결[상해].

전하게 운전하여야 함에도 불구하고 이를 게을리 하여 차량을 진행시킨 잘못이 있으므로, 피고 차량의 보험자인 피고로서는 이 사건 사고로 인하여 원고가 입은 손해를 배상할 책임이 있다. 원고에게도 강아지 목에 줄을 묶지도 않고 강아지에 앞서 거닐면서 강아지의 동태를 전혀 살피지 아니한 잘못이 있다. 따라서 원고와 피고의 과실 비율을 각각 50%로 보았다.

법원은 "피고는 자동차 사고로 인한 물적 손해는 그 교환가치를 초과할 수 없으므로, 이 사건 사고로 인한 치료비는 이 사건 강아지의 시가를 초과할 수 없다고 주장하나, 애완견의 경우 보통의 물건과는 달리 소유자가 그 애완견과 서로 정신적인 유대와 애정을 나누기 위해 이를 소유하고, 생명을 가진 동물이라는 점 등에 비추어 강아지의 교환가격보다 높은 치료비를 지출하고도 치료하는 것이 사회통념에 비추어 시인될 수 있을 만한 특별한 사정이 있다고 보이므로(대법원 1998. 5. 29. 선고 98다7735 판결 참조), 피고의 주장은 받아들이지 아니한다"고 하였다. 손해액은 치료비의 50%인 1,610,350원이 인정되었다.[19]

② 2014년 9월에 서울 구로구의 한 아파트 단지에서 요크셔테리어가 갑자기 차에 뛰어들었고 제동을 못한 차에 치어 사망하였다. 개주인은 9년 키운 애완견의 장례식을 치른 뒤 차량의 보험사를 상대로 손해배상을 청구하여 1심에서 승소하였다. 보험사는 반려견의 목줄이 풀려 발생한 사고라고 항소하였으나, 항소심 법원은 2015년 12월에 보험사에 600만원을 배상하라고 선고하였다.[20]

---

19 서울중앙지방법원 2011. 7. 21. 선고 2010가단414531 판결[손해배상(자)].

20 chosun.com, 2016. 4. 6.

③ 2019년 7월에 군포시에서 주인과 함께 횡단보도를 건너던 반려견(골든 리트리버)이 화물차량에 부딪쳐 고관절탈구 및 타박상 등의 상해를 입었다. 법원은 기왕 치료비 4,091,400원과 위자료 2백만원을 인정하였다. 그러나 원고가 주장한 향후 치료비 58,646,400원(기왕치료비 평균 1,221,800원×이 사건 반려견의 평균수명 48개월)과 반려견 치료를 위해 동물병원에 방문하느라 받지 못한 일실수익이라고 주장한 4,800,000원은 인정되지 않았다.[21]

④ 2019. 6. 22. 06:55경 울산시 도로의 횡단보도에서 주인을 따라 횡단하는 반려견(요크셔테리어, 2009년 6월산, 이하 '피해견'이라 함)이 승용차에 치어 뇌손상 등을 당하였다. 차량운전자는 이 사건 사고로 인한 차량 파손을 이유로 차량수리비 2,920,000원과 대차비 1,396,136원을 지급하라는 소송을 제기하였고, 피해견의 주인은 5,040,930원의 반려견 치료비를 청구하는 반소를 제기하였다.

법원은 차량 수리비를 청구한 본소청구는 기각하고, 운전자가 피해견의 주인에게 입한 손해를 배상하라고 판결하였다. 손해배상의 액수에 관하여, 반려견의 치료비로 지출하였다고 주장한 3,447,300원 중에서 교통사고와 무관한 액수를 제외한 액수인 2,413,110원(=3,447,300×0.7)을 인정하였고, 목줄을 채우지 않은채 도로를 건너다가 사고를 당한 잘못 등을 고려하여 운전자의 책임을 60%로 제한하여, 피해견의 치료비 손해를 1,447,866원(=2,413,110×0.6)으로 인정하였다. 결론적으로 차량 운전자는 피해견 주인에게 치료비 1,447,866원과

21 수원지방법원 2021. 11. 17. 선고 2020나99015 판결[보험에 관한 소송].

위자료 500,000원을 합하여, 총 1,947,866원을 지급하라고 판결하였다.[22]

2) 반려견 관리 소홀로 인한 손해배상 사건

① 2007년 2월에 부산 아파트의 엘리베이터 문이 열리면서 목줄을 묶지 않은 반려견이 짖으면서 달려오는 바람에, 이에 놀라 반려견이 달려오는 반대쪽으로 도망가다가 뒤돌아 보는 순간 이 사건 반려견이 쫓아온 것을 보고 복도에 넘어져서 대퇴골 골절 등의 상해를 입은 사건이 일어났다.

이에 대하여 법원은 반려견을 아파트의 복도와 같은 공공장소에 데리고 나올 때에는 목줄을 묶어 반려견으로 하여금 타인을 공격하지 못하게 하거나 반려견이 갑자기 타인에게 다가가거나 짖음으로써 타인으로 하여금 놀라지 않게 할 주의의무가 있다고 하면서, 피고는 반려견 점유자로서 이와 같은 주의의무를 위반하여 원고로 하여금 반려견으로 인하여 놀라 넘어지게 하였으므로, 이 사고로 인하여 발생한 손해를 배상할 책임이 있다고 하였다. 손해배상의 액수를 산정함에 있어서 법원은 위자료 5백만원과 기왕치료비 4,116,800원을 합하여 총 9,116,800원의 손해를 배상하라고 판결하였다.[23]

② 2015년 9월에 경기도 여주시에서 피고와 산책하던 반려견(골든리트리버)이 반대편에서 걸어오던 반려견과 원고를 보고 흥분하여 달려

22 울산지방법원 2020 6. 24. 선고 2019가소219840(본소) 차량수리비, 2020사고201265(반소) 차량수리비.

23 부산지방법원 2008. 4. 16. 선고 2007가단82390.

가면서 피고는 목줄을 놓치게 되었고, 80m 전방에서 달려오는 반려견을 피하려던 원고는 통행로 옆 약 2m 아래의 콘크리트 배수구에 떨어져 중상을 입었다.

법원은 피고와 배수로 관리주체가 공동으로 손해를 배상할 책임이 있음을 인정하였으나, 원고에게도 자신의 반려견이 상대견을 자극하지 않도록 하고 골든 리트리버가 달려들었을 때 제대로 대처하지 못한 과실이 있음을 인정하여, 피고들의 책임을 70%로 제한하였다. 기왕치료비와 향후치료비의 합계에서 책임비율을 곱한 28,192,320원과 위자료 25,000,000원을 피고들이 공동으로 배상하라고 판결하였다.[24]

③ 2017년 4월 13일에 김해시에서 목줄에 묶여 있지 않은 반려견이 자전거를 타고 지나가던 원고를 보고 짖으면서 달려갔다. 개가 짖으면서 따라오는 것을 본 원고는 두려움을 느껴 개를 피하려다가 도로 갓길에 불법주차되어 있던 5톤 트럭의 뒷바퀴 부분에 부딪혀 넘어졌고, 이로 인하여 원고는 약 5주간의 치료를 요하는 상해를 입었다. 개의 주인은 이로 인하여 과실치상죄로 벌금 70만원을 선고받았다.[25] 이와 더불어 원고는 개주인인 피고와 트럭의 소유자와 자동차종합보험을 체결한 보험회사를 상대로 손해배상을 청구하였다.

법원은 이 사건 사고가, 개가 통행인에게 상해를 가하지 않도록 묶어 두지 않고 풀어 놓은 개주인의 과실과 도로에 불법주차하여 둔 이 사건 트럭 운전자의 과실로 인한 것이므로, 개주인과 트럭의 보

24 서울중앙지방법원 2018. 11. 22. 선고 2017가단5026662.

25 창원지방법원 2019. 6. 21. 선고 2019고정112.

험회사는 공동으로 원고에게 손해를 배상할 책임이 있다고 판결하였다. 손해배상책임의 범위에 관하여 법원은 원고가 65세 될 때까지의 후유장애 및 노동능력상실로 인한 일실수입으로 50,932,266원의 손해액과 위자료 천만원을 인정하여 총 손해액을 60,932,266원을 지급하라고 판결하였다.[26]

④ 피고는 2019. 6. 21. 16:00경 창원시 성산구 아파트의 화단 울타리 나무기둥에 8살 믹스견을 묶어놓고 자리를 이탈한 사이에 그곳을 지나던 8세 아동은 달려드는 개를 피하려다 넘어져서 전치 4주간의 치료를 요하는 상해를 입었다. 피고는 이 사고가 일어난 산책로가 폭이 4~5미터 정도로 여유가 있어 원고가 개를 피할 수 있었음에도 그렇게 하지 아니한 과실이 있다는 등의 주장을 하였으나, 사고의 발생원인은 아무런 이유없이 일방적으로 아동을 공격한 개 및 주인의 잘못에 전적인 책임이 있다고 인정하였다. 손해배상의 범위로는 이미 지출한 기왕치료비 2,661,700원과 위자료 3백만원을 인정하였다.[27]

⑤ 원고와 피고들은 인천 강화군에 있는 시장에서 가게를 운영하고 있는 사람들이고, 피고 B은 반려견(비숑 프리제)의 소유자이다. 피고 C는 이 사건 반려견에 목줄을 하고 입마개는 하지 않은 채 시장 화장실 입구에 놓아두고 화장실 안으로 들어갔다. 화장실로 들어가던 원고는 화장실 입구에 있는 반려견을 보고 112에 전화하여 "목줄도 안 잡고 입마개도 안 한 개가 있어 위험하다"라는 취지로 신고를 하였다. 피고 B은 며칠 후 2차례에 걸쳐 원고의 가게에 찾아가서 112에

26 창원지방법원 2021. 7. 20. 선고 2019가단8989.

27 창원지방법원 2021. 1. 6. 선고 2020가소101512.

신고한 것에 대해 항의하였다. 원고는 피고들의 이와 같은 불법행위로 인하여 개에 대한 트라우마, 발열, 식은 땀, 호흡 곤란, 피부 발진, 불면, 체중 감소 등의 증상을 겪게 되었고, 현재까지 계속하여 정신과 치료 등을 받고 있다고 주장하며. 지출한 치료비 중 일부인 1,732,860원과 위자료 5,873,800원 합계 7,606,660원을 지급하라는 손해배상 청구소송을 제기하였다.

이에 대하여 1심 법원과 항소심 법원은 공히, 해당 반려견이 원고를 공격하는 등 실질적인 위해를 가하였다고 볼만한 증거가 없고 또한 해당 반려견이 맹견이라거나 특별히 사납거나 위험한 개라고 볼만한 사정이 없다고 보았다. 피고들이 단지 그 목줄을 고정하지 않은 채 반려견을 잠시 화장실 입구에 놓아두었다는 것만으로는 원고에 대하여 바로 어떠한 불법행위가 성립한다고 보기 어렵다는 등의 이유로 원고의 청구를 기각하였다.[28]

3) 반려견이 반려견을 물어 죽인 사건

① 2013년 1월 15일 경에 대구에서, 피고의 개(진돗개)가 목줄에 묶여 있지 않은 채 다니다가 원고의 개(치와와)와 싸우던 중 원고의 개를 물어 죽였다. 개에 대한 관리를 소홀히 한 피고는 원고에게 그 손해를 배상할 책임이 있다. 다만, 사고 당시 원고의 개도 목줄에 묶여 있지 않은 채 다닌 것으로 보이므로, 개를 목줄에 묶지 않는 등 그 관리를 소홀히 한 원고의 과실을 50%로 보고, 피고의 책임을 50%로 제한하였다. 손해배상으로는 재산적 손해로 1,500,000원(구입가 3,000,000원×0.5)과

28 인천지방법원 2021. 9. 7. 선고 2020나75067 판결[손해배상(기)].

위자료로 300,000원을 합한 1,800,000을 인정하였다.

특히, 위자료에 관해서 원고는 반려견의 죽음으로 1,000,000원 상당의 정신적 손해를 입었다고 주장한 반면, 피고는 위자료는 인정되지 않는다고 주장하였다. 이에 대해 법원은 "물건의 멸실에 따른 정신적 고통은 통상 재산적 손해의 배상에 의하여 회복되나, 그로써도 회복될 수 없는 정신적 고통은 특별사정에 의한 손해이다. 이 사건의 경우, 일반적으로 애완견을 소유하는 목적은 애완견과 정신적인 유대와 애정을 나누기 위함이고, 원고 또한 같은 이유로 원고의 개를 소유한 것으로 보이는 점, 애완견은 보통 물건들과 달리 생명을 가진 동물인 점, 그러한 의미에서 요즘 애완견을 단순한 동물을 넘어서 반려견으로까지 여기는 점 등을 고려하면, 원고처럼 애완견 주인이 가지는 정신적 고통의 손해는 그 애완견의 구매가 또는 시가 상당액을 배상받는 것만으로는 회복될 수 없는 특별사정에 의한 손해이고, 피고의 개를 방치하여 사고를 야기한 피고는 그러한 특별사정을 알았거나 알 수 있었다고 봄이 타당하다. 사고 경위, 사고 정도, 원고의 개가 원고의 애완견으로 지내온 기간, 원고 개의 교환가치, 물적 손해에 대한 위자료인 점 등 모든 사정을 참작하여, 원고의 위자료를 300,000원으로 정한다"고 판결하였다.[29]

② 2015년 3월 19일 경기도 화성에 사는 사람이 기르던 진돗개가 담장을 넘어 옆집 애완견 시추의 배와 엉덩이를 물었으며, 시추는 치료를 받다 보름 후 죽었다. 시추의 주인인 부부는 애완견을 잃은 충격으로 인하여 정신과 치료까지 받게 되었고, 해당 진돗개 주인을

29 대구지방법원 2014. 2. 13. 선고 2013가소35765 판결[손해배상].

상대로 손해배상 소송을 제기하였다. 진돗개의 주인은 “옆집 개가 발정이 나 우리 개가 충동적으로 담을 넘었다”고 하여 자기의 잘못이 아니라고 주장하였지만, 법원은 진돗개의 주인에게 110만원의 손해를 배상하라고 판결을 하였다.[30]

③ 원고는 피고의 관리 소홀로 원고의 반려견이 다른 개에 물려 죽게 되었으므로 이로 인하여 원고가 입게 된 정신적 고통에 대한 위자료로 1억 원의 지급을 구한다.

살피건대, 피고는 애견미용호텔을 운영하는 사람으로서 원고로부터 위탁받은 원고의 반려견을 제대로 보호하고 관리해야 할 의무가 있음에도 불구하고 이를 소홀히 하여 원고의 반려견이 피고 소유의 반려견에 물려 죽게 되었으므로, 피고는 원고에게 위 사고로 인하여 원고가 입은 손해를 배상할 책임이 있다. 나아가 그 손해배상의 범위에 관하여 보건대, 통상 반려견은 다른 강아지로 대체할 수 없는 존재로서 그 소유자와 감정적인 교류를 하는 점, 원고가 이 사건 반려견과 함께 한 기간이 비교적 짧은 것으로 보이는 점, 그밖에 앞서 본 피고의 과실의 내용과 정도, 사고 이후의 정황 등 제반 사정을 참작하여 위자료를 3,000,000원으로 정한다. 따라서 피고는 원고에게 손해배상금으로 3,000,000원 및 이에 대하여 불법행위일 이후로서 원고가 구하는 바에 따라 이 사건 소장 송달 다음날인 2022. 3. 15.부터 피고가 그 이행의무의 범위에 관하여 항쟁함이 상당한 이 판결선고일인 2023. 4. 4.까지는 민법이 정한 연 5%, 그 다음날부터

30 수원지방법원 2015. 3. 19. 선고 2015가단22843.

다 갚는 날까지는 소송촉진 등에 관한 특례법이 정한 연 12%의 각 비율로 계산한 지연손해금을 지급할 의무가 있다.[31]

4) 반려견을 위탁한 기간에 반려견이 사망한 사건

① 원고는 2007. 5. 6. 애견훈련소를 운영하던 피고에게 훈련비로 1개월에 40만원을 지급하기로 하고 복종훈련을 위하여 이 사건 애완견을 위탁하였는데, 훈련을 받고 있던 애완견이 여름더위에 고열증상을 보여 항생제와 해열제 등으로 치료를 받던 중 2007. 8. 2. 사망하였다.

반려견의 훈련을 위탁받은 자는 그 훈련위탁계약에 수반되는 신의칙상의 부수적 의무로서 위탁된 반려견이 훈련을 받거나 훈련을 위하여 대기 또는 사육되는 과정에서 생명, 건강을 해치는 일이 없도록 물적 환경을 정비하고 훈련을 조절하는 등 필요한 조치를 강구하여야 할 보호의무를 부담하고, 이러한 보호의무를 위반함으로써 위탁자가 손해를 입은 경우 이를 배상할 책임이 있다. 그런데 법원이 동물병원, 대한수의사회에 대한 사실조회 결과의 내용을 종합하여 보면 이 사건 반려견은 훈련을 받거나 훈련을 위하여 대기 또는 사육되는 과정에서 열사병(또는 일사병)으로 사망하였고 피고에게는 그 과정에서 반려견을 보호하기 위한 적절한 조치를 소홀히 하여 보호의무를 위반한 과실이 있다. 따라서 피고는 반려견의 사망으로 인한 원고의 손해를 배상할 책임이 있다.

손해배상의 범위에 대해서는 재산상 손해를 370만원(반려견의 사

31 울산지방법원 2023. 4. 4. 선고 2022가단1793.

망 당시 가격에 관하여 원고는 500만원, 피고는 50만원 내지 100만원이라는 취지로 각 주장하였다. 원고의 구입가격(250만원), 원고가 피고에게 위 애완견의 훈련비로 지급한 금액(120만원), 이 법원의 y농장(약 500만원), 사단법인 한국애견협회(약 150만원)에 대한 반려견의 사망 당시 가격에 관한 각 사실조회결과, 반려견의 연령 및 훈련기간 등을 종합하면 사망 당시 가격은 370만원으로 봄이 상당하다)으로 하고 장례비 40만원과 위자료로 100만원을 인정하였다. 다만, 납골당 예치비 70만원과 및 반려견을 키우기 위하여 소요된 단독주택으로의 이사비용 100만원도 손해배상해줄 것을 주장하였으나, 법원은 인정하지 아니하였다.[32]

② 반려견(진돗개) 교육을 위한 계약을 체결하고 3개월간 총 270만원을 지급하고 애견훈련소에 반려견을 맡겼는데, 훈련기간 중에 반려견이 사망하였다. 기록에 따르면 "반려견을 보호장구를 착용하지 않고 훈련하던 중, 이 사건 반려견이 피고에게 으르렁대고 팔을 무는 등 공격적 태도를 보이자 발로 이 사건 반려견을 차고, 야구방망이로 둔부를 수회 때리고, 이 사건 반려견이 야구방망이를 물자 바닥에 패대기쳤고, 계속해서 이 사건 반려견이 기운을 잃고 누워있음에도 켄넬(우리)안에 들어가게 한 다음 더 이상 상태를 살펴보거나 동물병원에 데려가지 않고 방치하여 2019. 10. 26. 오전경 사망에 이르게 하였다. 이에 대하여 피고는 동물보호법위반 혐의로 기소되어 2020. 6. 5. 수원지방법원 안양지원 2020고약11634호로 벌금 500만원의 약

32 부산지방법원 2008. 8. 28. 선고 2007가단19916 판결[손해배상(기)].

식명령을 받았다."

이 사건 민사재판에서는 교육훈련비 270만원, 반려견 장례비 33만원, 훈련사가 삭제한 훈련소 CCTV영상 복원비용 635,000원, 위자료 700만원이 인정되었다.[33]

③ 여행을 가면서 반려견(비숑 프리제)을 애견호텔에 맡겼는데, 애견호텔에서 다른 반려견(시베리안 허스키)에게 물렸으며 동물병원에 이송하여 치료를 받던 중 하루 만에 과다출혈성 쇼크로 피해견이 사망하였다. 애견호텔을 운영하는 피고들은 위탁계약에 따라 투숙견을 안전하게 보호·관리할 책임이 있음에도 불구하고 이를 소홀히 하여 함께 보호·관리하던 다른 대형견이 피해견을 물어 폐사하게 하여 결국 위탁계약상의 채무를 이행하지 못하였으므로 재산적 및 정신적 손해를 배상할 책임이 인정되었다. 손해배상의 범위로는 반려견 분양금액 1,000,000원과 위탁계약의 이행불능으로 인한 손해 145,000원에서 피고들의 책임을 70%로 제한[34]한 금액과 위자료로 5,000,000원이 인정되었다.[35]

피해견주는 자신이 기르던 "반려견의 폐사에 대하여 분노와 흥분을 제어하지 못하여" 인터넷에 항의글을 올렸고, 그 결과 피고들이 운영하던 블로그와 인스타그램, 애견카페 등에 비난 댓글이 폭주하여 계정을 폐쇄하고 결국에는 호텔을 폐업하였다. 피해견주는 이와

33 수원지방법원 안양지원 2021. 11. 11. 선고 2020가단128037 판결[손해배상(기)].

34 애견호텔의 또 다른 반려견이 피해견을 물어 발생한 사고를 피고들이 쉽게 예상하기 어려웠던 점 및 피해견을 즉시 동물병원에 이송하였던 점 등을 비롯한 제반 사정을 종합하였다고 함.

35 의정부지방법원 2018. 11. 20. 선고 2018가단118794 판결[손해배상(기)].

관련하여 업무방해와 특수협박죄로 벌금 3,000,000원의 약식명령을 받았다. 피해견주가 다른 사이트에 게재한 게시글로 인한 정보통신망을 이용한 명예훼손 혐의에 대하여는 불기소결정을 받았다. 애견호텔을 운영하던 부부는 피해견주가 인터넷에 게재한 비난글 등으로 인한 애견호텔의 영업폐쇄로 인한 재산적 손해 각 47,249,671원과 정신적 손해 각 5,000,000원을 배상하라는 반소를 제기하였으나 인정되지 아니하였다.

5) 반려견이 이웃집에서 살충제 먹이를 먹고 사망한 사건

甲이 마당에 드나드는 고양이 등 동물을 퇴치하기 위하여 닭뼈와 생선뼈에 피레스라는 살충제를 섞어서 두었는데, 이웃집의 개가 주인과 산책 중에 열린 대문으로 들어와 살충제 먹이를 먹고 사망하였다. 개주인은 甲을 상대로 500만원의 재산상 손해와 2,000만원의 위자료를 청구하는 손해배상소송을 제기하였고, 1심에서는 재산상 손해로 180만원만 인정[36]되었으나 항소심인 2심에서 위자료 300만원이 추가되었다.

甲에게는 살충제 먹이를 놓아둔 사실을 이웃에게 알리거나 대문을 닫는 등의 출입통제조치를 하지 않은 주의의무소홀의 책임을 물은 것이고, 개주인이 목줄을 묶는 등의 조치를 하지 않은 등의 소홀함을 이유로 하여, 甲의 책임을 60%로 제한한 것이다. 개주인은 상고하였으나 대법원에서 심리불속행으로 기각되었다.

---

36 서울남부지방법원 2016. 8. 11. 선고 2015나57091.

6) 보험사의 손해배상책임을 인정하지 않은 사건

일상생활책임보험에 가입한 사람의 반려견이 같은 집에 사는 가족의 얼굴에 상처를 내어서 보험사에 기왕치료비 3,039,550원과 향후 치료비 2,508,000원 및 위자료 2천만원의 보험금 지급을 청구하였으나, 보험금 지급이 거절되는 채무부존재확인의 판결이 내려졌다. 법원은 "피고 C는 이 사건 반려견의 공동점유자로서 민법 제759조의 '타인'에 해당하지 않는다고 봄이 상당하므로, 피고 B은 피고 C에 대하여 위 조항에서 정한 불법행위책임을 부담하지 않는다."고 하였다.[37]

7) 반려견 치료와 관련한 명예훼손 사건

2017년 5월 29일 인천시의 동물병원에서 반려견을 치료한 견주가 치료결과에 불만을 품고, 병원의 영어 이니셜을 사용하여 '진짜 바가지 장난 아니게 심합니다', '불필요한 검사 싹 해요' 초보자를 야간에 둬요. 급여가 싸거든요' 등의 글을 인터넷카페에 게시하였다. 이에 동물병원 원장은 이러한 글들로 인하여 명예를 훼손당하였으므로 150만원의 손해배상을 청구하는 소송을 제기하였다.

이에 대하여 법원은 이들 게시글과 댓글이 "동물병원에 대한 정보를 구하고자 하는 반려견 보호자들의 의사결정에 도움이 되는 정보 및 의견제공이라는 공공의 이익에 관한 것"이라고 보아 손해배상청구는 이유없는 것이라고 보았다.[38]

37 서울중앙지방법원 2020. 5. 20. 선고 2018가합577183, 2019가합546759.

8) 반려견 사진에 대한 저작권 침해 사건

원고는 애완견을 사육·분양하면서 애완견 용품 판매업체를 운영하고 있고, 피고는 애완견 용품 판매업체를 운영하고 있다. 원고는 전문사진사에게 애견들에 대한 사진촬영을 의뢰하였고, 필름 원본 및 사진들을 일체의 권리와 함께 넘겨받은 후에 달력을 제작하여 이를 애완견 용품 수입업체 등에 판매하였다. 애완견 관련 신문 및 잡지의 기자로 활동하던 피고는 원고에게 위 사진들 중 24장을 받았다. 원고는 사진들을 교부하면서 일부 사진들은 장래 제작할 달력에 사용될 것이고 대부분 공개되지 않는 것이니 인터넷상으로 게시하더라도 유포되어 다른 용도로 사용되지 않도록 해 달라고 부탁하였다. 그러나 피고는 피고의 영업을 위한 인터넷 사이트를 개설하고 원고가 출연한 애완견 관리 동영상 페이지와 무관하게 갤러리(gallery)라는 별도의 인터넷 페이지를 제작하여, 그곳에 원고로부터 교부받은 24장의 사진들을 복제방지를 위한 기술적인 조치를 전혀 취하지 않고 오히려 "마음껏 퍼가라"는 글을 함께 게시하였고, 사진들은 불특정 다수에 의하여 복제되어 동물병원 등의 명함, 애견수첩 등에 사용되어 유포되었다. 원고는 피고가 위 교부된 24장의 사진들 중 19장을 인터넷 사이트에 무단 게시함으로써 원고의 저작권을 침해하였다 할 것이므로 그로 인하여 원고가 입은 손해를 배상할 의무가 있다고 주장함에 대하여, 피고는 이 사진들이 저작권법상 보호받을 수 없는 저작물이고, 그렇지 않더라도 사전에 사용승낙을 받았다고 주장하였다.

38 인천지방법원 2019. 6. 26. 선고 2018가단206126.

이에 대하여 법원은 사진들이 저작권법에 의하여 보호되는 저작물에 해당하고 사용승낙을 받았다고 인정할 만한 증거가 없다고 보았다. 따라서 피고에게 저작권침해로 인한 손해로 촬영비용에 해당하는 5,700,000원(=19장×30만원)의 재산상 손해와 2,000만원의 위자료를 배상하라고 판결하였다.[39]

9) 남성을 애완견으로 묘사한 영화의 상영금지 신청 사건

2011년에 상영된 영화 '너는 펫'이라는 영화가 극장에서 상영되기 전에 이 영화에 대한 영화상영금지 가처분 신청이 법원에 제기된 적이 있다. 신청인은 이 사건 영화가 평등한 남녀관계를 왜곡하여 남성을 애완동물인 개로, 여성을 주인으로 설정함으로써 "남녀관계를 반인륜적으로 묘사"하고 있고, 이로 인하여 남성의 인간으로서의 존엄과 가치 및 평등권과 선량한 풍속을 심각하게 훼손하고 있다고 주장하면서, 이 사건 영화의 상영금지를 청구하였다. 법원은 가처분신청을 기각하면서 다음과 같이 이유를 밝혔다.

"영화 상영에 의하여 타인의 인격적 법익이나 선량한 풍속을 훼손한 경우에는 위와 같은 이익의 보호와 언론 및 예술의 자유 보장이라는 두 헌법적 가치가 충돌하므로, 어떠한 경우에 인격적 법익 등의 침해를 이유로 영화 상영을 금지할 수 있는지에 관하여는 인격적 법익 등의 침해 여부와는 별도의 이익형량이 필요한데, 특히 인격적 법익 등의 침해에 대한 구제가 필요한 경우에도 영화의 상영 등 표현행위

39 서울지방법원 2003. 1. 17. 선고 2001가단173463 판결[손해배상(기)].

자체를 금지하는 것은 손해배상을 명하는 경우와는 달리 표현의 자유를 근본적으로 제한하는 것이고, 표현행위에 대한 사전억제는 검열을 금지하는 헌법 제21조 제2항의 취지에 비추어 원칙적으로 허용되어서는 아니 되므로, 영화상영 등의 금지는 영화로 인한 인격적 법익이나 선량한 풍속의 침해의 태양 및 정도에 비추어 그 침해가 중대하고 명백할 뿐 아니라 피해자에게 중대하고 현저하게 회복하기 어려운 손해를 입힐 우려가 있어 그에 대한 유효적절한 구제수단으로서 금지의 필요성이 인정되는 경우에 한하여 예외적으로 허용된다. 그런데, 이 사건의 경우 신청인은 이 사건 영화의 제목에서 보듯이 애완동물과 주인이라는 남녀관계의 설정 자체로써 남성의 인격권이 침해될 수 있고,이 사건 영화를 직접 보지는 못하였지만 이 사건 영화의 원작만화와 이 사건 영화의 줄거리 및 이 사건 영화에 대한 대중의 반응에 비추어 볼 때 그 내용 또한 남성의 인격권이나 선량한 풍속을 훼손하는 것이라고 주장하고 있을 뿐, 이 사건 영화의 구체적인 표현 내용과 방법에 있어서 남성의 인격권 등을 해할 수 있는 부분에 관해서는 구체적인 주장 및 소명이 이루어지지 않았다."

법원은 영화의 제목과 기본적인 소재 및 설정 자체가 다소 선정적으로 보일 수는 있으나, 그러한 이유만으로 영화의 상영을 사전적으로 금지시켜야 할 정도로 인격적 법익의 침해 또는 선량한 풍속의 훼손 정도가 중대하고 명백하다고 단정하기 어렵다고 보아 청구를 기각하였다."[40]

40 서울중앙지방법원 2011. 11. 9.자 2011카합2720 결정[영화상영금지가처분].

07 반려견 양육권 분쟁

1. 반려견을 둘러싼 양육권 분쟁
2. 양육권 분쟁 사례
3. 양육권 분쟁의 해결방안

반려견 법률상식

07

반려견 양육권 분쟁

1. 반려견을 둘러싼 양육권 분쟁

유럽이나 미국·캐나다 등에서는 부부가 이혼하거나 동거하다가 헤어질 때 반려동물의 양육권이 문제되고 있고, 당사자 간에 합의에 이르지 못하는 경우에는 반려동물에 대한 양육권 및 면섭교섭권을 법원에서 다투는 사례가 증가하고 있다. 2016년에는 결혼생활을 끝내기로 한 부부가 반려견 웨슬리의 양육권을 갖기 위한 쟁탈전을 벌이는 'who gets the dog?'이라는 로맨틱 코미디 영화가 인기를 끌기도 하였다. 우리나라의 경우에도 이혼시 혹은 동거관계의 청산시 반려견을 누가 기를 것이냐가 문제된 적이 있지만, 반려견의 양육권만을 대상으로 하여 소송이 제기된 적은 없고 주로 당사자 간의 합의로 해결되고는 하였다. 그러나 반려견을 우리보다 많이 키우고 있는 외국의 사례를 볼 때, 반려견의 양육권을 둘러싼 법적 분쟁은 향후 우리에게도 발생할 가능성이 있다.

우선, 반려견을 둘러싼 문제에 우리가 관심을 가져야 하는지 및 법원이 이러한 '개의 양육권 문제'조차도 결정을 내려주어야 하는지에 대해 논란이 있을 수 있다. 미국에서도 이러한 비슷한 논쟁이 있었다. 즉, 판례를 바꾸어야 할 만한 반려동물 분쟁사례가 있는가 및 이러한 이슈를 과연 법원이 다루어야 하는가라는 질문에 대하여, 이혼시 분쟁의 최근 양상을 볼 때 반려동물 양육권에 대해서 법원이 개입해야 한다는 결론에 이르고 있다.[1]

이혼시 반려견에 대한 양육권 결정의 문제는 원칙적으로 이혼시 재산분할의 문제로 보고 있다. 이 관점에서는 이혼시 반려견을 팔아 가액을 반분하거나 혹은 일방이 타방에게 반액을 주고 반려견의 소유권을 취득하는 방법이 있을 수 있다. 그러나, 반려견은 단순한 물건과는 다르다[2]고 보기 때문에, 부부가 이혼하는 경우의 자녀 양육권을 결정하는 문제와 유사한 방식으로 문제를 해결할 수 있다. 즉, 이혼을 하는 경우 반려견 양육에 관한 당사자 간에 합의가 이루어진다면 아무런 문제가 없지만, 합의가 이루어지지 않는다면 법원은 두 사람 중에서 누가 반려견을 키울지를 결정해 주어야 한다. 우리의

1 Emily Franklin, How to give the dog a home: Using Mediation to solve companion animal costody disputes, 12 Pepperdine Dispute Resolution Law Journal, Issue 2, 2012, p. 362.

2 Danyelle Melissa Shapiro, Pets as Persons Under ther Law in Custody Disputes, 2013, p. 31.

현행 법률상 반려동물은 물건이기 때문에, 반려동물의 소유자를 결정하는 문제는 재산분할에 관한 문제라고 할 수 있다. 그러나 반려동물을 물건 이상으로 생각하는 사람들에게 있어서는, 이혼시 반려동물을 누가 키울지의 문제는 일종의 양육권 결정의 문제라고 할 수 있는 것이다. 이러한 문제로 인해서도 앞에서 언급한 바와 같이, 반려견을 단순한 물건으로 보는 법령과 판례를 변경해야 한다는 주장이 있는 것이다.

반려견의 양육권 문제를 어떻게 생각하건 간에, 앞으로는 우리나라에서도 이혼시 반려견의 소유권 및 양육권을 둘러싼 법적 분쟁의 발생이 예견되기 때문에 이러한 문제에 관심을 기울여서 법적 분쟁에 미리 대비할 필요가 있다.

2. 양육권 분쟁 사례

미국과 캐나다 법원도 기존에는 이혼시 반려견 양육에 관한 문제를 재산분할에 관한 문제로 보고 있었다.[3] 예를 들어, 1995년의 이혼 이후 반려견을 방문하는 전 남편이 방문규칙을 존중하지 않는다는 이유로 거절하여 다툰 Bennett v. Bennett 사건만 하더라도 '개'를 재

3 예를 들어, DeSanctis v. Prichard, 803 A.2d. 203; Green v. Shall, 2004 WL 628649. Charles P. Kindregan, Jr, Pets in Divorce: Family Conflict over Animal Custody, Legal Studies Research Pater Series, Research Paper 12~52, 2012, p. 229.

산 이상의 존재로 여기지 않았다.[4] 그러나 근래 들어서 반려견을 포함한 반려동물의 양육에 관한 문제를 새로운 시각에서 보는 판례들이 간혹 나타나고 있다.

최근에는 특히 미국에서 '반려동물의 최선의 이익'(best interests of the animals)을 우선적으로 고려하여 양육자를 지정하는 판례가 증가하고 있다.[5] 13년간의 동거 및 약혼관계를 청산하면서 발생한 소송에서 반려견의 양육권이 문제된 2010년의 Houseman v. Dare 사건은 미국에서 반려견 양육권 분쟁에 관한 유명한 소송이다. 두 사람은 동거를 하던 중에 결혼을 하기로 약속하면서 1,500달러를 주고 반려견을 구입하였으며, 공동소유로 반려견을 등록하였다. 이후 두 사람은 헤어지기로 결정하면서 Eric Dare는 반려견을 여자친구인 Doreen Houseman이 가져가 키우라고 구두약속을 하였다. 그러나, 남자친구인 Dare가 약속을 이행하지 않자 Houseman이 키우던 반려견의 반환을 청구한 사건이다. 동거관계 청산에 따른 재산분할 등에 관해 합의를 하면서 반려견의 양육에 관한 사항을 문서로 하지 않고 구두로 약속하였기 때문에, 이러한 반려견 양육에 관한 두 사람 간의 약정을 확인함에 특히 논란이 있었다. 법원은 결국 헤어진 여자친구에게 반려견을 반환하라고 결정하였다.[6]

4 "In a dissolution proceeding under Florida Law, the dog was considered personal property" Danyelle Melissa Shapiro, Pets as Persons under the Law in Custody Disputes, 2013, p. 13.

5 Deborah Rook, Who gets Charlie? The Emergence of Pet Custody Disputes in Family Law: Adapting Theoletical Tools from Child Law, International Journal of Law, Policy and The Family, 2014, p. 177.

6 Gregory, John DeWitt, Pet Custody: Distorting Language and the Law, Family

또한 미국에서는 반려견의 양육권 분쟁과 관련하여 반려견을 데려가지 못한 타방이 면접교섭권을 청구한 사건(Juelfs v. Gough)도 있었다. 즉, 이혼 후에, 함께 키우던 반려견을 만나러간 남성이 이를 거부하는 전 부인에 대하여 면접교섭권의 이행을 청구하였다. 이에 대하여 법원은 남성 소유의 다른 반려견과 전 부인이 양육하는 반려견이 심각하게 싸운 적이 있음을 이유로 하여 면접교섭권을 인정하지 않았다.[7] 프랑스에서도 이혼시 동물을 누가 키울 것이냐에 관한 재판에서 반려견을 아내가 키우고 남편에게 반려견의 양육비청구를 인정하는 판례, 이혼 후 반려견을 데려가지 못한 배우자의 면접교섭권을 인정하지 않은 판례 등 반려견 양육권 분쟁에 관한 판례 등이 있다.[8] 2021년 스페인 마드리드에 사는 부부가 이혼을 하게 되었는데, 법원에서는 부부가 키우던 반려견을 한달씩 번갈아 돌보는 방식으로 공동양육을 하라는 판결을 내린 것이 세계적으로 주목을 받기도 하였다.

이혼 소송에서 반려동물의 양육권은 물론이고 양육권을 갖지 못한 배우자에게는 면접교섭권이 인정될 수도 있다. 그러나 자녀에 대한 양육권과 면접교섭권처럼 반려견에 대한 양육권과 면접교섭권은 일반화하기 어려울 정도로 구체적인 경우에 따라서 다를 수 있다. 미국에서의 양육권 관련 판례는 반려견의 이익과 복지를 위하여 반

Law Quarterly, Vol.44 Iss.1, 2010, p. 47.

7 오일석, 반려동물 양육권은 누구에게 있을까?, http://snacker.hankyung.com/life/72590, 2018. 2. 17 방문.

8 오승규, 프랑스법상 동물의 지위에 관한 검토, 법과정책연구, 제15집 제4호, 2015, 7쪽.

려견의 양육권이 결정되어야 한다는 방향으로 나아가고 있다. 2017년 1월부터 미국 최초로 알래스카 주에서는 법률 개정을 통해 주 법원에서 열리는 이혼소송 중 반려동물의 양육권 결정을 판사가 내리도록 하는 법률규정이 시행되고 있다.[9]

우리나라의 경우에는 반려견과 관련된 양육권이나 면접교섭권 분쟁에 관한 판례는 아직 찾을 수 없지만, 반려견의 양육권 분쟁에 관한 사례들이 세간에서 간혹 이야기되고 있다.

3. 양육권 분쟁의 해결방안

이혼시 반려견 양육견 문제에 대해서는 반려견과 자녀를 동일시 할 수는 없기 때문에 재산권 대상인 반려견에 관한 양육권 논란은 필요조차 없다는 견해도 있지만, 반려견을 가족처럼 여기는 사람들에게 있어서는 양육권 분쟁시 반려견을 자녀처럼 보아야 한다는 견해를 가지는 것이 당연한 것이다.

따라서 향후에는 이혼시 반려동물 양육권의 문제에 관해서 외국의 반려견 양육권을 해결에 관한 법원 판례를 참조하고, 반려동물을 단순한 물건이 아닌 양육 대상이라는 관점에서 고려할 필요가 있다. 즉 우리나라에서도 부부가 이혼하거나 동거인들이 헤어지는 경우에,

9 정진욱, 미국 알래스카 주, "반려동물은 재산 아닌 가족", 한국일보, 2017. 2. 8.

자녀의 양육권에 대한 분쟁의 경우와 유사하게 반려견을 위한 최선의 이익을 고려하여 양육권을 결정하는 것이 필요한 시기가 올 것으로 본다.

우리나라에서도 2021년 12월에 이혼 시에 기르던 반려동물의 양육권을 규율하기 위한 법안이 발의되었다. 즉, 「민법」을 개정하여 이 문제를 대비하자는 취지이다. 이상헌 의원의 대표발의로 국회에 제출된 「민법」 일부개정법률안은 다음과 같다.

✔ 이상헌 의원이 대표 발의한 민법 개정안의 제안이유 및 주요내용

최근 반려동물을 양육하는 인구가 지속적으로 증가하고 있고, 반려동물을 단순히 물건이 아닌, 또 하나의 가족으로 인식하는 사회적 분위기가 확산되고 있음. 그러나 현행법상 동물은 물건으로 취급되고 있고, 이에 따라 반려동물을 양육하던 부부가 이혼을 하게 되는 경우 반려동물은 양육의 개념이 아닌, 재산분할의 대상이 될 수밖에 없는바, 최근 외국의 입법례에서 부부의 이혼 시 반려동물의 양육권과 관련하여 동물의 복지를 고려하도록 하고, 일반적인 재산분할과는 그 개념을 달리하고 있음. 또한, 법무부에서 최근 동물을 민법상 물건에서 제외하는 개정안을 국회에 제출한바, 동물의 법적 지위와 함께 이와 같은 점들에 대해서도 재검토가 필요하다는 지적이 제기되고 있음. 이에 현행법상 동물은 물건이 아님을 명확히 규정하고, 부부의 이혼 시 반려동물의 보호권과 관련된 내용을 신설하려는 것임(안 제98조의2 및 제839조의4 신설).

개정안 〈신설〉
제839조의4(이혼과 동물의 보호책임 등) ① 부부가 공동으로 반려의 목적으로 기르는 동물(이하 이 조 및 제843조에서 "반려동물"이라 한다)이 있는 경우 보호자의 결정, 비용의 부담 등 그 반려동물의 보호에 관한 사항을 당사자 간의 협의에 의하여 정한다. ② 제1항에 따른 협의가 이루어지지 아니하거나 협의할 수 없는 때에는 가정법원은 당사자의 청구에 의하여 이에 관하여 결정한다. 이 경우 가정법원은 반려동물의 구체적 반려경위와 반려상황, 각 당사자의 재산상황과 반려의사, 그 밖의 사정을 고려하여야 한다. ③ 가정법원은 반려동물의 복지를 위하여 필요하다고 인정하는 경우에는 당사자의 청구에 의하여 반려동물의 보호에 관한 사항을 변경하거나 다른 적당한 처분을 할 수 있다.

이 법안은 2021년 12월 23일에 발의되어 2021년 12월 24일에 국회 법제사법위원회에 회부는 되었으나, 이후 회의에 상정되지도 않고 있다.

그리고, 일방에게 반려견 양육권이 주어질 경우에 다른 일방에게는 반려견에 대한 면접교섭권이 주어질 필요도 있을 것이다. 반려견에 대한 양육권과 면접교섭권이 주어질 수 있다면, 사람의 이혼의 경우와 유사하게 양육비 청구권도 인정해야 한다는 주장이 또한 나올 가능성도 있다. 반려견을 자녀와 유사한 존재로 여기는 사람이 늘어나면서, 이혼시 자녀의 양육권과 유사한 법적 분쟁과 해결방안이 등장하고 있는 것이다.

08
개식용종식법의 제정

1. 개식용 관련 논란
2. 개식용금지 관련 기존의 법령
3. 개식용종식법의 입법과정
4. 개식용종식법의 내용

반려견 법률상식

08

개식용종식법의 제정

1. 개식용 관련 논란

개식용에 관한 국내에서의 반성과 외국에서의 지적이 있었음은 주지의 사실이다. 따라서 개식용을 금지하자는 주장과 운동이 나타났고, 보다 많은 여론의 시시를 받아 왔다. 동물학대방지연합 등 동물보호단체에서는 개와 고양이의 식용금지를 법률을 통해 명시적으로 규정해 줄 것을 요청해 왔다.

국내 식용개고기 농장은 2017년만 해도 약 2,862곳 정도로 추정되고 있고, 식용으로 유통되는 개는 연간 78만 내지 100만 마리 정도로 추정되었다.[1] 더욱이 식용으로 사육되는 개들은 대부분 비위생적

1 조선일보, 2017. 9. 14.

인 환경에서 사육되고 있다. 공장식 축산이 대세라고 하더라도 소·돼지·닭 등의 사육은 일정한 관리·감독 하에 있지만, 식용견들은 대개 생존에 필요한 최소한의 조건에도 미치지 못하는 비위생적인 환경에서 사육당하고 있다. 밀도축을 하는 과정에서의 비위생적인 환경과 고통도 지적되고 있다.[2] 국가의 관리·감독 하에 있지 않은 식용견의 사육과 도축과정의 문제점에 대해서는 수많은 지적이 있어 왔다.

"대부분의 식용견이 사람의 상한 음식물 쓰레기를 먹여 키우고 탈나지 않게 하기 위해 항생제 덩어리를 먹여 키우는 경우가 많습니다. 상한 음식에는 세균이 생성한 독소가 있고 이런 독소는 끓여도 사라지지 않습니다. 개 고기를 먹는 것은 국민의 항생제 내성균의 증가와 독소의 섭취를 방치하는 것이며 국민 건강에도 해가 됩니다. 현대 유명 쉐프의 맛난 음식도 많고 건강식품도 다양한 현대사회에 가족 같은 개를 고기로 먹어서 몸보신하는 악습은 이제 사라져야 합니다."[3]

안용근 교수의 1999년 조사에 의하면, 1,502명의 조사대상자 중에서 86%가 개고기 식용을 찬성하고 있다.[4] 박종구 교수의 2015년 조

---

2 일반적인 공장식사육과 도축의 문제점에 관해서는 박상표, 가축이 행복해야 인간이 건강하다, 개미고원, 2012, 14쪽.

3 동물학대방지연합 http://foranimal.or.kr/xe/data_1/118560 2017. 10. 1.

4 그러나 설문조사의 방법과 대상이 다음과 같이 매우 제한적이어서, 조사결과가 신빙성이 있는지 의문이다. "충청대학 식품영양과에 재학하는 학생 240명에게 설문서를 나누어주고 1999년 3월부터 1999년 9월말까지 주변의 사람들에게 개고기에 관련된 설문서를 받아오라고 하여 남자 963명, 여자 539명 총 1,502으로부터 설문서를 받았다" 안용근, 한국인의 개고기 식용에 대한 인식, 한국식품영양학회지 제13권 4호, 2000, 366쪽.

사에 의하면, 170명의 조사대상자 중에서 남성(59.8%) 고졸 이하(63.0%) 종교없는 그룹(58.8%)이 개고기 식용문화에 대하여 긍정적인 인식을 가지고 있다.[5]

여론조사기관 리얼미터가 500명을 대상으로 '개고기 식용금지를 법으로 규정하는 것을 찬성하는지, 반대하는지를 묻는 질문에 반대한다는 의견이 48.9% 찬성한다는 의견이 38.6%였다.[6] 두잇서베이가 2017년 7월에 3,900명을 대상으로 한, 개고기 섭취 자체를 규제해야 할까요? 라는 질문에 찬성한다가 39.3%, 반대한다가 32.8%, 잘 모르겠다가 27.2%이다.[7] 동물권단체 동물해방물결과 Last Chance for Animals(LCA)가 한국리서치에 의뢰하여 1,000명을 대상으로 조사한 '한국 개고기 인식과 취식 행태에 대한 여론 조사' 결과에 따르면, 개 식용반대 46% 찬성 18.5%이고 유보가 35.5%이다.[8] 2019년 8월에 동물자유연대가 한국갤럽에 의뢰해 전국 시민 1천500명을 대상으로 한 설문조사 결과를 보면 응답자의 71.9%는 '개고기 섭취 의향이 없다'고 답했다. 이 비율은 1년 전(70.2%)보다 1.7%포인트 높아졌다.[9] 알앤써치

5 그러나 설문조사의 집단이 170명으로 매우 적고 재래시장 방문자만을 대상으로 하였기 때문에, 조사결과가 신빙성이 있는지 의문이다. "설문조사는 경북 경주지역의 대표적인 상설재래시장 중에 하나인 중앙시장을 찾은 방문객(n=170)을 대상으로 이루어졌다. 음식을 먹으러 온 방문객 중 허름한 작은 식당에서 한우곰탕, 선짓국, 돼지국밥 등을 먹은 후 설문조사에 동의를 받고 조사를 진행하였다" 박종구, 개고기 식용문화는 야만적인가, 아니면 한국고유 음식문화인가에 대한 문화상대론적 논의, 관광학연구, 제41권 제10호, 2017, 223, 231쪽.

6 세계일보, 2021. 11. 20.

7 https://doooit.tistory.com/345 2022년 2월 9일 방문.

8 데일리벳, 2018. 5. 17.

9 연합뉴스, 2019. 9. 6.

가 2021년 9월에 1,132명을 대상으로 실시한 설문 조사에 따르면, 개식용 전면금지에 '찬성한다'는 의견이 36.3%, '반대한다'는 의견이 27.5%, '잘 모르겠다'는 응답은 36.1%였다. 2022년 8월의 한국갤럽 조사에서도 개식용 좋게 본다 17%(2015년 37%) 개식용 좋지않게 본다 64%이고, 최근 1년간 개식용 경험이 있다 8%(2015년 27%) 없다 92%이다.[10]

설문조사의 시기와 대상 그리고 조사기관에 따라 매우 다양한 결과가 나오지만, 의견을 유보하는 비율이 다른 설문조사에 비하여 높은 편이고, 그럼에도 불구하고 개고기 식용을 반대하는 비율이 점차 높아지는 경향성을 지니고 있다.

동물권단체 케어에서는 2017년 7월 12일에 기자회견을 갖고 개고기판매상 7명을 서울중앙지검에 고발했다. 이들은 "연간 200만 마리의 개들이 식용 목적으로 집단 도축되고 있으며 전통시장이나 도살장 등을 통해 식당과 가정 등지로 공급되고 있다"면서, 식용을 목적으로 한 개 도살과정과 도살행위는 「동물보호법」 제8조 제1항의2와 4 및 「축산물관리위생법」 제7조 제1항을 위반하는 불법행위임을 밝혔다.[11]

개고기를 파는 식당은 위생의 사각지대로 많은 문제점을 안고 있음에도 불구하고, 개식용 여부에 관한 법령의 태도가 명확치 않아서 유통과정이나 제대로 된 위생 검증이 어렵다는 지적도 있었다. 즉, 2017년 8월 동물자유연대와 건국대 3R동물복지연구소가 전국 25개 시

10 한국갤럽, 데일리 오피니언, 제506호, 2022년 8월 1주, 14쪽.

11 동물권단체 케어 http://fromcare.org/archives/23218 2017. 7. 2.

장에서 판매 중인 개고기를 구입해 9종류의 항생제 성분을 검사한 결과, 입수한 93점의 개고기 중 61점(65.6%)에서 항생제가 검출됐다. 이는 기존 소·돼지·닭의 항생제 검출비율(소 0.44%·돼지 0.62%·닭 0.13%)보다 수백 배 높은 수치로 나타났다. 사람이 항생제 성분이 든 고기를 지속해서 섭취하게 되면 그에 따른 내성이 생겨 추후 질병치료에 있어 문제를 겪을 수 있다는 지적이다. 또 모든 조사대상 개고기에서 세균·바이러스 등 미생물 25종도 검출되었다고 밝힌 바 있다.[12]

그간 여러 동물보호단체에서는 개식용금지법을 제정해 줄 것을 요청면서 적극적인 입법청원운동을 벌인 바 있다. 한국동물보호연합, 한국동물보호협회, 동물생명윤리협회, 애니멀아리랑, 동물보호시민단체 카라 등에서 개식용금지법 제정에 적극적이었다. 그러나 반대로 대한육견협회 등에서는 개식용을 합법화해 줄 것을 요청하였다. 즉, "식용견과 반려견을 법적으로 구분해 위생적인 개고기 유통이 합법적으로 이뤄져야 한다"며 "지난 40년간 합법도 아니고 불법도 아닌 상태에 있었다. 이제는 모호한 상황을 끝내야 한다"[13]고 주장한 바 있다. 한국동물보호연합 등 동물보호단체의 홈페이지는 비회원도 접근할 수 있도록 개방적으로 운영하고 있으나, 대한육견협회의 홈페이지는 회원만이 접근할 수 있도록 폐쇄적으로 운영[14]하고 있다는 점이 크게 대조적이었다.

12 안승진, 유기견이 식용견으로 둔갑 … 위생검사 없이 유통되는 개고기, 세계일보, 2018. 1. 13.

13 쿠키뉴스, 2017. 9. 23.

14 http://www.2008dog.co.kr/2018. 2. 11 방문.

2. 개식용금지 관련 기존의 법령

개식용종식법이 제정되기 이전에는 기존 법령의 해석상으로도 개는 식용으로 할 수 없지만, 개식용을 금지하는 법률을 제정하여 개식용금지를 법률로 명확히 하자는 의견이 많았다. 우선, 축산동물에 관한 사항을 규정하고 있는 「축산법」 「축산물위생관리법」에 개가 어떻게 규정되고 해석되어 지는지를 살펴볼 필요가 있다.

「축산법」에는 개가 가축으로 분류되어 있다. 즉, 「축산법」 제2조 제1호에 "'가축'이란 사육하는 소·말·면양·염소(유산양을 포함한다. 이하 같다)·돼지·사슴·닭·오리·거위·칠면조·메추리·타조·꿩, 그 밖에 농림축산식품부령으로 정하는 동물(動物) 등을 말한다"고 하여 개가 명시되어 있지 않지만, 「축산법 시행규칙」 제2조에 의하여 노새, 당나귀, 토끼, 개, 꿀벌이 「축산법」 규정이 적용되는 동물로 규정되어 있다.

다음으로, 「축산물위생관리법」에는 개가 가축으로 분류되어 있지 않다. 즉, 「축산물위생관리법」 제2조 제1호에 "'가축'이란 소, 말, 양(염소 등 산양을 포함한다.), 돼지(사육하는 멧돼지를 포함한다.), 닭, 오리, 그 밖에 식용(食用)을 목적으로 하는 동물로서 대통령령으로 정하는 동물을 말한다"고 하여 역시 개가 명시되어 있지 않은데, 「축산물위생관리법 시행령」 제2조 제1항에서도 대통령령으로 정하는 동물에 사슴, 토끼, 칠면조, 거위, 메추리, 꿩, 당나귀만 명시되어 있을 뿐, 개는 축산물위생관리법령의 규율대상이 아니다.

정리하자면, 「축산법」에서는 개를 (사육)가축으로 분류하고 있지만, 「축산물위생관리법」에서는 개를 (식용)가축으로 분류하고 있지 않다. 「축산법」은 "가축의 개량·증식, 축산업의 구조개선, 가축과 축산물의 수급조절·가격안정 및 유통개선 등에 관한 사항을 규정하여 축산업을 발전시키고 축산농가의 소득을 증대시키며 축산물을 안정적으로 공급하는 데 이바지하는 것을 목적"[15]으로 하는 법이며, 「축산물위생관리법」은 "축산물의 위생적인 관리와 그 품질의 향상을 도모하기 위하여 가축의 사육·도살·처리와 축산물의 가공·유통 및 검사에 필요한 사항을 정함으로써 축산업의 건전한 발전과 공중위생의 향상에 이바지함을 목적"[16]으로 하는 법이다. 두 법률의 입법목적이 다르다는 점을 감안한다고 하더라도, 가축의 분류를 이처럼 달리하는 것은 바람직하지 않다.

「축산물위생관리법」 제7조(가축의 도살 등)에 의하면 가축의 도살은 '허가를 받은 작업장'에서 하여야 한다. 그러나 개는 「축산물위생관리법」 제2조의 가축에 해당하지 않으므로 「축산물위생관리법」의 적용을 받지 않기 때문에, 개를 도축하는 허가를 받은 작업장은 있을 수 없다. 따라서 개도살은 모두 '허가 받은 작업장' 외에서 하는 도살이므로, 「축산물위생관리법」 제45조에 따라 '10년 이하의 징역 또는 1억원 이하의 벌금'에 처할 수 있다. 그러나 법의 집행을 그렇게 하지 않는 이유는 「축산물위생관리법」상 개는 가축에 해당하지 않는다는 실무상의 해석 때문이다.[17] 이러한 해석·적용은 '축산물의 위

15 축산법 제1조 목적.

16 축산물위생관리법 제1조 목적.

생적 관리'나 '공중위생의 향상'이라는 「축산물위생관리법」 제1조의 목적은 물론이고, 동 법률을 제정한 취지에도 부합하지 않는다.

법원에서는 개도살에 관해서 「동물보호법」을 적용하고 있다. 2018년 3월 제주지방법원에서는 식용목적을 위한 개도살 행위에 대하여 「동물보호법」 위반으로 징역 8월에 집행유예를 선고하였고,[18] 2018년 4월 인천지방법원 부천지원에서는 식용목적을 위한 개도살 행위에 대하여 역시 「동물보호법」 위반으로 벌금 300만원을 선고하였다.

그리고 앞서 설명한 바와 같이 2019년 12월 전살법에 의하여 개를 도살 및 판매한 사람에 대한 「동물보호법」 위반에 대한 서울고등법원의 파기환송심에서 법원은 개농장주에게 벌금 100만원과 선고유예를 선고함으로써, 전살법에 의한 개도살 행위가 유죄에 해당되는 것으로 판단하였다.[19] '전살법' 즉 개를 대상으로 하는 전기도살에 대하여 법원이 최초로 불법성을 인정하여 유죄취지의 판결을 내린 것은, 개식용을 위한 도살을 처벌함으로써 개식용 준비행위에 대한 제재를 가하는 것이고 궁극적으로는 개식용을 규제하고 금지하는 효과를 지니고 있다. 해당 개농장 주인에게 선고유예가 된 것은 도축시설을 이미 폐쇄하였고 앞으로 개농장을 운영하지 않겠다는 의사를 표시했기 때문이라고 분석되고 있다. 향후에는 식용을 위해 개를 도살하는 경우에는 벌금형이 아닌 징역형이 선고될 가능성이 없

17 서국화, 축산법 개정안의 의미와 동물권 확장 전망, 개식용 종식 입법 국회토론회, 2018. 7. 11, 37쪽.

18 제주지방법원 2018. 3. 22. 선고 2017고단1339.

19 서울고등법원 2019. 12. 19. 선고 2018노2595.

지 않고, 선고유예나 집행유예가 아니라 실형이 집행될 가능성이 있다고 본다.

이러한 법령의 입법태도와 입법내용 그리고 법원의 판례에 따르면, 개는 '키우는 동물'(사육동물)로는 볼 수 있지만 '먹는 동물'(식용동물)로는 볼 수 없다는 해석을 가능케 한다. 개고기에 대한 인식변화에도 불구하고 개가 계속 식용으로 사용되는 원인은 관련법의 모순과 구습(舊習), 행정적 나태에서 유래한다는 지적[20]이 있었다. 따라서, 기존 법령에 대한 해석에 따를 때에도 개를 식용으로 사용하는 것은 허용되지 않았지만, 개식용종식법의 제정은 개를 식용으로 사용하는 것은 허용되지 않는다는 것을 법률로 명확히 선언하는 의미를 지닌다.

혹자는 개를 「축산물위생관리법」의 적용대상으로 하여, 개고기를 양성화시키자는 주장을 하기도 하지만, 이러한 주장은 국민정서에 비추어 보거나 세계적 경향에 비추어볼 때 실현될 가능성이 거의 없는 현실적이지 않은 것이고, 개고기 논쟁을 확대 재생산하여 국가의 이미지를 추락시키는 부정적인 효과만을 가져온다. 이러한 개고기 양성화 주장에 대하여 "개를 식용가축으로 분류하는 법안이 준비되고 있다. 개고기 산업의 급성장을 부를 수 있는 움직임"[21]이라는 평가가 내려지기도 하였다.

---

20 "법률규정의 상호 모순, 현실괴리, 행정의 무위(無爲)는 개고기가 아무런 제한없이 시장에 유통되도록 방임해 왔다. 개식용과 관련하여 법적인 공식화를 꺼려하는 정부의 태도가 식용개의 사육, 도살, 유통에 관한 제도들을 제대로 규율되지 않게 만든 것이다." 한민정, 개고기 유통 관련법의 문제점 검토, 유통법연구, 제5권 제2호, 2018, 256, 268쪽.

21 멜라니 조이, 노순옥(옮김), 우리는 왜 개는 사랑하고 돼지는 먹고 소는 신을까? – 육식주의를 해부한다, 모멘토, 2011, 91쪽.

3. 개식용종식법의 입법과정[22]

1) 개식용을 법률로 금지해야 하는가?

음식문화는 사회의 역사와 문화적 산물로서 지역성을 지니고 있다고 볼 수 있지만, 인류문화의 보편적 논리와 윤리성도 중요하다.[23] 일부에서는 「동물보호법」의 가축 개념에 개를 포함하여 개의 사육·도축·유통과정에서의 위생관리라도 할 수 있도록 입법하자는 주장이 있다. 그러나 이는 개고기를 합법화하는 결과를 낳기 때문에 절대로 받아들일 수 없다는 주장이 팽팽히 맞선다. 개식용을 문화현상으로 보아 전통적인 식문화를 인정하여야 한다는 주장과 개에 대한 인간의 보편적인 감정과 국가적인 이미지 개선을 위해 개식용을 법률로 명확히 금지하자는 주장이 대립하는 듯 보인다. 우리나라도 이제는 경제적 및 문화적으로 과거와 다르기 때문에 '개식용금지법' 제정을 통해서건 「동물보호법」 개정을 통해서건 개식용을 금지하는 입법이 필요하였다. 개식용금지를 위한 법적 방법으로는, 우선 단일법률로서 '개식용금지법' 제정, 「축산법」 개정, 「축산물위생관리법」 개정, 「동물보호법」 개정 등의 입법적 방안이 있었고, 해석론으로는 현행 법령의 엄격한 집행을 통해 개고기 도축과 개고기 식당을 엄격

22 '법안'은 '법률안'의 줄임말이며, 국회를 통과하고 대통령이 공포하여야 '법률'이 된다. 이하에서 설명하는 개고기식용 금지 법안은 법률로 통과되지 않은 여러 법안들이며, 개고기식용을 법률로 금지하기 위한 입법적 노력이다.

23 한민정, 개고기 유통 관련법의 문제점 검토, 유통법연구, 제5권 제2호, 2018, 273쪽.

히 처벌하는 방안이 있었다. 이와 병행해서 업종전환과 폐업을 유도하기 위한 보조금지원 등의 정책이 거론되고 있었다. 그러나 소비자가 있는 한 상점과 식당은 존재하게 되어 있다. 원론적으로, 개식용 문화를 바꾸는 것은 법령이나 정책이기보다는 소비자의 선택인 것이다. 어떠한 법령이나 정책보다도 개식용소비의 종식이 가장 강력하고 궁극적인 해결방안임은 말할 나위가 없다.

개를 식용으로 하지 않는 국가에서는 개식용금지법이 있을 필요가 없지만, 개를 식용으로 하는 국가에서 개식용을 금지하기 위해서는 개식용종식법을 통해 식용견의 사육과 도축을 금지하고 처벌하는 것이 필요하고 효과적이다. 대만에서는 오랜 논쟁 끝에 2017년에 개와 고양이의 식용을 금지하는 법률을 만들었다.

우리나라에서는 개식용금지법 혹은 이와 유사한 제목으로 개식용을 금지하는 내용을 지닌 법안은 제21대 국회 전에는 제출된 바 없다. 다만, 「동물보호법」을 개정하여 식용견의 사육과 도축 등을 처벌하기 위한 시도는 지속적으로 있어 왔고, 식용견의 사육과 도축을 동물학대로 보아 처벌할 수도 있었다. 즉, 2012년 2월 5일 이후부터 현행 「동물보호법」은 유기동물의 포획, 판매, 도살 등 동물학대행위를 한 자를 500만원 이하의 벌금에 처하는 벌칙 규정을 두고 있다. 이와 같이 현행 「동물보호법」은 개도살 등을 유기동물학대에 포함되는 것으로 보아 처벌규정을 두고 있다. 그러나 이러한 법률규정과 법해석에도 불구하고 식용견 사육과 도살 및 개식용이 근절되지 않기 때문에 개식용종식법이 제정된 것이다. 앞서 언급한 바와 같이, 개식용 금지를 위한 직접적이고 명시적인 규정이 없었기 때문에, 개식용금지에 관해서 보다 명확한 규정을 내용으로 하는 법률이 필요했던 것이다.

2) 제18대 국회에서의 입법시도

제18대 국회인 2010년에는 개의 도살을 금지하는 방법으로 개식용을 방지하려는 입법적 노력들이 있었다.

2010년 5월 12일에 이성헌 의원 등 10인은 '「동물보호법」 일부개정법률안'(의안번호 1808463)을 국회에 제출하였다. 법안에는 개의 도살 등을 동물학대행위에 포함하여 그 처벌수준을 현행 500만원 이하 벌금에서 100만원 이상 500만원 이하로 함으로써 벌금형의 하한선을 설정하고, 동물실험윤리위원회의 승인을 받지 않고 유기동물이나 맹도견·안내견 등 인간을 위하여 사역한 동물을 대상으로 실험하는 경우 처벌수준을 현행 벌금 10만원에서 50만원으로 상향조정하며, 상습적으로 동물학대 등의 행위시 가중처벌을 하는 내용을 담고 있다.

2010년 7월 2일에 정범구 의원 등 13인은 '「동물보호법」 일부개정법률안'(의안번호 1808718)을 국회에 제출하였다. 법안에는 시장·군수는 등록대상동물의 소유자가 등록대상동물을 죽이거나 학대하는 등의 행위를 하여 벌금형의 선고를 받은 경우에는 농림수산식품부령으로 정하는 바에 따라 그 등록을 취소하거나, 그 형이 확정된 날로부터 3년 이내의 기간을 정하여 등록을 제한할 수 있도록 하는 내용을 담고 있다. 개의 도살행위 등을 위반하는 자는 1년 이하의 징역 또는 1천만원 이하의 벌금에 처하도록 하는 내용도 담고 있다.

3) 제19대 국회에서의 입법시도

2011년 3월 3일에 김효석 의원 등 20인은 '「동물보호법」 전부개정법률안(의안번호 1910982)'을 국회에 제출하였다. 법안에는 식용 또는 약용을 목적으로 고양이를 죽이는 행위는 금지하는 내용을 담고 있다. 이러한 동물학대 행위 등을 한 자에게 3년 이하의 징역 또는 2천만원 이하의 벌금에 처하고, 실험금지 동물을 대상으로 실험을 실시한 자에게는 100만원 이하의 벌금으로 상향조정하며, 상습적으로 동물을 학대한 자에 대해서는 형량의 2분의 1까지 가중하는 등 동물학대 및 금지된 동물실험행위에 대한 벌칙을 강화하도록 하는 내용을 담고 있다.

4) 제20대 국회에서의 입법시도

2018년 6월 20일에 표창원 의원 등 10인은 '「동물보호법」 일부개정법률안(의안번호 2013958)'을 국회에 제출하였다. 법안에는 동물을 죽이는 행위를 원칙적으로 금지하고 있으며 예외적으로 도살이 가능한 경우를 명시함으로써 개식용을 위한 도살이 금지되도록 규정하고 있다.

법안

제안이유: 동물은 사람에게 경제적 효용을 제공하는 동시에 하나의 생명을 가진 존재로서 이중적 성격을 가지고 있어, 식용으로 사용할 목적으로 사육되는 가축이 아닌 동물에 대해서는 생명존중의 관점에서 무분별

한 도살행위 등을 제한할 필요가 있음. 현행 「동물보호법」은 제8조 제1항에서 잔인한 방법으로 죽음에 이르게 하는 행위 등을 금지하고 있으나, 금지행위의 양태가 추상적이어서 어떤 도살방법이 금지되는지 명확하지 않아 단속 근거로서의 실효성이 높지 않다는 지적이 있음. 이로 인하여 가축이 아닌 동물을 소유자 등이 임의로 도살하더라도 「동물보호법」 제8조 제1항에서 금지하는 행위에 해당하지 않는 한 법적 제재를 받지 않게 됨. 그 결과, 일반적으로 식용 목적으로 사육하지 아니하는 반려동물을 도살·처리하거나 식용으로 가공·유통하더라도 「동물보호법」이나 「축산물 위생관리법」의 관련 규정을 적용받지 않아 사실상 입법의 사각지대로 남아있는 실정임. 이에 동물의 도살행위에 대한 규율 방식을 전환하여 동물을 임의로 죽이는 행위를 원칙적으로 금지하되, 「축산물 위생관리법」 또는 「가축전염병 예방법」 등 법률 규정에 의하여 동물을 도살하거나 살처분한 경우 또는 사람의 생명·신체에 대한 위협을 방지하기 위하여 다른 방법이 없는 경우 등에 한하여 동물을 죽일 수 있도록 허용함으로써, 동물에 대한 무분별한 도살을 방지하고 생명존중의 원칙을 확립하고자 함.

주요내용: 가. 동물을 죽이는 행위를 원칙적으로 금지하고 예외적으로 도살이 가능한 경우를 각 호에 명시함(안 제8조 제1항).

나. 제8조 제1항 각호에 따라 예외적으로 도살이 가능한 경우에는 고통을 최소화하는 방법으로 하도록 하고, 동물을 불가피하게 죽여야 하는 경우의 도살방법에 대한 규정은 삭제함(안 제10조).

다. 현행 동물학대 행위에 대한 벌칙규정을 "동물을 죽이거나 학대한 경우"에 대한 것으로 변경함(안 제46조 제2항 제1호).

2018년 5월 15일에 이상돈 의원 등 10인은 '「축산법」 일부개정법률안(의안번호 2013577)'을 국회에 제출하였다. 법안에는 가축에서 개를 명시적으로 제외하여 육견업자들의 식용목적 개사육이 금지되도록 규정하고 있다. 이는 개를 「축산법」에 따른 가축의 정의에서 제외하여 가축사육업자 중 개를 사육하는 사업자들을 「농업·농촌 및 식품산업 기본법」의 '농업인'의 범주에서 배제되도록 하여, 개 사육업자가 농업인으로서의 혜택을 받지 못하도록 하여 개 사육을 축소하려는 취지를 지니고 있다.

법안

제안이유 및 주요내용: 「축산물 위생관리법」상 가축에 해당되지 않는 개가 가축의 개량·증식 및 산업적 이용을 전제로 한 「축산법」에서는 가축으로 규정되어 있음. 그런데 「축산법」에 따라 개의 사육이 가능해지면서 육견업자들이 최소한의 비용으로 최대한의 이익을 남기는 방식으로 개를 사육하는 등 공장식 사육으로 인하여 동물의 복지를 저해한다는 지적이 있어 현행법상 가축의 정의에서 개를 명시적으로 제외하려는 것임(안 제2조 제1호).

5) 제21대 국회에서의 입법성공

위에서 살펴본 개식용금지를 위한 여러 법안들은 모두 임기만료로 폐기되었다. 이는 「동물보호법」을 개정하는 것이든 새로운 법률을 제정하는 것이든, 개고기식용금지를 위한 국회와 정부의 적극적인 의지를 찾을 수가 없었다. 그러나 제21대 국회에 들어와서는 이전보다 적극적으로 개식용을 금지하려는 입법노력이 계속되었고, 제21대 국회에서 드디어 입법에 성공하였다. 즉, 한정애 의원이

2023년 6월 28일에 발의한 「개식용종식을 위한 특별법안」(의안번호 2122926)을 비롯하여 8건의 개식용금지법안이 국회에 제출되었고, 이 법안들을 종합하여 농림축산식품해양수산위원장 명의로 하나의 통합법안이 만들어졌다.

✔ 농림축산식품해양수산위원장이 발의한 개식용금지법의 제안 이유

세계적으로 '개'는 반려동물이라는 인식이 확대되고 있으며, 대만, 홍콩, 필리핀 등 개를 식용 목적으로 사육하고 소비하는 것이 오랜 관행처럼 지속되어 온 국가에서도 관련 법 제정 등을 통해 개의 식용을 금지하는 등 제도적 노력을 기울이고 있음. 또한 우리나라도 최근 반려동물 등록 수와 가구 수가 크게 확대되는 등 동물복지에 대한 인식이 크게 향상되어 사회적으로 개의 식용을 금지해야 한다는 목소리가 지속적으로 표출되고 있음. 그런데 현재도 여전히 개고기를 먹는 식문화가 일부 남아 있고 개의 열악한 사육환경과 비인도적인 도살방식 등으로 인하여 동물학대 논란 등 관련 문제가 지속적으로 발생하고 있음. 이에 제정안은 개를 도살·처리하여 식용으로 사용하거나 판매하는 것을 명시적으로 금지하고, 개사육농장 분포 현황 등 실태조사를 바탕으로 개 식용 종식을 위한 개사육농장의 폐쇄 및 폐업에 관한 사항을 담은 기본계획을 마련하여 폐업한 개사육농장 농장주의 폐업·전원 지원하도록 함으로써, 식용목적의 개 사육과 소비문화를 변화시키고 관련 영업의 폐업 신고와 업종전환을 유도하여 동물의 생명을 보호하고 개고기 식용과 관련된 사회적 갈등을 해소하려는 것임.

이 법안은 2024년 1월 9일에 국회 본회의를 통과하여 「개의 식용 목적의 사육·도살 및 유통 등 종식에 관한 특별법」(약칭 「개식용종식법」)으로 2024년 2월 6일에 공포되었다.

4. 개식용종식법의 내용

「개식용종식법」의 구체적인 내용은 다음과 같다.

2024년 2월에 제정된 「개식용종식법」의 주요 내용

① 식용을 목적으로 개를 사육·증식·도살하는 행위, 개 또는 개를 원료로 조리·가공한 식품을 유통·판매하는 행위를 금지함(제5조). 도살금지 규정 위반시 3년 이하 징역 또는 3천만원 이하 벌금(제17조 제1항) 식용 목적 사육·증식·유통·판매 규정 위반시 2년 이하 징역 또는 2천만원 이하 벌금(제17조 제2항)

② 농림축산식품부장관이 개의 식용을 종식하기 위하여 개사육농장주, 개식용 도축·유통상인 및 개식용 식품접객업자의 폐업 또는 전업 등에 관한 사항 등이 포함된 개식용 종식 기본계획을 수립하도록 함(제6조).

③ 개사육농장주, 개식용 도축·유통상인 또는 개식용 식품접객업자는 시설 명칭, 주소, 규모 및 영업 사실 등을 이 법 공포일부터 3개월 이내에 지방자치단체의 장에게 신고하도록 함(제10조). 위반시 3백만원 이하 과태료(제18조)

④ 개사육농장, 개를 도살·처리하거나 식용목적 유통·판매하기 위한 시설의 신규 설치·운영 금지(제9조) 위반시 3백만원 이하 과태료(제18조)

⑤ 국가 또는 지방자치단체가 시설 명칭, 주소, 규모 및 영업 사실 등을 신고하고 이행계획서를 제출한 자에 대하여 폐업 등에 필요한 지원, 전업에 필요한 시설 및 운영자금 등의 지원을 하도록 함(제11조 및 제12조).

2024년 2월 6일에 대통령에 의하여 공포된 「개식용종식법」은 공포후 6개월이 경과한 날(2024년 7월 7일)부터 시행되고 있다. 폐업 · 전업지원 등에 관한 조항은 대통령령으로 지원의 내용과 대상, 기준, 절차 등을 마련하여 시행하도록 하고 있다. 다만, 개식용 목적의 사육 · 도살 · 유통 · 판매에 관한 규정과 이 규정 위반에 대한 벌칙 조항은 3년의 유예기간을 두고 2027년 2월 7일에 시행된다.

제정된 법률에 따르면 식용을 목적으로 개를 사육, 증식, 도살하는 행위(3년 이하의 징역 또는 3,000만원 이하의 벌금)와 개고기를 유통, 판매하는 행위(2년 이하의 징역 또는 2,000만원 이하의 벌금)는 처벌하지만, 개고기의 섭취 자체를 처벌하는 규정은 없다. 일부 법안에서는 개고기의 '섭취'도 처벌하는 내용이 있었는데, 8개의 법안이 통합되어 법률이 제정되는 과정에서 '섭취'를 처벌하는 것에 대한 문제 제기가 있었으며 결국 개고기의 '섭취'는 처벌대상에서 제외된 것이다. 간단히 정리하면 식용을 목적으로 개를 사육, 증식, 도살하는 행위와 개고기를 유통, 판매하는 행위는 처벌되지만, 개고기를 먹는 행위는 처벌되지 않는 것이다. 개고기의 공급은 규제하고, 소비는 규제하지 않는 방식으로 입법이 된 것인데, 개식용종식법에 대한 저항을 최소화하고 개식용의 단계적인 종식을 법제화한 것으로 보인다.

지원금을 받기 위하여 신규로 개사육농장을 설치하거나 도살 · 유통 · 판매의 운영을 하는 경우에는 지원금을 받지 못할 뿐만 아니라 3백만원 이하의 과태료가 부과된다. 과거에도 이미 일부 지방자치단체에서는 업종전환을 위한 지원금을 지급하는 등의 유도정책을 시행한 바 있었지만 그 효과는 크지 않은 것으로 평가되었다.[24] 그러나 이제는 지원금을 받고 다시 장소를 옮겨 영업을 하는 경우에는 과태료가 부과됨은 물론이고 지원금을 반납하여야 하기 때문에, 전업 및 폐업지원 제도가 악용되기는 어려울 것으로 본다.

개식용종식법이 제정된 직후에 정부는 3개월간 개식용 관련 농장과 영업장의 운영신고를 받았는데, 사육 농장 1,507개, 도축업 163개, 유통업 1,679개, 식품접객업 2,276개 등 총 5,625개 업체가 신고를 하였다. 이들 업체가 전업 또는 폐업에 관한 이행계획서를 각 지방자치단체에 제출하면, 정부와 지방자치단체는 이행계획서를 제출한 농장과 영업장을 대상으로 전업 또는 폐업에 필요한 시설 및 자금을 지원할 예정이다. 법률이 본격적으로 시행되는 2027년 2월까지의 3년 유예기간 동안에 전업 또는 폐업에 대한 지원이 이루어지고, 2027년 2월부터는 처벌이 이루어진다.

24 "강원도가 지난해 보신탕과 사철탕을 취급하는 곳을 '외국인 반정서 음식점'으로 분류하고 무상으로 간판을 교체해 주려던 사업(최대 1,000만원 지원)은 "국민 혈세를 낭비한다"는 반발에 부딪혀 사실상 무산됐다. 이후 음식점의 업종을 완전히 전환하는 곳에 대해서만 최대 2,000만원을 지원하기로 했지만 참여 업소는 18곳 가운데 2곳에 불과했다. 당초 신청 업소는 4곳이었지만 이 중 2곳은 지원금을 포기하고 다시 보신탕을 팔기로 했다." 서울신문, 2018. 2. 5.

09
반려견 관련 정책과 법령의 개선방안

1. 일반론
2. 정책 방향
3. 관련 입법

반려견 법률상식

09

반려견 관련 정책과 법령의 개선방안

1. 일반론

개를 물건이나 음식으로 보는 인식과 법령은 변화되고 개선되어야 한다. 개를 '애완견'을 넘어 '반려(伴侶, companion)견'이라고 부르는 이유는 개가 인생을 동반하는 친구이자 가족 같은 존재라고 여기기 때문이다. 개를 친구이자 가족처럼 보는 인식과 개를 단순히 물건이나 음식으로만 보는 인식은 공존할 수가 없다. 따라서 변화된 인식과 사회환경에 맞게 제도와 법령을 개선할 필요가 있다고 본다.

우리나라 반려동물 인구가 1,000만명을 넘어 1,500만명 정도로 추산되고 있고, 동물학대행위에 분개하고 동물보호운동에 공감하는 사람들이 많아지고 있다. 반려동물정책은 이제 중요한 선거이슈로 등장하고 있다. 제19대 대통령선거에서는 거의 모든 후보가 반려동물정책을 제시하였다. 2017년의 제19대 대통령선거 후보자들은 반려동물 급식소와 놀이터 개설 및 증설, 동물의료협동조합 지원 및 진료비 부가세 폐지, 반려동물 행동교육 전문 인력 육성 및 지원센터 건립, 유기동물 입양 활성화 추진, 길고양이 급식소 및 중성화사업 확대 등 다양한 반려동물정책을 제시한 바 있다. 2022년의 제20대 대통령선거 후보자들도 대부분 반려동물 공약을 제시하였는데, 동물병원 표준수가제, 동물병원 진료비 표준화, 반려동물 동반 쉼터 확대, 대통령 직속의 동물복지위원회 설치와 중앙 동물보호센터 설립, 반려동물 건강보험도입 등의 정책을 제시하였다. 특히 반려동물의 진료비 문제에 대한 정책이 공통적으로 제시되었다. 반려동물을 양육하는 유권자가 증가하면서 반려동물 정책이 이제는 대선이슈까지 될 정도로 중요해진 것이다. 지방자치단체에서도 반려동물 또는 동물 관련 정책을 개발하거나 관련 시설 등을 앞다투어 유치하려는 노력을 기울이고 있다. 통영의 용초도에는 공공형 고양이 보호분양센터(일명 고양이 학교)가 설치되었고, 경기도 고양시의 반려동물공원, 포항시의 반려동물공원, 대전 유성구의 반려동물공원 등이 운영되고 있다. 앞으로는 대통령선거 만이 아니라 국회의원선거나 지방자치단체의 의원이나 단체장을 뽑는 선거에서도 반려견 관련 정책과 공약은 더욱 많아지리라 본다.

또한 반려동물을 키우는 인구가 1,500만명 이상으로 추산되고 있는 시점에서, 반려견은 인간과 "감정을 나누는 소중한 동반자"로 인식되고 있다. 반려동물과 동반하는 "시대를 반영하는 법률적·제도적 장치가 뒤따라야 한다"[1]는 주장은 많은 지지를 받고 있다. 동물이 대접받는 나라는 사람을 함부로 대하지 않는다. 인권수준이 높고 권리와 복지가 보장되어 있는 나라들이 동물권과 동물복지를 실현하고 있는 상황은 우연이 아니다. 인권과 동물권은 양자택일의 문제가 아니라 오히려 상관관계로 보게 된다.[2] 반려인구 1,500만 시대에 들어오면서 동물을 보는 시각이 현저히 개선되고 있다. 동물은 아무렇게나 다루어도 되고 마음대로 죽여도 되는 인간을 위한 '물건'이라는 생각에서 인간과 물건 사이에 위치하는 '존중되어야 하는 존재'로 사고와 행동의 전환이 이루어지고 있다.

오래전부터 이미 「동물보호법」 제3조에는 동물을 사육·관리 또는 보호할 때에는 기본원칙이 명시되어 있다. 이는 ① 동물이 본래의 습성과 신체의 원형을 유지하면서 정상적으로 살 수 있도록 할 것, ② 동물이 갈증 및 굶주림을 겪거나 영양이 결핍되지 아니하도록 할 것, ③ 동물이 정상적인 행동을 표현할 수 있고 불편함을 겪지 아니하도록 할 것, ④ 동물이 고통·상해 및 질병으로부터 자유롭도록 할 것, ⑤ 동물이 공포와 스트레스를 받지 아니하도록 할 것이다.

이러한 동물보호의 원칙은 유럽연합에서 채택하고 있는 동물보호의 5원칙과도 동일한 내용이다.[3] 그러나 '누구든지 준수하도록 노력

1 심재축, '순천형 반려 동·식물 산업' 청사진 나왔다, 전남일보, 2017. 8. 28.

2 하재영, 아무도 미워하지 않는 개의 죽음, 창비, 2018, 281쪽.

3 1976년 제정된 「농장사육 동물보호를 위한 유럽협약」(European Convention for the Protection of Animals kept for Farming Purposes)에 따르면, 동물복지를 위한 5원칙은 ① 굶주림과 목마름으로부터의 자유, ② 불편함으로부터의 자유, ③ 고통

하여야' 하는 이러한 동물보호의 기본원칙이 지켜지지 않는 경우가 있다. 법규범은 선진적인 기준에 맞추어 규정되어 있음에도, 일부에서는 동물을 함부로 잡아먹고 잔인하게 학대하는 일이 발생하기도 한다. 제도적 개선이 필요한 영역도 있지만 만들어진 법령을 잘 지키는 것은 더욱 중요한 일이다.

반려동물 사이에도 '부익부 빈익빈(富益富 貧益貧)' 현상이 나타나고 있다는 지적이 있다. 일부 반려견은 사람보다 호화롭게 사는 경우가 있고, 일부 반려견은 학대를 당하는 경우도 있으며, 잔인하게 도살당하는 반려견도 있는 것이다. 일부 반려견은 사람보다 더욱 대우를 받는 경우가 있다고 여겨지고 있으며, 이는 사람들의 상대적 박탈감을 초래하기도 한다.[4]

반려견 관련 법령과 정책에는 균형감이 필요하며, 앞으로 일어날 반려견 관련 법적 분쟁을 미리 대비할 필요가 있다. 반려견을 기르는 사람은 반려견을 무서워하거나 싫어하는 사람에게 피해가 가지 않도록 배려하여야 하고, 반려견을 기르는 사람에게는 불필요한 제약이나 제제가 가해지지 않도록 정책적인 배려가 있어야 한다.[5] 이 세상에는 반려견을 좋아하는 사람과 싫어하는 사람 그리고 반려견을 무서워하는 사람이 함께 살아가고 있으며, 이러한 모두를 존중하

과 질병으로부터의 자유, ④ 정상적인 행동을 표현할 자유, ⑤ 공포와 스트레스로부터의 자유이다. 이는 식용으로 사육되는 동물을 위한 것으로 반려견에 직접 해당되는 내용은 아니지만, 동물에 대한 기본적인 인식과 배려를 표현하고 있다.

4 장은혜, 사회통합관점에서의 동물정책의 법적 쟁점과 전망, 한국법제연구원, 2018, 29쪽.

5 홍완식, 반려견 정책의 쟁점과 과제, Law School 창, 2018. 9/10, 32쪽.

는 반려동물 정책과 법령이 만들어져야 하리라 본다.[6]

이에 더하여 동물학대에 대한 처벌이 엄하지 않아서 동물학대가 근절되지 않는다는 의견이 있다. 앞에서 살펴본 바와 같이 최근조사에서는 동물학대에 대한 형사처벌이 너무 약하다는 의견이 우세하며, 동물학대범에 대한 강력한 처벌과 함께 사육을 금지해야 한다는 의견이 매우 높다.[7] 반려견과 관련한 민사소송 특히 반려견이 상해나 사망의 피해를 입은 손해배상청구 등의 사건에서 견주의 정신적 고통이 상당함에도 불구하고 위자료 액수가 너무 낮게 인정되기 때문에 위자료 액수가 현재보다 높게 인정되어야 한다는 의견이 있다.[8]

2. 정책 방향

국가와 지방자치단체에서 동물과 관련한 업무를 담당하는 공무원의 규모와 관련 재정을 점차 확대할 필요가 있다. 반려동물을 포함한 동물 관련 부서와 재정 및 인원을 늘리는 것으로 반려동물정책이 개선될 것을 기대하기는 어렵지만, 개체수가 점차 증가하고 있는 반려견을 포함한 반려동물 정책을 시대에 맞게 개선할 필요가 있다.

6 홍완식, 개물림사고 방지 위한 제도개선 시급, 에너지경제신문, 2019. 7. 22.

7 농림축산식품부, 2023 동물복지에 대한 국민의식조사 보고서, 2023. 12, 82쪽.

8 안소영, 반려견에 관한 위자료, 저스티스, 통권 192호, 2022, 90쪽.

향후에는 '동물경찰'(Animal Police) 제도를 도입하는 것도 고려할 필요가 있다. 동물경찰은 개와 고양이를 포함하여 동물을 관리·감독하는 등 동물과 관련된 사건·사고와 구조 등의 업무를 전담하도록 하자는 것이다. 특히 개와 관련해서는 개를 학대하는 행위를 예방하고 학대당하는 개를 구조하며, 맹견 등 위험한 개로부터의 사고를 예방하고 사고를 처리하는 업무도 담당하도록 하자는 것이다. 동물과 관련된 사고나 범죄 등은 구청 등의 일반 행정기관에서 해결하기 어렵고, 일반경찰의 업무로 보기에도 어려운 부분이 있다. 따라서 동물과 관련된 사고나 범죄 등을 전문적으로 담당하는 동물경찰 제도를 도입한다면 동물관리의 전문성이 축적될 수 있을 것이다. 동물경찰을 새로운 조직으로 만드는 방법도 있고, 경찰의 기존 업무에 부가하여 동물업무를 다루는 전문 부서를 설치하는 방법도 있으며, 자치경찰의 형태로 지방자치단체에 소규모의 동물경찰을 두는 방법도 좋다고 본다.

현행법상으로 개는 물건이기 때문에, 주인에게서 학대받는 개를 타인이 함부로 구조하는 경우에는 개를 절도한 행위로 처벌받을 수 있다. 따라서 개가 학대를 받고 있는 긴급한 상황에서는 동물경찰에 신고하여 개를 구조하게 하거나 누구든지 개를 구조하여 동물보호센터에 맡길 수 있도록 하는 정책과 조치가 개발되어야 한다. 이를테면, 학대동물 구조자는 면책을 받을 수 있도록 하는 등의 조치가 필요하며, 학대동물 구조를 위한 관련 기관간의 유기적인 네트워크가 형성될 필요가 있다.

맹견으로 인한 물림사고가 종종 발생하고 있다. 맹견과 키(견고) 40cm를 초과하는 반려견에게 일률적으로 외출시 입마개를 의무화는 것에 대해서는 논란이 많았다. 한쪽에서는 안전을 위하여 필요한 조치라고 하고, 다른 한쪽에서는 외출시 목줄을 의무화하고 있으므로 사고방지가 가능하다는 것이다. 더 나아가서, 크지만 유순한 반려견이 있음에도 불구하고 획일적으로 입마개를 의무화하는 것은 동물학대라는 것이다. 맹견의 경우에는 안전을 위하여 입마개가 불가피하겠지만, 키(견고) 40cm를 초과하는 반려견에게 입마개를 획일적으로 의무화하는 것은 지나치다고 본다. 이러한 논쟁은 결국 2018년 3월의 「동물보호법」 개정을 통하여, 맹견에게만 입마개를 의무화하는 것으로 일단락되었다. 다만, 법적으로 맹견은 아니지만 개체의 특성상 공격성이 강하거나 예측불가한 행동을 하는 반려견의 경우에는, 법적 의무가 없더라도 자율적으로 입마개를 할 필요가 있다. 사고를 낸 전력이 있거나 공격성이 강한 일반견이 입마개를 하지 않아 개물림사고를 내는 경우에는, 주의의무 위반으로 견주의 민·형사상의 책임이 무거워질 수 있다. 일반견의 경우에도 사람 또는 동물에게 위해를 가한 경우에는 기질평가를 거쳐 맹견으로 지정할 수 있도록 하는 「동물보호법」 개정은 2024년 4월부터 시행되고 있다. 새로 도입된 기질평가제도가 제대로 시행되는지는 지켜볼 필요가 있다. 이렇게 「동물보호법」 개정을 통해 맹견수입신고제와 맹견사육허가제를 2024년 4월부터 시행하게 된 것은 국민들의 의견을 입법에 반영한 것으로 바람직하다. 그러나, 맹견의 종류를 5종류에서 확대하여야 한다는 의견이 반영되지 않고 있다는 점은 아쉬운 부분이다.

반려견에 대한 이해와 훈련 및 펫티켓 등에 대한 교육 등 펫러닝을 위하여 '반려견 학교' 또는 '반려견 프로그램'을 확대할 필요가 있다. 반려동물 소유자 의무교육 도입 필요성에 대한 최근의 조사에서도 응답자의 88.6%가 필요하다는 응답을 하고 있다.[9] 유사한 취지의 제도는 미국[10]에도 있고 독일[11]에도 있고 스위스[12]에도 있다. 교육방식으로는 의무교육도 있고 자율교육도 가능하며, 다양한 창의적인 방안이 가능하다. 의무교육은 최소화하고 다양한 자율교육 프로그램을 확대할 필요가 있다. 즉, 학교의 선택과목으로 하거나 반려견 등록시 의무화하는 방안 등 공적 프로그램으로 도입하는 방안도 있고, 반려견 관련 단체 등을 지원해서 이러한 프로그램을 자율적으로 운영하게 하는 방안도 있을 수 있다. 이러한 교육을 통하여 반려견의 양육이나 반려견과의 소통에 관한 기본지식을 익힘은 물론이고 반려견을 키우면서 지켜야 하는 법령과 펫티켓을 익혀서 반려견의 양육을 도울 수 있을 것이며, 반려견 관련 사고나 비반려인들과의 갈등을 줄일 수 있다고 본다.

---

9 농림축산식품부, 2021년 동물보호에 대한 국민의식조사 결과보고서, 2021. 11. 62쪽.

10 김지현, 동물과의 공존을 위한 미국 입법례, 외국입법정보, 국회도서관 법률정보실, 2018. 7, 61쪽.

11 일정한 반려견 양육 관련 교육을 받은 사람에게 운전면허(Führerschein)와 유사한 '반려견 자격증'(Hundeführerschein, Hundeführschein)이 발급된다. 이 자격증의 기본적인 취지는 반려견이 사람이나 다른 동물을 해치지 못하도록 반려견을 기르는 사람에게 교육하려는데 있다.

12 스티븐 핑커, 김명남(역), 우리본성의 선한 천사, 사이언스북스, 2014, 799쪽.

그리고 모든 반려견의 견주에게 반려동물 관련 법령을 포함하여 반려견 사육에 필요한 교육을 의무화할 필요가 있다. 현재는 맹견을 기르는 사람에게만 매년 3시간씩 교육을 의무화하고 있다. 그러나 앞으로는 맹견이 아닌 일반견의 경우에도 이러한 교육을 의무화하는 것이 필요하다고 본다. 현재 반려동물 양육자를 대상으로 하는 교육프로그램을 운영하는 곳이 있기는 하지만 의무교육은 아니다. 반려동물 양육자 의무교육 도입 필요성에 대해 '필요하다'의 응답이 91.4%로 나타났고 있으며, 반려동물 양육자 의무교육이 필요하다는 의견은 2020년 이후 꾸준히 증가하고 있다.[13] 더 나아가서는 초중등 학생과 일반인 등을 대상으로 하여, 원하는 사람에게 신청을 받아서 교육을 받을 수 있도록, 각급 학교나 문화센터 등에서 다양한 반려견 관련 프로그램을 운영하면 좋을 것으로 생각한다.

독일이나 오스트리아 등 일부 외국에서 반려견 소유자에게 부과하고 있는 반려견 보유세(dog tax, Hundesteuer)의 도입은 매우 논쟁적인 사안이다.[14] 과세대상과 세액, 보유세 납부로 인한 혜택 등에 대한 신중한 검토와 견주들의 공감대 형성이 우선적으로 필요한 사안이라고 본다.

13 농림축산식품부, 2023 동물복지에 대한 국민의식조사 보고서, 2023. 12, 35쪽.

14 김남욱, 반려동물 보유세 도입과 재정고권 강화 - 견 보유세를 중심으로, 지방자치법연구, 제22권 제3호, 2022, 141쪽 이하; 유태현, 정재진, 안수남, 반려견 보유세 도입에 관한 탐색적 연구, 한국정책연구, 제20권 제4호, 2020, 85쪽 이하.

3. 관련 입법

1인가구의 증가와 반려동물의 증가 및 동물양육에 대한 처우개선 요구 등 "동물에 대한 인식의 변화에 비해 동물의 법적 지위에 대한 개선은 뒤늦은 감이 있다"[15]는 성찰이 큰 흐름을 이루고 있다. 인간 이외의 존재는 모두 물건이라고 하는 동물의 법적 지위에는 점진적인 개선이 필요하다.

우선, 헌법이 개정되는 기회가 있다면, 헌법에 동물보호규정을 신설할 필요하다. 헌법은, 법률보다 효력이 우선하는, 법규범 중에서 최고규범이고 헌법은 여러 법령을 입법함에 있어서 입법의 지침이 되기 때문에 헌법에 동물보호규정이 신설된다면 효과적인 동물보호 입법과 동물보호정책이 수립될 수 있는 제도적 기초가 되기 때문이다. 비교헌법적으로도 외국의 헌법에서 비슷한 규정을 찾아볼 수 있기 때문에, 헌법에 동물보호규정을 신설하는 것은 전혀 생소한 것이 아니다.

그리고 「민법」과 「동물보호법」을 포함하여 동물 관련 법률의 개정 방향은 ① 사람 ② 사람을 제외한 동물 ③ 물건의 3단계로 변경하자는 것이다. 물론 동물을 현행법 체계상의 물건에서 제외한다고 하여 동물에게 사람과 같은 권리주체성을 인정하기는 어렵다. 즉,

15 윤익준, 동물의 지위에 대한 법정책적 담론, 법과 정책연구, 제16집 제1호, 22016, 61쪽.

동물이 사람과 같은 법적 지위를 가진다는 것을 의미하는 것이 아니고, 물건보다는 향상된 법적 지위를 인정하자는 것이다. 그러므로 동물을 일반적인 물건과 달리 어떻게 취급할 것인지, 동물 소유주의 권리행사나 의무가 어떻게 제한되고 부담되는 것인지에 대한 법적 지위를 입법과 판례를 통해 형성해 나가야 할 것이다. 나아가 동물과 관련된 사건이나 분쟁이 발생했을 때 적용할 법률을 체계화하기 위해 동물의 개념 및 분류, 법적 지위, 동물의 관리와 보호 및 복지에 관한 내용, 동물관련 부서의 조정 및 컨트롤타워 도입에 관한 내용을 담은 가칭 '동물기본법'을 제정하자는 의견이 있다.[16]

또한 가칭 '반려동물 관련 산업법'을 제정하자는 의견도 있다. 반려동물 관련 산업의 규모가 커지고 규율해야 할 사항이 많아지면서 현행 법제로서는 다양한 이해관계와 법률문제를 적절하게 규정하기에는 미비하므로 '반려동물 관련 산업법'을 제정하여 반려동물 관련 산업의 발전과 체계적 관리에 필요한 사항을 규정하자는 내용이다.[17] 「동물보호법」은 동물보호의 관점과 목적에서 만들어진 법률이기 때문에, 현재와 같이 「동물보호법」이 반려동물 관련 산업에 관한 전반적인 사항을 규율하기에는 적합하지 않다. 따라서 반려동물 관련 산업에 관하여 전문적이고 체계적인 규정들을 모아서, 반려동물 관련 산업에 관한 별도의 법률을 만드는 것이 바람직하다고 본다.

16 홍진희·김판기, 동물 관련 법제의 체계화를 위한 시론적 고찰, 법학연구, 제52호, 2017. 5, 146~157쪽.

17 김현희, 반려동물관련산업법 제정을 위한 기반마련 연구, 2017, 94쪽.

동물보호센터에서 분양되지 않는 유기견들은 보호 이후 10일이 지나면 안락사될 수 있다. 주인이 찾아가거나 분양될 수 있는 보다 충분한 시간을 확보하기 위하여 유기견들의 보호조치 공고기간(7일) 유실동물의 소유권 취득까지 대기기간(14일), 분양공고기간(7일)을 의무화하여 유실·유기동물의 보호기간을 4주로 늘이자는 「동물보호법」 개정안[18]이 발의된 적이 있었으나, 「동물보호법」 개정에 반영되지 못하고 대안폐기[19]되었다. 우선은 유기견 발생을 예방하고, 이미 발생한 유기견을 보다 개선된 방법으로 해결하기 위한 관련 법령의 입법이 필요하다.

1931년 이탈리아 피렌체에서 열린 '세계 생태학자 대회'에서는 '인간과 동물의 유대감을 강화하고 멸종위기에 처한 동물을 보호하자'는 취지에서 '생태수호성인'인 '성 프란치스코'의 축일인 10월 4일을 '세계동물의 날(World Animal Day)'로 지정하였고 매년 이 날이 되면 가톨릭 성당이 앞장서서 반려동물 축복식을 거행하는 등 세계 각지에서 동물애호·동물보호를 위한 다양한 행사와 활동을 진행해오고 있다. 또한, 자연 보호를 위해 설립된 세계 최대 규모의 환경분야 국제 NGO인 '세계자연보호기금(WWF)'에서는 2016년에, 매년 12월 4일을 '야생동물보호의 날'로 선포하였다. 우리나라에서도 세계적인 흐름에 맞추어 동물의 생명존중, 안전보장 및 복지증진에 대한 국민적

18 표창원 의원 등 64인, 동물보호법일부개정법률안(의안번호 2001995호), 2016. 8. 31.

19 여러 건의 법안이 통합된 법안으로 만들어지면서 원래의 법안이 폐기되는 것을 의미함. 원래 법안의 내용이 통합 법안에 다 들어가는 경우도 있지만, 일부 내용만 들어가고 일부 내용은 빠지는 경우가 있음.

인식과 공감대를 확산시키기 위하여 정부 주관 기념일로 ‘동물보호의 날’을 정하고자 하는 움직임이 있어 왔다. 드디어 2024년 1월에 「동물보호법」 개정을 통하여 10월 4일을 ‘동물보호의 날’로 규정하는 조항이 신설[20]되었고, 2025년부터는 10월 4일을 ‘동물보호의 날’ 기념일로 지키게 되었다.

현행법은 소유자가 동물을 동반하고 외출할 때에는 2미터 이하의 목줄 등 안전조치를 하여야 하고 배설물을 즉시 수거하도록 규정하고 있으나, 반려동물로 인하여 타인에게 공포감이나 불쾌감을 유발하는 행위를 제재하는 규정은 별도로 마련되어 있지 않다. 최근 공동주택의 층간소음이 사회적 문제로 대두되는 가운데 특히 반려동물 민원이 층간소음 민원보다 5배 이상 많은 것으로 나타나는 등 반려동물의 확산에 따른 대책이 필요하다는 의견도 있다. 이러한 의견을 반영하여, 동물의 소유자 등은 타인에게 공포감, 불쾌감, 소음 등을 유발하지 않도록 교육·훈련 등을 통한 필요한 조치를 취하도록 하는 규정을 마련하려는 법안[21]이 제출된 적이 있다. 그러나 이 법안은 제20대 국회의 임기만료로 폐기되었다. 법률을 통하여 의무화하기 이전이라도 스스로 이웃과 타인을 배려할 필요가 있다.

앞서 서술한 바와 같이 우리나라에서 「동물보호법」이 제정된 것은

20 「동물보호법」 제4조의2(동물보호의 날) ① 동물의 생명보호 및 복지 증진의 가치를 널리 알리고 사람과 동물이 조화롭게 공존하는 문화를 조성하기 위하여 매년 10월 4일을 동물보호의 날로 한다. ② 국가와 지방자치단체는 동물보호의 날의 취지에 맞는 행사와 교육 및 홍보를 실시할 수 있다. [본조신설 2024. 1. 2.] [시행일: 2025. 1. 3.] 제4조의2

21 황주홍 의원 대표발의, 동물보호법 일부개정법률안, 2017. 9. 8, 제안이유, 1쪽.

1991년으로, 동물보호나 동물복지에 관한 철학적·사회적·법적 논쟁을 토대로 입법되었다기보다는 1988년에 개최된 서울올림픽을 계기로 한 국가이미지 개선 등의 입법필요성에 부응한 것이라고 볼 수 있다. 1991년의 「동물보호법」 제정에 대해서 동물의 복지나 동물의 권리에 관한 논쟁이 희귀한 관심사임에도 불구하고 1991년에 「동물보호법」이 제정된 것은 "신기한 일"[22]이라고 하는 평가도 있었다. 이제는 우리나라도 경제력 세계 10위권의 국가다운 의식과 제도를 갖춘 명실공히 문화국가가 되어야 한다고 본다. 부유하거나 기술이 뛰어난 국가가 된다고 선진국이 되는 것이 아니라, 이에 더하여 타자와 생명을 존중하는 문화를 가진 국가가 선진국이다. 반려동물을 비롯하여 동물을 존중할 필요가 있고, 이러한 관점에서 특히 반려견을 포함한 반려동물에 관한 법제도적 정비가 속히 이루어질 필요가 있다.

임마누엘 칸트는 동물을 어떻게 대하는지를 보면 그 사람의 심성을 알 수 있다고 하였고, 마하트마 간디도 한 국가의 위대함과 도덕성은 그 국가의 동물들이 어떠한 대우를 받고 있는지를 보면 알 수 있다고 하지 않았는가? 개를 잡아먹고 학대하는 국가의 수준에 머물지 말고, 동물의 생명을 존중하고 동물의 복지도 고려하는 국가의 수준으로 나아가야 한다. 더불어 반려인과 비반려인이 상호 존중하고 배려하는 인식이 필요하고, 이러한 인식을 바탕으로 관련 제도와 법령이 만들어져야 하리라 본다.

22 박찬운, 동물보호와 동물복지론－유럽상황을 중심으로－, 법조, 640호, 2010. 1, 321쪽 이하.

부록

법령은 2024년 6월 10일 기준입니다. 법령 개정은 법제처의 국가법령정보센터(www.law.go.kr)에서 확인할 수 있습니다.

2024년 1월의 동물보호법 개정이유 및 주요내용

개정이유 및 주요내용

동물의 생명보호 및 복지 증진의 가치를 널리 알리고 사람과 동물이 조화롭게 공존하는 문화를 조성하기 위하여 매년 10월 4일을 동물보호의 날로 정하고, 학대받은 동물의 보호조치 기간을 정할 때 동물보호센터의 장 등 관계자의 의견 청취를 거치도록 하며, 동물실험이 끝난 실험동물의 기증·분양 현황 등에 대한 실태조사 근거를 마련함. (시행 : 2025년 1월 3일)

2023년 6월의 동물보호법 개정이유 및 주요내용

개정이유 및 주요내용

국가와 지방자치단체는 학생이 동물의 보호·복지 등에 관한 사항을 교육받을 수 있도록 동물보호교육을 활성화하기 위하여 노력하도록 하고, 피학대동물 등의 의무신고자 범위에 동물보호관을 추가하며, 인증농장에 대한 지원 사항에 인증농장에서 생산한 축산물의 판로개척을 위한 상담·자문 등을 추가하는 한편, 농림축산식품부장관은 동물장묘 등에 관한 정보의 제공과 동물장묘시설의 이용·관리 업무 등을 전자적으로 처리할 수 있는 장묘정보시스템을 구축·운영할 수 있도록 하고, 형벌과 수강명령 등의 병과 대상에 안전관리 의무를 위반하여 사람을 사망·상해에 이르게 한 등록대상동물·맹견의 소유자 등을 추가하는 등 현행 제도의 운영상 나타난 일부 미비

점을 개선·보완함.

2022년 4월의 동물보호법 개정이유 및 주요내용

1. 개정이유

현행법은 1991년 건전하고 책임 있는 사육문화 조성과 사람 및 동물의 조화로운 공존에 이바지하고자 제정된 이후, 사회적 이슈와 정책적 수요를 반영하여 여러 차례 개선·보완되어왔으나, 동물학대 및 안전사고 발생 등으로 인한 사회적 문제와 반려가구의 급증, 동물보호 및 동물복지에 대한 국민의 인식변화 등에 따라 전반적인 제도 개선의 필요성이 제기되어 왔음.

이에 보호조치 중인 동물 반환 시 사육계획서 제출을 의무화하여 동물학대를 예방하고, 맹견 사육허가제와 기질평가제를 신설하여 맹견관리를 강화하며, 반려동물 영업 관련 제도를 정비하고 준수사항 위반에 대해 처벌을 강화하는 한편, 민간동물보호시설 신고제도를 신설하고 반려동물행동지도사 자격제도를 도입하는 등 동물의 보호 및 복지 증진을 위하여 관련 제도를 전반적으로 개편·정비하려는 것임.

2. 주요내용

가. 동물학대 행위 등의 구체화(제10조)

1) 농림축산부령으로 규정하던 금지행위의 내용을 법률로 상향하여 규정함으로써 형벌의 대상이 되는 행위의 법적 근거를 명확히 함.

2) 동물학대 행위를 근절하기 위하여 소유자등의 금지행위를 구체화하고 위반자에 대한 처벌을 강화함.

나. 반려동물 전달방법 보완(제12조 및 제101조 등)

반려동물을 다른 사람에게 전달하려는 사람은 직접 전달하거나 동물운송업의 등록을 한 자를 통하여 전달하도록 하고 이를 위반할 경우 100만원 이하의 과태료를 부과하도록 함.

다. 맹견수입신고제도 도입(제17조)

맹견을 수입하려는 자는 맹견의 품종, 수입 목적, 사육 장소 등을 농림축산식품부장관에게 신고하도록 함.

라. 맹견사육허가제도 도입(제18조)

맹견을 사육하려는 사람은 요건을 갖추어 시·도지사에게 맹견사육허가를 받도록 하고 시·도지사는 기질평가를 거쳐 맹견사육허가를 하도록 함.

마. 기질평가위원회의 설치(제26조)

1) 맹견사육허가 전 기질평가 및 맹견 아닌 개의 기질평가 등의 업무를 수행하도록 하기 위하여 시·도에 기질평가위원회를 두도록 함.

2) 기질평가위원회의 위원은 수의사, 반려동물행동지도사 등 동물의 행동과 발달과정, 동물복지정책 등에 대한 학식과 경험이 풍부한 사람 중에서 시·도지사가 위촉하도록 함.

바. 반려동물행동지도사 자격제도 도입(제30조부터 제33조까지)

1) 반려동물의 행동분석·평가 및 훈련 등에 전문지식과 기술을 가진 사람으로서 농림축산식품부장관이 시행하는 자격시험에 합격한 사람은 반려동물행동지도사로서 관련 업무를 수행할 수 있도록 함.

2) 반려동물행동지도사의 업무, 자격시험, 결격사유 및 명의대여 금지 의무 등의 내용을 규정함.

사. 민간동물보호시설의 신고 및 지원(제37조 등)

1) 대통령령으로 정하는 규모 이상의 유실·유기동물 및 피학대동물을 기증·인수받아 임시적으로 보호하기 위한 시설을 설치하려는 자는 특별자치시장·특별자치도지사·시장·군수·구청장에게 신고하도록 의무를 부과함.

2) 신고가 수리된 민간동물보호시설 운영자는 시설 및 운영기준 등을 준수하고 시설정비 등의 사후관리를 하여야 함.

3) 농림축산식품부장관 또는 특별자치시장·특별자치도지사·시장·군수·구청장이 민간동물보호시설의 환경개선 및 운영에 드는 비용의 일부를 지원할 수 있는 근거를 마련함.

아. 사육포기 동물의 인수 제도 마련(제44조)

소유자등이 자신이 소유하거나 사육·관리 또는 보호하는 동물의 인수를 신청하는 경우 시·도지사와 시장·군수·구청장이 해동 동물을 인수할 수 있는 근거를 마련함.

자. 동물복지축산농장 제도 정비(제59조)

1) 동물복지축산농장 인증업무를 수행할 인증기관 지정 및 지정취소의 근거를 마련함.

2) 동물복지축산농장 인증의 유효기간을 3년으로 하고, 인증갱신 및 갱신 심사결과에 대한 재심사 제도 등을 도입함.

차. 반려동물 영업 관련 제도의 정비(제69조부터 제85조까지)

1) 동물생산업, 동물수입업, 동물판매업, 동물장묘업을 허가영업으로 하도록 정비하고 그에 필요한 내용을 규정함.

2) 동물전시업, 동물위탁관리업, 동물미용업, 동물운송업을 등록영업으로 하고 그에 필요한 내용을 규정함.

3) 맹견을 생산·수입 또는 판매하는 자에 대한 허가 특례를 규정하고 맹견취급을 위한 시설 및 인력기준을 별도로 정하도록 함.

4) 휴업·폐업 등의 신고 관련 사항을 신설하고, 영업자가 휴·폐업할 경우 동물처리계획서를 제출하도록 하는 등의 의무를 신설함.

5) 동물생산업자, 동물수입업자 및 동물판매업자는 등록대상동물을 판매하는 경우 구매자에게 동물등록의 방법을 설명하고 구매자의 명의로 동물등록을 신청한 후 판매하도록 의무화함.

6) 동물생산업자, 동물수입업자 및 동물판매업자가 등록대상동물을 취급하는 경우 그 거래내용을 신고하도록 함.

7) 영업정지 처분을 하여야 하는 경우로서 그 영업정지 처분이 해당 영업의 동물 또는 이용자에게 곤란을 주거나 공익에 현저한 지장을 줄 우려가 있다고 인정되는 경우 영업정지 처분에 갈음하여 1억원 이하의 과징금을 부과할 수 있는 근거를 마련함.

8) 반려동물 관련 영업자가 하가 등을 받지 않고 영업하거나, 허가 및 등록의 취소, 영업정지처분 등의 사유에도 불구하고 영업을 계속할 경우 영업장 폐쇄를 할 수 있는 근거를 마련함.

카. 국가동물보호정보시스템의 구축·운영(제95조)

농림축산식품부장관은 동물의 생명보호, 안전 보장 및 복지증진과 건전하고 책임 있는 사육문화를 조성하기 위한 정보를 수집·관리하고, 해당 정보를 체계적으로 관리하기 위한 국가동물보호정보시스템을 구축·운영하도록 함.

2020년 2월의 동물보호법 개정이유 및 주요내용

1. 개정이유

동물과 사람의 안전한 공존을 위하여 맹견 소유자로 하여금 맹견보험에 가입하도록 하는 한편, 동물의 유기와 학대를 줄이기 위하여 등록대상동물 판매 시 동물판매업자가 구매자 명의로 동물등록 신청을 하도록 하고, 동물을 유기하거나 죽음에 이르게 하는 학대행위를 한 자에 대한 처벌을 강화하며, 그 밖에 신고포상금제를 폐지하는 등 현행 제도 운영상 나타난 일부 미비점을 개선·보완하려는 것임.

2. 주요내용

가. 맹견의 소유자는 맹견으로 인한 다른 사람의 생명·신체나 재산상의 피해를 보상하기 위하여 보험에 가입하도록 함(제13조의2 제4항 신설)

나. 동물판매업자는 영업자를 제외한 구매자에게 등록대상동물을 판매하는 경우 그 구매자의 명의로 등록대상동물의 등록 신청을 한 후 판매하도록 함(제36조 제2항·제3항 신설).

다. 등록대상동물을 등록하지 아니한 소유자, 인식표를 부착하지 아니한 소유자, 안전조치를 하지 아니하거나 배설물을 수거하지 아니한 소유자 등을 신고 또는 고발한 자에게 포상금을 지급하던 신고포상금제를 폐지함(현행 제41조의2 삭제).

라. 동물을 죽음에 이르게 하는 학대행위를 한 자에 대한 처벌을 2년 이하의 징역 또는 2천만원 이하의 벌금에서 3년 이하의 징역 또는 3천만원 이하의 벌금으로 상향함(제46조 제1항 제1호 신설, 제46조 제2항 제1호).

마. 동물을 유기한 소유자 등에 대하여 300만원 이하의 과태료를 부과하던 것을, 앞으로는 300만원 이하의 벌금에 처하도록 함(제46조 제4항 제1호 신설, 현행 제47조 제1항 제1호 삭제).

2019년 8월의 동물보호법 개정이유 및 주요내용

개정이유 및 주요내용

국민생활 및 기업활동과 밀접하게 관련되어 있는 신고 민원의 처리절차를 법령에서 명확하게 규정함으로써 관련 민원의 투명하고 신속한 처리와 일선 행정기관의 적극행정을 유도하기 위하여, 동물장묘업·동물판매업·동물수입업 변경신고 등이 수리가 필요한 신고임을 명시하는 한편, 동물을 이용하여 도박을 행할 목적으로 광고·선전하는 행위를 금지하고, 이를 위반하면 300만원 이하의 벌금에 처하도록 하려는 것임.

2018년 12월의 동물보호법 개정이유 및 주요내용

1. 개정이유

동물장묘시설 설치 과정에서 발생하는 인근 지역주민과의 분쟁을 줄이기 위하여, 인가밀집지역, 학교, 그 밖에 공중이 수시로 집합하는 시설 또는 장소로부터 일정거리 이하 떨어진 곳에는 동물장묘시설을 설치할 수 없도록 하는 반면, 지방자치단체의 장으로 하여금 공설 동물장묘시설을 설치·운영할 수 있도록 법적 근거를 마련하여 동물장묘시설에 대한 수요를 충족하려는 것임.

2. 주요내용

가. 동물학대로 벌금형 이상의 형을 선고받은 자에 대하여, 형이 확정된 날부터 5년간 반려동물과 관련된 업의 등록과 허가 신청을 할 수 없도록 함(제33조 제3항 제4호).

나. 20호 이상의 인가 밀집지역, 학교, 그 밖에 공중이 수시로 집합하는 시설 또는 장소로부터 300미터 이하 떨어진 곳에 동물장묘시설을 설치하려는 경우 동물장묘업의 등록을 할 수 없도록 함(제33조 제3항 제5호 나목 신설).

다. 지방자치단체의 장으로 하여금 공설 동물장묘시설을 설치·운영할 수 있도록 하고, 국가가 예산의 범위에서 시설 설치에 필요한 경비를 지원할 수 있도록 함(제33조의2 신설).

2018년 3월의 동물보호법 개정이유 및 주요내용

1. 개정이유

현행법은 맹견에 대한 체계적 관리 규정이 없어 맹견으로 인한 사고가 빈번하게 발생하고 있음에도 소유자의 책임을 물을 수 있는 근거가 미흡함. 또한, 미성년자에게 동물해부실습을 시키지 못하도록 하는 근거가 없으나 현실에서 학원 등을 중심으로 미성년자에게 해부실습을 시키고 있어 동물의 생명권을 경시하고 미성년자의 정서를 해칠 우려가 있는 실정임. 따라서 맹견의 정의를 명시하고 맹견 소유자의 관리의무를 신설하며 격리조치의 근거를 신설하는 등 맹견에 대한 관리를 강화하고 미성년자에 대한 동물해부 실습을 금지하여 미성년자의 정서를 보호하고 동물의 생명권에 대한 인식을 제고하기 위하여 관련 제도를 정비하려는 것임.

2. 주요내용

가. 맹견의 정의를 신설하고 맹견의 소유자에 대해 외출 시 목줄 및 입마개 등 안전장치를 하도록 하며 사람에게 신체적 피해를 주는 경우 소유자 동의 없이 격리조치를 할 수 있는 근거 등을 신설함(제2조 및 제13조의2 신설)

나. 동물학대행위로 지정이 취소된 동물보호센터의 경우 재지정 제한기간을 현행 1년에서 2년으로 연장함(제15조)

다. 실험동물의 기증 및 분양의 근거를 신설하고 누구든지 미성년자에게 동물해부 실습을 시키는 것을 금지하며, 해부실습 금지규정을 위반한 경우 300만원 이하의 과태료에 처하는 내용을 신설함(제23조, 제24조의2 및 제47조)

2017년 3월의 동물보호법 개정이유 및 주요내용

1. 개정이유

현대사회에서 감정적 교류를 나누는 대상인 반려동물에 대한 수요가 증가하고 있는 반면 동물을 단순히 경제적 수단이나 괴롭힘의 대상으로 삼는 사례도 함께 늘어나고 있는 현실을 감안하여 법률상 금지된 행위를 한 경우 적용되는 벌칙 및 과태료를 현행보다 상향조정하려는 것임. 또한, 다양한 동물학대 사례가 보고된 바 있는 동물생산업장에 대한 관리를 강화하기 위하여 신고대상인 동물생산업을 허가대상으로 전환하고 허가가 취소된 후 1년이 지나지 않으면 동종업종의 허가를 받지 못하도록 하는 등 관련 규정을 정비하려는 것임. 한편, 동물과 관련된 산업이 크게 성장하고 있는 점을 감안하여 동물전시업, 위탁관리업 등을 비롯한 다양한 분야의 영업형태를 법률에 반영하고 영업자가 동물보호의 중요성을 인식하고 적정한 시설을 갖출 수 있도록 정기적으로 영업자의 시설 및 인력기준 준수 여부를 점검하는 내용과 함께 영업자가 교육을 받을 의무를 규정하는 등 영업 관련 제도를 정비하려는 것임.

2. 주요내용

가. '소유자등'을 '소유자와 일시적 또는 영구적으로 동물을 사육·관리 또는 보호하는 사람'으로 규정함(제2조 제3호).

나. '유실·유기동물'을 '도로·공원 등의 공공장소에서 소유자등이 없이 배회하거나 내버려진 동물'로 규정함(제4조 제1항 제2호).

다. 국가와 지방자치단체가 동물보호 관련 인력예산을 확보하기 위해 노력할 의무를 신설하고 국가가 지방자치단체에 필요한 사업비를 예산의 범위 안에서 지원할 수 있는 근거를 추가함(제4조 제3항 신설).

라. '판매하거나 죽일 목적으로 동물을 포획하는 행위' 등을 금지행위에 추가함(제8조 제3항).

마. '도박 목적으로 동물을 이용하거나 상품이나 경품으로 동물을 제공하는 행위, 영리를 목적으로 동물을 대여하는 행위' 등을 금지행위에 추가함(제8조 제5항).

바. 동물의 보호기관에게 동물의 등록여부를 확인하고 등록된 동물인 경우 지체 없이 동물의 소유자에게 보호조치 중인 사실을 통보할 의무를 부여함(제14조 제2항 신설).

사. 시·도지사 및 시장·군수·구청장은 동물보호센터를 직접 설치·운영하도록 노력하여야 함(제15조 제2항 신설).

아. 영업의 종류에 동물전시업, 동물위탁관리업, 동물미용업, 동물운송업을 추가하여 등록제로 관리하도록 함(제32조 및 제33조 등).

자. 동물생산업에 적용되고 있는 신고제를 허가제로 전환함(제34조 등).

차. 장묘업자를 제외한 모든 영업자의 연 1회 이상 정기교육을 의무화하고 시장·군수·구청장에게 영업자의 등록사항을 정기적으로 점검하도록 함(제37조 제2항 및 제38조의2 신설).

카. 동물등록, 인식표 부착 등에 대한 법적 실효성을 확보하기 위하여 포상금 지급의 근거를 마련함(제41조의2 신설).

타. 동물학대행위자에 대해 현재 '1년 이하의 징역 또는 1천만원 이하의 벌금'에 처하던 것을 '2년 이하의 징역 또는 2천만원 이하의 벌금'에 처하도록 하여 벌칙을 상향하고 이를 상습적으로 위반한 자에 대해 형을 가중할 수 있는 근거를 마련함(제46조 제1항 및 제6항).

파. 법인의 대표자, 개인의 대리인 등이 벌칙규정에 해당하는 처벌을 받는 경우 해당 법인이나 개인도 벌금형으로 처벌받도록 하는 양벌규정을 신설하려는 것임(제47조 신설).

동물보호법

[시행 2024.4.27.] [법률 제19486호, 2023.6.20, 일부개정]

제1장 총칙

제1조(목적) 이 법은 동물의 생명보호, 안전 보장 및 복지 증진을 꾀하고 건전하고 책임 있는 사육문화를 조성함으로써, 생명 존중의 국민 정서를 기르고 사람과 동물의 조화로운 공존에 이바지함을 목적으로 한다.

제2조(정의) 이 법에서 사용하는 용어의 뜻은 다음과 같다.

1. "동물"이란 고통을 느낄 수 있는 신경체계가 발달한 척추동물로서 다음 각 목의 어느 하나에 해당하는 동물을 말한다.
   가. 포유류
   나. 조류
   다. 파충류·양서류·어류 중 농림축산식품부장관이 관계 중앙행정기관의 장과의 협의를 거쳐 대통령령으로 정하는 동물
2. "소유자등"이란 동물의 소유자와 일시적 또는 영구적으로 동물을 사육·관리 또는 보호하는 사람을 말한다.
3. "유실·유기동물"이란 도로·공원 등의 공공장소에서 소유자등이 없이 배회하거나 내버려진 동물을 말한다.
4. "피학대동물"이란 제10조제2항 및 같은 조 제4항제2호에 따른 학대를 받은 동물을 말한다.
5. "맹견"이란 다음 각 목의 어느 하나에 해당하는 개를 말한다.
   가. 도사견, 핏불테리어, 로트와일러 등 사람의 생명이나 신체 또는 동물에 위해를 가할 우려가 있는 개로서 농림축산식품부령으로 정하는 개

나. 사람의 생명이나 신체 또는 동물에 위해를 가할 우려가 있어 제24조제3항에 따라 시·도지사가 맹견으로 지정한 개

6. "봉사동물"이란 「장애인복지법」 제40조에 따른 장애인 보조견 등 사람이나 국가를 위하여 봉사하고 있거나 봉사한 동물로서 대통령령으로 정하는 동물을 말한다.

7. "반려동물"이란 반려(伴侶)의 목적으로 기르는 개, 고양이 등 농림축산식품부령으로 정하는 동물을 말한다.

8. "등록대상동물"이란 동물의 보호, 유실·유기(遺棄) 방지, 질병의 관리, 공중위생상의 위해 방지 등을 위하여 등록이 필요하다고 인정하여 대통령령으로 정하는 동물을 말한다.

9. "동물학대"란 동물을 대상으로 정당한 사유 없이 불필요하거나 피할 수 있는 고통과 스트레스를 주는 행위 및 굶주림, 질병 등에 대하여 적절한 조치를 게을리하거나 방치하는 행위를 말한다.

10. "기질평가"란 동물의 건강상태, 행동양태 및 소유자등의 통제능력 등을 종합적으로 분석하여 평가 대상 동물의 공격성을 판단하는 것을 말한다.

11. "반려동물행동지도사"란 반려동물의 행동분석·평가 및 훈련 등에 전문지식과 기술을 가진 사람으로서 제31조제1항에 따른 자격시험에 합격한 사람을 말한다.

12. "동물실험"이란 「실험동물에 관한 법률」 제2조제1호에 따른 동물실험을 말한다.

13. "동물실험시행기관"이란 동물실험을 실시하는 법인·단체 또는 기관으로서 대통령령으로 정하는 법인·단체 또는 기관을 말한다.

제3조(동물보호의 기본원칙) 누구든지 동물을 사육·관리 또는 보호할 때에는 다음 각 호의 원칙을 준수하여야 한다.

1. 동물이 본래의 습성과 몸의 원형을 유지하면서 정상적으로 살 수 있도

록 할 것

2. 동물이 갈증 및 굶주림을 겪거나 영양이 결핍되지 아니하도록 할 것
3. 동물이 정상적인 행동을 표현할 수 있고 불편함을 겪지 아니하도록 할 것
4. 동물이 고통·상해 및 질병으로부터 자유롭도록 할 것
5. 동물이 공포와 스트레스를 받지 아니하도록 할 것

제4조(국가·지방자치단체 및 국민의 책무) ① 국가와 지방자치단체는 동물학대 방지 등 동물을 적정하게 보호·관리하기 위하여 필요한 시책을 수립·시행하여야 한다.

② 국가와 지방자치단체는 제1항에 따른 책무를 다하기 위하여 필요한 인력·예산 등을 확보하도록 노력하여야 하며, 국가는 동물의 적정한 보호·관리, 복지업무 추진을 위하여 지방자치단체에 필요한 사업비의 전부 또는 일부를 예산의 범위에서 지원할 수 있다.

③ 국가와 지방자치단체는 대통령령으로 정하는 민간단체에 동물보호운동이나 그 밖에 이와 관련된 활동을 권장하거나 필요한 지원을 할 수 있으며, 국민에게 동물의 적정한 보호·관리의 방법 등을 알리기 위하여 노력하여야 한다.

④ 국가와 지방자치단체는 「초·중등교육법」 제2조에 따른 학교에 재학 중인 학생이 동물의 보호·복지 등에 관한 사항을 교육받을 수 있도록 동물보호교육을 활성화하기 위하여 노력하여야 한다.

⑤ 국가와 지방자치단체는 제4항에 따른 교육을 활성화하기 위하여 예산의 범위에서 지원할 수 있다.

⑥ 모든 국민은 동물을 보호하기 위한 국가와 지방자치단체의 시책에 적극 협조하는 등 동물의 보호를 위하여 노력하여야 한다.

⑦ 소유자등은 동물의 보호·복지에 관한 교육을 이수하는 등 동물의 적정한 보호·관리와 동물학대 방지를 위하여 노력하여야 한다.

제4조의2(동물보호의 날) ① 동물의 생명보호 및 복지 증진의 가치를 널리

알리고 사람과 동물이 조화롭게 공존하는 문화를 조성하기 위하여 매년 10월 4일을 동물보호의 날로 한다.

② 국가와 지방자치단체는 동물보호의 날의 취지에 맞는 행사와 교육 및 홍보를 실시할 수 있다. [본조신설 2024. 1. 2.][시행일: 2025. 1. 3.]

제5조(다른 법률과의 관계) 동물의 보호 및 이용·관리 등에 대하여 다른 법률에 특별한 규정이 있는 경우를 제외하고는 이 법에서 정하는 바에 따른다.

제2장 동물복지종합계획의 수립 등

제6조(동물복지종합계획) ① 농림축산식품부장관은 동물의 적정한 보호·관리를 위하여 5년마다 다음 각 호의 사항이 포함된 동물복지종합계획(이하 "종합계획"이라 한다)을 수립·시행하여야 한다.

1. 동물복지에 관한 기본방향
2. 동물의 보호·복지 및 관리에 관한 사항
3. 동물을 보호하는 시설에 대한 지원 및 관리에 관한 사항
4. 반려동물 관련 영업에 관한 사항
5. 동물의 질병 예방 및 치료 등 보건 증진에 관한 사항
6. 동물의 보호·복지 관련 대국민 교육 및 홍보에 관한 사항
7. 종합계획 추진 재원의 조달방안
8. 그 밖에 동물의 보호·복지를 위하여 필요한 사항

② 농림축산식품부장관은 종합계획을 수립할 때 관계 중앙행정기관의 장 및 특별시장·광역시장·특별자치시장·도지사·특별자치도지사(이하 "시·도지사"라 한다)의 의견을 수렴하고, 제7조에 따른 동물복지위원회의 심의를 거쳐 확정한다.

③ 시·도지사는 종합계획에 따라 5년마다 특별시·광역시·특별자치시·도·특별자치도(이하 "시·도"라 한다) 단위의 동물복지계획을 수립하여야 하고, 이를 농림축산식품부장관에게 통보하여야 한다.

제7조(동물복지위원회) ① 농림축산식품부장관의 다음 각 호의 자문에 응하도록 하기 위하여 농림축산식품부에 동물복지위원회(이하 이 조에서 "위원회"라 한다)를 둔다. 다만, 제1호는 심의사항으로 한다.

1. 종합계획의 수립에 관한 사항
2. 동물복지정책의 수립, 집행, 조정 및 평가 등에 관한 사항
3. 다른 중앙행정기관의 업무 중 동물의 보호·복지와 관련된 사항
4. 그 밖에 동물의 보호·복지에 관한 사항

② 위원회는 공동위원장 2명을 포함하여 20명 이내의 위원으로 구성한다.

③ 공동위원장은 농림축산식품부차관과 호선(互選)된 민간위원으로 하며, 위원은 관계 중앙행정기관의 소속 공무원 또는 다음 각 호에 해당하는 사람 중에서 농림축산식품부장관이 임명 또는 위촉한다.

1. 수의사로서 동물의 보호·복지에 대한 학식과 경험이 풍부한 사람
2. 동물복지정책에 관한 학식과 경험이 풍부한 사람으로서 제4조제3항에 따른 민간단체의 추천을 받은 사람
3. 그 밖에 동물복지정책에 관한 전문지식을 가진 사람으로서 농림축산식품부령으로 정하는 자격기준에 맞는 사람

④ 위원회는 위원회의 업무를 효율적으로 수행하기 위하여 위원회에 분과위원회를 둘 수 있다.

⑤ 제1항부터 제4항까지의 규정에 따른 사항 외에 위원회 및 분과위원회의 구성·운영 등에 관한 사항은 대통령령으로 정한다.

제8조(시·도 동물복지위원회) ① 시·도지사는 제6조제3항에 따른 시·도 단위의 동물복지계획의 수립, 동물의 적정한 보호·관리 및 동물복지에 관한 정책을 종합·조정하기 위하여 시·도 동물복지위원회를 설치·운영할 수 있다. 다만, 시·도에 동물복지위원회와 성격 및 기능이 유사한 위원회가 설치되어 있는 경우 해당 시·도의 조례로 정하는 바에 따라 그 위원회가 동물복지위원회의 기능을 대신할 수 있다.

② 시·도 동물복지위원회의 구성·운영 등에 관한 사항은 각 시·도의 조례로 정한다.

제3장 동물의 보호 및 관리

제1절 동물의 보호 등

제9조(적정한 사육·관리) ① 소유자등은 동물에게 적합한 사료와 물을 공급하고, 운동·휴식 및 수면이 보장되도록 노력하여야 한다.

② 소유자등은 동물이 질병에 걸리거나 부상당한 경우에는 신속하게 치료하거나 그 밖에 필요한 조치를 하도록 노력하여야 한다.

③ 소유자등은 동물을 관리하거나 다른 장소로 옮긴 경우에는 그 동물이 새로운 환경에 적응하는 데에 필요한 조치를 하도록 노력하여야 한다.

④ 소유자등은 재난 시 동물이 안전하게 대피할 수 있도록 노력하여야 한다.

⑤ 제1항부터 제3항까지에서 규정한 사항 외에 동물의 적절한 사육·관리 방법 등에 관한 사항은 농림축산식품부령으로 정한다.

제10조(동물학대 등의 금지) ① 누구든지 동물을 죽이거나 죽음에 이르게 하는 다음 각 호의 행위를 하여서는 아니 된다.

1. 목을 매다는 등의 잔인한 방법으로 죽음에 이르게 하는 행위
2. 노상 등 공개된 장소에서 죽이거나 같은 종류의 다른 동물이 보는 앞에서 죽음에 이르게 하는 행위
3. 동물의 습성 및 생태환경 등 부득이한 사유가 없음에도 불구하고 해당 동물을 다른 동물의 먹이로 사용하는 행위
4. 그 밖에 사람의 생명·신체에 대한 직접적인 위협이나 재산상의 피해 방지 등 농림축산식품부령으로 정하는 정당한 사유 없이 동물을 죽음에 이르게 하는 행위

② 누구든지 동물에 대하여 다음 각 호의 행위를 하여서는 아니 된다.

1. 도구·약물 등 물리적·화학적 방법을 사용하여 상해를 입히는 행위. 다만, 해당 동물의 질병 예방이나 치료 등 농림축산식품부령으로 정하는 경우는 제외한다.
2. 살아있는 상태에서 동물의 몸을 손상하거나 체액을 채취하거나 체액을 채취하기 위한 장치를 설치하는 행위. 다만, 해당 동물의 질병 예방 및 동물실험 등 농림축산식품부령으로 정하는 경우는 제외한다.
3. 도박·광고·오락·유흥 등의 목적으로 동물에게 상해를 입히는 행위. 다만, 민속경기 등 농림축산식품부령으로 정하는 경우는 제외한다.
4. 동물의 몸에 고통을 주거나 상해를 입히는 다음 각 목에 해당하는 행위
   가. 사람의 생명·신체에 대한 직접적 위협이나 재산상의 피해를 방지하기 위하여 다른 방법이 있음에도 불구하고 동물에게 고통을 주거나 상해를 입히는 행위
   나. 동물의 습성 또는 사육환경 등의 부득이한 사유가 없음에도 불구하고 동물을 혹서·혹한 등의 환경에 방치하여 고통을 주거나 상해를 입히는 행위
   다. 갈증이나 굶주림의 해소 또는 질병의 예방이나 치료 등의 목적 없이 동물에게 물이나 음식을 강제로 먹여 고통을 주거나 상해를 입히는 행위
   라. 동물의 사육·훈련 등을 위하여 필요한 방식이 아님에도 불구하고 다른 동물과 싸우게 하거나 도구를 사용하는 등 잔인한 방식으로 고통을 주거나 상해를 입히는 행위

③ 누구든지 소유자등이 없이 배회하거나 내버려진 동물 또는 피학대동물 중 소유자등을 알 수 없는 동물에 대하여 다음 각 호의 어느 하나에 해당하는 행위를 하여서는 아니 된다.

1. 포획하여 판매하는 행위
2. 포획하여 죽이는 행위

3. 판매하거나 죽일 목적으로 포획하는 행위

4. 소유자등이 없이 배회하거나 내버려진 동물 또는 피학대동물 중 소유자등을 알 수 없는 동물임을 알면서 알선·구매하는 행위

④ 소유자등은 다음 각 호의 행위를 하여서는 아니 된다.

1. 동물을 유기하는 행위

2. 반려동물에게 최소한의 사육공간 및 먹이 제공, 적정한 길이의 목줄, 위생·건강 관리를 위한 사항 등 농림축산식품부령으로 정하는 사육·관리 또는 보호의무를 위반하여 상해를 입히거나 질병을 유발하는 행위

3. 제2호의 행위로 인하여 반려동물을 죽음에 이르게 하는 행위

⑤ 누구든지 다음 각 호의 행위를 하여서는 아니 된다.

1. 제1항부터 제4항까지(제4항제1호는 제외한다)의 규정에 해당하는 행위를 촬영한 사진 또는 영상물을 판매·전시·전달·상영하거나 인터넷에 게재하는 행위. 다만, 동물보호 의식을 고양하기 위한 목적이 표시된 홍보 활동 등 농림축산식품부령으로 정하는 경우에는 그러하지 아니하다.

2. 도박을 목적으로 동물을 이용하는 행위 또는 동물을 이용하는 도박을 행할 목적으로 광고·선전하는 행위. 다만, 「사행산업통합감독위원회법」 제2조제1호에 따른 사행산업은 제외한다.

3. 도박·시합·복권·오락·유흥·광고 등의 상이나 경품으로 동물을 제공하는 행위

4. 영리를 목적으로 동물을 대여하는 행위. 다만, 「장애인복지법」 제40조에 따른 장애인 보조견의 대여 등 농림축산식품부령으로 정하는 경우는 제외한다.

제11조(동물의 운송) ① 동물을 운송하는 자 중 농림축산식품부령으로 정하는 자는 다음 각 호의 사항을 준수하여야 한다.

1. 운송 중인 동물에게 적합한 사료와 물을 공급하고, 급격한 출발·제동

등으로 충격과 상해를 입지 아니하도록 할 것

2. 동물을 운송하는 차량은 동물이 운송 중에 상해를 입지 아니하고, 급격한 체온 변화, 호흡곤란 등으로 인한 고통을 최소화할 수 있는 구조로 되어 있을 것

3. 병든 동물, 어린 동물 또는 임신 중이거나 포유 중인 새끼가 딸린 동물을 운송할 때에는 함께 운송 중인 다른 동물에 의하여 상해를 입지 아니하도록 칸막이의 설치 등 필요한 조치를 할 것

4. 동물을 싣고 내리는 과정에서 동물 또는 동물이 들어있는 운송용 우리를 던지거나 떨어뜨려서 동물을 다치게 하는 행위를 하지 아니할 것

5. 운송을 위하여 전기(電氣) 몰이도구를 사용하지 아니할 것

② 농림축산식품부장관은 제1항제2호에 따른 동물 운송 차량의 구조 및 설비기준을 정하고 이에 맞는 차량을 사용하도록 권장할 수 있다.

③ 농림축산식품부장관은 제1항 및 제2항에서 규정한 사항 외에 동물 운송에 관하여 필요한 사항을 정하여 권장할 수 있다.

제12조(반려동물의 전달방법) 반려동물을 다른 사람에게 전달하려는 자는 직접 전달하거나 제73조제1항에 따라 동물운송업의 등록을 한 자를 통하여 전달하여야 한다.

제13조(동물의 도살방법) ① 누구든지 혐오감을 주거나 잔인한 방법으로 동물을 도살하여서는 아니 되며, 도살과정에서 불필요한 고통이나 공포, 스트레스를 주어서는 아니 된다.

②「축산물 위생관리법」 또는 「가축전염병 예방법」에 따라 동물을 죽이는 경우에는 가스법·전살법(電殺法) 등 농림축산식품부령으로 정하는 방법을 이용하여 고통을 최소화하여야 하며, 반드시 의식이 없는 상태에서 다음 도살 단계로 넘어가야 한다. 매몰을 하는 경우에도 또한 같다.

③ 제1항 및 제2항의 경우 외에도 동물을 불가피하게 죽여야 하는 경우에는 고통을 최소화할 수 있는 방법에 따라야 한다.

제14조(동물의 수술) 거세, 뿔 없애기, 꼬리 자르기 등 동물에 대한 외과적 수술을 하는 사람은 수의학적 방법에 따라야 한다.

제15조(등록대상동물의 등록 등) ① 등록대상동물의 소유자는 동물의 보호와 유실·유기 방지 및 공중위생상의 위해 방지 등을 위하여 특별자치시장·특별자치도지사·시장·군수·구청장에게 등록대상동물을 등록하여야 한다. 다만, 등록대상동물이 맹견이 아닌 경우로서 농림축산식품부령으로 정하는 바에 따라 시·도의 조례로 정하는 지역에서는 그러하지 아니하다.

② 제1항에 따라 등록된 등록대상동물(이하 "등록동물"이라 한다)의 소유자는 다음 각 호의 어느 하나에 해당하는 경우에는 해당 각 호의 구분에 따른 기간에 특별자치시장·특별자치도지사·시장·군수·구청장에게 신고하여야 한다.

1. 등록동물을 잃어버린 경우: 등록동물을 잃어버린 날부터 10일 이내
2. 등록동물에 대하여 대통령령으로 정하는 사항이 변경된 경우: 변경사유 발생일부터 30일 이내

③ 등록동물의 소유권을 이전받은 자 중 제1항 본문에 따른 등록을 실시하는 지역에 거주하는 자는 그 사실을 소유권을 이전받은 날부터 30일 이내에 자신의 주소지를 관할하는 특별자치시장·특별자치도지사·시장·군수·구청장에게 신고하여야 한다.

④ 특별자치시장·특별자치도지사·시장·군수·구청장은 대통령령으로 정하는 자(이하 이 조에서 "동물등록대행자"라 한다)로 하여금 제1항부터 제3항까지의 규정에 따른 업무를 대행하게 할 수 있으며 이에 필요한 비용을 지급할 수 있다.

⑤ 특별자치시장·특별자치도지사·시장·군수·구청장은 다음 각 호의 어느 하나에 해당하는 경우 등록을 말소할 수 있다.

1. 거짓이나 그 밖의 부정한 방법으로 등록대상동물을 등록하거나 변경신고한 경우

2. 등록동물 소유자의 주민등록이나 외국인등록사항이 말소된 경우

3. 등록동물의 소유자인 법인이 해산한 경우

⑥ 국가와 지방자치단체는 제1항에 따른 등록에 필요한 비용의 일부 또는 전부를 지원할 수 있다.

⑦ 등록대상동물의 등록 사항 및 방법·절차, 변경신고 절차, 등록 말소 절차, 동물등록대행자 준수사항 등에 관한 사항은 대통령령으로 정하며, 그 밖에 등록에 필요한 사항은 시·도의 조례로 정한다.

제16조(등록대상동물의 관리 등) ① 등록대상동물의 소유자등은 소유자등이 없이 등록대상동물을 기르는 곳에서 벗어나지 아니하도록 관리하여야 한다.

② 등록대상동물의 소유자등은 등록대상동물을 동반하고 외출할 때에는 다음 각 호의 사항을 준수하여야 한다.

1. 농림축산식품부령으로 정하는 기준에 맞는 목줄 착용 등 사람 또는 동물에 대한 위해를 예방하기 위한 안전조치를 할 것
2. 등록대상동물의 이름, 소유자의 연락처, 그 밖에 농림축산식품부령으로 정하는 사항을 표시한 인식표를 등록대상동물에게 부착할 것
3. 배설물(소변의 경우에는 공동주택의 엘리베이터·계단 등 건물 내부의 공용공간 및 평상·의자 등 사람이 눕거나 앉을 수 있는 기구 위의 것으로 한정한다)이 생겼을 때에는 즉시 수거할 것

③ 시·도지사는 등록대상동물의 유실·유기 또는 공중위생상의 위해 방지를 위하여 필요할 때에는 시·도의 조례로 정하는 바에 따라 소유자등으로 하여금 등록대상동물에 대하여 예방접종을 하게 하거나 특정 지역 또는 장소에서의 사육 또는 출입을 제한하게 하는 등 필요한 조치를 할 수 있다.

제2절 맹견의 관리 등

제17조(맹견수입신고) ① 제2조제5호가목에 따른 맹견을 수입하려는 자는 대통령령으로 정하는 바에 따라 농림축산식품부장관에게 신고하여야 한다.

② 제1항에 따라 맹견수입신고를 하려는 자는 맹견의 품종, 수입 목적, 사육 장소 등 대통령령으로 정하는 사항을 신고서에 기재하여 농림축산식품부장관에게 제출하여야 한다.

제18조(맹견사육허가 등) ① 등록대상동물인 맹견을 사육하려는 사람은 다음 각 호의 요건을 갖추어 시·도지사에게 맹견사육허가를 받아야 한다.

1. 제15조에 따른 등록을 할 것
2. 제23조에 따른 보험에 가입할 것
3. 중성화(中性化) 수술을 할 것. 다만, 맹견의 월령이 8개월 미만인 경우로서 발육상태 등으로 인하여 중성화 수술이 어려운 경우에는 대통령령으로 정하는 기간 내에 중성화 수술을 한 후 그 증명서류를 시·도지사에게 제출하여야 한다.

② 공동으로 맹견을 사육·관리 또는 보호하는 사람이 있는 경우에는 제1항에 따른 맹견사육허가를 공동으로 신청할 수 있다.

③ 시·도지사는 맹견사육허가를 하기 전에 제26조에 따른 기질평가위원회가 시행하는 기질평가를 거쳐야 한다.

④ 시·도지사는 맹견의 사육으로 인하여 공공의 안전에 위험이 발생할 우려가 크다고 판단하는 경우에는 맹견사육허가를 거부하여야 한다. 이 경우 기질평가위원회의 심의를 거쳐 해당 맹견에 대하여 인도적인 방법으로 처리할 것을 명할 수 있다.

⑤ 제4항에 따른 맹견의 인도적인 처리는 제46조제1항 및 제2항 전단을 준용한다.

⑥ 시·도지사는 맹견사육허가를 받은 자(제2항에 따라 공동으로 맹견사육허가를 신청한 경우 공동 신청한 자를 포함한다)에게 농림축산식품부령으로 정하는 바에 따라 교육이수 또는 허가대상 맹견의 훈련을 명할 수 있다.

⑦ 제1항부터 제6항까지의 규정에 따른 사항 외에 맹견사육허가의 절차 등에 관한 사항은 대통령령으로 정한다.

제19조(맹견사육허가의 결격사유) 다음 각 호의 어느 하나에 해당하는 사람은 제18조에 따른 맹견사육허가를 받을 수 없다.

1. 미성년자(19세 미만의 사람을 말한다. 이하 같다)
2. 피성년후견인 또는 피한정후견인
3. 「정신건강증진 및 정신질환자 복지서비스 지원에 관한 법률」 제3조제1호에 따른 정신질환자 또는 「마약류 관리에 관한 법률」 제2조제1호에 따른 마약류의 중독자. 다만, 정신건강의학과 전문의가 맹견을 사육하는 것에 지장이 없다고 인정하는 사람은 그러하지 아니하다.
4. 제10조·제16조·제21조를 위반하여 벌금 이상의 실형을 선고받고 그 집행이 종료(집행이 종료된 것으로 보는 경우를 포함한다)되거나 집행이 면제된 날부터 3년이 지나지 아니한 사람
5. 제10조·제16조·제21조를 위반하여 벌금 이상의 형의 집행유예를 선고받고 그 유예기간 중에 있는 사람

제20조(맹견사육허가의 철회 등) ① 시·도지사는 다음 각 호의 어느 하나에 해당하는 경우에 맹견사육허가를 철회할 수 있다.

1. 제18조에 따라 맹견사육허가를 받은 사람의 맹견이 사람 또는 동물을 공격하여 다치게 하거나 죽게 한 경우
2. 정당한 사유 없이 제18조제1항제3호 단서에서 규정한 기간이 지나도록 중성화 수술을 이행하지 아니한 경우
3. 제18조제6항에 따른 교육이수명령 또는 허가대상 맹견의 훈련 명령에

따르지 아니한 경우

② 시·도지사는 제1항제1호에 따라 맹견사육허가를 철회하는 경우 기질평가위원회의 심의를 거쳐 해당 맹견에 대하여 인도적인 방법으로 처리할 것을 명할 수 있다. 이 경우 제46조제1항 및 제2항 전단을 준용한다.

제21조(맹견의 관리) ① 맹견의 소유자등은 다음 각 호의 사항을 준수하여야 한다.

1. 소유자등이 없이 맹견을 기르는 곳에서 벗어나지 아니하게 할 것. 다만, 제18조에 따라 맹견사육허가를 받은 사람의 맹견은 맹견사육허가를 받은 사람 또는 대통령령으로 정하는 맹견사육에 대한 전문지식을 가진 사람 없이 맹견을 기르는 곳에서 벗어나지 아니하게 할 것
2. 월령이 3개월 이상인 맹견을 동반하고 외출할 때에는 농림축산식품부령으로 정하는 바에 따라 목줄 및 입마개 등 안전장치를 하거나 맹견의 탈출을 방지할 수 있는 적정한 이동장치를 할 것
3. 그 밖에 맹견이 사람 또는 동물에게 위해를 가하지 못하도록 하기 위하여 농림축산식품부령으로 정하는 사항을 따를 것

② 시·도지사와 시장·군수·구청장은 맹견이 사람에게 신체적 피해를 주는 경우 농림축산식품부령으로 정하는 바에 따라 소유자등의 동의 없이 맹견에 대하여 격리조치 등 필요한 조치를 취할 수 있다.

③ 제18조제1항 및 제2항에 따라 맹견사육허가를 받은 사람은 맹견의 안전한 사육·관리 또는 보호에 관하여 농림축산식품부령으로 정하는 바에 따라 정기적으로 교육을 받아야 한다.

제22조(맹견의 출입금지 등) 맹견의 소유자등은 다음 각 호의 어느 하나에 해당하는 장소에 맹견이 출입하지 아니하도록 하여야 한다.

1. 「영유아보육법」 제2조제3호에 따른 어린이집
2. 「유아교육법」 제2조제2호에 따른 유치원
3. 「초·중등교육법」 제2조제1호 및 제4호에 따른 초등학교 및 특수학교

4. 「노인복지법」 제31조에 따른 노인복지시설
5. 「장애인복지법」 제58조에 따른 장애인복지시설
6. 「도시공원 및 녹지 등에 관한 법률」 제15조제1항제2호나목에 따른 어린이공원
7. 「어린이놀이시설 안전관리법」 제2조제2호에 따른 어린이놀이시설
8. 그 밖에 불특정 다수인이 이용하는 장소로서 시·도의 조례로 정하는 장소

제23조(보험의 가입 등) ① 맹견의 소유자는 자신의 맹견이 다른 사람 또는 동물을 다치게 하거나 죽게 한 경우 발생한 피해를 보상하기 위하여 보험에 가입하여야 한다.

② 제1항에 따른 보험에 가입하여야 할 맹견의 범위, 보험의 종류, 보상한도액 및 그 밖에 필요한 사항은 대통령령으로 정한다.

③ 농림축산식품부장관은 제1항에 따른 보험의 가입관리 업무를 위하여 필요한 경우 대통령령으로 정하는 바에 따라 관계 중앙행정기관의 장 또는 지방자치단체의 장에게 행정적 조치를 하도록 요청하거나 관계 기관, 보험회사 및 보험 관련 단체에 보험의 가입관리 업무에 필요한 자료를 요청할 수 있다. 이 경우 요청을 받은 자는 정당한 사유가 없으면 이에 따라야 한다.

제24조(맹견 아닌 개의 기질평가) ① 시·도지사는 제2조제5호가목에 따른 맹견이 아닌 개가 사람 또는 동물에게 위해를 가한 경우 그 개의 소유자에게 해당 동물에 대한 기질평가를 받을 것을 명할 수 있다.

② 맹견이 아닌 개의 소유자는 해당 개의 공격성이 분쟁의 대상이 된 경우 시·도지사에게 해당 개에 대한 기질평가를 신청할 수 있다.

③ 시·도지사는 제1항에 따른 명령을 하거나 제2항에 따른 신청을 받은 경우 기질평가를 거쳐 해당 개의 공격성이 높은 경우 맹견으로 지정하여야 한다.

④ 시·도지사는 제3항에 따라 맹견 지정을 하는 경우에는 해당 개의 소유자의 신청이 있으면 제18조에 따른 맹견사육허가 여부를 함께 결정할 수 있다.

⑤ 시·도지사는 제3항에 따라 맹견 지정을 하지 아니하는 경우에도 해당 개의 소유자에게 대통령령으로 정하는 바에 따라 교육이수 또는 개의 훈련을 명할 수 있다.

제25조(비용부담 등) ① 기질평가에 소요되는 비용은 소유자의 부담으로 하며, 그 비용의 징수는 「지방행정제재·부과금의 징수 등에 관한 법률」의 예에 따른다.

② 제1항에 따른 기질평가비용의 기준, 지급 범위 등과 관련하여 필요한 사항은 농림축산식품부령으로 정한다.

제26조(기질평가위원회) ① 시·도지사는 다음 각 호의 업무를 수행하기 위하여 시·도에 기질평가위원회를 둔다.

1. 제2조제5호가목에 따른 맹견 종(種)의 판정
2. 제18조제3항에 따른 맹견의 기질평가
3. 제18조제4항에 따른 인도적인 처리에 대한 심의
4. 제24조제3항에 따른 맹견이 아닌 개에 대한 기질평가
5. 그 밖에 시·도지사가 요청하는 사항

② 기질평가위원회는 위원장 1명을 포함하여 3명 이상의 위원으로 구성한다.

③ 위원은 다음 각 호의 어느 하나에 해당하는 사람 중에서 시·도지사가 위촉하며, 위원장은 위원 중에서 호선한다.

1. 수의사로서 동물의 행동과 발달 과정에 대한 학식과 경험이 풍부한 사람
2. 반려동물행동지도사
3. 동물복지정책에 대한 학식과 경험이 풍부하다고 시·도지사가 인정하는 사람

④ 제1항부터 제3항까지의 규정에 따른 사항 외에 기질평가위원회의 구성·운영 등에 관한 사항은 대통령령으로 정한다.

제27조(기질평가위원회의 권한 등) ① 기질평가위원회는 기질평가를 위하여 필요하다고 인정하는 경우 평가대상동물의 소유자등에 대하여 출석하여 진술하게 하거나 의견서 또는 자료의 제출을 요청할 수 있다.

② 기질평가위원회는 평가에 필요한 경우 소유자의 거주지, 그 밖에 사건과 관련된 장소에서 기질평가와 관련된 조사를 할 수 있다.

③ 제2항에 따라 조사를 하는 경우 농림축산식품부령으로 정하는 증표를 지니고 이를 소유자에게 보여주어야 한다.

④ 평가대상동물의 소유자등은 정당한 사유 없이 제1항 및 제2항에 따른 출석, 자료제출요구 또는 기질평가와 관련한 조사를 거부하여서는 아니 된다.

제28조(기질평가에 필요한 정보의 요청 등) ① 시·도지사 또는 기질평가위원회는 기질평가를 위하여 필요하다고 인정하는 경우 동물이 사람 또는 동물에게 위해를 가한 사건에 대하여 관계 기관에 영상정보처리기기의 기록 등 필요한 정보를 요청할 수 있다.

② 제1항에 따른 요청을 받은 관계 기관의 장은 정당한 사유 없이 이를 거부하여서는 아니 된다.

③ 제1항의 정보의 보호 및 관리에 관한 사항은 이 법에서 규정된 것을 제외하고는 「개인정보 보호법」을 따른다.

제29조(비밀엄수의 의무 등) ① 기질평가위원회의 위원이나 위원이었던 사람은 업무상 알게 된 비밀을 누설하여서는 아니 된다.

② 기질평가위원회의 위원 중 공무원이 아닌 사람은 「형법」 제129조부터 제132조까지의 규정을 적용할 때에 공무원으로 본다.

제3절 반려동물행동지도사

제30조(반려동물행동지도사의 업무) ① 반려동물행동지도사는 다음 각 호의 업무를 수행한다.

1. 반려동물에 대한 행동분석 및 평가
2. 반려동물에 대한 훈련
3. 반려동물 소유자등에 대한 교육
4. 그 밖에 반려동물행동지도에 필요한 사항으로 농림축산식품부령으로 정하는 업무

② 농림축산식품부장관은 반려동물행동지도사의 업무능력 및 전문성 향상을 위하여 농림축산식품부령으로 정하는 바에 따라 보수교육을 실시할 수 있다.

제31조(반려동물행동지도사 자격시험) ① 반려동물행동지도사가 되려는 사람은 농림축산식품부장관이 시행하는 자격시험에 합격하여야 한다.

② 반려동물의 행동분석·평가 및 훈련 등에 전문지식과 기술을 갖추었다고 인정되는 대통령령으로 정하는 기준에 해당하는 사람에게는 제1항에 따른 자격시험 과목의 일부를 면제할 수 있다.

③ 농림축산식품부장관은 다음 각 호의 어느 하나에 해당하는 사람에 대해서는 해당 시험을 무효로 하거나 합격 결정을 취소하여야 한다.

1. 거짓이나 그 밖에 부정한 방법으로 시험에 응시한 사람
2. 시험에서 부정한 행위를 한 사람

④ 다음 각 호의 어느 하나에 해당하는 사람은 그 처분이 있은 날부터 3년간 반려동물행동지도사 자격시험에 응시하지 못한다.

1. 제3항에 따라 시험의 무효 또는 합격 결정의 취소를 받은 사람
2. 제32조제2항에 따라 반려동물행동지도사의 자격이 취소된 사람

⑤ 농림축산식품부장관은 제1항에 따른 자격시험의 시행 등에 관한 사항

을 대통령령으로 정하는 바에 따라 관계 전문기관에 위탁할 수 있다.
⑥ 반려동물행동지도사 자격시험의 시험과목, 시험방법, 합격기준 및 자격증 발급 등에 관한 사항은 대통령령으로 정한다.

제32조(반려동물행동지도사의 결격사유 및 자격취소 등) ① 다음 각 호의 어느 하나에 해당하는 사람은 반려동물행동지도사가 될 수 없다.

1. 피성년후견인
2. 「정신건강증진 및 정신질환자 복지서비스 지원에 관한 법률」 제3조제1호에 따른 정신질환자 또는 「마약류 관리에 관한 법률」 제2조제1호에 따른 마약류의 중독자. 다만, 정신건강의학과 전문의가 반려동물행동지도사 업무를 수행할 수 있다고 인정하는 사람은 그러하지 아니하다.
3. 이 법을 위반하여 벌금 이상의 실형을 선고받고 그 집행이 종료(집행이 종료된 것으로 보는 경우를 포함한다)되거나 집행이 면제된 날부터 3년이 지나지 아니한 경우
4. 이 법을 위반하여 벌금 이상의 형의 집행유예를 선고받고 그 유예기간 중에 있는 경우

② 농림축산식품부장관은 반려동물행동지도사가 다음 각 호의 어느 하나에 해당하면 그 자격을 취소하거나 2년 이내의 기간을 정하여 그 자격을 정지시킬 수 있다. 다만, 제1호부터 제4호까지 중 어느 하나에 해당하는 경우에는 그 자격을 취소하여야 한다.

1. 제1항 각 호의 어느 하나에 해당하게 된 경우
2. 거짓이나 그 밖의 부정한 방법으로 자격을 취득한 경우
3. 다른 사람에게 명의를 사용하게 하거나 자격증을 대여한 경우
4. 자격정지기간에 업무를 수행한 경우
5. 이 법을 위반하여 벌금 이상의 형을 선고받고 그 형이 확정된 경우
6. 영리를 목적으로 반려동물의 소유자등에게 불필요한 서비스를 선택하도록 알선·유인하거나 강요한 경우

③ 제2항에 따른 자격의 취소 및 정지에 관한 기준은 그 처분의 사유와 위반 정도 등을 고려하여 농림축산식품부령으로 정한다.

제33조(명의대여 금지 등) ① 제31조에 따른 자격시험에 합격한 자가 아니면 반려동물행동지도사의 명칭을 사용하지 못한다.

② 반려동물행동지도사는 다른 사람에게 자기의 명의를 사용하여 제30조제1항에 따른 업무를 수행하게 하거나 그 자격증을 대여하여서는 아니 된다.

③ 누구든지 제1항이나 제2항에서 금지된 행위를 알선하여서는 아니 된다.

제4절 동물의 구조 등

제34조(동물의 구조·보호) ① 시·도지사와 시장·군수·구청장은 다음 각 호의 어느 하나에 해당하는 동물을 발견한 때에는 그 동물을 구조하여 제9조에 따라 치료·보호에 필요한 조치(이하 "보호조치"라 한다)를 하여야 하며, 제2호 및 제3호에 해당하는 동물은 학대 재발 방지를 위하여 학대행위자로부터 격리하여야 한다. 다만, 제1호에 해당하는 동물 중 농림축산식품부령으로 정하는 동물은 구조·보호조치의 대상에서 제외한다.

1. 유실·유기동물
2. 피학대동물 중 소유자를 알 수 없는 동물
3. 소유자등으로부터 제10조제2항 및 같은 조 제4항제2호에 따른 학대를 받아 적정하게 치료·보호받을 수 없다고 판단되는 동물

② 시·도지사와 시장·군수·구청장이 제1항제1호 및 제2호에 해당하는 동물에 대하여 보호조치 중인 경우에는 그 동물의 등록 여부를 확인하여야 하고, 등록된 동물인 경우에는 지체 없이 동물의 소유자에게 보호조치 중인 사실을 통보하여야 한다.

③ 시·도지사와 시장·군수·구청장이 제1항제3호에 따른 동물을 보호할 때에는 농림축산식품부령으로 정하는 바에 따라 수의사의 진단과 제35조제1항 및 제36조제1항에 따른 동물보호센터의 장 등 관계자의 의견 청취

를 거쳐 기간을 정하여 해당 동물에 대한 보호조치를 하여야 한다. <개정 2024. 1. 2.>

④ 시·도지사와 시장·군수·구청장은 제1항 각 호 외의 부분 단서에 해당하는 동물에 대하여도 보호·관리를 위하여 필요한 조치를 할 수 있다.

[시행일: 2025. 1. 3.] 제34조

제35조(동물보호센터의 설치 등) ① 시·도지사와 시장·군수·구청장은 제34조에 따른 동물의 구조·보호 등을 위하여 농림축산식품부령으로 정하는 시설 및 인력 기준에 맞는 동물보호센터를 설치·운영할 수 있다.

② 시·도지사와 시장·군수·구청장은 제1항에 따른 동물보호센터를 직접 설치·운영하도록 노력하여야 한다.

③ 제1항에 따라 설치한 동물보호센터의 업무는 다음 각 호와 같다.

1. 제34조에 따른 동물의 구조·보호조치
2. 제41조에 따른 동물의 반환 등
3. 제44조에 따른 사육포기 동물의 인수 등
4. 제45조에 따른 동물의 기증·분양
5. 제46조에 따른 동물의 인도적인 처리 등
6. 반려동물사육에 대한 교육
7. 유실·유기동물 발생 예방 교육
8. 동물학대행위 근절을 위한 동물보호 홍보
9. 그 밖에 동물의 구조·보호 등을 위하여 농림축산식품부령으로 정하는 업무

④ 농림축산식품부장관은 제1항에 따라 시·도지사 또는 시장·군수·구청장이 설치·운영하는 동물보호센터의 설치·운영에 드는 비용의 전부 또는 일부를 지원할 수 있다.

⑤ 제1항에 따라 설치된 동물보호센터의 장 및 그 종사자는 농림축산식품부령으로 정하는 바에 따라 정기적으로 동물의 보호 및 공중위생상의 위

해 방지 등에 관한 교육을 받아야 한다.

⑥ 동물보호센터 운영의 공정성과 투명성을 확보하기 위하여 농림축산식품부령으로 정하는 일정 규모 이상의 동물보호센터는 농림축산식품부령으로 정하는 바에 따라 운영위원회를 구성·운영하여야 한다. 다만, 시·도 또는 시·군·구에 운영위원회와 성격 및 기능이 유사한 위원회가 설치되어 있는 경우 해당 시·도 또는 시·군·구의 조례로 정하는 바에 따라 그 위원회가 운영위원회의 기능을 대신할 수 있다.

⑦ 제1항에 따른 동물보호센터의 준수사항 등에 관한 사항은 농림축산식품부령으로 정하고, 보호조치의 구체적인 내용 등 그 밖에 필요한 사항은 시·도의 조례로 정한다.

제36조(동물보호센터의 지정 등) ① 시·도지사 또는 시장·군수·구청장은 농림축산식품부령으로 정하는 시설 및 인력 기준에 맞는 기관이나 단체 등을 동물보호센터로 지정하여 제35조 제3항에 따른 업무를 위탁할 수 있다. 이 경우 동물보호센터로 지정받은 기관이나 단체 등은 동물의 보호조치를 제3자에게 위탁하여서는 아니 된다.

② 제1항에 따른 동물보호센터로 지정받으려는 자는 농림축산식품부령으로 정하는 바에 따라 시·도지사 또는 시장·군수·구청장에게 신청하여야 한다.

③ 시·도지사 또는 시장·군수·구청장은 제1항에 따른 동물보호센터에 동물의 구조·보호조치 등에 드는 비용(이하 "보호비용"이라 한다)의 전부 또는 일부를 지원할 수 있으며, 보호비용의 지급절차와 그 밖에 필요한 사항은 농림축산식품부령으로 정한다.

④ 시·도지사 또는 시장·군수·구청장은 제1항에 따라 지정된 동물보호센터가 다음 각 호의 어느 하나에 해당하는 경우에는 그 지정을 취소할 수 있다. 다만, 제1호 및 제4호에 해당하는 경우에는 그 지정을 취소하여야 한다.

1. 거짓이나 그 밖의 부정한 방법으로 지정을 받은 경우
2. 제1항에 따른 지정기준에 맞지 아니하게 된 경우
3. 보호비용을 거짓으로 청구한 경우
4. 제10조 제1항부터 제4항까지의 규정을 위반한 경우
5. 제46조를 위반한 경우
6. 제86조 제1항 제3호의 시정명령을 위반한 경우
7. 특별한 사유 없이 유실·유기동물 및 피학대동물에 대한 보호조치를 3회 이상 거부한 경우
8. 보호 중인 동물을 영리를 목적으로 분양한 경우

⑤ 시·도지사 또는 시장·군수·구청장은 제4항에 따라 지정이 취소된 기관이나 단체 등을 지정이 취소된 날부터 1년 이내에는 다시 동물보호센터로 지정하여서는 아니 된다. 다만, 제4항 제4호에 따라 지정이 취소된 기관이나 단체는 지정이 취소된 날부터 5년 이내에는 다시 동물보호센터로 지정하여서는 아니 된다.

⑥ 제1항에 따른 동물보호센터 지정절차의 구체적인 내용은 시·도의 조례로 정하고, 지정된 동물보호센터에 대하여는 제35조 제5항부터 제7항까지의 규정을 준용한다.

제37조(민간동물보호시설의 신고 등) ① 영리를 목적으로 하지 아니하고 유실·유기동물 및 피학대동물을 기증받거나 인수 등을 하여 임시로 보호하기 위하여 대통령령으로 정하는 규모 이상의 민간동물보호시설(이하 "보호시설"이라 한다)을 운영하려는 자는 농림축산식품부령으로 정하는 바에 따라 시설 명칭, 주소, 규모 등을 특별자치시장·특별자치도지사·시장·군수·구청장에게 신고하여야 한다.

② 제1항에 따라 신고한 사항 중 대통령령으로 정하는 중요한 사항을 변경할 때에는 특별자치시장·특별자치도지사·시장·군수·구청장에게 신고하여야 한다.

③ 특별자치시장·특별자치도지사·시장·군수·구청장은 제1항에 따른 신고 또는 제2항에 따른 변경신고를 받은 경우 그 내용을 검토하여 이 법에 적합하면 신고를 수리하여야 한다.

④ 제3항에 따라 신고가 수리된 보호시설의 운영자(이하 "보호시설운영자"라 한다)는 농림축산식품부령으로 정하는 시설 및 운영 기준 등을 준수하여야 하며 동물보호를 위하여 시설정비 등의 사후관리를 하여야 한다.

⑤ 보호시설운영자가 보호시설의 운영을 일시적으로 중단하거나 영구적으로 폐쇄 또는 그 운영을 재개하려는 경우에는 농림축산식품부령으로 정하는 바에 따라 보호하고 있는 동물에 대한 관리 또는 처리 방안 등을 마련하여 특별자치시장·특별자치도지사·시장·군수·구청장에게 신고하여야 한다. 이 경우 제3항을 준용한다.

⑥ 제74조 제1호·제2호·제6호·제7호에 해당하는 자는 보호시설운영자가 되거나 보호시설 종사자로 채용될 수 없다.

⑦ 농림축산식품부장관 또는 특별자치시장·특별자치도지사·시장·군수·구청장은 보호시설의 환경개선 및 운영에 드는 비용의 일부를 지원할 수 있다.

⑧ 제1항부터 제6항까지의 규정에 따른 보호시설의 시설 및 운영 등에 관한 사항은 대통령령으로 정한다.

제38조(시정명령 및 시설폐쇄 등) ① 특별자치시장·특별자치도지사·시장·군수·구청장은 제37조 제4항을 위반한 보호시설운영자에게 해당 위반행위의 중지나 시정을 위하여 필요한 조치를 명할 수 있다.

② 특별자치시장·특별자치도지사·시장·군수·구청장은 보호시설운영자가 다음 각 호의 어느 하나에 해당하는 경우에는 보호시설의 폐쇄를 명할 수 있다. 다만, 제1호 및 제2호에 해당하는 경우에는 보호시설의 폐쇄를 명하여야 한다.

1. 거짓이나 그 밖의 부정한 방법으로 보호시설의 신고 또는 변경신고를 한 경우
2. 제10조 제1항부터 제4항까지의 규정을 위반하여 벌금 이상의 형을 선고받은 경우
3. 제1항에 따른 중지명령이나 시정명령을 최근 2년 이내에 3회 이상 반복하여 이행하지 아니한 경우
4. 제37조 제1항에 따른 신고를 하지 아니하고 보호시설을 운영한 경우
5. 제37조 제2항에 따른 변경신고를 하지 아니하고 보호시설을 운영한 경우

제39조(신고 등) ① 누구든지 다음 각 호의 어느 하나에 해당하는 동물을 발견한 때에는 관할 지방자치단체 또는 동물보호센터에 신고할 수 있다.
1. 제10조에서 금지한 학대를 받는 동물
2. 유실·유기동물

② 다음 각 호의 어느 하나에 해당하는 자가 그 직무상 제1항에 따른 동물을 발견한 때에는 지체 없이 관할 지방자치단체 또는 동물보호센터에 신고하여야 한다.
1. 제4조 제3항에 따른 민간단체의 임원 및 회원
2. 제35조 제1항에 따라 설치되거나 제36조 제1항에 따라 지정된 동물보호센터의 장 및 그 종사자
3. 제37조에 따른 보호시설운영자 및 보호시설의 종사자
4. 제51조 제1항에 따라 동물실험윤리위원회를 설치한 동물실험시행기관의 장 및 그 종사자
5. 제53조 제2항에 따른 동물실험윤리위원회의 위원
6. 제59조 제1항에 따라 동물복지축산농장 인증을 받은 자
7. 제69조 제1항에 따른 영업의 허가를 받은 자 또는 제73조 제1항에 따라 영업의 등록을 한 자 및 그 종사자
8. 수의사, 동물병원의 장 및 그 종사자

③ 신고인의 신분은 보장되어야 하며 그 의사에 반하여 신원이 노출되어서는 아니 된다.

④ 제1항 또는 제2항에 따라 신고한 자 또는 신고·통보를 받은 관할 특별자치시장·특별자치도지사·시장·군수·구청장은 관할 시·도 가축방역기관장 또는 국립가축방역기관장에게 해당 동물의 학대 여부 판단 등을 위한 동물검사를 의뢰할 수 있다.

제40조(공고) 시·도지사와 시장·군수·구청장은 제34조 제1항 제1호 및 제2호에 따른 동물을 보호하고 있는 경우에는 소유자등이 보호조치 사실을 알 수 있도록 대통령령으로 정하는 바에 따라 지체 없이 7일 이상 그 사실을 공고하여야 한다.

제41조(동물의 반환 등) ① 시·도지사와 시장·군수·구청장은 다음 각 호의 어느 하나에 해당하는 사유가 발생한 경우에는 제34조에 해당하는 동물을 그 동물의 소유자에게 반환하여야 한다.

1. 제34조 제1항 제1호 및 제2호에 해당하는 동물이 보호조치 중에 있고, 소유자가 그 동물에 대하여 반환을 요구하는 경우
2. 제34조 제3항에 따른 보호기간이 지난 후, 보호조치 중인 같은 조 제1항 제3호의 동물에 대하여 소유자가 제2항에 따른 사육계획서를 제출한 후 제42조 제2항에 따라 보호비용을 부담하고 반환을 요구하는 경우

② 시·도지사와 시장·군수·구청장이 보호조치 중인 제34조 제1항 제3호의 동물을 반환받으려는 소유자는 농림축산식품부령으로 정하는 바에 따라 학대행위의 재발 방지 등 동물을 적정하게 보호·관리하기 위한 사육계획서를 제출하여야 한다.

③ 시·도지사와 시장·군수·구청장은 제1항 제2호에 해당하는 동물의 반환과 관련하여 동물의 소유자에게 보호기간, 보호비용 납부기한 및 면제 등에 관한 사항을 알려야 한다.

④ 시·도지사와 시장·군수·구청장은 제1항 제2호에 따라 동물을 반환받

은 소유자가 제2항에 따라 제출한 사육계획서의 내용을 이행하고 있는지를 제88조 제1항에 따른 동물보호관에게 점검하게 할 수 있다.

제42조(보호비용의 부담) ① 시·도지사와 시장·군수·구청장은 제34조 제1항 제1호 및 제2호에 해당하는 동물의 보호비용을 소유자 또는 제45조 제1항에 따라 분양을 받는 자에게 청구할 수 있다.

② 제34조 제1항 제3호에 해당하는 동물의 보호비용은 농림축산식품부령으로 정하는 바에 따라 납부기한까지 그 동물의 소유자가 내야 한다. 이 경우 시·도지사와 시장·군수·구청장은 동물의 소유자가 제43조 제2호에 따라 그 동물의 소유권을 포기한 경우에는 보호비용의 전부 또는 일부를 면제할 수 있다.

③ 제1항 및 제2항에 따른 보호비용의 징수에 관한 사항은 대통령령으로 정하고, 보호비용의 산정 기준에 관한 사항은 농림축산식품부령으로 정하는 범위에서 해당 시·도의 조례로 정한다.

제43조(동물의 소유권 취득) 시·도 및 시·군·구가 동물의 소유권을 취득할 수 있는 경우는 다음 각 호와 같다.

1. 「유실물법」 제12조 및 「민법」 제253조에도 불구하고 제40조에 따라 공고한 날부터 10일이 지나도 동물의 소유자등을 알 수 없는 경우
2. 제34조 제1항 제3호에 해당하는 동물의 소유자가 그 동물의 소유권을 포기한 경우
3. 제34조 제1항 제3호에 해당하는 동물의 소유자가 제42조 제2항에 따른 보호비용의 납부기한이 종료된 날부터 10일이 지나도 보호비용을 납부하지 아니하거나 제41조 제2항에 따른 사육계획서를 제출하지 아니한 경우
4. 동물의 소유자를 확인한 날부터 10일이 지나도 정당한 사유 없이 동물의 소유자와 연락이 되지 아니하거나 소유자가 반환받을 의사를 표시하지 아니한 경우

제44조(사육포기 동물의 인수 등) ① 소유자등은 시·도지사와 시장·군수·구청장에게 자신이 소유하거나 사육·관리 또는 보호하는 동물의 인수를 신청할 수 있다.

② 시·도지사와 시장·군수·구청장이 제1항에 따른 인수신청을 승인하는 경우에 해당 동물의 소유권은 시·도 및 시·군·구에 귀속된다.

③ 시·도지사와 시장·군수·구청장은 제1항에 따라 동물의 인수를 신청하는 자에 대하여 농림축산식품부령으로 정하는 바에 따라 해당 동물에 대한 보호비용 등을 청구할 수 있다.

④ 시·도지사와 시장·군수·구청장은 장기입원 또는 요양, 「병역법」에 따른 병역 복무 등 농림축산식품부령으로 정하는 불가피한 사유가 없음에도 불구하고 동물의 인수를 신청하는 자에 대하여는 제1항에 따른 동물 인수신청을 거부할 수 있다.

제45조(동물의 기증·분양) ① 시·도지사와 시장·군수·구청장은 제43조 또는 제44조에 따라 소유권을 취득한 동물이 적정하게 사육·관리될 수 있도록 시·도의 조례로 정하는 바에 따라 동물원, 동물을 애호하는 자(시·도의 조례로 정하는 자격요건을 갖춘 자로 한정한다)나 대통령령으로 정하는 민간단체 등에 기증하거나 분양할 수 있다.

② 시·도지사와 시장·군수·구청장은 제1항에 따라 기증하거나 분양하는 동물이 등록대상동물인 경우 등록 여부를 확인하여 등록이 되어 있지 아니한 때에는 등록한 후 기증하거나 분양하여야 한다.

③ 시·도지사와 시장·군수·구청장은 제43조 또는 제44조에 따라 소유권을 취득한 동물에 대하여는 제1항에 따라 분양될 수 있도록 공고할 수 있다.

④ 제1항에 따른 기증·분양의 요건 및 절차 등 그 밖에 필요한 사항은 시·도의 조례로 정한다.

제46조(동물의 인도적인 처리 등) ① 제35조 제1항 및 제36조 제1항에 따른

동물보호센터의 장은 제34조 제1항에 따라 보호조치 중인 동물에게 질병 등 농림축산식품부령으로 정하는 사유가 있는 경우에는 농림축산식품부장관이 정하는 바에 따라 마취 등을 통하여 동물의 고통을 최소화하는 인도적인 방법으로 처리하여야 한다.

② 제1항에 따라 시행하는 동물의 인도적인 처리는 수의사가 하여야 한다. 이 경우 사용된 약제 관련 사용기록의 작성·보관 등에 관한 사항은 농림축산식품부령으로 정하는 바에 따른다.

③ 동물보호센터의 장은 제1항에 따라 동물의 사체가 발생한 경우 「폐기물관리법」에 따라 처리하거나 제69조 제1항 제4호에 따른 동물장묘업의 허가를 받은 자가 설치·운영하는 동물장묘시설 및 제71조 제1항에 따른 공설동물장묘시설에서 처리하여야 한다.

제4장 동물실험의 관리 등

제47조(동물실험의 원칙) ① 동물실험은 인류의 복지 증진과 동물 생명의 존엄성을 고려하여 실시되어야 한다.

② 동물실험을 하려는 경우에는 이를 대체할 수 있는 방법을 우선적으로 고려하여야 한다.

③ 동물실험은 실험동물의 윤리적 취급과 과학적 사용에 관한 지식과 경험을 보유한 자가 시행하여야 하며 필요한 최소한의 동물을 사용하여야 한다.

④ 실험동물의 고통이 수반되는 실험을 하려는 경우에는 감각능력이 낮은 동물을 사용하고 진통제·진정제·마취제의 사용 등 수의학적 방법에 따라 고통을 덜어주기 위한 적절한 조치를 하여야 한다.

⑤ 동물실험을 한 자는 그 실험이 끝난 후 지체 없이 해당 동물을 검사하여야 하며, 검사 결과 정상적으로 회복한 동물은 기증하거나 분양할 수 있다.

⑥ 제5항에 따른 검사 결과 해당 동물이 회복할 수 없거나 지속적으로 고통을 받으며 살아야 할 것으로 인정되는 경우에는 신속하게 고통을 주지 아니하는 방법으로 처리하여야 한다.

⑦ 제1항부터 제6항까지에서 규정한 사항 외에 동물실험의 원칙과 이에 따른 기준 및 방법에 관한 사항은 농림축산식품부장관이 정하여 고시한다.

제48조(전임수의사) ① 대통령령으로 정하는 기준 이상의 실험동물을 보유한 동물실험시행기관의 장은 그 실험동물의 건강 및 복지 증진을 위하여 실험동물을 전담하는 수의사(이하 "전임수의사"라 한다)를 두어야 한다.

② 전임수의사의 자격 및 업무 범위 등에 필요한 사항은 대통령령으로 정한다.

제49조(동물실험의 금지 등) 누구든지 다음 각 호의 동물실험을 하여서는 아니 된다. 다만, 인수공통전염병 등 질병의 확산으로 인간 및 동물의 건강과 안전에 심각한 위해가 발생될 것이 우려되는 경우 또는 봉사동물의 선발·훈련방식에 관한 연구를 하는 경우로서 제52조에 따른 공용동물실험윤리위원회의 실험 심의 및 승인을 받은 때에는 그러하지 아니하다.

1. 유실·유기동물(보호조치 중인 동물을 포함한다)을 대상으로 하는 실험
2. 봉사동물을 대상으로 하는 실험

제50조(미성년자 동물 해부실습의 금지) 누구든지 미성년자에게 체험·교육·시험·연구 등의 목적으로 동물(사체를 포함한다) 해부실습을 하게 하여서는 아니 된다. 다만, 「초·중등교육법」 제2조에 따른 학교 또는 동물실험시행기관 등이 시행하는 경우 등 농림축산식품부령으로 정하는 경우에는 그러하지 아니하다.

제51조(동물실험윤리위원회의 설치 등) ① 동물실험시행기관의 장은 실험동물의 보호와 윤리적인 취급을 위하여 제53조에 따라 동물실험윤리위원회(이하 "윤리위원회"라 한다)를 설치·운영하여야 한다.

② 제1항에도 불구하고 다음 각 호의 어느 하나에 해당하는 경우에는 윤리위원회를 설치한 것으로 본다.

1. 농림축산식품부령으로 정하는 일정 기준 이하의 동물실험시행기관이 제54조에 따른 윤리위원회의 기능을 제52조에 따른 공용동물실험윤리위원회에 위탁하는 협약을 맺은 경우
2. 동물실험시행기관에 「실험동물에 관한 법률」 제7조에 따른 실험동물운영위원회가 설치되어 있고, 그 위원회의 구성이 제53조 제2항부터 제4항까지에 규정된 요건을 충족할 경우

③ 동물실험시행기관의 장은 동물실험을 하려면 윤리위원회의 심의를 거쳐야 한다.

④ 동물실험시행기관의 장은 제3항에 따른 심의를 거친 내용 중 농림축산식품부령으로 정하는 중요사항에 변경이 있는 경우에는 해당 변경사유의 발생 즉시 윤리위원회에 변경심의를 요청하여야 한다. 다만, 농림축산식품부령으로 정하는 경미한 변경이 있는 경우에는 제56조 제1항에 따라 지정된 전문위원의 검토를 거친 후 제53조 제1항의 위원장의 승인을 받아야 한다.

⑤ 농림축산식품부장관은 윤리위원회의 운영에 관한 표준지침을 위원회(IACUC)표준운영가이드라인으로 고시하여야 한다.

제52조(공용동물실험윤리위원회의 지정 등) ① 농림축산식품부장관은 동물실험시행기관 또는 연구자가 공동으로 이용할 수 있는 공용동물실험윤리위원회(이하 "공용윤리위원회"라 한다)를 지정 또는 설치할 수 있다.

② 공용윤리위원회는 다음 각 호의 실험에 대한 심의 및 지도·감독을 수행한다.

1. 제51조제2항제1호에 따라 공용윤리위원회와 협약을 맺은 기관이 위탁한 실험
2. 제49조 각 호 외의 부분 단서에 따라 공용윤리위원회의 실험 심의 및

승인을 받도록 규정한 같은 조 각 호의 동물실험

3. 제50조에 따라 「초·중등교육법」 제2조에 따른 학교 등이 신청한 동물해부실습

4. 둘 이상의 동물실험시행기관이 공동으로 수행하는 실험으로 각각의 윤리위원회에서 해당 실험을 심의 및 지도·감독하는 것이 적절하지 아니하다고 판단되어 해당 동물실험시행기관의 장들이 공용윤리위원회를 이용하기로 합의한 실험

5. 그 밖에 농림축산식품부령으로 정하는 실험

③ 제2항에 따른 공용윤리위원회의 심의 및 지도·감독에 대해서는 제51조제4항, 제54조제2항·제3항, 제55조의 규정을 준용한다.

④ 제1항 및 제2항에 따른 공용윤리위원회의 지정 및 설치, 기능, 운영 등에 필요한 사항은 농림축산식품부령으로 정한다.

제53조(윤리위원회의 구성) ① 윤리위원회는 위원장 1명을 포함하여 3명 이상의 위원으로 구성한다.

② 위원은 다음 각 호에 해당하는 사람 중에서 동물실험시행기관의 장이 위촉하며, 위원장은 위원 중에서 호선한다.

1. 수의사로서 농림축산식품부령으로 정하는 자격기준에 맞는 사람
2. 제4조 제3항에 따른 민간단체가 추천하는 동물보호에 관한 학식과 경험이 풍부한 사람으로서 농림축산식품부령으로 정하는 자격기준에 맞는 사람
3. 그 밖에 실험동물의 보호와 윤리적인 취급을 도모하기 위하여 필요한 사람으로서 농림축산식품부령으로 정하는 사람

③ 윤리위원회에는 제2항 제1호 및 제2호에 해당하는 위원을 각각 1명 이상 포함하여야 한다.

④ 윤리위원회를 구성하는 위원의 3분의 1 이상은 해당 동물실험시행기관과 이해관계가 없는 사람이어야 한다.

⑤ 위원의 임기는 2년으로 한다.

⑥ 동물실험시행기관의 장은 제2항에 따른 위원의 추천 및 선정 과정을 투명하고 공정하게 관리하여야 한다.

⑦ 그 밖에 윤리위원회의 구성 및 이해관계의 범위 등에 관한 사항은 농림축산식품부령으로 정한다.

제54조(윤리위원회의 기능 등) ① 윤리위원회는 다음 각 호의 기능을 수행한다.

1. 동물실험에 대한 심의(변경심의를 포함한다. 이하 같다)
2. 제1호에 따라 심의한 실험의 진행·종료에 대한 확인 및 평가
3. 동물실험이 제47조의 원칙에 맞게 시행되도록 지도·감독
4. 동물실험시행기관의 장에게 실험동물의 보호와 윤리적인 취급을 위하여 필요한 조치 요구

② 윤리위원회의 심의대상인 동물실험에 관여하고 있는 위원은 해당 동물실험에 관한 심의에 참여하여서는 아니 된다.

③ 윤리위원회의 위원 또는 그 직에 있었던 자는 그 직무를 수행하면서 알게 된 비밀을 누설하거나 도용하여서는 아니 된다.

④ 제1항에 따른 심의·확인·평가 및 지도·감독의 방법과 그 밖에 윤리위원회의 운영 등에 관한 사항은 대통령령으로 정한다.

제55조(심의 후 감독) ① 동물실험시행기관의 장은 제53조 제1항의 위원장에게 대통령령으로 정하는 바에 따라 동물실험이 심의된 내용대로 진행되고 있는지 감독하도록 요청하여야 한다.

② 위원장은 윤리위원회의 심의를 받지 아니한 실험이 진행되고 있는 경우 즉시 실험의 중지를 요구하여야 한다. 다만, 실험의 중지로 해당 실험동물의 복지에 중대한 침해가 발생할 것으로 우려되는 경우 등 대통령령으로 정하는 경우에는 실험의 중지를 요구하지 아니할 수 있다.

③ 제2항 본문에 따라 실험 중지 요구를 받은 동물실험시행기관의 장은

해당 동물실험을 중지하여야 한다.

④ 동물실험시행기관의 장은 제2항 본문에 따라 실험 중지 요구를 받은 경우 제51조 제3항 또는 제4항에 따른 심의를 받은 후에 동물실험을 재개할 수 있다.

⑤ 동물실험시행기관의 장은 제1항에 따른 감독 결과 위법사항이 발견되었을 경우에는 지체 없이 농림축산식품부장관에게 통보하여야 한다.

제56조(전문위원의 지정 및 검토) ① 윤리위원회의 위원장은 윤리위원회의 위원 중 해당 분야에 대한 전문성을 가지고 실험을 심의할 수 있는 자를 전문위원으로 지정할 수 있다.

② 위원장은 제1항에 따라 지정한 전문위원에게 다음 각 호의 사항에 대한 검토를 요청할 수 있다.

1. 제51조 제4항 단서에 따른 경미한 변경에 관한 사항
2. 제54조 제1항 제2호에 따른 확인 및 평가

제57조(윤리위원회 위원 및 기관 종사자에 대한 교육) ① 윤리위원회의 위원은 동물의 보호·복지에 관한 사항과 동물실험의 심의에 관하여 농림축산식품부령으로 정하는 바에 따라 정기적으로 교육을 이수하여야 한다.

② 동물실험시행기관의 장은 위원과 기관 종사자를 위하여 동물의 보호·복지와 동물실험 심의에 관한 교육의 기회를 제공할 수 있다.

제58조(윤리위원회의 구성 등에 대한 지도·감독) ① 농림축산식품부장관은 제51조 제1항 및 제2항에 따라 윤리위원회를 설치한 동물실험시행기관의 장에게 제53조부터 제57조까지의 규정에 따른 윤리위원회의 구성·운영 등에 관하여 지도·감독을 할 수 있다.

② 농림축산식품부장관은 윤리위원회가 제53조부터 제57조까지의 규정에 따라 구성·운영되지 아니할 때에는 해당 동물실험시행기관의 장에게 대통령령으로 정하는 바에 따라 기간을 정하여 해당 윤리위원회의 구성·운영 등에 대한 개선명령을 할 수 있다.

제5장 동물복지축산농장의 인증

제59조(동물복지축산농장의 인증) ① 농림축산식품부장관은 동물복지 증진에 이바지하기 위하여 「축산물 위생관리법」 제2조 제1호에 따른 가축으로서 농림축산식품부령으로 정하는 동물(이하 "농장동물"이라 한다)이 본래의 습성 등을 유지하면서 정상적으로 살 수 있도록 관리하는 축산농장을 동물복지축산농장으로 인증할 수 있다.

② 제1항에 따른 인증을 받으려는 자는 제60조 제1항에 따라 지정된 인증기관(이하 "인증기관"이라 한다)에 농림축산식품부령으로 정하는 서류를 갖추어 인증을 신청하여야 한다.

③ 인증기관은 인증 신청을 받은 경우 농림축산식품부령으로 정하는 인증기준에 따라 심사한 후 그 기준에 맞는 경우에는 인증하여 주어야 한다.

④ 제3항에 따른 인증의 유효기간은 인증을 받은 날부터 3년으로 한다.

⑤ 제3항에 따라 인증을 받은 동물복지축산농장(이하 "인증농장"이라 한다)의 경영자는 그 인증을 유지하려면 제4항에 따른 유효기간이 끝나기 2개월 전까지 인증기관에 갱신 신청을 하여야 한다.

⑥ 제3항에 따른 인증 또는 제5항에 따른 인증갱신에 대한 심사결과에 이의가 있는 자는 인증기관에 재심사를 요청할 수 있다.

⑦ 제6항에 따른 재심사 신청을 받은 인증기관은 농림축산식품부령으로 정하는 바에 따라 재심사 여부 및 그 결과를 신청자에게 통보하여야 한다.

⑧ 인증농장의 인증 절차 및 인증의 갱신, 재심사 등에 관한 사항은 농림축산식품부령으로 정한다.

제60조(인증기관의 지정 등) ① 농림축산식품부장관은 대통령령으로 정하는 공공기관 또는 법인을 인증기관으로 지정하여 인증농장의 인증과 관련한 업무 및 인증농장에 대한 사후관리업무를 수행하게 할 수 있다.

② 제1항에 따라 지정된 인증기관은 인증농장의 인증에 필요한 인력·조직·시설 및 인증업무 규정 등을 갖추어야 한다.

③ 농림축산식품부장관은 제1항에 따라 지정한 인증기관에서 인증심사업무를 수행하는 자에 대한 교육을 실시하여야 한다.

④ 제1항부터 제3항까지의 규정에 따른 인증기관의 지정, 인증업무의 범위, 인증심사업무를 수행하는 자에 대한 교육, 인증농장에 대한 사후관리 등에 필요한 구체적인 사항은 농림축산식품부령으로 정한다.

제61조(인증기관의 지정취소 등) ① 농림축산식품부장관은 인증기관이 다음 각 호의 어느 하나에 해당하면 그 지정을 취소하거나 6개월 이내의 기간을 정하여 인증업무의 전부 또는 일부의 정지를 명할 수 있다. 다만, 제1호 또는 제2호에 해당하면 그 지정을 취소하여야 한다.

1. 거짓이나 그 밖의 부정한 방법으로 지정을 받은 경우
2. 업무정지 명령을 위반하여 정지기간 중 인증을 한 경우
3. 제60조 제2항에 따른 지정기준에 맞지 아니하게 된 경우
4. 고의 또는 중대한 과실로 제59조 제3항에 따른 인증기준에 맞지 아니한 축산농장을 인증한 경우
5. 정당한 사유 없이 지정된 인증업무를 하지 아니하는 경우

② 제1항에 따른 지정취소 및 업무정지의 기준 등에 관한 사항은 농림축산식품부령으로 정한다.

제62조(인증농장의 표시) ① 인증농장은 농림축산식품부령으로 정하는 바에 따라 인증농장 표시를 할 수 있다.

② 제1항에 따른 인증농장의 표시에 관한 기준 및 방법 등은 농림축산식품부령으로 정한다.

제63조(동물복지축산물의 표시) ① 인증농장에서 생산한 축산물에는 다음 각 호의 구분에 따라 그 포장·용기 등에 동물복지축산물 표시를 할 수 있다.

1. 「축산물 위생관리법」 제2조 제3호 및 제4호의 축산물: 다음 각 목의 요건을 모두 충족하여야 한다.
   가. 인증농장에서 생산할 것
   나. 농장동물을 운송할 때에는 농림축산식품부령으로 정하는 운송차량을 이용하여 운송할 것
   다. 농장동물을 도축할 때에는 농림축산식품부령으로 정하는 도축장에서 도축할 것
2. 「축산물 위생관리법」 제2조 제5호 및 제6호의 축산물: 인증농장에서 생산하여야 한다.
3. 「축산물 위생관리법」 제2조 제8호의 축산물: 제1호의 요건을 모두 충족한 원료의 함량에 따라 동물복지축산물 표시를 할 수 있다.
4. 「축산물 위생관리법」 제2조 제9호 및 제10호의 축산물: 인증농장에서 생산한 축산물의 함량에 따라 동물복지축산물 표시를 할 수 있다.

② 제1항에 따른 동물복지축산물을 포장하지 아니한 상태로 판매하거나 낱개로 판매하는 때에는 표지판 또는 푯말에 동물복지축산물 표시를 할 수 있다.

③ 제1항 및 제2항에 따른 동물복지축산물 표시에 관한 기준 및 방법 등에 관한 사항은 농림축산식품부령으로 정한다.

제64조(인증농장에 대한 지원 등) ① 농림축산식품부장관은 인증농장에 대하여 다음 각 호의 지원을 할 수 있다.

1. 동물의 보호·복지 증진을 위하여 축사시설 개선에 필요한 비용
2. 인증농장의 환경개선 및 경영에 관한 지도·상담 및 교육

② 농림축산식품부장관, 시·도지사, 시장·군수·구청장, 제4조 제3항에 따른 민간단체 및 「축산자조금의 조성 및 운용에 관한 법률」 제2조 제3호에 따른 축산단체는 인증농장의 운영사례를 교육·홍보에 적극 활용하여야 한다.

제65조(인증취소 등) ① 농림축산식품부장관 또는 인증기관은 인증 받은 자가 거짓이나 그 밖의 부정한 방법으로 인증을 받은 경우 그 인증을 취소하여야 하며, 제59조 제3항에 따른 인증기준에 맞지 아니하게 된 경우 그 인증을 취소할 수 있다.

② 제1항에 따라 인증이 취소된 자(법인인 경우에는 그 대표자를 포함한다)는 그 인증이 취소된 날부터 1년 이내에는 인증농장 인증을 신청할 수 없다.

제66조(사후관리) ① 농림축산식품부장관은 인증기관으로 하여금 매년 인증농장이 제59조 제3항에 따른 인증기준에 맞는지 여부를 조사하게 하여야 한다.

② 제1항에 따른 조사를 위하여 인증농장에 출입하는 자는 농림축산식품부령으로 정하는 증표를 지니고 이를 관계인에게 보여 주어야 한다.

③ 제1항에 따른 조사의 요구를 받은 자는 정당한 사유 없이 이를 거부·방해하거나 기피하여서는 아니 된다.

제67조(부정행위의 금지) ① 누구든지 다음 각 호에 해당하는 행위를 하여서는 아니 된다.

1. 거짓이나 그 밖의 부정한 방법으로 인증농장 인증을 받는 행위
2. 제59조 제3항에 따른 인증을 받지 아니한 축산농장을 인증농장으로 표시하는 행위
3. 거짓이나 그 밖의 부정한 방법으로 제59조 제3항, 제5항 및 제6항에 따른 인증심사, 인증갱신에 대한 심사 및 재심사를 하거나 받을 수 있도록 도와주는 행위
4. 제63조 제1항부터 제3항까지의 규정을 위반하여 동물복지축산물 표시를 하는 다음 각 목의 행위(동물복지축산물로 잘못 인식할 우려가 있는 유사한 표시를 하는 행위를 포함한다)

가. 제63조 제1항 제1호 가목 및 같은 항 제2호를 위반하여 인증농장에

서 생산되지 아니한 축산물에 동물복지축산물 표시를 하는 행위

나. 제63조 제1항 제1호 나목 및 다목을 따르지 아니한 축산물에 동물복지축산물 표시를 하는 행위

다. 제63조 제3항에 따른 동물복지축산물 표시 기준 및 방법을 위반하여 동물복지축산물 표시를 하는 행위

② 제1항 제4호에 따른 동물복지축산물로 잘못 인식할 우려가 있는 유사한 표시의 세부기준은 농림축산식품부령으로 정한다.

제68조(인증의 승계) ① 다음 각 호의 어느 하나에 해당하는 자는 인증농장 인증을 받은 자의 지위를 승계한다.

1. 인증농장 인증을 받은 사람이 사망한 경우 그 농장을 계속하여 운영하려는 상속인
2. 인증농장 인증을 받은 자가 그 사업을 양도한 경우 그 양수인
3. 인증농장 인증을 받은 법인이 합병한 경우 합병 후 존속하는 법인이나 합병으로 설립되는 법인

② 제1항에 따라 인증농장 인증을 받은 자의 지위를 승계한 자는 그 사실을 30일 이내에 인증기관에 신고하여야 한다.

③ 제2항에 따른 신고에 필요한 사항은 농림축산식품부령으로 정한다.

제6장 반려동물 영업

제69조(영업의 허가) ① 반려동물(이하 이 장에서 "동물"이라 한다. 다만, 동물장묘업 및 제71조 제1항에 따른 공설동물장묘시설의 경우에는 제2조 제1호에 따른 동물로 한다)과 관련된 다음 각 호의 영업을 하려는 자는 농림축산식품부령으로 정하는 바에 따라 특별자치시장·특별자치도지사·시장·군수·구청장의 허가를 받아야 한다.

1. 동물생산업

2. 동물수입업

3. 동물판매업

4. 동물장묘업

② 제1항 각 호에 따른 영업의 세부 범위는 농림축산식품부령으로 정한다.

③ 제1항에 따른 허가를 받으려는 자는 영업장의 시설 및 인력 등 농림축산식품부령으로 정하는 기준을 갖추어야 한다.

④ 제1항에 따라 영업의 허가를 받은 자가 허가받은 사항을 변경하려는 경우에는 변경허가를 받아야 한다. 다만, 농림축산식품부령으로 정하는 경미한 사항을 변경하는 경우에는 특별자치시장·특별자치도지사·시장·군수·구청장에게 신고하여야 한다.

제70조(맹견취급영업의 특례) ① 제2조제5호가목에 따른 맹견을 생산·수입 또는 판매(이하 "취급"이라 한다)하는 영업을 하려는 자는 제69조제1항에 따른 동물생산업, 동물수입업 또는 동물판매업의 허가 외에 대통령령으로 정하는 바에 따라 맹견 취급에 대하여 시·도지사의 허가(이하 "맹견취급허가"라 한다)를 받아야 한다. 허가받은 사항을 변경하려는 때에도 또한 같다.

② 맹견취급허가를 받으려는 자의 결격사유에 대하여는 제19조를 준용한다.

③ 맹견취급허가를 받은 자는 다음 각 호의 어느 하나에 해당하는 경우 농림축산식품부령으로 정하는 바에 따라 시·도지사에게 신고하여야 한다.

1. 맹견을 번식시킨 경우

2. 맹견을 수입한 경우

3. 맹견을 양도하거나 양수한 경우

4. 보유하고 있는 맹견이 죽은 경우

④ 맹견 취급을 위한 동물생산업, 동물수입업 또는 동물판매업의 시설 및 인력 기준은 제69조제3항에 따른 기준 외에 별도로 농림축산식품부령으로 정한다.

제71조(공설동물장묘시설의 특례) ① 지방자치단체의 장은 동물을 위한 장묘시설(이하 "공설동물장묘시설"이라 한다)을 설치·운영할 수 있다. 이 경우 시설 및 인력 등 농림축산식품부령으로 정하는 기준을 갖추어야 한다.

② 농림축산식품부장관은 제1항에 따라 공설동물장묘시설을 설치·운영하는 지방자치단체에 대해서는 예산의 범위에서 시설의 설치에 필요한 경비를 지원할 수 있다.

③ 지방자치단체의 장이 공설동물장묘시설을 사용하는 자에게 부과하는 사용료 또는 관리비의 금액과 부과방법 및 용도, 그 밖에 필요한 사항은 해당 지방자치단체의 조례로 정한다.

제72조(동물장묘시설의 설치 제한) 다음 각 호의 어느 하나에 해당하는 지역에는 제69조 제1항 제4호의 동물장묘업을 영위하기 위한 동물장묘시설 및 공설동물장묘시설을 설치할 수 없다.

1. 「장사 등에 관한 법률」 제17조에 해당하는 지역
2. 20호 이상의 인가밀집지역, 학교, 그 밖에 공중이 수시로 집합하는 시설 또는 장소로부터 300미터 이내. 다만, 해당 지역의 위치 또는 지형 등의 상황을 고려하여 해당 시설의 기능이나 이용 등에 지장이 없는 경우로서 특별자치시장·특별자치도지사·시장·군수·구청장이 인정하는 경우에는 적용을 제외한다.

제72조의2(장묘정보시스템의 구축·운영 등) ① 농림축산식품부장관은 동물장묘 등에 관한 정보의 제공과 동물장묘시설 이용·관리의 업무 등을 전자적으로 처리할 수 있는 정보시스템(이하 "장묘정보시스템"이라 한다)을 구축·운영할 수 있다.

② 장묘정보시스템의 기능에는 다음 각 호의 사항이 포함되어야 한다.

1. 동물장묘시설의 현황 및 가격 정보 제공
2. 동물장묘절차 등에 관한 정보 제공
3. 그 밖에 농림축산식품부장관이 필요하다고 인정하는 사항

③ 장묘정보시스템의 구축·운영 등에 필요한 사항은 농림축산식품부장관이 정한다.

제73조(영업의 등록) ① 동물과 관련된 다음 각 호의 영업을 하려는 자는 농림축산식품부령으로 정하는 바에 따라 특별자치시장·특별자치도지사·시장·군수·구청장에게 등록하여야 한다.

1. 동물전시업
2. 동물위탁관리업
3. 동물미용업
4. 동물운송업

② 제1항 각 호에 따른 영업의 세부 범위는 농림축산식품부령으로 정한다.

③ 제1항에 따른 영업의 등록을 신청하려는 자는 영업장의 시설 및 인력 등 농림축산식품부령으로 정하는 기준을 갖추어야 한다.

④ 제1항에 따라 영업을 등록한 자가 등록사항을 변경하는 경우에는 변경등록을 하여야 한다. 다만, 농림축산식품부령으로 정하는 경미한 사항을 변경하는 경우에는 특별자치시장·특별자치도지사·시장·군수·구청장에게 신고하여야 한다.

제74조(허가 또는 등록의 결격사유) 다음 각 호의 어느 하나에 해당하는 사람은 제69조 제1항에 따른 영업의 허가를 받거나 제73조 제1항에 따른 영업의 등록을 할 수 없다.

1. 미성년자
2. 피성년후견인
3. 파산선고를 받은 자로서 복권되지 아니한 사람
4. 제82조 제1항에 따른 교육을 이수하지 아니한 사람
5. 제83조 제1항에 따라 허가 또는 등록이 취소된 후 1년이 지나지 아니한 상태에서 취소된 업종과 같은 업종의 허가를 받거나 등록을 하려는 사람(법인인 경우에는 그 대표자를 포함한다)

6. 이 법을 위반하여 벌금 이상의 실형을 선고받고 그 집행이 종료(집행이 종료된 것으로 보는 경우를 포함한다)되거나 집행이 면제된 날부터 3년(제10조를 위반한 경우에는 5년으로 한다)이 지나지 아니한 사람
7. 이 법을 위반하여 벌금 이상의 형의 집행유예를 선고받고 그 유예기간 중에 있는 사람

제75조(영업승계) ① 제69조 제1항에 따른 영업의 허가를 받거나 제73조 제1항에 따라 영업의 등록을 한 자(이하 "영업자"라 한다)가 그 영업을 양도하거나 사망한 경우 또는 법인이 합병한 경우에는 그 양수인·상속인 또는 합병 후 존속하는 법인이나 합병으로 설립되는 법인(이하 "양수인등"이라 한다)은 그 영업자의 지위를 승계한다.

② 다음 각 호의 어느 하나에 해당하는 절차에 따라 영업시설의 전부를 인수한 자는 그 영업자의 지위를 승계한다.

1. 「민사집행법」에 따른 경매
2. 「채무자 회생 및 파산에 관한 법률」에 따른 환가(換價)
3. 「국세징수법」·「관세법」 또는 「지방세법」에 따른 압류재산의 매각
4. 그 밖에 제1호부터 제3호까지의 어느 하나에 준하는 절차

③ 제1항 또는 제2항에 따라 영업자의 지위를 승계한 자는 그 지위를 승계한 날부터 30일 이내에 농림축산식품부령으로 정하는 바에 따라 특별자치시장·특별자치도지사·시장·군수·구청장에게 신고하여야 한다.

④ 제1항 및 제2항에 따른 승계에 관하여는 제74조에 따른 결격사유 규정을 준용한다. 다만, 상속인이 제74조 제1호 및 제2호에 해당하는 경우에는 상속을 받은 날부터 3개월 동안은 그러하지 아니하다.

제76조(휴업·폐업 등의 신고) ① 영업자가 휴업, 폐업 또는 그 영업을 재개하려는 경우에는 농림축산식품부령으로 정하는 바에 따라 특별자치시장·특별자치도지사·시장·군수·구청장에게 신고하여야 한다.

② 영업자(동물장묘업자는 제외한다. 이하 이 조에서 같다)는 제1항에 따

라 휴업 또는 폐업의 신고를 하려는 경우에는 농림축산식품부령으로 정하는 바에 따라 특별자치시장·특별자치도지사·시장·군수·구청장에게 휴업 또는 폐업 30일 전에 보유하고 있는 동물의 적절한 사육 및 처리를 위한 계획서(이하 "동물처리계획서"라 한다)를 제출하여야 한다.

③ 영업자는 동물처리계획서에 따라 동물을 처리한 후 그 결과를 특별자치시장·특별자치도지사·시장·군수·구청장에게 보고하여야 하며, 보고를 받은 특별자치시장·특별자치도지사·시장·군수·구청장은 동물처리계획서의 이행 여부를 확인하여야 한다.

④ 제2항 및 제3항에 따른 동물처리계획서의 제출 및 보고에 관한 사항은 농림축산식품부령으로 정한다.

제77조(직권말소) ① 특별자치시장·특별자치도지사·시장·군수·구청장은 영업자가 제76조 제1항에 따른 폐업신고를 하지 아니한 경우에는 농림축산식품부령으로 정하는 바에 따라 폐업 사실을 확인한 후 허가 또는 등록사항을 직권으로 말소할 수 있다.

② 특별자치시장·특별자치도지사·시장·군수·구청장은 영업자가 영업을 폐업하였는지를 확인하기 위하여 필요한 경우 관할 세무서장에게 영업자의 폐업 여부에 대한 정보 제공을 요청할 수 있다. 이 경우 요청을 받은 관할 세무서장은 정당한 사유 없이 이를 거부하여서는 아니 된다.

제78조(영업자 등의 준수사항) ① 영업자(법인인 경우에는 그 대표자를 포함한다)와 그 종사자는 다음 각 호의 사항을 준수하여야 한다.

1. 동물을 안전하고 위생적으로 사육·관리 또는 보호할 것
2. 동물의 건강과 안전을 위하여 동물병원과의 적절한 연계를 확보할 것
3. 노화나 질병이 있는 동물을 유기하거나 폐기할 목적으로 거래하지 아니할 것
4. 동물의 번식, 반입·반출 등의 기록 및 관리를 하고 이를 보관할 것
5. 동물에 관한 사항을 표시·광고하는 경우 이 법에 따른 영업허가번호

또는 영업등록번호와 거래금액을 함께 표시할 것

6. 동물의 분뇨, 사체 등은 관계 법령에 따라 적정하게 처리할 것
7. 농림축산식품부령으로 정하는 영업장의 시설 및 인력 기준을 준수할 것
8. 제82조 제2항에 따른 정기교육을 이수하고 그 종사자에게 교육을 실시할 것
9. 농림축산식품부령으로 정하는 바에 따라 동물의 취급 등에 관한 영업실적을 보고할 것
10. 등록대상동물의 등록 및 변경신고의무(등록·변경신고방법 및 위반시 처벌에 관한 사항 등을 포함한다)를 고지할 것
11. 다른 사람의 영업명의를 도용하거나 대여받지 아니하고, 다른 사람에게 자기의 영업명의 또는 상호를 사용하도록 하지 아니할 것

② 동물생산업자는 제1항에서 규정한 사항 외에 다음 각 호의 사항을 준수하여야 한다.

1. 월령이 12개월 미만인 개·고양이는 교배 또는 출산시키지 아니할 것
2. 약품 등을 사용하여 인위적으로 동물의 발정을 유도하는 행위를 하지 아니할 것
3. 동물의 특성에 따라 정기적으로 예방접종 및 건강관리를 실시하고 기록할 것

③ 동물수입업자는 제1항에서 규정한 사항 외에 다음 각 호의 사항을 준수하여야 한다.

1. 동물을 수입하는 경우 농림축산식품부장관에게 수입의 내역을 신고할 것
2. 수입의 목적으로 신고한 사항과 다른 용도로 동물을 사용하지 아니할 것

④ 동물판매업자(동물생산업자 및 동물수입업자가 동물을 판매하는 경우를 포함한다)는 제1항에서 규정한 사항 외에 다음 각 호의 사항을 준수하여야 한다.

1. 월령이 2개월 미만인 개·고양이를 판매(알선 또는 중개를 포함한다)하

지 아니할 것

2. 동물을 판매 또는 전달을 하는 경우 직접 전달하거나 동물운송업자를 통하여 전달할 것

⑤ 동물장묘업자는 제1항에서 규정한 사항 외에 다음 각 호의 사항을 준수하여야 한다.

1. 살아있는 동물을 처리(마취 등을 통하여 동물의 고통을 최소화하는 인도적인 방법으로 처리하는 것을 포함한다)하지 아니할 것
2. 등록대상동물의 사체를 처리한 경우 농림축산식품부령으로 정하는 바에 따라 특별자치시장·특별자치도지사·시장·군수·구청장에게 신고할 것

⑥ 제1항부터 제5항까지의 규정에 따른 영업자의 준수사항에 관한 구체적인 사항 및 그 밖에 동물의 보호와 공중위생상의 위해 방지를 위하여 영업자가 준수하여야 할 사항은 농림축산식품부령으로 정한다.

제79조(등록대상동물의 판매에 따른 등록신청) ① 동물생산업자, 동물수입업자 및 동물판매업자는 등록대상동물을 판매하는 경우에 구매자(영업자를 제외한다)에게 동물등록의 방법을 설명하고 구매자의 명의로 특별자치시장·특별자치도지사·시장·군수·구청장에게 동물등록을 신청한 후 판매하여야 한다.

② 제1항에 따른 등록대상동물의 등록신청에 대해서는 제15조를 준용한다.

제80조(거래내역의 신고) ① 동물생산업자, 동물수입업자 및 동물판매업자가 등록대상동물을 취급하는 경우에는 그 거래내역을 농림축산식품부령으로 정하는 바에 따라 특별자치시장·특별자치도지사·시장·군수·구청장에게 신고하여야 한다.

② 농림축산식품부장관은 제1항에 따른 등록대상동물의 거래내역을 제95조 제2항에 따른 국가동물보호정보시스템으로 신고하게 할 수 있다.

제81조(표준계약서의 제정·보급) ① 농림축산식품부장관은 동물보호 및 동

물영업의 건전한 거래질서 확립을 위하여 공정거래위원회와 협의하여 표준계약서를 제정 또는 개정하고 영업자에게 이를 사용하도록 권고할 수 있다.

② 농림축산식품부장관은 제1항에 따른 표준계약서에 관한 업무를 대통령령으로 정하는 기관에 위탁할 수 있다.

③ 제1항에 따른 표준계약서의 구체적인 사항은 농림축산식품부령으로 정한다.

제82조(교육) ① 제69조 제1항에 따른 허가를 받거나 제73조 제1항에 따른 등록을 하려는 자는 허가를 받거나 등록을 하기 전에 동물의 보호 및 공중위생상의 위해 방지 등에 관한 교육을 받아야 한다.

② 영업자는 정기적으로 제1항에 따른 교육을 받아야 한다.

③ 제83조 제1항에 따른 영업정지처분을 받은 영업자는 제2항의 정기 교육 외에 동물의 보호 및 영업자 준수사항 등에 관한 추가교육을 받아야 한다.

④ 제1항부터 제3항까지의 규정에 따라 교육을 받아야 하는 영업자로서 교육을 받지 아니한 자는 그 영업을 하여서는 아니 된다.

⑤ 제1항 또는 제2항에 따라 교육을 받아야 하는 영업자가 영업에 직접 종사하지 아니하거나 두 곳 이상의 장소에서 영업을 하는 경우에는 종사자 중에서 책임자를 지정하여 영업자 대신 교육을 받게 할 수 있다.

⑥ 제1항부터 제3항까지의 규정에 따른 교육의 종류, 내용, 시기, 이수방법 등에 관하여는 농림축산식품부령으로 정한다.

제83조(허가 또는 등록의 취소 등) ① 특별자치시장·특별자치도지사·시장·군수·구청장은 영업자가 다음 각 호의 어느 하나에 해당하는 경우에는 농림축산식품부령으로 정하는 바에 따라 그 허가 또는 등록을 취소하거나 6개월 이내의 기간을 정하여 그 영업의 전부 또는 일부의 정지를 명할 수 있다. 다만, 제1호, 제7호 또는 제8호에 해당하는 경우에는 허가 또는

등록을 취소하여야 한다.

1. 거짓이나 그 밖의 부정한 방법으로 허가를 받거나 등록을 한 것이 판명된 경우
2. 제10조 제1항부터 제4항까지의 규정을 위반한 경우
3. 허가를 받은 날 또는 등록을 한 날부터 1년이 지나도록 영업을 개시하지 아니한 경우
4. 제69조 제1항 또는 제73조 제1항에 따른 허가 또는 등록 사항과 다른 방식으로 영업을 한 경우
5. 제69조 제4항 또는 제73조 제4항에 따른 변경허가를 받거나 변경등록을 하지 아니한 경우
6. 제69조 제3항 또는 제73조 제3항에 따른 시설 및 인력 기준에 미달하게 된 경우
7. 제72조에 따라 설치가 금지된 곳에 동물장묘시설을 설치한 경우
8. 제74조 각 호의 어느 하나에 해당하게 된 경우
9. 제78조에 따른 준수사항을 지키지 아니한 경우

② 특별자치시장·특별자치도지사·시장·군수·구청장은 제1항에 따라 영업의 허가 또는 등록을 취소하거나 영업의 전부 또는 일부를 정지하는 경우에는 해당 영업자에게 보유하고 있는 동물을 양도하게 하는 등 적절한 사육·관리 또는 보호를 위하여 필요한 조치를 명하여야 한다.

③ 제1항에 따른 처분의 효과는 그 처분기간이 만료된 날부터 1년간 양수인등에게 승계되며, 처분의 절차가 진행 중일 때에는 양수인등에 대하여 처분의 절차를 행할 수 있다. 다만, 양수인등이 양수·상속 또는 합병 시에 그 처분 또는 위반사실을 알지 못하였음을 증명하는 경우에는 그러하지 아니하다.

제84조(과징금의 부과) ① 특별자치시장·특별자치도지사·시장·군수·구청장은 영업자가 제83조 제1항 제4호부터 제6호까지 또는 제9호의 어느 하

나에 해당하여 영업정지처분을 하여야 하는 경우로서 그 영업정지처분이 해당 영업의 동물 또는 이용자에게 곤란을 주거나 공익에 현저한 지장을 줄 우려가 있다고 인정되는 경우에는 영업정지처분에 갈음하여 1억원 이하의 과징금을 부과할 수 있다.

② 특별자치시장·특별자치도지사·시장·군수·구청장은 제1항에 따른 과징금을 부과받은 자가 납부기한까지 과징금을 내지 아니하면 「지방행정제재·부과금의 징수 등에 관한 법률」에 따라 징수한다.

③ 특별자치시장·특별자치도지사·시장·군수·구청장은 제1항에 따른 과징금을 부과하기 위하여 필요한 경우에는 다음 각 호의 사항을 적은 문서로 관할 세무서장에게 과세 정보의 제공을 요청할 수 있다.

1. 납세자의 인적 사항
2. 과세 정보의 사용 목적
3. 과징금 부과기준이 되는 매출금액

④ 제1항에 따른 과징금을 부과하는 위반행위의 종류, 영업의 규모, 위반 횟수 등에 따른 과징금의 금액, 그 밖에 필요한 사항은 대통령령으로 정한다.

제85조(영업장의 폐쇄) ① 특별자치시장·특별자치도지사·시장·군수·구청장은 제69조 또는 제73조에 따른 영업이 다음 각 호의 어느 하나에 해당하는 때에는 관계 공무원으로 하여금 농림축산식품부령으로 정하는 바에 따라 해당 영업장을 폐쇄하게 할 수 있다.

1. 제69조 제1항에 따른 허가를 받지 아니하거나 제73조 제1항에 따른 등록을 하지 아니한 때
2. 제83조에 따라 허가 또는 등록이 취소되거나 영업정지명령을 받았음에도 불구하고 계속하여 영업을 한 때

② 특별자치시장·특별자치도지사·시장·군수·구청장은 제1항에 따라 영업장을 폐쇄하기 위하여 관계 공무원에게 다음 각 호의 조치를 하게 할

수 있다.

1. 해당 영업장의 간판이나 그 밖의 영업표지물의 제거 또는 삭제
2. 해당 영업장이 적법한 영업장이 아니라는 것을 알리는 게시문 등의 부착
3. 영업을 위하여 꼭 필요한 시설물 또는 기구 등을 사용할 수 없게 하는 봉인(封印)

③ 특별자치시장·특별자치도지사·시장·군수·구청장은 제1항 및 제2항에 따른 폐쇄조치를 하려는 때에는 폐쇄조치의 일시·장소 및 관계 공무원의 성명 등을 미리 해당 영업을 하는 영업자 또는 그 대리인에게 서면으로 알려주어야 한다.

④ 특별자치시장·특별자치도지사·시장·군수·구청장은 제1항에 따라 해당 영업장을 폐쇄하는 경우 해당 영업자에게 보유하고 있는 동물을 양도하게 하는 등 적절한 사육·관리 또는 보호를 위하여 필요한 조치를 명하여야 한다.

⑤ 제1항에 따른 영업장 폐쇄의 세부적인 기준과 절차는 그 위반행위의 유형과 위반 정도 등을 고려하여 농림축산식품부령으로 정한다.

제7장 보칙

제86조(출입·검사 등) ① 농림축산식품부장관, 시·도지사 또는 시장·군수·구청장은 동물의 보호 및 공중위생상의 위해 방지 등을 위하여 필요하면 동물의 소유자등에 대하여 다음 각 호의 조치를 할 수 있다.

1. 동물 현황 및 관리실태 등 필요한 자료제출의 요구
2. 동물이 있는 장소에 대한 출입·검사
3. 동물에 대한 위해 방지 조치의 이행 등 농림축산식품부령으로 정하는 시정명령

② 농림축산식품부장관, 시·도지사 또는 시장·군수·구청장은 동물보호 등과 관련하여 필요하면 다음 각 호의 어느 하나에 해당하는 자에게 필요

한 보고를 하도록 명하거나 자료를 제출하게 할 수 있으며, 관계 공무원으로 하여금 해당 시설 등에 출입하여 운영실태를 조사하게 하거나 관계 서류를 검사하게 할 수 있다.

1. 제35조 제1항 및 제36조 제1항에 따른 동물보호센터의 장
2. 제37조에 따른 보호시설운영자
3. 제51조 제1항 및 제2항에 따라 윤리위원회를 설치한 동물실험시행기관의 장
4. 제59조 제3항에 따른 동물복지축산농장의 인증을 받은 자
5. 제60조에 따라 지정된 인증기관의 장
6. 제63조 제1항에 따라 동물복지축산물의 표시를 한 자
7. 제69조 제1항에 따른 영업의 허가를 받은 자 또는 제73조 제1항에 따라 영업의 등록을 한 자

③ 특별자치시장·특별자치도지사·시장·군수·구청장은 소속 공무원으로 하여금 제2항 제2호에 따른 보호시설운영자에 대하여 제37조 제4항에 따른 시설기준·운영기준 등의 사항 및 동물보호를 위한 시설정비 등의 사후관리와 관련한 사항을 1년에 1회 이상 정기적으로 점검하도록 하고, 필요한 경우 수시로 점검하게 할 수 있다.

④ 시·도지사와 시장·군수·구청장은 소속 공무원으로 하여금 제2항 제7호에 따른 영업자에 대하여 다음 각 호의 구분에 따라 1년에 1회 이상 정기적으로 점검하도록 하고, 필요한 경우 수시로 점검하게 할 수 있다.

1. 시·도지사: 제70조 제4항에 따른 시설 및 인력 기준의 준수 여부
2. 특별자치시장·특별자치도지사·시장·군수·구청장: 제69조 제3항 및 제73조 제3항에 따른 시설 및 인력 기준의 준수 여부와 제78조에 따른 준수사항의 이행 여부

⑤ 시·도지사는 제3항 및 제4항에 따른 점검 결과(관할 시·군·구의 점검 결과를 포함한다)를 다음 연도 1월 31일까지 농림축산식품부장관에게 보

고하여야 한다.

⑥ 농림축산식품부장관, 시·도지사 또는 시장·군수·구청장이 제1항 제2호 및 제2항 각 호에 따른 출입·검사 또는 제3항 및 제4항에 따른 점검(이하 "출입·검사등"이라 한다)을 할 때에는 출입·검사등의 시작 7일 전까지 대상자에게 다음 각 호의 사항이 포함된 출입·검사등 계획을 통지하여야 한다. 다만, 출입·검사등 계획을 미리 통지할 경우 그 목적을 달성할 수 없다고 인정하는 경우에는 출입·검사등을 착수할 때에 통지할 수 있다.

1. 출입·검사등의 목적
2. 출입·검사등의 기간 및 장소
3. 관계 공무원의 성명과 직위
4. 출입·검사등의 범위 및 내용
5. 제출할 자료

⑦ 농림축산식품부장관, 시·도지사 또는 시장·군수·구청장은 제2항부터 제4항까지의 규정에 따른 출입·검사등의 결과에 따라 필요한 시정을 명하는 등의 조치를 할 수 있다.

제87조(고정형 영상정보처리기기의 설치 등) ① 다음 각 호의 어느 하나에 해당하는 자는 동물학대 방지 등을 위하여 「개인정보 보호법」 제2조 제7호에 따른 영상정보처리기기를 설치하여야 한다.

1. 제35조 제1항 또는 제36조 제1항에 따른 동물보호센터의 장
2. 제37조에 따른 보호시설운영자
3. 제63조 제1항 제1호 다목에 따른 도축장 운영자
4. 제69조 제1항에 따른 영업의 허가를 받은 자 또는 제73조 제1항에 따라 영업의 등록을 한 자

② 제1항에 따른 고정형 영상정보처리기기의 설치 대상, 장소 및 기준 등에 필요한 사항은 대통령령으로 정한다.

③ 제1항에 따라 고정형 영상정보처리기기를 설치·관리하는 자는 동물보호센터·보호시설·영업장의 종사자, 이용자 등 정보주체의 인권이 침해되지 아니하도록 다음 각 호의 사항을 준수하여야 한다.

1. 설치 목적과 다른 목적으로 고정형 영상정보처리기기를 임의로 조작하거나 다른 곳을 비추지 아니할 것
2. 녹음기능을 사용하지 아니할 것

④ 제1항에 따라 고정형 영상정보처리기기를 설치·관리하는 자는 다음 각 호의 어느 하나에 해당하는 경우 외에는 고정형 영상정보처리기기로 촬영한 영상기록을 다른 사람에게 제공하여서는 아니 된다.

1. 소유자등이 자기 동물의 안전을 확인하기 위하여 요청하는 경우
2. 「개인정보 보호법」 제2호 제6호 가목에 따른 공공기관이 제86조 등 법령에서 정하는 동물보호 업무 수행을 위하여 요청하는 경우
3. 범죄의 수사와 공소의 제기 및 유지, 법원의 재판업무 수행을 위하여 필요한 경우

⑤ 이 법에서 정하는 사항 외에 고정형 영상정보처리기기의 설치, 운영 및 관리 등에 관한 사항은 「개인정보 보호법」에 따른다.

제88조(동물보호관) ① 농림축산식품부장관(대통령령으로 정하는 소속 기관의 장을 포함한다), 시·도지사 및 시장·군수·구청장은 동물의 학대 방지 등 동물보호에 관한 사무를 처리하기 위하여 소속 공무원 중에서 동물보호관을 지정하여야 한다.

② 제1항에 따른 동물보호관(이하 "동물보호관"이라 한다)의 자격, 임명, 직무 범위 등에 관한 사항은 대통령령으로 정한다.

③ 동물보호관이 제2항에 따른 직무를 수행할 때에는 농림축산식품부령으로 정하는 증표를 지니고 이를 관계인에게 보여주어야 한다.

④ 누구든지 동물의 특성에 따른 출산, 질병 치료 등 부득이한 사유가 있는 경우를 제외하고는 제2항에 따른 동물보호관의 직무 수행을 거부·방

해 또는 기피하여서는 아니 된다.

제89조(학대행위자에 대한 상담·교육 등의 권고) 동물보호관은 학대행위자에 대하여 상담·교육 또는 심리치료 등 필요한 지원을 받을 것을 권고할 수 있다.

제90조(명예동물보호관) ① 농림축산식품부장관, 시·도지사 및 시장·군수·구청장은 동물의 학대 방지 등 동물보호를 위한 지도·계몽 등을 위하여 명예동물보호관을 위촉할 수 있다.

② 제10조를 위반하여 제97조에 따라 형을 선고받고 그 형이 확정된 사람은 제1항에 따른 명예동물보호관(이하 "명예동물보호관"이라 한다)이 될 수 없다.

③ 명예동물보호관의 자격, 위촉, 해촉, 직무, 활동 범위와 수당의 지급 등에 관한 사항은 대통령령으로 정한다.

④ 명예동물보호관은 제3항에 따른 직무를 수행할 때에는 부정한 행위를 하거나 권한을 남용하여서는 아니 된다.

⑤ 명예동물보호관이 그 직무를 수행하는 경우에는 신분을 표시하는 증표를 지니고 이를 관계인에게 보여주어야 한다.

제91조(수수료) 다음 각 호의 어느 하나에 해당하는 자는 농림축산식품부령으로 정하는 바에 따라 수수료를 내야 한다. 다만, 제1호에 해당하는 자에 대하여는 시·도의 조례로 정하는 바에 따라 수수료를 감면할 수 있다.

1. 제15조 제1항에 따라 등록대상동물을 등록하려는 자
2. 제31조에 따른 자격시험에 응시하려는 자 또는 자격증의 재발급 등을 받으려는 자
3. 제59조 제3항, 제5항 또는 제6항에 따라 동물복지축산농장 인증을 받거나 갱신 및 재심사를 받으려는 자
4. 제69조, 제70조 및 제73조에 따라 영업의 허가 또는 변경허가를 받거나, 영업의 등록 또는 변경등록을 하거나, 변경신고를 하려는 자

제92조(청문) 농림축산식품부장관, 시·도지사 또는 시장·군수·구청장은 다음 각 호의 어느 하나에 해당하는 처분을 하려면 청문을 하여야 한다.

1. 제20조 제1항에 따른 맹견사육허가의 철회
2. 제32조 제2항에 따른 반려동물행동지도사의 자격취소
3. 제36조 제4항에 따른 동물보호센터의 지정취소
4. 제38조 제2항에 따른 보호시설의 시설폐쇄
5. 제61조 제1항에 따른 인증기관의 지정취소
6. 제65조 제1항에 따른 동물복지축산농장의 인증취소
7. 제83조 제1항에 따른 영업허가 또는 영업등록의 취소

제93조(권한의 위임·위탁) ① 농림축산식품부장관은 대통령령으로 정하는 바에 따라 이 법에 따른 권한의 일부를 소속기관의 장 또는 시·도지사에게 위임할 수 있다.

② 농림축산식품부장관은 대통령령으로 정하는 바에 따라 이 법에 따른 업무 및 동물복지 진흥에 관한 업무의 일부를 농림축산 또는 동물보호 관련 업무를 수행하는 기관·법인·단체의 장에게 위탁할 수 있다.

③ 농림축산식품부장관은 제1항에 따라 위임한 업무 및 제2항에 따라 위탁한 업무에 관하여 필요하다고 인정하면 업무처리지침을 정하여 통보하거나 그 업무처리를 지도·감독할 수 있다.

④ 제2항에 따라 위탁받은 이 법에 따른 업무를 수행하는 기관·법인·단체의 임원 및 직원은 「형법」 제129조부터 제132조까지의 규정을 적용할 때에는 공무원으로 본다.

⑤ 농림축산식품부장관은 제2항에 따라 업무를 위탁한 기관에 필요한 비용의 전부 또는 일부를 예산의 범위에서 출연 또는 보조할 수 있다.

제94조(실태조사 및 정보의 공개) ① 농림축산식품부장관은 다음 각 호의 정보와 자료를 수집·조사·분석하고 그 결과를 해마다 정기적으로 공표하여야 한다. 다만, 제2호에 해당하는 사항에 관하여는 해당 동물을 관리하

는 중앙행정기관의 장 및 관련 기관의 장과 협의하여 결과공표 여부를 정할 수 있다.

1. 제6조 제1항의 동물복지종합계획 수립을 위한 동물의 보호·복지 실태에 관한 사항
2. 제2조 제6호에 따른 봉사동물 중 국가소유 봉사동물의 마릿수 및 해당 봉사동물의 관리 등에 관한 사항
3. 제15조에 따른 등록대상동물의 등록에 관한 사항
4. 제34조부터 제36조까지 및 제39조부터 제46조까지의 규정에 따른 동물보호센터와 유실·유기동물 등의 치료·보호 등에 관한 사항
5. 제37조에 따른 보호시설의 운영실태에 관한 사항

5의2. 제47조제5항에 따른 동물의 기증 및 분양 현황 등 실험동물의 사후관리 실태에 관한 사항

6. 제51조부터 제56조까지, 제58조의 규정에 따른 윤리위원회의 운영 및 동물실험 실태, 지도·감독 등에 관한 사항
7. 제59조에 따른 동물복지축산농장 인증현황 등에 관한 사항
8. 제69조 및 제73조에 따른 영업의 허가 및 등록과 운영실태에 관한 사항
9. 제86조 제4항에 따른 영업자에 대한 정기점검에 관한 사항
10. 그 밖에 동물의 보호·복지 실태와 관련된 사항

② 농림축산식품부장관은 제1항 각 호에 따른 업무를 효율적으로 추진하기 위하여 실태조사를 실시할 수 있으며, 실태조사를 위하여 필요한 경우 관계 중앙행정기관의 장, 지방자치단체의 장, 공공기관(「공공기관의 운영에 관한 법률」 제4조에 따른 공공기관을 말한다. 이하 같다)의 장, 관련 기관 및 단체, 동물의 소유자등에게 필요한 자료 및 정보의 제공을 요청할 수 있다. 이 경우 자료 및 정보의 제공을 요청받은 자는 정당한 사유가 없는 한 자료 및 정보를 제공하여야 한다.

③ 제2항에 따른 실태조사(현장조사를 포함한다)의 범위, 방법, 그 밖에 필요한 사항은 대통령령으로 정한다.

④ 시·도지사, 시장·군수·구청장, 동물실험시행기관의 장 또는 인증기관은 제1항 각 호의 실적을 다음 연도 1월 31일까지 농림축산식품부장관(대통령령으로 정하는 그 소속기관의 장을 포함한다)에게 보고하여야 한다. [시행일: 2025. 1. 3.] 제94조

제95조(동물보호정보의 수집 및 활용) ① 농림축산식품부장관은 동물의 생명보호, 안전 보장 및 복지 증진과 건전하고 책임 있는 사육문화를 조성하기 위하여 다음 각 호의 정보(이하 "동물보호정보"라 한다)를 수집하여 체계적으로 관리하여야 한다.

1. 제17조에 따라 맹견수입신고를 한 자 및 신고한 자가 소유한 맹견에 대한 정보
2. 제18조 및 제20조에 따라 맹견사육허가·허가철회를 받은 사람 및 허가받은 사람이 소유한 맹견에 대한 정보
3. 제18조 제3항 및 제24조에 따라 기질평가를 받은 동물과 그 소유자에 대한 정보
4. 제69조 및 제70조에 따른 영업의 허가 및 제73조에 따른 영업의 등록에 관한 사항(영업의 허가 및 등록 번호, 업체명, 전화번호, 소재지 등을 포함한다)
5. 제94조 제1항 각 호의 정보
6. 그 밖에 동물보호에 관한 정보로서 농림축산식품부장관이 수집·관리할 필요가 있다고 인정하는 정보

② 농림축산식품부장관은 동물보호정보를 체계적으로 관리하고 통합적으로 분석하기 위하여 국가동물보호정보시스템을 구축·운영하여야 한다.

③ 농림축산식품부장관은 동물보호정보의 수집을 위하여 관계 중앙행정기관의 장, 시·도지사 또는 시장·군수·구청장, 경찰관서의 장 등에게 필

요한 자료를 요청할 수 있다. 이 경우 관계 중앙행정기관의 장, 시·도지사 또는 시장·군수·구청장, 경찰관서의 장 등은 정당한 사유가 없으면 요청에 응하여야 한다.

④ 시·도지사 및 시장·군수·구청장은 동물의 보호 또는 동물학대 발생 방지를 위하여 필요한 경우 국가동물보호정보시스템에 등록된 관련 정보를 농림축산식품부장관에게 요청할 수 있다. 이 경우 정보활용의 목적과 필요한 정보의 범위를 구체적으로 기재하여 요청하여야 한다.

⑤ 제4항에 따른 정보를 취득한 사람은 같은 항 후단의 요청 목적 외로 해당 정보를 사용하거나 다른 사람에게 정보를 제공 또는 누설하여서는 아니 된다.

⑥ 농림축산식품부장관은 대통령령으로 정하는 바에 따라 제1항 제4호의 정보 중 영업의 허가 및 등록 번호, 업체명, 전화번호, 소재지 등을 공개하여야 한다.

⑦ 제1항부터 제6항까지에서 규정한 사항 외에 동물보호정보 등의 수집·관리·공개 및 정보의 요청 방법, 국가동물보호정보시스템의 구축·활용 등에 필요한 사항은 대통령령으로 정한다.

제96조(위반사실의 공표) ① 시·도지사 또는 시장·군수·구청장은 제36조 제4항 또는 제38조에 따라 행정처분이 확정된 동물보호센터 또는 보호시설에 대하여 위반행위, 해당 기관·단체 또는 시설의 명칭, 대표자 성명 등 대통령령으로 정하는 사항을 공표할 수 있다.

② 특별자치시장·특별자치도지사·시장·군수·구청장은 제83조부터 제85조까지의 규정에 따라 행정처분이 확정된 영업자에 대하여 위반행위, 해당 영업장의 명칭, 대표자 성명 등 대통령령으로 정하는 사항을 공표할 수 있다.

③ 제1항 및 제2항에 따른 공표 여부를 결정할 때에는 위반행위의 동기, 정도, 횟수 및 결과 등을 고려하여야 한다.

④ 시·도지사 또는 시장·군수·구청장은 제1항 및 제2항에 따른 공표를 실시하기 전에 공표대상자에게 그 사실을 통지하여 소명자료를 제출하거나 출석하여 의견진술을 할 수 있는 기회를 부여하여야 한다.

⑤ 제1항 및 제2항에 따른 공표의 절차·방법, 그 밖에 필요한 사항은 대통령령으로 정한다.

제8장 벌칙

제97조(벌칙) ① 다음 각 호의 어느 하나에 해당하는 자는 3년 이하의 징역 또는 3천만원 이하의 벌금에 처한다.

1. 제10조 제1항 각 호의 어느 하나를 위반한 자
2. 제10조 제3항 제2호 또는 같은 조 제4항 제3호를 위반한 자
3. 제16조 제1항 또는 같은 조 제2항 제1호를 위반하여 사람을 사망에 이르게 한 자
4. 제21조 제1항 각 호를 위반하여 사람을 사망에 이르게 한 자

② 다음 각 호의 어느 하나에 해당하는 자는 2년 이하의 징역 또는 2천만원 이하의 벌금에 처한다.

1. 제10조 제2항 또는 같은 조 제3항 제1호·제3호·제4호의 어느 하나를 위반한 자
2. 제10조 제4항 제1호를 위반하여 맹견을 유기한 소유자등
3. 제10조 제4항 제2호를 위반한 소유자등
4. 제16조 제1항 또는 같은 조 제2항 제1호를 위반하여 사람의 신체를 상해에 이르게 한 자
5. 제21조 제1항 각 호의 어느 하나를 위반하여 사람의 신체를 상해에 이르게 한 자
6. 제67조 제1항 제1호를 위반하여 거짓이나 그 밖의 부정한 방법으로 인증농장 인증을 받은 자

7. 제67조 제1항 제2호를 위반하여 인증을 받지 아니한 축산농장을 인증농장으로 표시한 자
8. 제67조 제1항 제3호를 위반하여 거짓이나 그 밖의 부정한 방법으로 인증심사·재심사 및 인증갱신을 하거나 받을 수 있도록 도와주는 행위를 한 자
9. 제69조 제1항 또는 같은 조 제4항을 위반하여 허가 또는 변경허가를 받지 아니하고 영업을 한 자
10. 거짓이나 그 밖의 부정한 방법으로 제69조 제1항에 따른 허가 또는 같은 조 제4항에 따른 변경허가를 받은 자
11. 제70조 제1항을 위반하여 맹견취급허가 또는 변경허가를 받지 아니하고 맹견을 취급하는 영업을 한 자
12. 거짓이나 그 밖의 부정한 방법으로 제70조 제1항에 따른 맹견취급허가 또는 변경허가를 받은 자
13. 제72조를 위반하여 설치가 금지된 곳에 동물장묘시설을 설치한 자
14. 제85조 제1항에 따른 영업장 폐쇄조치를 위반하여 영업을 계속한 자

③ 다음 각 호의 어느 하나에 해당하는 자는 1년 이하의 징역 또는 1천만원 이하의 벌금에 처한다.

1. 제18조 제1항을 위반하여 맹견사육허가를 받지 아니한 자
2. 제33조 제1항을 위반하여 반려동물행동지도사의 명칭을 사용한 자
3. 제33조 제2항을 위반하여 다른 사람에게 반려동물행동지도사의 명의를 사용하게 하거나 그 자격증을 대여한 자 또는 반려동물행동지도사의 명의를 사용하거나 그 자격증을 대여받은 자
4. 제33조 제3항을 위반한 자
5. 제73조 제1항 또는 같은 조 제4항을 위반하여 등록 또는 변경등록을 하지 아니하고 영업을 한 자
6. 거짓이나 그 밖의 부정한 방법으로 제73조 제1항에 따른 등록 또는 같

은 조 제4항에 따른 변경등록을 한 자

7. 제78조 제1항 제11호를 위반하여 다른 사람의 영업명의를 도용하거나 대여받은 자 또는 다른 사람에게 자기의 영업명의나 상호를 사용하게 한 영업자

7의2. 제78조제5항제3호를 위반하여 자신의 영업장에 있는 동물장묘시설을 다른 자에게 대여한 영업자

8. 제83조를 위반하여 영업정지 기간에 영업을 한 자

9. 제87조 제3항을 위반하여 설치 목적과 다른 목적으로 영상정보처리기기를 임의로 조작하거나 다른 곳을 비춘 자 또는 녹음기능을 사용한 자

10. 제87조 제4항을 위반하여 영상기록을 목적 외의 용도로 다른 사람에게 제공한 자

④ 다음 각 호의 어느 하나에 해당하는 자는 500만원 이하의 벌금에 처한다.

1. 제29조 제1항을 위반하여 업무상 알게 된 비밀을 누설한 기질평가위원회의 위원 또는 위원이었던 자
2. 제37조 제1항에 따른 신고를 하지 아니하고 보호시설을 운영한 자
3. 제38조 제2항에 따른 폐쇄명령에 따르지 아니한 자
4. 제54조 제3항을 위반하여 비밀을 누설하거나 도용한 윤리위원회의 위원 또는 위원이었던 자(제52조 제3항에서 준용하는 경우를 포함한다)
5. 제78조 제2항 제1호를 위반하여 월령이 12개월 미만인 개·고양이를 교배 또는 출산시킨 영업자
6. 제78조 제2항 제2호를 위반하여 동물의 발정을 유도한 영업자
7. 제78조 제5항 제1호를 위반하여 살아있는 동물을 처리한 영업자
8. 제95조 제5항을 위반하여 요청 목적 외로 정보를 사용하거나 다른 사람에게 정보를 제공 또는 누설한 자

⑤ 다음 각 호의 어느 하나에 해당하는 자는 300만원 이하의 벌금에 처한다.

1. 제10조 제4항 제1호를 위반하여 동물을 유기한 소유자등(맹견을 유기

한 경우는 제외한다)

2. 제10조 제5항 제1호를 위반하여 사진 또는 영상물을 판매·전시·전달·상영하거나 인터넷에 게재한 자
3. 제10조 제5항 제2호를 위반하여 도박을 목적으로 동물을 이용한 자 또는 동물을 이용하는 도박을 행할 목적으로 광고·선전한 자
4. 제10조 제5항 제3호를 위반하여 도박·시합·복권·오락·유흥·광고 등의 상이나 경품으로 동물을 제공한 자
5. 제10조 제5항 제4호를 위반하여 영리를 목적으로 동물을 대여한 자
6. 제18조 제4항 후단에 따른 인도적인 방법에 의한 처리 명령에 따르지 아니한 맹견의 소유자
7. 제20조 제2항에 따른 인도적인 방법에 의한 처리 명령에 따르지 아니한 맹견의 소유자
8. 제24조 제1항에 따른 기질평가 명령에 따르지 아니한 맹견 아닌 개의 소유자
9. 제46조 제2항을 위반하여 수의사에 의하지 아니하고 동물의 인도적인 처리를 한 자
10. 제49조를 위반하여 동물실험을 한 자
11. 제78조 제4항 제1호를 위반하여 월령이 2개월 미만인 개·고양이를 판매(알선 또는 중개를 포함한다)한 영업자
12. 제85조 제2항에 따른 게시문 등 또는 봉인을 제거하거나 손상시킨 자

⑥ 상습적으로 제1항부터 제5항까지의 죄를 지은 자는 그 죄에 정한 형의 2분의 1까지 가중한다.

제98조(벌칙) 제100조 제1항에 따라 이수명령을 부과받은 사람이 보호관찰소의 장 또는 교정시설의 장의 이수명령 이행에 관한 지시에 따르지 아니하여 「보호관찰 등에 관한 법률」 또는 「형의 집행 및 수용자의 처우에 관한 법률」에 따른 경고를 받은 후 재차 정당한 사유 없이 이수명령 이행에

관한 지시를 따르지 아니한 경우에는 다음 각 호에 따른다.

1. 벌금형과 병과된 경우에는 500만원 이하의 벌금에 처한다.
2. 징역형 이상의 실형과 병과된 경우에는 1년 이하의 징역 또는 1천만원 이하의 벌금에 처한다.

제99조(양벌규정) 법인의 대표자나 법인 또는 개인의 대리인, 사용인, 그 밖의 종업원이 그 법인 또는 개인의 업무에 관하여 제97조에 따른 위반행위를 하면 그 행위자를 벌하는 외에 그 법인 또는 개인에게도 해당 조문의 벌금형을 과한다. 다만, 법인 또는 개인이 그 위반행위를 방지하기 위하여 해당 업무에 관하여 상당한 주의와 감독을 게을리하지 아니한 경우에는 그러하지 아니하다.

제100조(형벌과 수강명령 등의 병과) ① 법원은 제97조제1항제1호부터 제4호까지 및 같은 조 제2항제1호부터 제5호까지의 죄를 지은 자(이하 이 조에서 "동물학대행위자 등"이라 한다)에게 유죄판결(선고유예는 제외한다)을 선고하면서 200시간의 범위에서 재범예방에 필요한 수강명령(「보호관찰 등에 관한 법률」에 따른 수강명령을 말한다. 이하 같다) 또는 치료프로그램의 이수명령(이하 "이수명령"이라 한다)을 병과할 수 있다.

② 동물학대행위자 등에게 부과하는 수강명령은 형의 집행을 유예할 경우에는 그 집행유예기간 내에서 병과하고, 이수명령은 벌금형 또는 징역형의 실형을 선고할 경우에 병과한다.

③ 법원이 동물학대행위자 등에 대하여 형의 집행을 유예하는 경우에는 제1항에 따른 수강명령 외에 그 집행유예기간 내에서 보호관찰 또는 사회봉사 중 하나 이상의 처분을 병과할 수 있다.

④ 제1항에 따른 수강명령 또는 이수명령은 형의 집행을 유예할 경우에는 그 집행유예기간 내에, 벌금형을 선고할 경우에는 형 확정일부터 6개월 이내에, 징역형의 실형을 선고할 경우에는 형기 내에 각각 집행한다.

⑤ 제1항에 따른 수강명령 또는 이수명령이 벌금형 또는 형의 집행유예와

병과된 경우에는 보호관찰소의 장이 집행하고, 징역형의 실형과 병과된 경우에는 교정시설의 장이 집행한다. 다만, 징역형의 실형과 병과된 이수명령을 모두 이행하기 전에 석방 또는 가석방되거나 미결구금일수 산입 등의 사유로 형을 집행할 수 없게 된 경우에는 보호관찰소의 장이 남은 이수명령을 집행한다.

⑥ 제1항에 따른 수강명령 또는 이수명령의 내용은 다음 각 호의 구분에 따른다.

1. 1. 제97조제1항제1호·제2호 및 같은 조 제2항제1호부터 제3호까지의 죄를 지은 자
   가. 동물학대 행동의 진단·상담
   나. 소유자등으로서의 기본 소양을 갖추게 하기 위한 교육
   다. 그 밖에 동물학대행위자의 재범 예방을 위하여 필요한 사항
2. 제97조제1항제3호·제4호 및 같은 조 제2항제4호·제5호의 죄를 지은 자
   가. 등록대상동물, 맹견 등의 안전한 사육 및 관리에 관한 사항
   나. 그 밖에 개물림 관련 재범 예방을 위하여 필요한 사항
3. 삭제 <2023. 6. 20.>

⑦ 형벌과 병과하는 수강명령 및 이수명령에 관하여 이 법에서 규정한 사항 외에는 「보호관찰 등에 관한 법률」을 준용한다.

제101조(과태료) ① 다음 각 호의 어느 하나에 해당하는 자에게는 500만원 이하의 과태료를 부과한다.

1. 제51조 제1항을 위반하여 윤리위원회를 설치·운영하지 아니한 동물실험시행기관의 장
2. 제51조 제3항을 위반하여 윤리위원회의 심의를 거치지 아니하고 동물실험을 한 동물실험시행기관의 장
3. 제51조 제4항을 위반하여 윤리위원회의 변경심의를 거치지 아니하고 동물실험을 한 동물실험시행기관의 장(제52조 제3항에서 준용하는 경

우를 포함한다)

4. 제55조 제1항을 위반하여 심의 후 감독을 요청하지 아니한 경우 해당 동물실험시행기관의 장(제52조 제3항에서 준용하는 경우를 포함한다)
5. 제55조 제3항을 위반하여 정당한 사유 없이 실험 중지 요구를 따르지 아니하고 동물실험을 한 동물실험시행기관의 장(제52조 제3항에서 준용하는 경우를 포함한다)
6. 제55조 제4항을 위반하여 윤리위원회의 심의 또는 변경심의를 받지 아니하고 동물실험을 재개한 동물실험시행기관의 장(제52조 제3항에서 준용하는 경우를 포함한다)
7. 제58조 제2항을 위반하여 개선명령을 이행하지 아니한 동물실험시행기관의 장
8. 제67조 제1항 제4호가목을 위반하여 동물복지축산물 표시를 한 자
9. 제78조 제1항 제7호를 위반하여 영업별 시설 및 인력 기준을 준수하지 아니한 영업자

② 다음 각 호의 어느 하나에 해당하는 자에게는 300만원 이하의 과태료를 부과한다.

1. 제17조 제1항을 위반하여 맹견수입신고를 하지 아니한 자
2. 제21조 제1항 각 호를 위반한 맹견의 소유자등
3. 제21조 제3항을 위반하여 맹견의 안전한 사육 및 관리에 관한 교육을 받지 아니한 자
4. 제22조를 위반하여 맹견을 출입하게 한 소유자등
5. 제23조 제1항을 위반하여 보험에 가입하지 아니한 소유자
6. 제24조 제5항에 따른 교육이수명령 또는 개의 훈련 명령에 따르지 아니한 소유자
7. 제37조 제4항을 위반하여 시설 및 운영 기준 등을 준수하지 아니하거나 시설정비 등의 사후관리를 하지 아니한 자

8. 제37조 제5항에 따른 신고를 하지 아니하고 보호시설의 운영을 중단하거나 보호시설을 폐쇄한 자
9. 제38조 제1항에 따른 중지명령이나 시정명령을 3회 이상 반복하여 이행하지 아니한 자
10. 제48조 제1항을 위반하여 전임수의사를 두지 아니한 동물실험시행기관의 장
11. 제67조 제1항 제4호 나목 또는 다목을 위반하여 동물복지축산물 표시를 한 자
12. 제70조 제3항을 위반하여 맹견 취급의 사실을 신고하지 아니한 영업자
13. 제76조 제1항을 위반하여 휴업·폐업 또는 재개업의 신고를 하지 아니한 영업자
14. 제76조 제2항을 위반하여 동물처리계획서를 제출하지 아니하거나 같은 조 제3항에 따른 처리결과를 보고하지 아니한 영업자
15. 제78조 제1항 제3호를 위반하여 노화나 질병이 있는 동물을 유기하거나 폐기할 목적으로 거래한 영업자
16. 제78조 제1항 제4호를 위반하여 동물의 번식, 반입·반출 등의 기록, 관리 및 보관을 하지 아니한 영업자
17. 제78조 제1항 제5호를 위반하여 영업허가번호 또는 영업등록번호를 명시하지 아니하고 거래금액을 표시한 영업자
18. 제78조 제3항 제1호를 위반하여 수입신고를 하지 아니하거나 거짓이나 그 밖의 부정한 방법으로 수입신고를 한 영업자

③ 다음 각 호의 어느 하나에 해당하는 자에게는 100만원 이하의 과태료를 부과한다.

1. 제11조 제1항 제4호 또는 제5호를 위반하여 동물을 운송한 자
2. 제11조 제1항을 위반하여 제69조 제1항의 동물을 운송한 자
3. 제12조를 위반하여 반려동물을 전달한 자

4. 제15조 제1항을 위반하여 등록대상동물을 등록하지 아니한 소유자
5. 제27조 제4항을 위반하여 정당한 사유 없이 출석, 자료제출요구 또는 기질평가와 관련한 조사를 거부한 자
6. 제36조 제6항에 따라 준용되는 제35조 제5항을 위반하여 교육을 받지 아니한 동물보호센터의 장 및 그 종사자
7. 제37조 제2항에 따른 변경신고를 하지 아니하거나 같은 조 제5항에 따른 운영재개신고를 하지 아니한 자
8. 제50조를 위반하여 미성년자에게 동물 해부실습을 하게 한 자
9. 제57조 제1항을 위반하여 교육을 이수하지 아니한 윤리위원회의 위원
10. 정당한 사유 없이 제66조 제3항에 따른 조사를 거부·방해하거나 기피한 자
11. 제68조 제2항을 위반하여 인증을 받은 자의 지위를 승계하고 그 사실을 신고하지 아니한 자
12. 제69조 제4항 단서 또는 제73조 제4항 단서를 위반하여 경미한 사항의 변경을 신고하지 아니한 영업자
13. 제75조 제3항을 위반하여 영업자의 지위를 승계하고 그 사실을 신고하지 아니한 자
14. 제78조 제1항 제8호를 위반하여 종사자에게 교육을 실시하지 아니한 영업자
15. 제78조 제1항 제9호를 위반하여 영업실적을 보고하지 아니한 영업자
16. 제78조 제1항 제10호를 위반하여 등록대상동물의 등록 및 변경신고의무를 고지하지 아니한 영업자
17. 제78조 제3항 제2호를 위반하여 신고한 사항과 다른 용도로 동물을 사용한 영업자
18. 제78조 제5항 제2호를 위반하여 등록대상동물의 사체를 처리한 후 신고하지 아니한 영업자

19. 제78조 제6항에 따라 동물의 보호와 공중위생상의 위해 방지를 위하여 농림축산식품부령으로 정하는 준수사항을 지키지 아니한 영업자
20. 제79조를 위반하여 등록대상동물의 등록을 신청하지 아니하고 판매한 영업자
21. 제82조 제2항 또는 제3항을 위반하여 교육을 받지 아니하고 영업을 한 영업자
22. 제86조 제1항 제1호에 따른 자료제출 요구에 응하지 아니하거나 거짓 자료를 제출한 동물의 소유자등
23. 제86조 제1항 제2호에 따른 출입·검사를 거부·방해 또는 기피한 동물의 소유자등
24. 제86조 제2항에 따른 보고·자료제출을 하지 아니하거나 거짓으로 보고·자료제출을 한 자 또는 같은 항에 따른 출입·조사·검사를 거부·방해·기피한 자
25. 제86조 제1항 제3호 또는 같은 조 제7항에 따른 시정명령 등의 조치에 따르지 아니한 자
26. 제88조 제4항을 위반하여 동물보호관의 직무 수행을 거부·방해 또는 기피한 자

④ 다음 각 호의 어느 하나에 해당하는 자에게는 50만원 이하의 과태료를 부과한다.

1. 제15조 제2항을 위반하여 정해진 기간 내에 신고를 하지 아니한 소유자
2. 제15조 제3항을 위반하여 소유권을 이전받은 날부터 30일 이내에 신고를 하지 아니한 자
3. 제16조 제1항을 위반하여 소유자등 없이 등록대상동물을 기르는 곳에서 벗어나게 한 소유자등
4. 제16조 제2항 제1호에 따른 안전조치를 하지 아니한 소유자등
5. 제16조 제2항 제2호를 위반하여 인식표를 부착하지 아니한 소유자등

6. 제16조 제2항 제3호를 위반하여 배설물을 수거하지 아니한 소유자등

7. 제94조 제2항을 위반하여 정당한 사유 없이 자료 및 정보의 제공을 하지 아니한 자

⑤ 제1항부터 제4항까지의 과태료는 대통령령으로 정하는 바에 따라 농림축산식품부장관, 시·도지사 또는 시장·군수·구청장이 부과·징수한다.

동물보호법 시행령

[시행 2024.4.27.] [대통령령 제34452호, 2024.4.26. 일부개정]

제1조(목적) 이 영은 「동물보호법」에서 위임된 사항과 그 시행에 필요한 사항을 규정함을 목적으로 한다.

제2조(동물의 범위) 「동물보호법」(이하 "법"이라 한다) 제2조 제1호 다목에서 "대통령령으로 정하는 동물"이란 파충류, 양서류 및 어류를 말한다. 다만, 식용(食用)을 목적으로 하는 것은 제외한다.

제3조(봉사동물의 범위) 법 제2조 제6호에서 "대통령령으로 정하는 동물"이란 다음 각 호의 어느 하나에 해당하는 동물을 말한다.

1. 「장애인복지법」 제40조에 따른 장애인보조견
2. 국방부(그 소속 기관을 포함한다)에서 수색·경계·추적·탐지 등을 위해 이용하는 동물
3. 농림축산식품부(그 소속 기관을 포함한다) 및 관세청(그 소속 기관을 포함한다) 등에서 각종 물질의 탐지 등을 위해 이용하는 동물
4. 다음 각 목의 기관(그 소속 기관을 포함한다)에서 수색·탐지 등을 위해 이용하는 동물
   가. 국토교통부
   나. 경찰청
   다. 해양경찰청
5. 소방청(그 소속 기관을 포함한다)에서 효율적인 구조활동을 위해 이용하는 119구조견

제4조(등록대상동물의 범위) 법 제2조 제8호에서 "대통령령으로 정하는 동물"이란 다음 각 호의 어느 하나에 해당하는 월령(月齡) 2개월 이상인 개를 말한다.

1. 「주택법」 제2조 제1호에 따른 주택 및 같은 조 제4호에 따른 준주택에서 기르는 개
2. 제1호에 따른 주택 및 준주택 외의 장소에서 반려(伴侶) 목적으로 기르는 개

제5조(동물실험시행기관의 범위) 법 제2조 제13호에서 "대통령령으로 정하는 법인·단체 또는 기관"이란 다음 각 호의 어느 하나에 해당하는 법인·단체 또는 기관으로서 동물을 이용하여 동물실험을 시행하는 법인·단체 또는 기관을 말한다.

1. 국가기관
2. 지방자치단체의 기관
3. 「국가연구개발혁신법」 제2조 제3호 가목부터 바목까지에 따른 연구개발기관
4. 다음 각목의 어느 하나에 해당하는 법인·단체 또는 기관
   가. 다음의 어느 하나에 해당하는 것의 제조·수입 또는 판매를 업(業)으로 하는 법인·단체 또는 기관
      1) 「식품위생법」에 따른 식품
      2) 「건강기능식품에 관한 법률」에 따른 건강기능식품
      3) 「약사법」에 따른 의약품·의약외품 또는 「첨단재생의료 및 첨단바이오의약품 안전 및 지원에 관한 법률」에 따른 첨단바이오의약품
      4) 「의료기기법」에 따른 의료기기 또는 「체외진단의료기기법」에 따른 체외진단의료기기
      5) 「화장품법」에 따른 화장품
      6) 「마약류 관리에 관한 법률」에 따른 마약
   나. 「의료법」에 따른 의료기관
   다. 가목 1)부터 6)까지의 어느 하나에 해당하는 것의 개발, 안전관리 또는 품질관리에 관한 연구업무를 식품의약품안전처장으로부터 위

임받거나 위탁받아 수행하는 법인·단체 또는 기관

라. 가목 1)부터 6)까지의 어느 하나에 해당하는 것의 개발, 안전관리 또는 품질관리를 목적으로 하는 법인·단체 또는 기관

5. 다음 각 목의 어느 하나에 해당하는 것의 개발, 안전관리 또는 품질관리를 목적으로 하는 법인·단체 또는 기관

가. 「사료관리법」에 따른 사료

나. 「농약관리법」에 따른 농약

6. 「기초연구진흥 및 기술개발지원에 관한 법률」 제14조제1항 각 호에 따른 법인·단체 또는 기관

7. 「화학물질의 등록 및 평가 등에 관한 법률」 제22조에 따라 화학물질의 물리적·화학적 특성 및 유해성에 관한 시험을 수행하기 위하여 지정된 시험기관

8. 「국제백신연구소 설립에 관한 협정」에 따라 설립된 국제백신연구소

제6조(동물보호 민간단체의 범위) 법 제4조 제3항에서 "대통령령으로 정하는 민간단체"란 다음 각 호의 어느 하나에 해당하는 법인 또는 단체를 말한다.

1. 「민법」 제32조에 따라 설립된 법인으로서 동물보호를 목적으로 하는 법인

2. 「비영리민간단체 지원법」 제4조에 따라 등록된 비영리민간단체로서 동물보호를 목적으로 하는 단체

제7조(동물복지위원회의 운영 등) ① 법 제7조 제1항에 따른 동물복지위원회(이하 "복지위원회"라 한다)의 공동위원장(이하 "공동위원장"이라 한다)은 공동으로 위원회를 대표하며, 위원회의 업무를 총괄한다.

② 공동위원장이 부득이한 사유로 직무를 수행할 수 없을 때에는 농림축산식품부 차관인 위원장이 미리 지명한 위원의 순으로 그 직무를 대행한다.

③ 위원회의 위원은 다음 각 호의 사람으로 구성한다.

1. 농림축산식품부, 환경부, 해양수산부 또는 식품의약품안전처 소속 고위공무원단에 속하는 공무원 중에서 각 기관의 장이 지정하는 동물의 보호·복지 관련 직위에 있는 사람으로서 농림축산식품부장관이 임명 또는 위촉하는 사람
2. 법 제7조제3항 각 호에 해당하는 사람 중에서 성별을 고려하여 농림축산식품부장관이 위촉하는 사람

④ 제3항 제2호에 따른 위원의 임기는 2년으로 한다.

⑤ 농림축산식품부장관은 제3항 제2호에 따른 위원이 다음 각 호의 어느 하나에 해당하는 경우에는 해당 위원을 해촉(解囑)할 수 있다.

1. 심신쇠약으로 인하여 직무를 수행할 수 없게 된 경우
2. 직무와 관련된 비위사실이 있는 경우
3. 직무태만, 품위손상이나 그 밖의 사유로 인하여 위원으로 적합하지 않다고 인정되는 경우
4. 위원 스스로 직무를 수행하는 것이 곤란하다고 의사를 밝히는 경우

제8조(위원회의 운영) ① 위원회의 회의는 공동위원장이 필요하다고 인정하거나 재적위원 3분의 1 이상이 요구하는 경우 공동위원장이 소집한다.

② 위원회의 회의는 재적위원 과반수의 출석으로 개의(開議)하고, 출석위원 과반수의 찬성으로 의결한다.

③ 위원회는 자문 및 심의사항과 관련하여 필요하다고 인정할 때에는 관계인의 의견을 들을 수 있다.

④ 위원회의 사무를 처리하기 위하여 위원회에 간사를 두며, 간사는 농림축산식품부 소속 공무원 중에서 농림축산식품부장관이 지명한다.

⑤ 제1항부터 제4항까지에서 규정한 사항 외에 위원회의 운영 등에 필요한 사항은 위원회의 의결을 거쳐 공동위원장이 정한다.

제9조(분과위원회의 구성·운영) ① 위원회는 법 제7조제4항에 따라 동물학대분과위원회, 안전관리분과위원회 등 분과위원회를 둘 수 있다.

② 각 분과위원회는 분과위원회의 위원장 1명을 포함하여 10명 이내의 위원으로 구성한다.

③ 분과위원회의 위원장 및 위원은 위원회의 위원 중에서 공동위원장이 지명한다.

④ 분과위원회 회의는 분과위원회의 위원장이 필요하다고 인정하거나 분과위원회 재적위원 3분의1 이상이 요구하는 경우 분과위원회의 위원장이 소집한다.

⑤ 분과위원회 회의는 재적위원 과반수의 출석으로 개의하고, 출석위원 과반수의 찬성으로 의결한다.

⑥ 분과위원회의 구성 및 운영에 필요한 세부 사항은 위원회의 의결을 거쳐 공동위원장이 정한다.

제10조(등록대상동물의 등록사항 및 방법 등) ① 등록대상동물의 소유자는 법 제15조제1항 본문에 따라 등록대상동물을 등록하려는 경우에는 해당 동물의 소유권을 취득한 날 또는 소유한 동물이 제4조 각 호 외의 부분에 따른 등록대상 월령이 된 날부터 30일 이내에 농림축산식품부령으로 정하는 동물등록 신청서를 특별자치시장·특별자치도지사·시장·군수·구청장에게 제출해야 한다.

② 제1항에 따른 동물등록 신청서를 제출받은 특별자치시장·특별자치도지사·시장·군수·구청장은 「전자정부법」 제36조제1항에 따른 행정정보의 공동이용을 통하여 다음 각 호의 어느 하나에 해당하는 서류를 확인해야 한다. 다만, 신청인이 제2호 및 제3호의 확인에 동의하지 않는 경우에는 해당 서류를 첨부하도록 해야 한다.

1. 법인 등기사항증명서
2. 주민등록표 초본
3. 외국인등록사실증명

③ 제1항에 따라 동물등록 신청을 받은 특별자치시장·특별자치도지사·

시장·군수·구청장은 별표 1에 따라 동물등록번호를 부여받은 등록대상 동물에 무선전자개체식별장치(이하 "무선식별장치"라 한다)를 장착한 후 신청인에게 농림축산식품부령으로 정하는 동물등록증(전자적 방식을 포함한다. 이하 같다)을 발급하고, 법 제95조제2항에 따른 국가동물보호정보시스템(이하 "동물정보시스템"이라 한다)을 통하여 등록사항을 기록·유지·관리해야 한다.

④ 제3항에 따른 동물등록증을 잃어버리거나 헐어 못 쓰게 되는 등의 이유로 동물등록증의 재발급을 신청하려는 자는 농림축산식품부령으로 정하는 동물등록증 재발급 신청서를 특별자치시장·특별자치도지사·시장·군수·구청장에게 제출해야 한다. 이 경우 특별자치시장·특별자치도지사·시장·군수·구청장은 「전자정부법」 제36조제1항에 따른 행정정보의 공동이용을 통하여 다음 각 호의 어느 하나에 해당하는 서류를 확인해야 한다. 다만, 신청인이 제2호 및 제3호의 확인에 동의하지 않는 경우에는 해당 서류를 첨부하도록 해야 한다.

1. 법인 등기사항증명서
2. 주민등록표 초본
3. 외국인등록사실증명

⑤ 제4조 각 호의 어느 하나에 해당하는 개의 소유자는 같은 조 각 호 외의 부분에 따른 등록대상 월령 미만인 경우에도 등록할 수 있다. 이 경우 그 절차에 관하여는 제1항부터 제4항까지를 준용한다.

제11조(등록사항의 변경신고 등) ① 법 제15조제2항제2호에서 "대통령령으로 정하는 사항이 변경된 경우"란 다음 각 호의 어느 하나에 해당하는 경우를 말한다.

1. 소유자가 변경된 경우
2. 소유자의 성명(법인인 경우에는 법인명을 말한다)이 변경된 경우
3. 소유자의 주민등록번호(외국인의 경우에는 외국인등록번호를 말하고,

법인인 경우에는 법인등록번호를 말한다)가 변경된 경우

4. 소유자의 주소(법인인 경우에는 주된 사무소의 소재지를 말한다. 이하 같다)가 변경된 경우

5. 소유자의 전화번호(법인인 경우에는 주된 사무소의 전화번호를 말한다. 이하 같다)가 변경된 경우

6. 법 제15조제1항에 따라 등록된 등록대상동물(이하 "등록동물"이라 한다)의 분실신고를 한 후 그 동물을 다시 찾은 경우

7. 등록동물을 더 이상 국내에서 기르지 않게 된 경우

8. 등록동물이 죽은 경우

9. 무선식별장치를 잃어버리거나 헐어 못 쓰게 된 경우

② 법 제15조제2항제1호에 따른 분실신고 및 같은 항 제2호에 따른 변경신고(이하 "변경신고"라 한다)를 하려는 자는 농림축산식품부령으로 정하는 동물등록 변경신고서에 동물등록증을 첨부하여 특별자치시장·특별자치도지사·시장·군수·구청장에게 제출해야 한다. 이 경우 특별자치시장·특별자치도지사·시장·군수·구청장은 「전자정부법」 제36조제1항에 따른 행정정보의 공동이용을 통하여 다음 각 호의 어느 하나에 해당하는 서류를 확인해야 한다. 다만, 신청인이 제2호 및 제3호의 확인에 동의하지 않는 경우에는 해당 서류를 첨부하도록 해야 한다.

1. 법인 등기사항증명서

2. 주민등록표 초본

3. 외국인등록사실증명

③ 제2항에 따라 변경신고를 받은 특별자치시장·특별자치도지사·시장·군수·구청장은 변경신고를 한 자에게 농림축산식품부령으로 정하는 동물등록증을 발급하고, 동물정보시스템을 통하여 등록사항을 기록·유지·관리해야 한다.

④ 특별자치시장·특별자치도지사·시장·군수·구청장은 등록동물의 소

유자가 「주민등록법」 제16조제1항에 따른 전입신고를 한 경우 제1항제4호에 관한 변경신고를 한 것으로 보아 동물정보시스템에 등록된 주소를 정정하고 그 등록사항을 기록·유지·관리해야 한다.

⑤ 등록동물의 소유자는 법 제15조제2항제1호 및 이 조 제1항제2호부터 제8호까지의 경우 동물정보시스템을 통하여 해당 사항에 대한 변경신고를 할 수 있다.

⑥ 특별자치시장·특별자치도지사·시장·군수·구청장은 법 제15조제2항제1호의 사유로 변경신고를 받은 후 1년 동안 제1항제6호에 따른 변경신고가 없는 경우에는 그 등록사항을 말소한다.

⑦ 제1항제7호 및 제8호 사유로 변경신고를 받은 특별자치시장·특별자치도지사·시장·군수·구청장은 그 사실을 등록사항에 기록하되, 변경신고를 받은 후 1년이 지나면 그 등록사항을 말소한다.

⑧ 법 제15조제1항 단서에 따라 등록대상동물의 등록이 제외되는 지역의 특별자치시장·특별자치도지사·시장·군수·구청장은 등록대상동물을 등록한 소유자가 변경신고를 하는 경우에는 해당 동물등록 관련 정보를 유지·관리해야 한다.

제12조(등록업무의 대행) ① 법 제15조제4항에서 "대통령령으로 정하는 자"란 다음 각 호의 어느 하나에 해당하는 자 중에서 특별자치시장·특별자치도지사·시장·군수·구청장이 지정하여 고시하는 자(이하 이 조에서 "동물등록대행자"라 한다)를 말한다.

1. 「수의사법」 제17조에 따라 동물병원을 개설한 자
2. 「비영리민간단체 지원법」 제4조에 따라 등록된 비영리민간단체 중 동물보호를 목적으로 하는 단체
3. 「민법」 제32조에 따라 설립된 법인 중 동물보호를 목적으로 하는 법인
4. 법 제36조제1항에 따라 동물보호센터로 지정받은 자
5. 법 제37조제1항에 따라 신고한 민간동물보호시설(이하 "보호시설"이라

한다)을 운영하는 자

6. 법 제69조제1항제3호에 따라 허가를 받은 동물판매업자

② 동물등록대행 과정에서 등록대상동물의 체내에 무선식별장치를 삽입하는 등 외과적 시술이 필요한 행위는 수의사에 의하여 시행되어야 한다.

③ 특별자치시장·특별자치도지사·시장·군수·구청장은 동물등록 관련 정보제공을 위하여 필요한 경우 관할 지역에 있는 모든 동물등록대행자에게 해당 동물등록대행자가 판매하는 무선식별장치의 제품명과 판매가격을 동물정보시스템에 게재하게 하고 해당 영업소 안의 보기 쉬운 곳에 게시하도록 할 수 있다.

제12조의2(맹견수입신고의 절차 및 방법) ① 법 제17조제1항에 따라 맹견수입신고를 하려는 자는 「가축전염병 예방법」 제40조에 따른 검역증명서(이하 이 조에서 "검역증명서"라 한다)를 발급받은 날부터 7일 이내에 농림축산식품부령으로 정하는 맹견수입신고서에 해당 검역증명서를 첨부하여 농림축산식품부장관에게 제출(동물정보시스템을 통한 제출을 포함한다)해야 한다.

② 법 제17조제2항에서 "맹견의 품종, 수입 목적, 사육 장소 등 대통령령으로 정하는 사항"이란 맹견에 관한 다음 각 호의 사항을 말한다.

1. 품종
2. 수입 목적
3. 사육예정 장소
4. 검역증명서 발급일
5. 동물등록번호(법 제15조에 따라 등록한 경우만 해당한다)

제12조의3(맹견사육허가의 절차 및 방법) ① 법 제18조제1항에 따라 맹견사육허가를 신청하려는 자는 맹견의 소유권을 취득한 날(월령이 2개월 미만인 맹견을 소유하고 있거나 소유권을 취득한 경우에는 해당 맹견의 월령이 2개월이 된 날을 말한다)부터 30일 이내에 농림축산식품부령

으로 정하는 맹견사육허가 신청서에 다음 각 호의 서류를 첨부하여 특별시장·광역시장·특별자치시장·도지사·특별자치도지사(이하 "시·도지사"라 한다)에게 제출해야 한다.

1. 법 제18조제1항 각 호의 요건을 충족하였음을 증명하는 서류. 다만, 법 제18조제1항제3호 단서에 해당하여 중성화 수술의 증명 서류를 제출할 수 없는 경우에는 해당 맹견의 중성화 수술이 어렵다는 소견과 그 사유가 명시된 수의사의 진단서(맹견사육허가 신청일 전 14일 이내에 발급된 진단서로 한정한다)를 해당 사유가 해소되기 전까지 6개월마다 제출해야 한다.
2. 법 제19조제3호 본문에 해당하지 아니함을 증명하는 의사의 진단서 또는 같은 호 단서에 해당한다는 사실을 증명할 수 있는 전문의의 진단서(법 제18조제2항에 따라 맹견사육허가를 공동으로 신청하는 경우에는 신청인 각각의 진단서를 말한다)

② 시·도지사는 제1항에 따라 맹견사육허가 신청서를 제출받은 경우에는 「전자정부법」 제36조제1항에 따른 행정정보의 공동이용을 통하여 신청인의 주민등록표 초본을 확인해야 한다. 다만, 신청인이 주민등록표 초본의 확인에 동의하지 않는 경우에는 해당 서류를 첨부하도록 해야 한다.

③ 시·도지사는 제1항에 따라 맹견사육허가 신청서를 제출받은 경우에는 해당 신청서를 제출받은 날부터 60일 이내에 그 허가 여부를 신청인에게 통지해야 한다. 다만, 다음 각 호에 해당하는 기간은 허가 처리기간에 이를 산입하지 않는다.

1. 제5항 단서에 따라 중성화 수술이 어렵다는 수의사의 진단서가 제출된 날부터 해당 중성화 수술이 어렵다는 사유가 해소되었다는 것을 입증하는 진단서가 제출되기까지의 기간
2. 법 제18조제3항에 따른 기질평가에 소요된 기간

④ 시·도지사는 법 제18조제1항에 따라 맹견사육허가를 하는 경우에는

농림축산식품부령으로 정하는 맹견사육허가증을 발급해야 한다.

⑤ 법 제18조제1항제3호 단서에서 "대통령령으로 정하는 기간"이란 해당 맹견의 월령이 8개월이 된 날부터 30일 이내의 기간을 말한다. 다만, 맹견에 대한 중성화 수술이 어렵다는 소견과 그 사유가 명시된 수의사의 진단서가 제출된 경우에는 중성화 수술이 어려운 사유가 해소되었다는 것을 입증하는 수의사의 진단서가 제출된 날부터 30일 이내의 기간을 말한다.

제12조의4(맹견사육에 대한 전문지식을 가진 사람의 범위) 법 제21조제1항제1호 단서에서 "대통령령으로 정하는 맹견사육에 대한 전문지식을 가진 사람"이란 다음 각 호의 어느 하나에 해당하는 사람을 말한다.

1. 법 제31조제1항 및 이 영 제14조의4제1항제1호에 따른 1급 반려동물행동지도사 자격시험에 합격한 사람
2. 법 제70조제1항에 따른 맹견취급허가를 받은 사람
3. 「수의사법」에 따라 수의사 면허를 받은 사람
4. 그 밖에 맹견에 관한 전문지식과 경험을 갖춘 사람으로서 시·도지사가 정하여 고시하는 사람

제13조(책임보험의 가입 등) ① 맹견의 소유자가 법 제23조제1항에 따라 보험에 가입해야 할 맹견의 범위는 법 제2조제8호에 따른 등록대상동물인 맹견으로 한다.

② 맹견의 소유자가 법 제23조제1항에 따라 가입해야 할 보험의 종류는 맹견배상책임보험 또는 이와 같은 내용이 포함된 보험(이하 "책임보험"이라 한다)으로 한다.

③ 책임보험의 보상한도액은 다음 각 호의 구분에 따른 기준을 모두 충족해야 한다.

1. 다음 각 목에 해당하는 금액 이상을 보상할 수 있는 보험일 것
   가. 사망의 경우: 피해자 1명당 8천만원
   나. 부상의 경우: 피해자 1명당 농림축산식품부령으로 정하는 상해등

급에 따른 금액

다. 부상에 대한 치료를 마친 후 더 이상의 치료효과를 기대할 수 없고 그 증상이 고정된 상태에서 그 부상이 원인이 되어 신체의 장애(이하 "후유장애"라 한다)가 생긴 경우: 피해자 1명당 농림축산식품부령으로 정하는 후유장애등급에 따른 금액

라. 다른 사람의 동물이 상해를 입거나 죽은 경우: 사고 1건당 200만원

2. 지급보험금액은 실손해액을 초과하지 않을 것. 다만, 사망으로 인한 실손해액이 2천만원 미만인 경우의 지급보험금액은 2천만원으로 한다.

3. 하나의 사고로 제1호가목부터 다목까지의 규정 중 둘 이상에 해당하게 된 경우에는 실손해액을 초과하지 않는 범위에서 다음 각 목의 구분에 따라 보험금을 지급할 것

가. 부상한 사람이 치료 중에 그 부상이 원인이 되어 사망한 경우: 제1호가목 및 나목의 금액을 더한 금액

나. 부상한 사람에게 후유장애가 생긴 경우: 제1호나목 및 다목의 금액을 더한 금액

다. 제1호다목의 금액을 지급한 후 그 부상이 원인이 되어 사망한 경우: 제1호가목의 금액에서 같은 호 다목에 따라 지급한 금액 중 사망한 날 이후에 해당하는 손해액을 뺀 금액

제14조(책임보험 가입의 관리) ① 농림축산식품부장관은 법 제23조제3항에 따라 관계 중앙행정기관의 장 또는 지방자치단체의 장에게 다음 각 호의 조치를 요청할 수 있다.

1. 책임보험 가입의무자에 대한 보험 가입 의무의 안내
2. 책임보험 가입의무자의 보험 가입 여부의 확인
3. 책임보험 가입대상에 관한 현황 자료의 제공

② 농림축산식품부장관은 법 제23조제3항에 따라 관계 보험회사, 「보험업법」 제175조제1항에 따라 설립된 보험협회에 책임보험 가입 현황에 관

한 자료의 제출을 요청할 수 있다.

제14조의2(맹견이 아닌 개의 소유자에 대한 교육이수 명령 등) 시·도지사는 법 제24조제5항에 따라 맹견 지정을 받지 않은 개의 소유자에게 다음 각 호의 교육이수를 명하거나 해당 개의 훈련을 명할 수 있다. 이 경우 제1호에 따른 교육시간과 제2호에 따른 훈련시간을 더한 시간은 총 15시간 이내로 한다.

1. 개의 소유자에 대한 교육이수: 맹견의 사육·관리·보호 및 사고방지 등에 관한 이론교육 및 실습교육을 받을 것
2. 해당 개에 대한 훈련: 해당 개의 특성과 법 제24조에 따른 기질평가의 결과를 고려한 개체별 특성화 교육을 받을 것 [본조신설 2024. 4. 26.]

제14조의3(기질평가위원회의 구성·운영 등) ① 법 제26조제1항에 따른 기질평가위원회(이하 "기질평가위원회"라 한다) 위원의 임기는 2년으로 한다.

② 기질평가위원회 위원의 해촉에 관하여는 제7조제5항을 준용한다.

③ 기질평가위원회는 법 제26조제1항 각 호에 따른 업무 수행을 위하여 필요하다고 인정하는 경우에는 관계 전문기관 또는 전문가 등에게 의견의 제출 등 필요한 협조를 요청할 수 있다.

④ 제1항부터 제3항까지에서 규정한 사항 외에 기질평가위원회의 구성·운영에 필요한 사항은 특별시·광역시·특별자치시·도·특별자치도(이하 "시·도"라 한다)의 조례로 정한다.

제14조의4(반려동물행동지도사 자격시험의 시행) ① 법 제31조제1항에 따른 반려동물행동지도사 자격시험은 다음 각 호의 구분에 따라 실시하되, 2차 시험은 1차 시험에 합격한 사람만 응시할 수 있다.

1. 1급 반려동물행동지도사 자격시험: 필기시험인 1차 시험과 실기시험인 2차 시험으로 구분하여 실시한다.
2. 2급 반려동물행동지도사 자격시험: 필기시험인 1차 시험과 실기시험인 2차 시험으로 구분하여 실시한다.

② 1차 시험에 합격한 사람에 대해서는 합격한 날부터 2년간 해당 자격시험의 1차 시험을 면제한다.

③ 법 제31조제1항에 따른 반려동물행동지도사 자격시험의 등급별 구분기준, 응시자격, 시험과목, 시험방법 및 합격기준에 관한 사항은 별표 1의 2에 따른다.

④ 농림축산식품부장관은 법 제31조제1항에 따른 반려동물행동지도사 자격시험에 합격한 사람에게 농림축산식품부령으로 정하는 반려동물행동지도사 자격증을 발급해야 한다.

⑤ 농림축산식품부장관은 법 제31조제1항에 따른 반려동물행동지도사 자격시험 관리업무의 원활한 수행을 위해 필요한 경우 중앙행정기관, 지방자치단체, 공공기관 또는 학교의 장 등에게 시험장소의 제공, 시험관리 인력의 파견, 시험 문제 출제, 시험장소의 질서 유지 및 그 밖의 필요한 협조를 요청할 수 있다.

⑥ 제1항부터 제5항까지에서 규정한 사항 외에 법 제31조제1항에 따른 반려동물행동지도사 자격시험의 시행에 필요한 사항은 농림축산식품부령으로 정한다. [본조신설 2024. 4. 26.]

제14조의5(반려동물행동지도사 자격시험의 위탁) ① 농림축산식품부장관은 법 제31조제5항에 따라 같은 조 제1항에 따른 반려동물행동지도사 자격시험의 시행 및 관리에 관한 업무(제14조의4제4항에 따라 농림축산식품부장관 명의로 발급하는 반려동물행동지도사 자격증 발급·관리 업무 및 같은 조 제5항에 따른 협조 요청에 관한 업무를 포함한다)를 다음 각 호의 어느 하나에 해당하는 전문기관에 위탁할 수 있다.

1. 「농업·농촌 및 식품산업 기본법」 제11조의2에 따른 농림수산식품교육문화정보원
2. 「한국산업인력공단법」에 따른 한국산업인력공단
3. 그 밖에 자격시험의 시행 등에 관한 업무를 하는 데 필요한 능력을 갖

추었다고 농림축산식품부장관이 인정하는 기관

② 농림축산식품부장관은 법 제31조제5항에 따라 업무를 위탁하는 경우에는 위탁받는 기관과 위탁업무의 내용을 고시해야 한다.

③ 수탁기관은 농림축산식품부장관의 승인을 받아 응시수수료 등 시험의 시행에 필요한 경비를 자격시험 응시자로부터 받을 수 있다.

④ 수탁기관은 농림축산식품부장관의 승인을 받아 법 제31조제5항에 따라 위탁받은 업무의 시행에 필요한 운영 규정을 마련할 수 있다. [본조신설 2024. 4. 26.]

제15조(민간동물보호시설의 신고 등) ① 법 제37조제1항에서 "대통령령으로 정하는 규모 이상"이란 보호동물(개 또는 고양이로 한정한다)의 마릿수가 20마리 이상인 경우를 말한다.

② 법 제37조제2항에서 "대통령령으로 정하는 중요한 사항"이란 다음 각 호의 사항을 말한다.

1. 보호시설 운영자(법인·단체인 경우에는 그 대표자를 말한다)의 성명
2. 보호시설의 명칭
3. 보호시설의 주소
4. 보호시설의 면적 및 수용가능 마릿수

제16조(공고) ① 시·도지사와 시장·군수·구청장은 법 제40조에 따라 동물 보호조치 사실을 공고하려면 동물정보시스템에 게시해야 한다. 다만, 동물정보시스템이 정상적으로 운영되지 않는 경우에는 농림축산식품부령으로 정하는 동물보호 공고문을 작성하여 해당 기관의 인터넷 홈페이지에 게시하는 등 다른 방법으로 공고할 수 있다.

② 시·도지사와 시장·군수·구청장은 제1항에 따른 공고를 하는 경우에는 농림축산식품부령으로 정하는 바에 따라 동물정보시스템을 통하여 개체관리카드와 보호동물 관리대장을 작성·관리해야 한다.

제17조(보호비용의 징수) 시·도지사와 시장·군수·구청장은 법 제42조제1

항 및 제2항에 따라 보호비용을 징수하려는 경우에는 농림축산식품부령으로 정하는 비용징수통지서를 해당 동물의 소유자 또는 법 제45조제1항에 따라 분양을 받는 자에게 발급해야 한다.

제18조(동물의 기증 또는 분양 대상 민간단체 등의 범위) 법 제45조제1항에서 "대통령령으로 정하는 민간단체 등"이란 다음 각 호의 어느 하나에 해당하는 법인·단체·기관 또는 시설을 말한다.

1. 제6조 각 호의 어느 하나에 해당하는 법인 또는 단체
2. 「장애인복지법」 제40조제4항에 따라 지정된 장애인 보조견 전문훈련기관
3. 「사회복지사업법」 제2조제4호에 따른 사회복지시설
4. 「야생생물 보호 및 관리에 관한 법률」 제8조의4에 따른 유기·방치 야생동물 보호시설

제19조(전임수의사) ① 법 제48조제1항에서 "대통령령으로 정하는 기준 이상의 실험동물을 보유한 동물실험시행기관"이란 다음 각 호의 어느 하나에 해당하는 동물실험시행기관을 말한다. <개정 2024. 4. 26.>

1. 연간 1만 마리 이상의 실험동물을 보유한 동물실험시행기관. 다만, 동물실험시행기관 및 해당 기관이 보유한 실험동물의 특성을 고려하여 농림축산식품부장관 및 해양수산부장관이 공동으로 고시하는 기준에 따른 동물실험시행기관은 제외한다.
2. 다음 각 목의 사항을 고려하여 농림축산식품부장관 및 해양수산부장관이 공동으로 고시하는 기준에 따른 실험동물을 보유한 동물실험시행기관
   가. 실험동물의 감각능력
   나. 실험동물의 지각능력
   다. 동물실험의 고통등급

② 법 제48조제1항에 따라 실험동물을 전담하는 수의사(이하 "전임수의

사"라 한다)는 「수의사법」 제2조제1호에 따른 수의사 중 다음 각 호의 어느 하나에 해당하는 사람이 될 수 있다.

1. 「수의사법」 제23조에 따른 대한수의사회에서 인정하는 실험동물 전문 수의사
2. 동물실험시행기관에서 2년 이상 실험동물 관리 또는 동물실험업무에 종사한 사람 중 농림축산식품부령으로 정하는 바에 따라 농림축산식품부장관이 실시하는 교육을 이수한 사람
3. 그 밖에 제1호 또는 제2호에 준하는 자격을 갖추었다고 인정되는 사람으로서 농림축산식품부장관이 고시하는 사람

③ 전임수의사는 다음 각 호의 업무를 수행한다.

1. 실험동물의 질병 예방 등 수의학적 관리에 관한 사항
2. 실험동물의 반입관리 및 사육관리에 관한 사항
3. 그 밖에 실험동물의 건강과 복지에 관한 사항

제20조(동물실험윤리위원회의 지도·감독 등) 법 제51조제1항에 따른 동물실험윤리위원회(같은 조 제2항에 따라 동물실험윤리위원회를 설치하는 것으로 보는 경우를 포함한다)는 법 제54조제1항에 따른 심의(변경심의를 포함한다)·확인·평가 및 지도·감독을 다음 각 호의 방법으로 수행한다.

1. 동물실험의 윤리적·과학적 타당성에 대한 심의
2. 실험동물의 생산·도입·관리·실험 및 이용과 실험이 끝난 뒤 해당 동물의 처리에 관한 확인 및 평가
3. 동물실험시행기관의 종사자에 대한 교육·훈련 등에 대한 지도·감독
4. 동물실험 및 동물실험시행기관의 동물복지 수준 및 관리실태에 대한 지도·감독

제21조(동물실험윤리위원회의 운영) ① 법 제51조제1항에 따른 동물실험윤리위원회(이하 "윤리위원회"라 한다)의 회의는 다음 각 호의 어느 하나에 해당하는 경우에 위원장이 소집하고, 위원장이 그 의장이 된다.

1. 재적위원 3분의 1 이상이 소집을 요구하는 경우
2. 해당 동물실험시행기관의 장이 소집을 요구하는 경우
3. 그 밖에 윤리위원회 위원장이 필요하다고 인정하는 경우

② 윤리위원회의 회의는 재적위원 과반수의 출석으로 개의하고, 출석위원 과반수의 찬성으로 의결한다.

③ 동물실험계획을 심의·평가하는 회의에는 다음 각 호의 위원이 각각 1명 이상 참석해야 한다.

1. 법 제53조제2항제1호에 따른 위원
2. 법 제53조제4항에 따른 해당 동물실험시행기관과 이해관계가 없는 위원

④ 회의록 등 윤리위원회의 구성·운영 등과 관련된 기록 및 문서는 3년 이상 보존해야 한다.

⑤ 윤리위원회는 심의사항과 관련하여 필요하다고 인정할 때에는 관계인의 의견을 들을 수 있다.

⑥ 동물실험시행기관의 장은 해당 기관에 설치된 윤리위원회(법 제51조제2항에 따라 동물실험윤리위원회를 설치하는 것으로 보는 경우를 포함한다)의 효율적인 운영을 위하여 다음 각 호의 사항에 대하여 적극 협조해야 한다.

1. 윤리위원회의 독립성 보장
2. 윤리위원회의 결정 및 권고사항에 대한 즉각적이고 효과적인 조치 및 시행
3. 윤리위원회의 설치 및 운영에 필요한 인력, 장비, 장소, 비용 등에 관한 적절한 지원

⑦ 동물실험시행기관의 장은 매년 윤리위원회의 운영 및 동물실험의 실태에 관한 사항을 다음 해 1월 31일까지 농림축산식품부령으로 정하는 바에 따라 농림축산식품부장관에게 통지해야 한다.

⑧ 제1항부터 제7항까지에서 규정한 사항 외에 윤리위원회의 효율적인

운영을 위하여 필요한 사항은 농림축산식품부장관이 정하여 고시한다.

제22조(동물실험의 감독 등) ① 동물실험시행기관의 장은 윤리위원회 위원장에게 법 제55조제1항에 따라 다음 각 호의 사항을 연 1회 이상 감독하도록 요청해야 한다. 이 경우 감독 요청시기는 윤리위원회 위원장과 협의하여 정한다.

1. 동물실험이 심의된 내용대로 진행되는지 여부
2. 동물실험에 사용되는 동물의 사육환경
3. 동물실험에 사용되는 동물의 수의학적 관리
4. 동물실험에 사용되는 동물의 고통에 대한 경감조치 여부

② 법 제55조제2항 단서에서 "해당 실험동물의 복지에 중대한 침해가 발생할 것으로 우려되는 경우 등 대통령령으로 정하는 경우"란 다음 각 호의 어느 하나에 해당하는 경우를 말한다.

1. 동물실험의 중지로 해당 실험동물이 죽음에 이르게 되는 경우
2. 동물실험의 중지로 해당 실험동물의 고통이 심해지는 경우

제23조(윤리위원회의 구성·운영 등에 대한 개선명령) ① 농림축산식품부장관은 법 제58조제2항에 따라 해당 동물실험시행기관의 장에게 윤리위원회의 구성·운영 등에 대한 개선명령을 하는 경우 그 개선에 필요한 조치 등을 고려하여 3개월의 범위에서 기간을 정하여 개선명령을 해야 한다.

② 농림축산식품부장관은 동물실험시행기관의 장이 천재지변이나 그 밖의 부득이한 사유로 제1항에 따른 개선기간에 개선을 할 수 없는 경우 개선기간의 연장 신청을 하면 그 사유가 끝난 날부터 3개월의 범위에서 그 기간을 연장할 수 있다.

③ 제1항에 따라 개선명령을 받은 동물실험시행기관의 장이 그 명령을 이행하였을 때에는 지체 없이 그 결과를 농림축산식품부장관에게 통지해야 한다.

제23조의2(인증기관) ① 법 제60조제1항에서 "대통령령으로 정하는 공

공기관 또는 법인"이란 다음 각 호의 어느 하나에 해당하는 공공기관 또는 법인 중에서 농림축산식품부장관이 정하여 고시하는 기관 또는 법인을 말한다.

1. 「공공기관의 운영에 관한 법률」 제4조에 따른 공공기관
2. 「민법」 제32조에 따라 설립된 비영리법인으로서 그 설립목적이나 주된 활동이 동물복지 또는 동물보호와 관련된 법인

② 농림축산식품부장관은 법 제60조제1항에 따라 인증기관을 지정한 경우에는 기관의 명칭과 업무의 범위를 농림축산식품부의 인터넷 홈페이지에 게시해야 한다. [본조신설 2024. 4. 26.]

제23조의3(맹견 취급 허가 등) ① 법 제70조제1항에 따라 맹견의 생산·수입 또는 판매(이하 "취급"이라 한다)에 대하여 허가 또는 변경허가를 받으려는 자는 농림축산식품부령으로 정하는 맹견 취급 허가 신청서 또는 변경허가 신청서에 다음 각 호의 구분에 따른 서류를 첨부하여 시·도지사에게 제출해야 한다.

1. 맹견 취급 허가의 경우
   가. 법 제69조제1항에 따라 동물생산업, 동물수입업 또는 동물판매업의 허가를 받았음을 입증하는 서류
   나. 법 제70조제4항에 따른 맹견 취급을 위한 시설 및 인력 기준을 갖추었음을 증명하는 서류
2. 맹견 취급 변경허가의 경우
   가. 제2항 후단에 따른 맹견 취급 허가증
   나. 변경할 내용 및 사유를 적은 서류

② 시·도지사는 제1항에 따라 맹견 취급 허가 신청서 또는 변경허가 신청서를 제출받은 경우에는 해당 신청서를 제출받은 날부터 15일 이내에 그 허가 또는 변경허가 여부를 신청인에게 통지해야 한다. 이 경우 법 제70조제1항에 따라 허가 또는 변경허가를 하는 때에는 농림축산식품부령

으로 정하는 맹견 취급 허가증을 발급해야 한다.

③ 제1항 및 제2항에서 규정한 사항 외에 맹견 취급 허가 또는 변경허가의 절차 및 방법에 관한 세부 사항은 농림축산식품부령으로 정한다. [본조신설 2024. 4. 26.]

제24조(과징금의 부과기준) 법 제84조제1항에 따른 과징금의 부과기준은 별표 2와 같다.

제25조(과징금의 부과 및 납부) ① 특별자치시장·특별자치도지사·시장·군수·구청장은 법 제84조제1항에 따라 과징금을 부과할 때에는 그 위반행위의 내용과 과징금의 금액 등을 명시하여 부과 대상자에게 서면으로 통지해야 한다.

② 제1항에 따라 통지를 받은 자는 통지를 받은 날부터 20일 이내에 특별자치시장·특별자치도지사·시장·군수·구청장이 정하는 수납기관에 과징금을 납부해야 한다.

③ 제2항에 따라 과징금을 받은 수납기관은 납부자에게 영수증을 발급하고, 과징금이 납부된 사실을 지체 없이 특별자치시장·특별자치도지사·시장·군수·구청장에게 통보해야 한다.

제26조(고정형 영상정보처리기기의 설치 등) 법 제87조제1항에 따른 고정형 영상정보처리기기의 설치 대상, 장소 및 기준은 별표 3과 같다.

제27조(동물보호관의 자격 등) ① 법 제88조제1항에서 "대통령령으로 정하는 소속 기관의 장"이란 농림축산검역본부장(이하 "검역본부장"이라 한다)을 말한다.

② 농림축산식품부장관, 검역본부장, 시·도지사 및 시장·군수·구청장은 법 제88조제1항에 따라 소속 공무원 중 다음 각 호의 어느 하나에 해당하는 사람을 동물보호관으로 지정해야 한다.

1. 「수의사법」 제2조제1호에 따른 수의사 면허가 있는 사람
2. 「국가기술자격법」 제9조에 따른 축산기술사, 축산기사, 축산산업기사

또는 축산기능사 자격이 있는 사람

3. 「고등교육법」 제2조에 따른 학교에서 수의학·축산학·동물관리학·애완동물학·반려동물학 등 동물의 관리 및 이용 관련 분야, 동물보호 분야 또는 동물복지 분야를 전공하고 졸업한 사람
4. 그 밖에 동물보호·동물복지·실험동물 분야와 관련된 사무에 종사하고 있거나 종사한 경험이 있는 사람

③ 제2항에 따른 동물보호관의 직무는 다음 각 호와 같다. <개정 2024. 4. 26.>

1. 법 제9조에 따른 동물의 적정한 사육·관리에 대한 교육 및 지도
2. 법 제10조에 따라 금지되는 동물학대 행위의 예방, 중단 또는 재발방지를 위하여 필요한 조치
3. 법 제11조에 따른 동물의 적정한 운송과 법 제12조에 따른 반려동물 전달 방법에 대한 지도·감독
4. 법 제13조에 따른 동물의 도살방법에 대한 지도
5. 법 제15조에 따른 등록대상동물의 등록 및 법 제16조에 따른 등록대상동물의 관리에 대한 감독

5의2. 법 제21조에 따른 맹견의 관리에 관한 감독

6. 법 제22조에 따른 맹견의 출입금지에 대한 감독
7. 다음 각 목의 센터 또는 시설의 보호동물 관리에 관한 감독
   가. 법 제35조제1항에 따라 설치된 동물보호센터
   나. 법 제36조제1항에 따라 지정된 동물보호센터
   다. 보호시설
8. 법 제58조에 따른 윤리위원회의 구성·운영 등에 관한 지도·감독 및 개선명령의 이행 여부에 대한 확인 및 지도

8의2. 법 제59조에 따라 동물복지축산농장으로 인증받은 농장의 인증기준 준수여부 등에 대한 감독

9. 법 제69조제1항에 따른 영업의 허가를 받거나 법 제73조제1항에 따라 영업의 등록을 한 자(이하 "영업자"라 한다)의 시설·인력 등 허가 또는 등록사항, 준수사항, 교육 이수 여부에 관한 감독
10. 법 제71조제1항에 따른 공설동물장묘시설의 설치·운영에 관한 감독
11. 법 제86조에 따른 조치, 보고 및 자료제출 명령의 이행 여부에 관한 확인·지도
12. 법 제90조제1항에 따라 위촉된 명예동물보호관에 대한 지도
13. 삭제 <2024. 4. 26.>
14. 그 밖에 동물의 보호 및 복지 증진에 관한 업무

제28조(명예동물보호관의 자격 및 위촉 등) ① 농림축산식품부장관, 시·도지사 및 시장·군수·구청장이 법 제90조제1항에 따라 위촉하는 명예동물보호관(이하 "명예동물보호관"이라 한다)은 다음 각 호의 어느 하나에 해당하는 사람으로서 농림축산식품부장관이 정하는 관련 교육과정을 마친 사람으로 한다.

1. 제6조에 따른 법인 또는 단체의 장이 추천한 사람
2. 제27조제2항 각 호의 어느 하나에 해당하는 사람
3. 동물보호에 관한 학식과 경험이 풍부한 사람으로서 명예동물보호관의 직무를 성실히 수행할 수 있는 사람

② 농림축산식품부장관, 시·도지사 또는 시장·군수·구청장은 제1항에 따라 위촉한 명예동물보호관이 다음 각 호의 어느 하나에 해당하는 경우에는 해촉할 수 있다.

1. 사망·질병 또는 부상 등의 사유로 직무 수행이 곤란하게 된 경우
2. 제3항에 따른 직무를 성실히 수행하지 않거나 직무와 관련하여 부정한 행위를 한 경우

③ 명예동물보호관의 직무는 다음 각 호와 같다.

1. 동물보호 및 동물복지에 관한 교육·상담·홍보 및 지도

2. 동물학대 행위에 대한 정보 제공

3. 학대받는 동물의 구조·보호 지원

4. 제27조제3항에 따른 동물보호관의 직무 수행을 위한 지원

④ 명예동물보호관의 활동 범위는 다음 각 호의 구분에 따른다.

1. 농림축산식품부장관이 위촉한 경우: 전국

2. 시·도지사가 위촉한 경우: 해당 시·도지사의 관할구역

3. 시장·군수·구청장이 위촉한 경우: 해당 시장·군수·구청장의 관할구역

⑤ 농림축산식품부장관, 시·도지사 또는 시장·군수·구청장은 명예동물보호관에게 예산의 범위에서 수당을 지급할 수 있다.

⑥ 제1항부터 제5항까지에서 규정한 사항 외에 명예동물보호관의 운영에 필요한 사항은 농림축산식품부장관이 정하여 고시한다.

제29조(권한 또는 업무의 위임·위탁) ① 농림축산식품부장관은 법 제93조제1항에 따라 다음 각 호의 권한을 검역본부장에게 위임한다. <개정 2024. 4. 26.>

1. 법 제11조제2항에 따른 동물 운송 차량의 구조·설비기준 설정 및 같은 조 제3항에 따른 동물 운송에 필요한 사항의 권장
2. 법 제13조제2항에 따른 동물의 도살방법에 관한 세부기준의 마련
3. 법 제47조제7항에 따른 동물실험의 원칙과 기준 및 방법에 관한 고시의 제정·개정
4. 법 제51조제5항에 따른 윤리위원회의 운영에 관한 표준지침 고시의 제정·개정
5. 법 제58조제1항에 따른 윤리위원회의 구성·운영 등에 관한 지도·감독 및 같은 조 제2항에 따른 개선명령

5의2. 법 제59조에 따른 동물복지축산농장의 인증, 인증갱신 및 재심사

5의3. 법 제60조제1항에 따른 인증기관의 지정

5의4. 법 제60조제3항에 따른 인증심사업무를 수행하는 자에 대한 교육

5의5. 법 제61조에 따른 인증기관의 지정취소 및 인증업무의 정지

5의6. 법 제65조제1항에 따른 동물복지축산농장의 인증취소

5의7. 법 제66조에 따른 동물복지축산을 인증받은 농장의 사후관리

6. 법 제86조에 따른 출입·검사 등에 관한 다음 각 목의 권한
   가. 법 제86조제1항 각 호의 조치
   나. 법 제86조제2항에 따른 보고 및 자료제출 명령, 출입 조사 및 서류 검사
   다. 법 제86조제6항에 따른 출입·검사등 계획의 통지
   라. 법 제86조제7항에 따른 시정명령 등의 조치

7. 법 제90조에 따른 명예동물보호관의 위촉, 해촉 및 수당 지급

7의2. 법 제92조제5호에 따른 인증기관의 지정취소에 관한 청문

7의3. 법 제92조제6호에 따른 동물복지축산농장의 인증취소에 관한 청문

8. 법 제94조제1항에 따른 결과공표 및 같은 조 제2항에 따른 실태조사(현장조사를 포함한다), 자료·정보의 제공 요청

9. 법 제95조에 따른 동물보호정보의 수집 및 활용과 관련한 다음 각 목의 권한
   가. 법 제95조제1항에 따른 동물보호정보의 수집 및 관리
   나. 동물정보시스템의 구축·운영
   다. 법 제95조제3항에 따른 동물보호정보의 수집을 위한 자료 요청
   라. 법 제95조제6항에 따른 정보의 공개

10. 법 제101조제1항제1호부터 제8호까지, 같은 조 제2항제10호·제11호, 같은 조 제3항제1호부터 제3호까지, 제8호부터 제11호까지, 제22호부터 제26호까지 및 같은 조 제4항제7호에 따른 과태료의 부과·징수

11. 제19조제2항제2호에 따른 교육 및 같은 항 제3호에 따른 전임수의사 자격에 관한 고시의 제정·개정

12. 제30조제1항에 따른 실태조사의 계획 수립·실시 및 같은 조 제3항에

따른 실태조사에 관한 고시의 제정·개정

② 농림축산식품부장관은 법 제93조제1항에 따라 다음 각 호의 권한을 시·도지사에게 위임한다. <개정 2024. 4. 26.>

1. 법 제17조에 따른 맹견수입신고
2. 법 제78조제3항제1호에 따른 수입 내역의 신고 접수·관리
3. 법 제101조제2항제1호·제18호 및 같은 조 제3항제17호에 따른 과태료의 부과·징수

③ 농림축산식품부장관은 법 제93조제2항에 따라 법 제30조제2항에 따른 반려동물행동지도사의 보수교육 실시 업무를 다음 각 호의 어느 하나에 해당하는 전문기관에 위탁할 수 있다. <신설 2024. 4. 26.>

1. 「농업·농촌 및 식품산업 기본법」 제11조의2에 따른 농림수산식품교육문화정보원
2. 「한국산업인력공단법」에 따른 한국산업인력공단
3. 그 밖에 반려동물행동지도사의 보수교육에 관한 업무를 하는 데 필요한 능력을 갖추었다고 농림축산식품부장관이 인정하는 기관

④ 농림축산식품부장관은 제3항에 따라 업무를 위탁하는 경우에는 위탁받는 기관과 위탁업무의 내용을 고시해야 한다. <신설 2024. 4. 26.>

[제목개정 2024. 4. 26.]

제30조(실태조사의 범위 등) ① 농림축산식품부장관은 법 제94조제2항에 따라 실태조사(현장조사를 포함하며, 이하 "실태조사"라 한다)를 할 때에는 실태조사 계획을 수립하고 그에 따라 실시해야 한다.

② 농림축산식품부장관은 실태조사를 효율적으로 하기 위하여 동물정보시스템, 전자우편 등을 통한 전자적 방법, 서면조사, 현장조사 방법 등을 사용할 수 있으며, 전문연구기관·단체 또는 관계 전문가에게 의뢰하여 실태조사를 할 수 있다.

③ 제1항과 제2항에서 규정한 사항 외에 실태조사에 필요한 사항은 농림

축산식품부장관이 정하여 고시한다.

제31조(소속기관의 장) 법 제94조제4항에서 "대통령령으로 정하는 그 소속기관의 장"이란 검역본부장을 말한다.

제32조(공개대상정보 등) ① 농림축산식품부장관은 법 제95조제3항에 따라 관계 중앙행정기관의 장, 시·도지사 또는 시장·군수·구청장, 경찰관서의 장 등(이하 이 조에서 "관계중앙행정기관의장등"이라 한다)에게 필요한 자료를 요청할 때에는 자료의 사용목적 및 사용방법을 알려야 한다.

② 법 제95조제3항에 따라 자료를 요청받은 관계중앙행정기관의장등은 동물정보시스템을 통하여 해당 자료를 제출해야 한다.

③ 농림축산식품부장관은 법 제95조제6항에 따라 다음 각 호의 정보를 동물정보시스템을 통하여 공개해야 한다. <개정 2024. 4. 26.>

1. 영업의 종류와 그 허가·등록 번호
2. 업체명
3. 전화번호
4. 소재지

제33조(위반사실의 공표) ① 법 제96조제1항에서 "위반행위, 해당 기관·단체 또는 시설의 명칭, 대표자 성명 등 대통령령으로 정하는 사항"이란 다음 각 호의 사항을 말한다.

1. 「동물보호법」 위반사실의 공표라는 내용의 제목
2. 동물보호센터 또는 보호시설의 명칭, 소재지 및 대표자 성명
3. 위반행위(위반행위의 구체적 내용과 근거 법령을 포함한다)
4. 행정처분의 내용, 처분일 및 기간

② 법 제96조제2항에서 "위반행위, 해당 영업장의 명칭, 대표자 성명 등 대통령령으로 정하는 사항"이란 다음 각 호의 사항을 말한다.

1. 「동물보호법」 위반사실의 공표라는 내용의 제목
2. 영업의 종류

3. 영업장의 명칭, 소재지 및 대표자 성명
4. 위반행위(위반행위의 구체적 내용과 근거 법령을 포함한다)
5. 행정처분의 내용, 처분일 및 기간

③ 시·도지사 또는 시장·군수·구청장은 법 제96조제1항 및 제2항에 따라 위반행위 등을 공표하는 경우에는 해당 특별시·광역시·특별자치시·도·특별자치도 또는 시·군·구의 인터넷 홈페이지에 게시하는 방법으로 한다.

④ 시·도지사 또는 시장·군수·구청장은 법 제96조제1항 및 제2항에 따라 공표를 한 경우에는 시·도지사는 농림축산식품부장관에게 그 사실을 통보해야 하고, 시장·군수·구청장은 시·도지사를 통하여 농림축산식품부장관에게 그 사실을 통보해야 한다.

제34조(고유식별정보의 처리) 농림축산식품부장관(검역본부장을 포함한다), 시·도지사 또는 시장·군수·구청장(해당 권한이 위임·위탁된 경우에는 그 권한을 위임·위탁받은 자를 포함한다)은 다음 각 호의 사무를 수행하기 위하여 불가피한 경우에는 「개인정보 보호법 시행령」 제19조에 따른 주민등록번호, 여권번호, 운전면허의 면허번호 또는 외국인등록번호가 포함된 자료를 처리할 수 있다. <개정 2024. 4. 26.>

1. 법 제15조에 따른 등록대상동물의 등록 및 변경신고에 관한 사무
1의2. 법 제17조에 따른 맹견수입신고에 관한 사무
1의3. 법 제18조에 따른 맹견사육허가 및 기질평가에 관한 사무
1의4. 법 제24조제1항·제2항에 따른 기질평가에 관한 사무
1의5. 법 제31조에 따른 반려동물행동지도사 자격시험에 관한 사무
1의6. 법 제34조제2항에 따른 동물의 소유자에 대한 통보에 관한 사무
2. 법 제36조에 따른 동물보호센터의 지정 및 지정 취소에 관한 사무
3. 법 제37조에 따른 보호시설의 신고에 관한 사무
4. 법 제38조에 따른 보호시설에 대한 시정명령 및 시설폐쇄 명령에 관한

사무

5. 법 제69조에 따른 영업의 허가, 변경허가 및 변경신고에 관한 사무

5의2. 법 제70조제1항·제2항에 따른 맹견취급허가 및 변경허가에 관한 사무

5의3. 법 제70조제3항에 따른 신고에 관한 사무

6. 법 제73조에 따른 영업의 등록, 변경등록 및 변경신고에 관한 사무

7. 법 제75조에 따른 영업의 승계신고에 관한 사무

8. 법 제76조에 따른 영업의 휴업·폐업 등의 신고에 관한 사무

9. 법 제77조에 따른 영업의 허가 또는 등록사항의 직권말소에 관한 사무

10. 법 제83조에 따른 영업의 허가 또는 등록의 취소 및 정지에 관한 사무

11. 법 제84조에 따른 과징금의 부과·징수에 관한 사무

12. 법 제90조에 따른 명예동물보호관의 위촉에 관한 사무

제35조(과태료의 부과·징수) 법 제101조제1항부터 제4항까지의 규정에 따른 과태료의 부과기준은 별표 4와 같다.

제36조(규제의 재검토) 농림축산식품부장관은 다음 각 호의 사항에 대하여 다음 각 호의 기준일을 기준으로 3년마다(매 3년이 되는 해의 기준일과 같은 날 전까지를 말한다) 그 타당성을 검토하여 개선 등의 조치를 해야 한다. <개정 2024. 4. 26.>

1. 제12조의3에 따른 맹견사육허가의 절차 및 방법: 2024년 4월 27일
2. 제12조의4에 따른 맹견사육에 대한 전문지식을 가진 사람의 범위: 2024년 4월 27일
3. 제14조의2에 따른 교육이수 또는 훈련 명령의 내용 및 시간: 2024년 4월 27일
4. 제15조에 따른 보호시설의 신고 기준: 2023년 4월 27일
5. 제19조에 따른 동물실험시행기관의 범위: 2023년 4월 27일

※ 별표1 - 별표3 생략

[별표4] 과태료의 부과기준(제35조 관련)<개정 2024.4.26.>

1. 일반기준

가. 위반행위의 횟수에 따른 과태료의 가중된 부과기준은 최근 2년간 같은 위반행위로 과태료 부과처분을 받은 경우에 적용한다. 이 경우 기간의 계산은 위반행위에 대하여 과태료 부과처분을 받은 날과 그 처분 후 다시 같은 위반행위를 하여 적발된 날을 기준으로 한다.

나. 가목에 따라 가중된 부과처분을 하는 경우 가중처분의 적용 차수는 그 위반행위 전 부과처분 차수(가목에 따른 기간 내에 과태료 부과처분이 둘 이상 있었던 경우에는 높은 차수를 말한다)의 다음 차수로 한다.

다. 부과권자는 다음의 어느 하나에 해당하는 경우에는 제2호의 개별기준에 따른 과태료 금액의 2분의 1 범위에서 그 금액을 줄여 부과할 수 있다. 다만, 과태료를 체납하고 있는 위반행위자에 대해서는 그렇지 않다.

1) 위반행위자가 자연재해·화재 등으로 재산에 현저한 손실이 발생하거나 사업여건의 악화로 사업이 중대한 위기에 처하는 등의 사정이 있는 경우

2) 위반행위가 사소한 부주의나 오류 등 과실로 인한 것으로 인정되는 경우

3) 위반행위자가 같은 위반행위로 다른 법률에 따라 과태료·벌금·영업정지 등의 처분을 받은 경우

4) 위반행위자가 위법행위로 인한 결과를 시정하거나 해소한 경우

5) 그 밖에 위반행위의 정도, 위반행위의 동기와 그 결과 등을 고려하여 그 금액을 줄일 필요가 있다고 인정되는 경우

2. 개별기준

(단위: 만원)

위반행위	근거 법조문	과태료 금액		
		1차 위반	2차 위반	3차 이상 위반
가. 법 제11조제1항제4호 또는 제5호를 위반하여 동물을 운송한 경우	법 제101조 제3항제1호	20	40	60
나. 법 제11조제1항을 위반하여 법 제69조제1항의 동물을 운송한 경우	법 제101조 제3항제2호	20	40	60
다. 법 제12조를 위반하여 반려동물을 전달한 경우	법 제101조 제3항제3호	20	40	60
라. 소유자가 법 제15조제1항을 위반하여 등록대상동물을 등록하지 않은 경우	법 제101조 제3항제4호	20	40	60
마. 소유자가 법 제15조제2항을 위반하여 정해진 기간 내에 신고를 하지 않은 경우	법 제101조 제4항제1호	10	20	40
바. 법 제15조제3항을 위반하여 소유권을 이전받은 날부터 30일 이내에 신고를 하지 않은 경우	법 제101조 제4항제2호	10	20	40
사. 소유자등이 법 제16조제1항을 위반하여 소유자등이 없이 등록대상동물을 기르는 곳에서 벗어나게 한 경우	법 제101조 제4항제3호	20	30	50
아. 소유자등이 법 제16조제2항제1호에 따른 안전조치를 하지 않은 경우	법 제101조 제4항제4호	20	30	50
자. 소유자등이 법 제16조제2항제2호를 위반하여 인식표를 부착하지 않은 경우	법 제101조 제4항제5호	5	10	20
차. 소유자등이 법 제16조제2항제3호를 위반하여 배설물을 수거하지 않은 경우	법 제101조 제4항제6호	5	7	10
카. 법 제17조제1항을 위반하여 맹견수입신고를 하지 않은 경우	법 제101조 제2항제1호	100	200	300
타. 소유자등이 법 제21조제1항제1호[법률 제18853호 동물보호법 전부개정법률 부칙 제12조에 따라 같은 법 제21조의 개정규정이 시행되기 전까지는 종전의 「동물보호법」(법률 제18853호로 개정되기 전의 것을 말한다. 이하 타목부터 하목까지에서 같다) 제13조의2제1항제1호를 말한다]를 위반하여 소유자등이 없이 맹견을 기르는 곳에서 벗어나게 한 경우	법 제101조 제2항제2호	100	200	300

위반행위	근거 법조문	1차 위반	2차 위반	3차 이상 위반
파. 소유자등이 법 제21조제1항제2호(법률 제18853호 동물보호법 전부개정법률 부칙 제12조에 따라 같은 법 제21조의 개정규정이 시행되기 전까지는 종전의 「동물보호법」 제13조의2제1항제2호를 말한다)를 위반하여 월령이 3개월 이상인 맹견을 동반하고 외출할 때 안전장치를 하지 않거나 맹견의 탈출을 방지할 수 있는 적정한 이동장치를 하지 않은 경우	법 제101조 제2항제2호	100	200	300
하. 소유자등이 법 제21조제1항제3호(법률 제18853호 동물보호법 전부개정법률 부칙 제12조에 따라 같은 법 제21조의 개정규정이 시행되기 전까지는 종전의 「동물보호법」 제13조의2제1항제3호를 말한다)를 위반하여 사람에게 신체적 피해를 주지 않도록 관리하지 않은 경우	법 제101조 제2항제2호	100	200	300
거. 법 제21조제3항(법률 제18853호 동물보호법 전부개정법률 부칙 제12조에 따라 같은 법 제21조의 개정규정이 시행되기 전까지는 종전의 「동물보호법」 제13조의2제3항을 말한다)을 위반하여 맹견의 안전한 사육 및 관리에 관한 교육을 받지 않은 경우	법 제101조 제2항제3호	100	200	300
너. 소유자등이 법 제22조를 위반하여 맹견을 출입하게 한 경우	법 제101조 제2항제4호	100	200	300
더. 소유자가 법 제23조제1항을 위반하여 보험에 가입하지 않은 경우	법 제101조 제2항제5호			
1) 가입하지 않은 기간이 10일 이하인 경우		10		
2) 가입하지 않은 기간이 10일 초과 30일 이하인 경우		10만원에 11일째부터 계산하여 1일마다 1만원을 더한 금액		
3) 가입하지 않은 기간이 30일 초과 60일 이하인 경우		30만원에 31일째부터 계산하여 1일마다 3만원을 더한 금액		
4) 가입하지 않은 기간이 60일 초과인 경우		120만원에 61일째부터 계산하여 1일마다 6만원을 더한 금액. 다만, 과태료의 총액은 300만원을 초과할 수 없다.		
러. 소유자가 법 제24조제5항에 따른 교육이수명령 또는 개의 훈련 명령을 따르지 않은 경우	법 제101조 제2항제6호	100	200	300
머. 법 제27조제4항을 위반하여 정당한 사유 없이 출석, 자료제출요구 또는 기질평가와 관련된 조사를 거부한 경우	법 제101조 제3항제5호	30	50	100

버. 동물보호센터의 장 및 그 종사자가 법 제36조제6항에 따라 준용되는 법 제35조제5항을 위반하여 교육을 받지 않은 경우	법 제101조 제3항제6호	30	50	100
서. 법 제37조제2항에 따른 변경신고를 하지 않거나 같은 조 제5항에 따른 운영재개신고를 하지 않은 경우	법 제101조 제3항제7호	30	50	100
어. 법 제37조제4항을 위반하여 시설 및 운영 기준 등을 준수하지 않거나 시설정비 등의 사후관리를 하지 않은 경우	법 제101조 제2항제7호	100	200	300
저. 법 제37조제5항에 따른 신고를 하지 않고 보호시설의 운영을 중단하거나 보호시설을 폐쇄한 경우	법 제101조 제2항제8호	50	100	200
처. 법 제38조제1항에 따른 중지명령이나 시정명령을 3회 이상 반복하여 이행하지 않은 경우	법 제101조 제2항제9호	100	200	300
커. 동물실험시행기관의 장이 법 제48조제1항을 위반하여 전임수의사를 두지 않은 경우	법 제101조 제2항제10호			300
터. 법 제50조를 위반하여 미성년자에게 동물 해부실습을 하게 한 경우	법 제101조 제3항제8호	30	50	100
퍼. 동물실험시행기관의 장이 법 제51조제1항을 위반하여 윤리위원회를 설치·운영하지 않은 경우	법 제101조 제1항제1호			500
허. 동물실험시행기관의 장이 법 제51조제3항을 위반하여 윤리위원회의 심의를 거치지 않고 동물실험을 한 경우	법 제101조 제1항제2호	100	300	500
고. 동물실험시행기관의 장이 법 제51조제4항을 위반하여 윤리위원회의 변경심의를 거치지 않고 동물실험을 한 경우	법 제101조 제1항제3호	100	300	500
노. 동물실험시행기관의 장이 법 제55조제1항을 위반하여 심의 후 감독을 요청하지 않은 경우	법 제101조 제1항제4호	100	300	500
도. 동물실험시행기관의 장이 법 제55조제3항을 위반하여 정당한 사유 없이 실험 중지 요구를 따르지 않고 동물실험을 한 경우	법 제101조 제1항제5호	100	300	500
로. 동물실험시행기관의 장이 법 제55조제4항을 위반하여 윤리위원회의 심의 또는 변경심의를 받지 않고 동물실험을 재개한 경우	법 제101조 제1항제6호	100	300	500
모. 윤리위원회의 위원이 법 제57조제1항을 위반하여 교육을 이수하지 않은 경우	법 제101조 제3항제9호	30	50	100
보. 동물실험시행기관의 장이 법 제58조제2항을 위반하여 개선명령을 이행하지 않은 경우	법 제101조 제1항제7호	100	300	500
소. 정당한 사유 없이 법 제66조제3항에 따른 조사를 거부·방해하거나 기피한 경우	법 제101조 제3항제10호	20	40	60
오. 법 제67조제1항제4호가목을 위반하여 동물복지축산물 표시를 한 경우	법 제101조 제1항제8호	100	300	500

조. 법 제67조제1항제4호나목 또는 다목을 위반하여 동물복지축산물 표시를 한 경우	법 제101조 제2항제11호	50	100	200
초. 법 제68조제2항을 위반하여 인증을 받은 자의 지위를 승계하고 그 사실을 신고하지 않은 경우	법 제101조 제3항제11호	30	50	100
코. 영업자가 법 제69조제4항 단서 또는 법 제73조제4항 단서를 위반하여 경미한 사항의 변경을 신고하지 않은 경우	법 제101조 제3항제12호	30	50	100
토. 영업자가 법 제70조제3항을 위반하여 맹견 취급의 사실을 신고하지 않은 경우	법 제101조 제2항제12호	100	200	300
포. 법 제75조제3항을 위반하여 영업자의 지위를 승계하고 그 사실을 신고하지 않은 경우	법 제101조 제3항제13호	30	50	100
호. 영업자가 법 제76조제1항을 위반하여 휴업 · 폐업 또는 재개업의 신고를 하지 않은 경우	법 제101조 제2항제13호	50	100	200
구. 영업자가 법 제76조제2항을 위반하여 동물처리계획서를 제출하지 않거나 같은 조 제3항에 따른 처리결과를 보고하지 않은 경우	법 제101조 제2항제14호	50	100	200
누. 영업자가 법 제78조제1항제3호를 위반하여 노화나 질병이 있는 동물을 유기하거나 폐기할 목적으로 거래한 경우	법 제101조 제2항제15호	100	200	300
두. 영업자가 법 제78조제1항제4호를 위반하여 동물의 번식, 반입 · 반출 등의 기록, 관리 및 보관을 하지 않은 경우	법 제101조 제2항제16호	50	100	200
루. 영업자가 법 제78조제1항제5호를 위반하여 영업허가번호 또는 영업등록번호를 명시하지 않고 거래금액을 표시한 경우	법 제101조 제2항제17호	50	100	200
무. 영업자가 법 제78조제1항제7호를 위반하여 영업별 시설 및 인력 기준을 준수하지 않은 경우	법 제101조 제1항제9호	100	300	500
부. 영업자가 법 제78조제1항제8호를 위반하여 종사자에게 교육을 실시하지 않은 경우	법 제101조 제3항제14호	30	50	100
수. 영업자가 법 제78조제1항제9호를 위반하여 영업실적을 보고하지 않은 경우	법 제101조 제3항제15호	30	50	100
우. 영업자가 법 제78조제1항제10호를 위반하여 등록대상동물의 등록 및 변경신고의무를 고지하지 않은 경우	법 제101조 제3항제16호	30	50	100
주. 영업자가 법 제78조제3항제1호를 위반하여 수입신고를 하지 않거나 거짓이나 그 밖의 부정한 방법으로 수입신고를 한 경우	법 제101조 제2항제18호	50	100	200
추. 영업자가 법 제78조제3항제2호를 위반하여 신고한 사항과 다른 용도로 동물을 사용한 경우	법 제101조 제3항제17호	30	50	100
쿠. 영업자가 법 제78조제5항제2호를 위반하여 등록대상동물의 사체를 처리한 후 신고하지 않은 경우	법 제101조 제3항제18호	30	50	100

투. 영업자가 법 제78조제6항에 따라 동물의 보호와 공중위생상의 위해 방지를 위하여 농림축산식품부령으로 정하는 준수사항을 지키지 않은 경우	법 제101조 제3항제19호	30	50	100
푸. 영업자가 법 제79조를 위반하여 등록대상동물의 등록을 신청하지 않고 판매한 경우	법 제101조 제3항제20호	30	50	100
후. 영업자가 법 제82조제2항 또는 제3항을 위반하여 교육을 받지 않고 영업을 한 경우	법 제101조 제3항제21호	30	50	100
그. 동물의 소유자등이 법 제86조제1항제1호에 따른 자료제출 요구에 응하지 않거나 거짓 자료를 제출한 경우	법 제101조 제3항제22호	20	40	60
느. 동물의 소유자등이 법 제86조제1항제2호에 따른 출입·검사를 거부·방해 또는 기피한 경우	법 제101조 제3항제23호	20	40	60
드. 법 제86조제1항제3호 또는 같은 조 제7항에 따른 시정명령 등의 조치에 따르지 않은 경우	법 제101조 제3항제25호	30	50	100
르. 법 제86조제2항에 따른 보고·자료제출을 하지 않거나 거짓으로 보고·자료제출을 한 경우 또는 같은 항에 따른 출입·조사·검사를 거부·방해·기피한 경우	법 제101조 제3항제24호	20	40	60
므. 법 제88조제4항을 위반하여 동물보호관의 직무 수행을 거부·방해 또는 기피한 경우	법 제101조 제3항제26호	20	40	60
브. 법 제94조제2항을 위반하여 정당한 사유 없이 자료 및 정보의 제공을 하지 않은 경우	법 제101조 제4항제7호	10	20	40

동물보호법 시행규칙

[시행 2024.5.27.] [농림축산식품부령 제657호, 2024.5.27., 일부개정]

제1조(목적) 이 규칙은 「동물보호법」 및 같은 법 시행령에서 위임된 사항과 그 시행에 필요한 사항을 규정함을 목적으로 한다.

제2조(맹견의 범위) 「동물보호법」(이하 "법"이라 한다) 제2조제5호가목에 따른 "농림축산식품부령으로 정하는 개"란 다음 각 호를 말한다.

1. 도사견과 그 잡종의 개
2. 핏불테리어(아메리칸 핏불테리어를 포함한다)와 그 잡종의 개
3. 아메리칸 스태퍼드셔 테리어와 그 잡종의 개

4. 스태퍼드셔 불 테리어와 그 잡종의 개
5. 로트와일러와 그 잡종의 개

제3조(반려동물의 범위) 법 제2조제7호에서 "개, 고양이 등 농림축산식품부령으로 정하는 동물"이란 개, 고양이, 토끼, 페럿, 기니피그 및 햄스터를 말한다.

제4조(동물복지위원회 위원 자격) 법 제7조제3항제3호에서 "농림축산식품부령으로 정하는 자격기준에 맞는 사람"이란 다음 각 호의 어느 하나에 해당하는 사람을 말한다.

1. 법 제51조제1항에 따른 동물실험윤리위원회(이하 "윤리위원회"라 한다)의 위원
2. 법 제69조제1항에 따라 영업허가를 받은 자 또는 법 제73조제1항에 따라 영업등록을 한 자(이하 "영업자"라 한다)로서 동물보호·동물복지에 관한 학식과 경험이 풍부한 사람
3. 법 제90조에 따른 명예동물보호관으로서 그 사람을 위촉한 농림축산식품부장관(그 소속 기관의 장을 포함한다) 또는 지방자치단체의 장의 추천을 받은 사람
4. 「축산자조금의 조성 및 운용에 관한 법률」 제2조제3호에 따른 축산단체의 대표로서 동물보호·동물복지에 관한 학식과 경험이 풍부한 사람
5. 변호사
6. 「고등교육법」 제2조에 따른 학교에서 법학 또는 동물보호·동물복지를 담당하는 조교수 이상의 직(職)에 있거나 있었던 사람
7. 그 밖에 동물보호·동물복지에 관한 학식과 경험이 풍부하다고 농림축산식품부장관이 인정하는 사람

제5조(적절한 사육·관리 방법 등) 법 제9조제5항에 따른 동물의 적절한 사육·관리 방법 등에 관한 사항은 별표 1과 같다.

제6조(동물학대 등의 금지) ① 법 제10조제1항제4호에서 "사람의 생명·신

체에 대한 직접적인 위협이나 재산상의 피해 방지 등 농림축산식품부령으로 정하는 정당한 사유"란 다음 각 호의 어느 하나에 해당하는 경우를 말한다.

1. 사람의 생명·신체에 대한 직접적인 위협이나 재산상의 피해를 방지하기 위하여 다른 방법이 없는 경우
2. 허가, 면허 등에 따른 행위를 하는 경우
3. 동물의 처리에 관한 명령, 처분 등을 이행하기 위한 경우

② 법 제10조제2항제1호 단서에서 "해당 동물의 질병 예방이나 치료 등 농림축산식품부령으로 정하는 경우"란 다음 각 호의 어느 하나에 해당하는 경우를 말한다.

1. 질병의 예방이나 치료를 위한 행위인 경우
2. 법 제47조에 따라 실시하는 동물실험인 경우
3. 긴급 사태가 발생하여 해당 동물을 보호하기 위해 필요한 행위인 경우

③ 법 제10조제2항제2호 단서에서 "해당 동물의 질병 예방 및 동물실험 등 농림축산식품부령으로 정하는 경우"란 제2항 각 호의 어느 하나에 해당하는 경우를 말한다.

④ 법 제10조제2항제3호 단서에서 "민속경기 등 농림축산식품부령으로 정하는 경우"란 「전통 소싸움경기에 관한 법률」에 따른 소싸움으로서 농림축산식품부장관이 정하여 고시하는 것을 말한다.

⑤ 법 제10조제4항제2호에서 "최소한의 사육공간 및 먹이 제공, 적정한 길이의 목줄, 위생·건강 관리를 위한 사항 등 농림축산식품부령으로 정하는 사육·관리 또는 보호의무"란 별표 2에 따른 사육·관리·보호의무를 말한다.

⑥ 법 제10조제5항제1호 단서에서 "동물보호 의식을 고양하기 위한 목적이 표시된 홍보 활동 등 농림축산식품부령으로 정하는 경우"란 다음 각 호의 어느 하나에 해당하는 경우를 말한다.

1. 국가기관, 지방자치단체 또는 「동물보호법 시행령」(이하 "영"이라 한다) 제6조 각 호에 따른 법인·단체(이하 "동물보호 민간단체"라 한다)가 동물보호 의식을 고양시키기 위한 목적으로 법 제10조제1항부터 제4항까지(제4항제1호는 제외한다)에 규정된 행위를 촬영한 사진 또는 영상물(이하 이 항에서 "사진 또는 영상물"이라 한다)에 기관 또는 단체의 명칭과 해당 목적을 표시하여 판매·전시·전달·상영하거나 인터넷에 게재하는 경우
2. 언론기관이 보도 목적으로 사진 또는 영상물을 부분 편집하여 전시·전달·상영하거나 인터넷에 게재하는 경우
3. 신고 또는 제보의 목적으로 제1호 및 제2호에 해당하는 법인·기관 또는 단체에 사진 또는 영상물을 전달하는 경우

⑦ 법 제10조제5항제4호 단서에서 "「장애인복지법」 제40조에 따른 장애인 보조견의 대여 등 농림축산식품부령으로 정하는 경우"란 다음 각 호의 어느 하나에 해당하는 경우를 말한다.

1. 「장애인복지법」 제40조에 따른 장애인 보조견을 대여하는 경우
2. 촬영, 체험 또는 교육을 위하여 동물을 대여하는 경우. 이 경우 대여하는 기간 동안 해당 동물을 관리할 수 있는 인력이 제5조에 따른 적절한 사육·관리를 해야 한다.

제7조(동물운송자의 범위) 법 제11조제1항 각 호 외의 부분에서 "농림축산식품부령으로 정하는 자"란 영리를 목적으로 「자동차관리법」 제2조제1호에 따른 자동차를 이용하여 동물을 운송하는 자를 말한다.

제8조(동물의 도살방법) ① 법 제13조제2항에서 "가스법·전살법(電殺法) 등 농림축산식품부령으로 정하는 방법"이란 다음 각 호의 어느 하나의 방법을 말한다.

1. 가스법, 약물 투여법
2. 전살법(電殺法), 타격법(打擊法), 총격법(銃擊法), 자격법(刺擊法)

② 농림축산식품부장관은 제1항 각 호의 도살방법 중 「축산물 위생관리법」에 따라 도축하는 경우에 대하여 동물의 고통을 최소화하는 방법을 정하여 고시할 수 있다.

제9조(동물등록 제외지역) 법 제15조제1항 단서에 따라 특별시·광역시·특별자치시·도·특별자치도(이하 "시·도"라 한다)의 조례로 동물을 등록하지 않을 수 있는 지역으로 정할 수 있는 지역의 범위는 다음 각 호와 같다.

1. 도서[도서, 제주특별자치도 본도(本島) 및 방파제 또는 교량 등으로 육지와 연결된 도서는 제외한다]
2. 영 제12조제1항에 따라 동물등록 업무를 대행하게 할 수 있는 자가 없는 읍·면

제10조(등록대상동물의 등록사항 및 방법 등) ① 영 제10조제1항에 따른 동물등록 신청서는 별지 제1호서식과 같다.

② 영 제10조제3항 및 제11조제3항에 따른 동물등록증은 별지 제2호서식과 같다.

③ 영 제10조제4항에 따른 동물등록증 재발급 신청서는 별지 제3호서식과 같다.

④ 영 제11조제2항에 따른 동물등록 변경신고서는 별지 제4호서식과 같다.

제11조(안전조치) 법 제16조제2항제1호에 따른 "농림축산식품부령으로 정하는 기준"이란 다음 각 호의 기준을 말한다.

1. 길이가 2미터 이하인 목줄 또는 가슴줄을 하거나 이동장치(등록대상동물이 탈출할 수 없도록 잠금장치를 갖춘 것을 말한다)를 사용할 것. 다만, 소유자등이 월령 3개월 미만인 등록대상동물을 직접 안아서 외출하는 경우에는 목줄, 가슴줄 또는 이동장치를 하지 않을 수 있다.
2. 다음 각 목에 해당하는 공간에서는 등록대상동물을 직접 안거나 목줄의 목덜미 부분 또는 가슴줄의 손잡이 부분을 잡는 등 등록대상동물의 이동을 제한할 것

가. 「주택법 시행령」 제2조제2호에 따른 다중주택 및 같은 조 제3호에 따른 다가구주택의 건물 내부의 공용공간

나. 「주택법 시행령」 제3조에 따른 공동주택의 건물 내부의 공용공간

다. 「주택법 시행령」 제4조에 따른 준주택의 건물 내부의 공용공간

제12조(인식표의 부착) 법 제16조제2항제2호에서 "농림축산식품부령으로 정하는 사항"이란 동물등록번호(등록한 동물만 해당한다)를 말한다.

제12조의2(맹견수입신고서) 영 제12조의2제1항에 따른 맹견수입신고서는 별지 제4호의2서식과 같다.

제12조의3(맹견사육허가 신청서 등) ① 영 제12조의3제1항에 따른 맹견사육허가 신청서는 별지 제4호의3서식과 같다.

② 영 제12조의3제4항에 따른 맹견사육허가증은 별지 제4호의4서식과 같다.

제12조의4(맹견사육허가에 따른 교육이수 명령 등) ① 특별시장·광역시장·특별자치시장·도지사·특별자치도지사(이하 "시·도지사"라 한다)는 법 제18조제6항에 따라 맹견사육허가를 받은 자(법 제18조제2항에 따라 공동으로 맹견사육허가를 받은 자를 포함한다. 이하 같다)에게 다음 각 호의 구분에 따라 교육이수 또는 맹견 훈련을 명할 수 있다. 이 경우 제1호에 따른 교육시간과 제2호에 따른 훈련시간을 더한 시간은 총 20시간 이내로 한다.

1. 맹견사육허가를 받은 자의 교육이수: 맹견의 사육·관리·보호 및 사고방지 등에 관한 이론교육 및 실습교육을 받을 것
2. 허가 대상 맹견의 훈련: 해당 개의 특성과 법 제18조제3항에 따른 기질평가의 결과를 고려한 개체별 특성화 훈련을 시킬 것

② 제1항 각 호에 따른 교육 및 훈련은 다음 각 호의 어느 하나에 해당하는 기관·법인·단체에서 실시한다.

1. 「수의사법」 제23조에 따른 대한수의사회
2. 「민법」 제32조에 따라 설립된 법인으로서 동물보호를 목적으로 하는

법인

3. 「비영리민간단체 지원법」 제4조에 따라 등록된 비영리민간단체로서 동물보호를 목적으로 하는 단체

4. 농식품공무원교육원

5. 「농업·농촌 및 식품산업 기본법」 제11조의2에 따른 농림수산식품교육문화정보원

6. 그 밖에 시·도지사가 맹견 관련 교육 또는 훈련에 전문성을 갖추었다고 인정하는 기관·법인·단체

③ 시·도지사는 법 제18조제6항에 따라 교육이수 또는 맹견 훈련 명령을 위하여 필요한 경우 관계 전문기관 또는 전문가 등에게 자료 또는 의견의 제출 등 필요한 협조를 요청할 수 있다.

④ 제1항부터 제3항까지에서 규정한 사항 외에 교육이수 또는 맹견 훈련 명령 등에 필요한 세부 사항은 농림축산식품부장관이 정하여 고시한다.

제12조의5(맹견의 관리) ① 법 제21조제1항제2호에 따른 안전장치는 다음 각 호의 기준에 따른다.

1. 목줄의 경우에는 길이가 2미터 이하인 목줄만 사용할 것

2. 입마개의 경우에는 맹견이 호흡 또는 체온조절을 하거나 물을 마시는 데 지장이 없는 범위에서 사람에 대한 공격을 효과적으로 차단할 수 있는 크기의 입마개를 사용할 것

② 법 제21조제1항제2호에 따른 이동장치는 다음 각 호의 기준을 모두 갖추어야 한다.

1. 맹견이 이동장치에서 탈출할 수 없도록 잠금장치를 갖출 것

2. 이동장치의 입구, 잠금장치 및 외벽은 충격 등에 의해 쉽게 파손되지 않는 견고한 재질로 만들어진 것일 것

③ 법 제21조제1항제3호에서 "농림축산식품부령으로 정하는 사항"이란 다음 각 호의 준수사항을 말한다.

1. 맹견을 사육하는 곳에 맹견에 대한 경고문을 표시할 것
2. 맹견을 사육하는 경우에는 맹견으로 인한 위해를 방지할 수 있도록 탈출방지 또는 안전시설을 설치할 것
3. 다음 각 목에 해당하는 공간에서는 월령이 3개월 이상인 맹견을 직접 안거나 목줄의 목덜미 부분을 잡는 등의 방식으로 맹견의 이동을 제한할 것
   가. 「주택법 시행령」 제2조제2호에 따른 다중주택 및 같은 조 제3호에 따른 다가구주택의 건물 내부의 공용공간
   나. 「주택법 시행령」 제3조에 따른 공동주택의 건물 내부의 공용공간
   다. 「주택법 시행령」 제4조에 따른 준주택의 건물 내부의 공용공간
4. 그 밖에 맹견에 의한 위해 발생 방지를 위해 시·도지사 또는 시장·군수·구청장이 필요하다고 인정하는 안전시설 등을 설치할 것

④ 시·도지사와 시장·군수·구청장은 법 제21조제2항에 따라 맹견에 대해 격리조치 등을 취하는 경우에는 별표 2의2의 기준에 따른다.

제12조의6(맹견사육허가를 받은 사람에 대한 교육) ① 법 제21조제3항에 따라 맹견사육허가를 받은 사람이 받아야 하는 교육은 다음 각 호의 구분에 따른다.

1. 신규교육: 법 제18조제1항 및 제2항에 따라 맹견사육허가를 받은 날부터 6개월 이내에 3시간의 신규교육을 받을 것. 다만, 맹견사육허가를 받은 날부터 6개월 이내에 제12조의4제1항제1호에 따라 3시간 이상의 교육을 이수한 경우는 제외한다.
2. 보수교육: 신규교육 또는 직전의 보수교육을 받은 날이 속하는 연도의 다음 연도 12월 31일까지 매년 3시간의 교육을 받을 것

② 법 제21조제3항에 따른 교육은 다음 각 호의 어느 하나에 해당하는 기관·법인·단체로서 농림축산식품부장관이 지정하는 기관·법인·단체가 대면교육 또는 정보통신망을 활용한 온라인 교육 등의 방법으로 실시한다.

1. 「수의사법」 제23조에 따른 대한수의사회
2. 「민법」 제32조에 따라 설립된 법인으로서 동물보호를 목적으로 하는 법인
3. 「비영리민간단체 지원법」 제4조에 따라 등록된 비영리민간단체로서 동물보호를 목적으로 하는 단체
4. 농식품공무원교육원
5. 「농업·농촌 및 식품산업 기본법」 제11조의2에 따른 농림수산식품교육문화정보원

③ 법 제21조제3항에 따른 교육은 다음 각 호의 내용을 포함해야 한다.

1. 맹견의 종류별 특성
2. 맹견의 사육방법 및 질병예방에 관한 사항
3. 맹견의 안전관리에 관한 사항
4. 동물의 보호와 복지에 관한 사항
5. 「동물보호법」 및 동물보호정책에 관한 사항
6. 그 밖에 농림축산식품부장관이 필요하다고 인정하는 사항

④ 제2항에 따른 기관·법인·단체가 법 제21조제3항에 따라 교육을 실시한 경우에는 해당 교육이 끝난 후 30일 이내에 그 결과를 시장·군수·구청장에게 통지해야 한다.

⑤ 제1항부터 제4항까지에서 규정한 사항 외에 교육의 실시 및 관리 등에 필요한 사항은 농림축산식품부장관이 정하여 고시한다.

제13조(보험금액) ① 영 제13조제3항제1호나목에서 "농림축산식품부령으로 정하는 상해등급에 따른 금액"이란 별표 3 제1호의 상해등급에 따른 보험금액을 말한다.

② 영 제13조제3항제1호다목에서 "농림축산식품부령으로 정하는 후유장애등급에 따른 금액"이란 별표 3 제2호의 후유장애등급에 따른 보험금액을 말한다.

제13조의2(기질평가비용) ① 법 제25조제1항에 따른 기질평가(이하 "기질평가"라 한다)에 소요되는 비용은 다음 각 호와 같다.

1. 법 제26조제1항에 따른 기질평가위원회의 심사비용
2. 기질평가를 위한 시설 및 장비 사용 비용
3. 그 밖에 기질평가에 소요되는 비용으로서 시·도지사가 인정하는 비용

② 시·도지사는 기질평가를 실시하는 경우에는 해당 개의 소유자에게 기질평가에 소요되는 비용, 비용의 납부 시기 및 납부 방법 등에 관한 사항을 알려야 한다.

③ 제1항 및 제2항에서 규정한 사항 외에 기질평가에 소요되는 비용의 세부 기준 등에 관하여 필요한 세부 사항은 농림축산식품장관이 정하여 고시한다.

제13조의3(기질평가 조사원의 증표) 법 제27조제3항에서 "농림축산식품부령으로 정하는 증표"란 별지 제4호의5서식에 따른 증표를 말한다.

제13조의4(반려동물행동지도사의 보수교육 등) ① 농림축산식품부장관은 법 제30조제2항에 따라 반려동물행동지도사의 보수교육을 실시하는 경우에는 실비의 범위에서 보수교육 경비를 받을 수 있다.

② 법 제30조제2항에 따른 반려동물행동지도사에 대한 보수교육은 대면교육 또는 정보통신망을 활용한 온라인 교육 등의 방법으로 실시할 수 있다.

③ 제1항 및 제2항에서 규정한 사항 외에 반려동물행동지도사 보수교육의 실시에 필요한 세부 사항은 농림축산식품부장관이 정하여 고시할 수 있다.

제13조의5(반려동물행동지도사 자격시험) ① 농림축산식품부장관은 법 제31조에 따른 반려동물행동지도사 자격시험의 효율적 실시를 위해 필요하다고 인정하는 경우에는 농림축산식품부장관이 정하는 바에 따라 자격검정위원회를 둘 수 있다.

② 영 제14조의4제4항에 따른 반려동물행동지도사 자격증은 별지 제4호

의6서식과 같다.

③ 제1항 및 제2항에서 규정한 사항 외에 반려동물행동지도사 자격시험의 시행에 필요한 사항은 농림축산식품부장관이 정하여 고시할 수 있다.

제13조의6(반려동물행동지도사의 자격취소 등의 기준) 법 제32조제2항에 따른 반려동물행동지도사의 자격취소 및 자격정지 처분의 세부 기준은 별표 3의2와 같다.

제14조(구조·보호조치 제외 동물) ① 법 제34조제1항 각 호 외의 부분 단서에서 "농림축산식품부령으로 정하는 동물"이란 도심지나 주택가에서 자연적으로 번식하여 자생적으로 살아가는 고양이로서 개체수 조절을 위해 중성화(中性化)하여 포획장소에 방사(放飼)하는 등의 조치 대상이거나 조치가 된 고양이를 말한다.

② 제1항의 동물에 대한 세부 처리방법은 농림축산식품부장관이 정하여 고시할 수 있다.

제15조(보호조치 기간) 시·도지사와 시장·군수·구청장은 법 제34조제3항에 따라 소유자등에게 학대받은 동물을 보호할 때에는 「수의사법」 제2조제1호에 따른 수의사(이하 "수의사"라고 한다)의 진단에 따라 기간을 정하여 보호조치 하되, 5일 이상 소유자등으로부터 격리조치를 해야 한다. <개정 2024. 5. 27.>

제16조(동물보호센터의 시설 및 인력 기준) 법 제35조제1항 및 제36조제1항에 따른 동물보호센터의 시설 및 인력 기준은 별표 4와 같다.

제17조(동물보호센터의 장 및 종사자에 대한 교육) ① 법 제35조제5항 및 제36조제6항에 따라 동물보호센터의 장 및 그 종사자는 다음 각 호의 어느 하나에 해당하는 법인 또는 단체로서 농림축산식품부장관이 고시하는 법인·단체에서 실시하는 동물의 보호 및 공중위생상의 위해 방지 등에 관한 교육을 매년 3시간 이상 이수해야 한다.

1. 동물보호 민간단체

2. 「농업·농촌 및 식품산업 기본법」 제11조의2에 따른 농림수산식품교육문화정보원

② 제1항에 따라 실시하는 교육에는 다음 각 호의 내용이 포함되어야 한다.

1. 동물보호 관련 법령 및 정책에 관한 사항
2. 동물의 보호·복지에 관한 사항
3. 동물의 사육·관리 및 질병 예방에 필요한 사항
4. 공중위생상의 위해 방지에 관한 사항

제18조(동물보호센터 운영위원회의 설치 및 기능 등) ① 법 제35조제6항 본문에서 "농림축산식품부령으로 정하는 일정 규모 이상의 동물보호센터"란 연간 구조·보호되는 동물의 마릿수가 1천마리 이상인 동물보호센터를 말한다.

② 법 제35조제6항에 따라 동물보호센터에 설치하는 운영위원회(이하 "운영위원회"라 한다)는 다음 각 호의 사항을 심의한다.

1. 동물보호센터의 사업계획 및 실행에 관한 사항
2. 동물보호센터의 예산·결산에 관한 사항
3. 그 밖에 이 법의 준수 여부 등에 관한 사항

제19조(운영위원회의 구성·운영 등) ① 운영위원회는 위원장 1명을 포함하여 3명 이상 10명 이하의 위원으로 구성한다.

② 위원장은 위원 중에서 호선(互選)하고, 위원은 다음 각 호의 어느 하나에 해당하는 사람 중에서 동물보호센터의 장이 위촉한다.

1. 수의사
2. 동물보호 민간단체에서 추천하는 동물보호에 관한 학식과 경험이 풍부한 사람
3. 법 제90조에 따른 명예동물보호관으로서 그 동물보호센터를 설치한 지방자치단체의 장의 위촉을 받은 사람
4. 그 밖에 동물보호에 관한 학식과 경험이 풍부한 사람

③ 운영위원회에는 다음 각 호에 해당하는 위원이 각 1명 이상 포함되어야 한다.

1. 제2항제1호에 해당하는 위원
2. 제2항제2호에 해당하는 위원으로서 해당 동물보호센터와 이해관계가 없는 사람
3. 제2항제3호 또는 제4호에 해당하는 위원으로서 해당 동물보호센터와 이해관계가 없는 사람

④ 위원의 임기는 2년으로 하며, 중임(重任) 할 수 있다.

⑤ 동물보호센터는 운영위원회의 회의를 매년 1회 이상 소집해야 하고, 그 회의록을 작성하여 3년 이상 보존해야 한다.

⑥ 제1항부터 제5항까지에서 규정한 사항 외에 운영위원회의 구성 및 운영 등에 필요한 사항은 운영위원회의 의결을 거쳐 위원장이 정한다.

제20조(동물보호센터의 준수사항) 법 제35조제7항에 따른 동물보호센터의 준수사항은 별표 5와 같다.

제21조(동물보호센터의 지정 등) ① 법 제36조제1항에 따라 동물보호센터로 지정을 받으려는 자는 별지 제5호서식의 동물보호센터 지정신청서에 다음 각 호의 서류를 첨부하여 시·도지사 또는 시장·군수·구청장이 공고하는 기간 내에 제출해야 한다.

1. 별표 4의 기준을 충족함을 증명하는 자료
2. 동물의 구조·보호조치에 필요한 건물 및 시설의 명세서
3. 동물의 구조·보호조치에 종사하는 인력 현황
4. 동물의 구조·보호조치 실적(실적이 있는 경우만 해당한다)
5. 사업계획서

② 제1항에 따라 동물보호센터 지정 신청을 받은 시·도지사 또는 시장·군수·구청장은 별표 4의 기준에 가장 적합한 법인·단체 또는 기관을 동물보호센터로 지정하고, 별지 제6호서식의 동물보호센터 지정서를 발급해

야 한다.

③ 제2항에 따라 동물보호센터를 지정한 시·도지사 또는 시장·군수·구청장은 제16조의 시설 및 인력 기준과 제20조의 준수사항 준수 여부를 연 2회 이상 점검해야 한다.

④ 제2항에 따라 동물보호센터를 지정한 시·도지사 또는 시장·군수·구청장은 제3항에 따른 점검 결과를 연 1회 이상 농림축산검역본부장(이하 "검역본부장"이라 한다)에게 통지해야 한다.

제22조(동물의 보호비용 지원 등) ① 법 제36조제3항에 따라 동물의 보호비용을 지원받으려는 동물보호센터는 동물의 보호비용을 시·도지사 또는 시장·군수·구청장에게 청구해야 한다.

② 시·도지사 또는 시장·군수·구청장은 제1항에 따른 비용을 청구받은 경우 그 명세를 확인하고 금액을 확정하여 지급할 수 있다.

제23조(민간동물보호시설의 운영신고 등) ① 법 제37조제1항에 따른 민간동물보호시설(이하 "보호시설"이라 한다)을 운영하려는 자는 별지 제7호서식의 민간동물보호시설 신고서에 다음 각 호의 서류를 첨부하여 특별자치시장·특별자치도지사·시장·군수·구청장에게 신고해야 한다.

1. 별표 6의 시설 기준에 적합한 시설을 갖추었는지 확인할 수 있는 자료
2. 동물의 보호조치에 필요한 건물 및 시설의 명세서
3. 동물의 보호조치에 종사하는 인력 현황
4. 동물의 보호 현황
5. 보호시설 운영계획서(별표 6 및 별표 7의 시설 기준 및 운영 기준 준수 여부 및 시설정비 등의 사후관리를 위한 계획을 포함한다)

② 법 제37조제3항에 따라 신고가 수리된 보호시설의 운영자(이하 "보호시설운영자"라 한다)가 영 제15조제2항 각 호의 어느 하나에 해당하는 사항을 변경할 경우에는 별지 제8호서식의 민간동물보호시설 변경신고서에 변경내용을 증명하는 서류를 첨부하여 특별자치시장·특별자치도지사·

시장·군수·구청장에게 신고해야 한다.

③ 특별자치시장·특별자치도지사·시장·군수·구청장은 법 제37조제3항에 따라 신고를 수리할 경우 별지 제9호서식의 민간동물보호시설 신고증을 발급해야 한다.

④ 법 제37조제4항에서 "농림축산식품부령으로 정하는 시설 및 운영기준"이란 별표 6의 민간동물보호시설의 시설 기준 및 별표 7의 민간동물보호시설의 운영 기준을 말한다.

⑤ 보호시설운영자가 법 제37조제5항에 따라 보호시설의 운영을 일시적으로 중단하거나 영구적으로 폐쇄하거나 그 운영을 재개하려는 경우에는 별지 제10호서식의 일시운영중단·영구폐쇄·운영재개 신고서에 별지 제11호서식의 보호동물 관리·처리 계획서를 첨부(운영을 재개하는 경우는 제외한다)하여 일시운영중단·영구폐쇄·운영재개 30일 전까지 특별자치시장·특별자치도지사·시장·군수·구청장에게 제출해야 한다. 다만, 일시운영중단의 기간을 정하여 신고하는 경우 그 기간이 만료되어 운영을 재개할 때에는 신고하지 않을 수 있다.

제24조(공고) ① 시·도지사와 시장·군수·구청장이 영 제16조제1항 단서에 따라 공고하는 동물보호 공고문은 별지 제12호서식과 같다.

② 시·도지사와 시장·군수·구청장은 영 제16조제2항에 따라 별지 제13호서식의 보호동물 개체관리카드와 별지 제14호서식의 보호동물 관리대장에 공고내용을 작성하여 법 제95조제2항에 따른 국가동물보호정보시스템(이하 "동물정보시스템"이라 한다)을 통하여 관리해야 한다.

제25조(사육계획서) 법 제41조제2항에 따라 보호조치 중인 동물(이하 이 조 및 제26조에서 "동물"이라 한다)을 반환받으려는 소유자는 별지 제15호서식의 사육계획서를 보호조치 중인 시·도지사 또는 시장·군수·구청장에게 제출해야 한다.

제26조(보호비용의 납부) ① 시·도지사와 시장·군수·구청장은 법 제42조

제2항에 따라 동물의 보호비용을 징수하려는 경우에는 해당 동물의 소유자에게 별지 제16호서식의 비용징수통지서를 통지해야 한다.

② 제1항에 따른 통지를 받은 동물의 소유자는 그 통지를 받은 날부터 7일 이내에 보호비용을 납부해야 한다. 다만, 천재지변이나 그 밖의 부득이한 사유로 보호비용을 낼 수 없을 때에는 그 사유가 없어진 날부터 7일 이내에 내야 한다.

③ 동물의 소유자가 제2항에 따라 보호비용을 납부기한까지 내지 않은 경우에는 고지된 비용에 이자를 가산한다. 이 경우 그 이자를 계산할 때에는 납부기한의 다음 날부터 납부일까지 「소송촉진 등에 관한 특례법」 제3조제1항에 따른 법정이율을 적용한다.

④ 법 제42조제1항 및 제2항에 따른 보호비용은 수의사의 진단·진료 비용 및 동물보호센터의 보호비용을 고려하여 시·도의 조례로 정한다.

제27조(사육포기 동물의 인수 등) ① 법 제44조제1항에 따라 자신이 소유하거나 사육·관리 또는 보호하는 동물의 사육을 포기하려는 소유자등은 별지 제17호서식의 동물 인수신청서를 관할 시·도지사 또는 시장·군수·구청장에게 제출해야 한다.

② 법 제44조제3항에 따라 시·도지사 또는 시장·군수·구청장이 동물에 대한 보호비용 등을 청구할 경우 그 청구비용의 납부에 관하여는 제26조를 준용한다.

③ 법 제44조제4항에서 "장기입원 또는 요양, 「병역법」에 따른 병역 복무 등 농림축산식품부령으로 정하는 불가피한 사유"란 다음 각 호의 어느 하나에 해당하여 소유자등이 다른 방법으로는 정상적으로 동물을 사육하기 어려운 경우를 말한다.

1. 소유자등이 6개월 이상의 장기입원 또는 요양을 하는 경우
2. 소유자등이 「병역법」에 따른 병역 복무를 하는 경우
3. 태풍, 수해, 지진 등으로 소유자등의 주택 또는 보호시설이 파손되거나

유실되어 동물을 보호하는 것이 불가능한 경우

4. 소유자등이 「가정폭력방지 및 피해자보호 등에 관한 법률」 제7조에 따른 가정폭력피해자 보호시설에 입소하는 경우

5. 그 밖에 제1호부터 제4호까지에 준하는 불가피한 사유가 있다고 시·도지사 또는 시장·군수·구청장이 인정하는 경우

제28조(동물의 인도적인 처리 등) ① 법 제46조제1항에서 "질병 등 농림축산식품부령으로 정하는 사유가 있는 경우"란 다음 각 호의 어느 하나에 해당하는 경우를 말한다.

1. 동물이 질병 또는 상해로부터 회복될 수 없거나 지속적으로 고통을 받으며 살아야 할 것으로 수의사가 진단한 경우
2. 동물이 사람이나 보호조치 중인 다른 동물에게 질병을 옮기거나 위해를 끼칠 우려가 매우 높은 것으로 수의사가 진단한 경우
3. 법 제45조에 따른 기증 또는 분양이 곤란한 경우 등 시·도지사 또는 시장·군수·구청장이 부득이한 사정이 있다고 인정하는 경우

② 법 제46조제2항 후단에 따라 동물보호센터의 장은 별지 제13호서식의 보호동물 개체관리카드에 인도적 처리 약제 사용기록을 작성하여 3년간 보관해야 한다. 다만, 약제 사용기록은「수의사법」 제13조에 따른 진료부로 대체할 수 있으며, 진료부로 대체하는 경우에는 그 사본을 보호동물 개체관리카드에 첨부해야 한다.

제29조(전임수의사의 교육) 영 제19조제2항제2호에 따른 전임수의사 교육은 다음 각 호의 사항이 포함되어야 하며, 6시간 이상 실시한다. 이 경우 각 호의 사항에 대한 구체적인 내용, 교육시간은 검역본부장이 정하여 고시한다.

1. 동물보호 관련 법령 및 정책에 관한 사항
2. 실험동물의 보호·복지에 관한 사항
3. 실험동물의 사육·관리 및 질병 예방에 관한 사항

4. 그 밖에 실험동물의 건강 및 복지 증진을 위하여 검역본부장이 필요하다고 인정하는 사항

제30조(미성년자 동물 해부실습 금지의 적용 예외) 법 제50조 단서에서 "「초·중등교육법」 제2조에 따른 학교 또는 동물실험시행기관 등이 시행하는 경우 등 농림축산식품부령으로 정하는 경우"란 「초·중등교육법」 제2조에 따른 학교(「영재교육 진흥법」 제2조제4호에 따른 영재학교를 포함하며, 이하 이 조에서 "학교"라 한다) 또는 동물실험시행기관이 시행하는 해부실습으로서 다음 각 호의 어느 하나에 해당하는 경우를 말한다.

1. 학교가 동물 해부실습의 시행에 대해 다른 동물실험시행기관의 윤리위원회(법 제51조제2항에 따라 윤리위원회를 설치하는 것으로 보는 경우 같은 조 제2항 각 호에 따른 공용동물실험윤리위원회 또는 실험동물운영위원회를 말한다)의 심의를 거친 경우
2. 학교가 다음 각 목의 요건을 모두 갖추어 동물 해부실습을 시행하는 경우
   가. 동물 해부실습에 관한 사항을 심의하기 위해 학교에 동물 해부실습 심의위원회(이하 "심의위원회"라 한다)를 둘 것
   나. 심의위원회는 위원장 1명을 포함하여 5명 이상 15명 이하의 위원으로 구성하되, 위원장은 위원 중에서 호선하고, 위원은 다음의 사람 중에서 학교의 장이 임명하거나 위촉할 것
      1) 과학 과목과 관련 있는 교원
      2) 시·도 교육청 소속 공무원 및 그 밖의 교육과정 전문가
      3) 학교의 소재지가 속한 시·도에 거주하는 수의사, 「약사법」 제2조제2호에 따른 약사 또는 「의료법」 제2조제2항제1호부터 제3호까지의 규정에 따른 의사·치과의사·한의사
      4) 학교의 학부모
   다. 학교의 장이 심의위원회의 심의를 거쳐 동물 해부실습의 시행이

타당하다고 인정할 것

라. 심의위원회의 심의 및 운영에 관하여 별표 8의 기준을 준수할 것

3. 동물실험시행기관이 동물 해부실습의 시행에 대해 윤리위원회(법 제51조제2항에 따라 윤리위원회를 설치하는 것으로 보는 경우 같은 조 제2항 각 호에 따른 공용동물실험윤리위원회 또는 실험동물운영위원회를 말한다)의 심의를 거친 경우

제31조(윤리위원회의 설치 등) ① 법 제51조제2항제1호에서 "농림축산식품부령으로 정하는 일정 기준 이하의 동물실험시행기관"이란 다음 각 호의 어느 하나에 해당하는 동물실험시행기관을 말한다.

1. 연구인력 5명 이하인 동물실험시행기관
2. 동물실험시행기관의 장이 동물실험계획의 심의 건수 및 관련 연구 실적 등에 비추어 윤리위원회를 따로 두는 것이 적절하지 않은 것으로 판단하는 동물실험시행기관

② 법 제51조제4항 본문에서 "농림축산식품부령으로 정하는 중요사항에 변경이 있는 경우"란 다음 각 호의 어느 하나의 경우를 말한다.

1. 동물실험 연구책임자를 변경하는 경우
2. 실험동물 종(種)을 추가하거나 변경하는 경우
3. 별표 9에 따른 고통등급을 D 또는 E등급으로 상향하는 경우
4. 그 밖에 승인받은 실험동물 사용 마릿수가 증가하는 경우 등 윤리위원회에서 필요하다고 인정하는 경우

③ 법 제51조제4항 단서에서 "농림축산식품부령으로 정하는 경미한 변경이 있는 경우"란 제2항 각 호를 제외한 실험계획에 변경사항이 발생한 경우를 말한다.

제31조의2(공용동물실험윤리위원회) ① 농림축산식품부장관은 법 제52조제1항에 따른 공용동물실험윤리위원회(이하 "공용윤리위원회"라 한다)를 설치하거나 지정하는 경우에는 다음 각 호의 구분에 따른다.

1. 공용윤리위원회를 설치하는 경우: 농림축산검역본부에 설치할 것
2. 공용윤리위원회를 지정하는 경우: 법 제51조제1항에 따라 동물실험시행기관에 설치된 동물실험윤리위원회 중에서 지정할 것

② 법 제52조제2항제5호에서 "농림축산식품부령으로 정하는 실험"이란 다음 각 호의 실험을 말한다.

1. 법 제51조에 따른 동물실험윤리위원회에 상응하는 기관으로서 외국의 법령에 따라서 동물실험에 대한 정당한 권한을 가진 기관의 허가를 받아 국내에서 실시하는 실험
2. 질병 방역 또는 공중보건상의 이유로 시급히 수행할 필요가 있어 국가 또는 지방자치단체가 직접 수행하거나 위탁하여 실시하는 실험

③ 공용윤리위원회는 위원장 1명을 포함하여 3명 이상의 위원으로 구성하며, 위원의 임기는 2년으로 한다.

④ 공용윤리위원회 위원은 제1항에 따라 공용윤리위원회가 설치되거나 공용윤리위원회로 지정된 기관의 장이 제32조제1항부터 제3항까지의 규정에 따른 윤리위원회 위원 자격에 해당하는 사람 중에서 위촉하고, 위원장은 위원 중에서 호선한다. 이 경우 위원은 제32조제1항 및 제2항에 해당하는 위원을 각각 1명 이상 포함해야 한다.

⑤ 공용윤리위원회의 회의는 다음 각 호의 어느 하나에 해당하는 경우에 위원장이 소집하고, 위원장이 그 의장이 된다.

1. 재적위원 3분의 1이상이 소집을 요구하는 경우
2. 검역본부장 또는 동물실험시행기관의 장이 소집을 요구하는 경우
3. 그 밖에 공용윤리위원회 위원장이 필요하다고 인정하는 경우

⑥ 제1항부터 제5항까지에서 규정한 사항 외에 공용윤리위원회의 구성·운영·기능 등에 필요한 세부 사항은 농림축산식품부장관이 정한다.

제32조(윤리위원회 위원 자격) ① 법 제53조제2항제1호에서 "농림축산식품부령으로 정하는 자격기준에 맞는 사람"이란 다음 각 호의 어느 하나

에 해당하는 사람을 말한다.

1. 동물실험시행기관에서 동물실험 또는 실험동물에 관한 업무에 1년 이상 종사한 수의사
2. 법 제48조에 따른 전임수의사
3. 제2항제2호 또는 제4호에 따른 교육을 이수한 수의사
4. 「수의사법」 제23조에 따른 대한수의사회에서 인정하는 실험동물 전문 수의사

② 법 제53조제2항제2호에서 "농림축산식품부령으로 정하는 자격기준에 맞는 사람"이란 다음 각 호의 어느 하나에 해당하는 사람을 말한다.

1. 동물보호 민간단체에서 동물보호나 동물복지에 관한 업무에 1년 이상 종사한 사람
2. 동물보호 민간단체 또는 「고등교육법」 제2조에 따른 학교에서 실시하는 동물보호·동물복지 또는 동물실험과 관련된 교육을 이수한 사람
3. 「생명윤리 및 안전에 관한 법률」 제7조에 따른 국가생명윤리심의위원회의 위원 또는 같은 법 제10조에 따른 기관생명윤리위원회의 위원으로 1년 이상 활동한 사람
4. 검역본부장이 실시하는 동물보호·동물복지 또는 동물실험에 관련된 교육을 이수한 사람

③ 법 제53조제2항제3호에서 "농림축산식품부령으로 정하는 사람"이란 다음 각 호의 어느 하나에 해당하는 사람을 말한다.

1. 동물실험 분야의 박사학위를 취득한 사람으로서 동물실험 또는 실험동물 관련 업무에 종사한 경력(학위 취득 전의 경력을 포함한다)이 있는 사람
2. 「고등교육법」 제2조에 따른 학교에서 철학·법학 또는 동물보호·동물복지를 담당하는 교수
3. 그 밖에 실험동물의 윤리적 취급과 과학적 이용을 위하여 필요하다고

해당 동물실험시행기관의 장이 인정하는 사람으로서 제2항제2호 또는 제4호에 따른 교육을 이수한 사람

④ 제2항제2호 및 제4호에 따른 동물보호·동물복지 또는 동물실험에 관련된 교육의 내용 및 교육과정의 운영에 필요한 사항은 검역본부장이 정하여 고시할 수 있다.

제33조(윤리위원회의 구성) ① 동물실험시행기관의 장은 윤리위원회를 구성하려는 경우에는 동물보호 민간단체에 법 제53조제2항제2호에 해당하는 위원의 추천을 의뢰해야 한다.

② 제1항의 추천을 의뢰받은 민간단체는 해당 동물실험시행기관의 윤리위원회 위원으로 적합하다고 판단되는 사람 1명 이상을 해당 동물실험시행기관에 추천할 수 있다.

③ 동물실험시행기관의 장은 제2항에 따라 추천받은 사람 중 적임자를 선택하여 법 제53조제2항제1호 및 제3호에 해당하는 위원과 함께 윤리위원회를 구성해야 한다.

④ 동물실험시행기관의 장은 제3항에 따라 윤리위원회가 구성되거나 구성된 윤리위원회에 변경이 발생한 경우 윤리위원회의 구성 또는 변경이 발생한 날부터 30일 이내에 그 사실을 검역본부장에게 통지해야 한다.

제34조(윤리위원회 위원의 이해관계인의 범위) 법 제53조제4항에 따른 해당 동물실험시행기관과 이해관계가 없는 사람은 다음 각 호의 어느 하나에 해당하지 않는 사람으로 한다.

1. 최근 3년 이내 해당 동물실험시행기관에 재직한 경력이 있는 사람과 그 배우자
2. 해당 동물실험시행기관의 임직원 및 그 배우자의 직계혈족, 직계혈족의 배우자 및 형제·자매
3. 해당 동물실험시행기관 총 주식의 100분의 3 이상을 소유한 사람 또는 법인의 임직원

4. 해당 동물실험시행기관에 실험동물이나 관련 기자재를 공급하는 등 사업상 거래관계에 있는 사람 또는 법인의 임직원

5. 해당 동물실험시행기관의 계열회사(「독점규제 및 공정거래에 관한 법률」 제2조제12호에 따른 계열회사를 말한다) 또는 같은 법인에 소속된 임직원

제35조(운영 실적) 동물실험시행기관의 장이 영 제21조제7항에 따라 윤리위원회 운영 및 동물실험의 실태에 관한 사항을 검역본부장에게 통지할 때에는 별지 제18호서식의 동물실험윤리위원회 운영 실적 통보서(전자문서로 된 통보서를 포함한다)에 따른다.

제36조(윤리위원회 위원에 대한 교육) ① 법 제57조제1항에 따라 윤리위원회의 위원은 검역본부장이 실시하거나 다음 각 호의 어느 하나에 해당하는 기관으로서 검역본부장이 고시하는 기관에서 실시하는 교육을 매년 2시간 이상 이수해야 한다.

1. 동물보호 민간단체
2. 「고등교육법」 제2조에 따른 학교
3. 「농업·농촌 및 식품산업 기본법」 제11조의2에 따른 농림수산식품교육문화정보원

② 제1항에 따라 실시하는 교육에는 다음 각 호의 내용이 포함되어야 한다.

1. 동물보호 정책 및 동물실험 윤리 제도
2. 동물 보호·동물복지 이론 및 국제동향
3. 실험동물의 윤리적 취급 및 과학적 이용
4. 윤리위원회의 기능과 역할

③ 그 밖에 제1항 및 제2항에 따른 교육의 내용 및 교육과정의 운영에 필요한 사항은 검역본부장이 정하여 고시한다.

제36조의2(동물복지축산농장의 인증) ① 법 제59조제1항에서 "농림축산식

품부령으로 정하는 동물"이란 다음 각 호의 동물을 말한다.

1. 소
2. 돼지
3. 닭
4. 오리
5. 염소

② 법 제59조제1항 및 제3항에 따른 동물복지축산농장의 인증기준은 별표 9의2와 같다.

③ 법 제59조제2항에 따라 동물복지축산농장의 인증을 받으려는 자는 별지 제18호의2서식의 인증 신청서에 별표 9의2의 비고 제2호에 따라 검역본부장이 정하여 고시하는 가축의 종류별 축산농장 운영 현황에 관한 서류(이하 "가축종류별 축산농장 운영 현황서"라 한다)를 첨부하여 법 제60조제1항에 따른 인증기관(인증기관이 없거나 인증기관이 인증업무를 수행할 수 없는 경우에는 농림축산검역본부를 포함하며, 이하 "인증기관"이라 한다)에 제출해야 한다.

④ 제3항에 따른 신청을 받은 인증기관의 장은 「전자정부법」 제36조제1항에 따른 행정정보의 공동이용을 통하여 다음 각 호의 구분에 따른 서류를 확인해야 한다. 다만, 신청인이 확인에 동의하지 않는 경우에는 그 서류의 사본을 제출하도록 해야 한다.

1. 신청인이 「축산법」 제22조제1항제4호에 따라 가축사육업의 허가를 받은 경우: 가축사육업 허가증
2. 신청인이 「축산법」 제22조제3항에 따라 가축사육업의 등록을 한 경우: 가축사육업 등록증

⑤ 제3항에 따라 신청을 받은 인증기관의 장은 신청일부터 20일 이내에 제출한 서류가 인증심사에 적합한지 여부를 판단하고 그 결과를 신청인에게 통보해야 한다.

⑥ 인증기관은 제3항에 따라 인증 신청을 받은 경우에는 신청을 받은 날부터 2개월 이내에 인증심사를 끝내야 하며, 인증심사가 끝난 경우에는 별지 제18호의3서식의 인증심사 결과보고서를 작성해야 한다.

⑦ 인증기관은 동물복지축산농장의 인증을 신청한 농장이 별표 9의2의 인증기준을 충족하는 경우에는 그 신청인에게 별지 제18호의4서식의 동물복지축산농장 인증서를 발급한 후 별지 제18호의5서식의 동물복지축산농장 인증 관리대장을 작성·관리해야 한다.

⑧ 제1항부터 제7항까지에서 규정한 사항 외에 인증농장의 인증 절차 및 방법 등에 관하여 필요한 세부 사항은 검역본부장이 정하여 고시한다.

제36조의3(동물복지축산농장 인증갱신) ① 법 제59조제3항에 따라 인증을 받은 동물복지축산농장(이하 "인증농장"이라 한다)의 경영자는 같은 조 제5항에 따라 동물복지축산농장 인증의 갱신을 신청하려는 경우에는 별지 제18호의6서식에 따른 인증갱신 신청서에 가축종류별 축산농장 운영현황서를 첨부하여 인증기관에 제출해야 한다.

② 인증기관은 인증농장의 경영자에게 그 유효기간이 끝나기 3개월 전까지 인증갱신 절차 및 갱신 신청 기간을 미리 알려야 한다. 이 경우 통지는 문자메시지, 전자우편, 팩스, 전화 또는 문서 등의 방법으로 할 수 있다.

③ 제1항 및 제2항에서 규정한 사항 외에 인증갱신의 절차에 관하여는 제36조의2제4항부터 제8항까지의 규정을 준용한다.

제36조의4(동물복지축산농장 인증 또는 인증갱신에 대한 재심사) ① 법 제59조제6항에 따라 인증 또는 인증갱신의 심사결과에 대해 재심사를 신청하려는 자는 같은 조 제3항 또는 제5항에 따른 심사 결과를 통지받은 날부터 7일 이내에 별지 제18호의7서식의 재심사 신청서에 재심사 신청 사유를 증명하는 자료를 첨부하여 해당 인증기관에 제출해야 한다.

② 제1항에 따른 재심사 신청을 받은 인증기관은 신청일부터 7일 이내에 재심사 여부를 결정하여 신청인에게 통보해야 한다.

③ 제1항 및 제2항에서 규정한 사항 외에 법 제59조제7항에 따른 재심사의 절차 및 방법 등에 관하여는 제36조의2제6항부터 제8항까지를 준용한다.

제36조의5(인증기관의 지정 등) ① 검역본부장은 법 제60조제1항에 따라 인증기관을 지정한 경우에는 별지 제18호의8서식의 인증기관 지정서를 발급해야 한다.

② 인증기관이 수행하는 인증업무의 범위는 다음 각 호와 같다.

1. 법 제59조제3항에 따른 인증심사
2. 법 제59조제5항에 따른 인증갱신 심사
3. 법 제59조제7항에 따른 인증 또는 인증갱신 심사결과에 대한 재심사
4. 법 제65조제1항에 따른 인증취소
5. 법 제66조제1항에 따른 인증농장에 대한 조사
6. 그 밖에 동물복지축산농장 인증 제도의 운영과 관련하여 검역본부장이 필요하다고 인정하는 업무

③ 검역본부장은 법 제60조제3항에 따라 인증심사업무를 수행하려는 사람에게 다음 각 호의 기준에 따른 교육을 실시해야 한다.

1. 교육 종류
   가. 신규교육: 30시간 이상
   나. 보수교육: 신규교육 또는 직전의 보수교육을 받은 날부터 기산하여 1년이 되는 날이 속하는 연도의 1월 1일부터 12월 31일까지 4시간 이상
2. 교육 내용
   가. 동물복지축산농장 인증 관련 법령과 제도
   나. 인증업무 수행에 필요한 실무
   다. 그 밖에 검역본부장이 필요하다고 인정하는 사항

④ 제1항부터 제3항까지에서 규정한 사항 외에 인증기관의 지정, 인증업

무의 범위, 인증심사업무를 수행하는 자에 대한 교육 등에 필요한 세부 사항은 검역본부장이 정하여 고시한다.

제36조의6(인증기관의 지정취소 기준) 법 제61조제1항에 따른 인증기관의 지정취소 및 업무정지의 세부 기준은 별표 9의3과 같다.

제36조의7(인증농장 및 동물복지축산물의 표시) ① 법 제62조에 따른 인증농장의 표시 기준 및 방법은 별표 9의4와 같다.

② 법 제63조제1항 및 제2항에 따른 동물복지축산물 표시에 관한 기준 및 방법은 별표 9의5와 같다. 다만, 법 제63조제1항제3호 및 제4호에 따른 축산물의 경우에는 최종 제품에 남아 있는 동물복지축산물의 원료 함량이 50퍼센트 이상인 경우에만 별표 9의5 제1호가목에 따른 표시 도형을 사용할 수 있다.

③ 제2항에도 불구하고 동일한 종류의 인증을 받지 않은 원료가 혼합된 경우에는 최종 제품에 남아 있는 동물복지축산물의 원료 함량이 50퍼센트 이상인 경우에도 별표 9의5 제1호가목에 따른 표시 도형을 사용할 수 없다.

제36조의8(농장동물 운송차량 및 도축장) ① 법 제63조제1항제1호나목에서 "농림축산식품부령으로 정하는 운송차량"이란 검역본부장이 별표 9의6에 따른 기준을 충족하였다고 인정한 운송차량을 말한다.

② 법 제63조제1항제1호다목에서 "농림축산식품부령으로 정하는 도축장"이란 검역본부장이 별표 9의6에 따른 기준을 충족하였다고 인정한 도축장을 말한다.

제36조의9(인증농장 인증의 사후관리) 법 제66조제2항에서 "농림축산식품부령으로 정하는 증표"란 별지 제18호의9서식에 따른 증표를 말한다.

제36조의10(동물복지축산물에 대한 부정 표시의 기준) 법 제67조제1항제4호에 따른 동물복지축산물로 잘못 인식할 우려가 있는 유사한 표시는 다음 각 호의 어느 하나에 해당하는 표시를 말한다. 다만, 수입축산물로서

외국 정부 또는 외국 법령상 동물 복지에 관한 정당한 권한을 가진 자의 인증을 받아 표시한 문자 또는 도형은 그러하지 아니하다.

1. "동물복지" 또는 "동물 복지"라는 문구(문구의 일부 또는 전부를 한자로 표기하는 경우를 포함한다)가 포함된 문자 또는 도형
2. "Animal Welfare" 또는 "ANIMAL WELFARE"라는 문구가 포함되거나 해당 문구와 동일한 의미를 지니는 다른 외국어가 포함된 문자 또는 도형
3. 제1호 및 제2호의 문자 또는 도형을 혼용하여 사용한 문자 또는 도형

제36조의11(동물복지축산농장 인증의 지위승계 신고) ① 법 제68조제2항에 따라 동물복지축산농장 인증의 지위승계 신고를 하려는 자는 별지 제18호의10서식의 지위승계 신고서에 다음 각 호의 서류를 첨부하여 인증기관에 제출해야 한다.

1. 동물복지축산농장 인증서
2. 동물복지축산농장 인증의 지위승계 사실을 증명하는 서류
3. 가축종류별 축산농장 운영 현황서

② 제1항에 따라 지위승계 신고서를 제출받은 인증기관의 장은 「전자정부법」 제36조제1항에 따른 행정정보의 공동이용을 통하여 다음 각 호의 구분에 따른 서류를 확인해야 한다. 다만, 신고인이 제1호의 서류의 확인에 동의하지 않는 경우에는 해당 서류의 사본을 제출하도록 해야 한다.

1. 가축사육업 허가증 또는 가축사육업 등록증
2. 토지등기사항증명서
3. 건물등기사항증명서
4. 건축물대장
5. 법인 등기사항증명서(법인인 경우만 해당한다)

③ 인증기관은 법 제68조제2항에 따라 지위승계 신고를 수리한 경우에는 별지 제18호의4서식의 동물복지축산농장 인증서를 신고인에게 발급한 후, 별지 제18호의5서식의 동물복지축산농장 인증 관리대장에 그 사실을

작성·관리해야 한다.

제37조(영업의 허가) ① 법 제69조제1항 각 호의 영업을 하려는 자는 별지 제19호서식의 영업허가신청서(전자문서로 된 신청서를 포함한다)에 다음 각 호의 서류를 첨부하여 관할 특별자치시장·특별자치도지사·시장·군수·구청장에게 제출해야 한다.

1. 영업장의 시설 명세 및 배치도
2. 인력 현황
3. 사업계획서
4. 별표 10의 시설 및 인력 기준을 갖추었음을 증명하는 서류
5. 동물사체의 처리 후 잔재에 대한 처리계획서(동물화장시설, 동물건조장시설 또는 동물수분해장시설을 설치하는 경우만 해당한다)

② 제1항에 따른 신청서를 받은 특별자치시장·특별자치도지사·시장·군수·구청장은 「전자정부법」 제36조제1항에 따른 행정정보의 공동이용을 통하여 다음 각 호의 서류를 확인해야 한다. 다만, 신청인이 주민등록표 초본의 확인에 동의하지 않는 경우에는 해당 서류를 직접 제출하도록 해야 한다.

1. 주민등록표 초본(법인인 경우에는 법인 등기사항증명서를 말한다)
2. 건축물대장 및 토지이용계획정보

③ 특별자치시장·특별자치도지사·시장·군수·구청장은 제1항에 따른 신청인이 법 제74조에 해당되는지를 확인할 수 없는 경우에는 그 신청인에게 제1항 및 제2항의 서류 외에 신원확인에 필요한 자료를 제출하게 할 수 있다.

④ 특별자치시장·특별자치도지사·시장·군수·구청장은 제1항에 따른 허가신청이 별표 10의 시설 및 인력 기준에 적합한 경우에는 신청인에게 별지 제20호서식의 허가증을 발급하고, 별지 제21호서식의 허가(변경허가, 변경신고) 관리대장을 각각 작성·관리해야 한다.

⑤ 제4항에 따라 허가를 받은 자가 허가증을 잃어버리거나 헐어 못 쓰게 되어 재발급을 받으려는 경우에는 별지 제22호서식의 허가증 재발급 신청서(전자문서로 된 신청서를 포함한다)에 기존 허가증을 첨부(등록증을 잃어버린 경우는 제외한다)하여 특별자치시장·특별자치도지사·시장·군수·구청장에게 제출해야 한다.

⑥ 제4항의 허가 관리대장은 전자적 처리가 불가능한 특별한 사유가 없으면 전자적 방법으로 작성·관리해야 한다.

제38조(허가영업의 세부 범위) 법 제69조제2항에 따른 허가영업의 세부 범위는 다음 각 호의 구분에 따른다.

1. 동물생산업: 반려동물을 번식시켜 판매하는 영업
2. 동물수입업: 반려동물을 수입하여 판매하는 영업
3. 동물판매업: 반려동물을 구입하여 판매하거나, 판매를 알선 또는 중개하는 영업
4. 동물장묘업: 다음 각 목 중 어느 하나 이상의 시설을 설치·운영하는 영업
   가. 동물 전용의 장례식장: 동물 사체의 보관, 안치, 염습 등을 하거나 장례의식을 치르는 시설
   나. 동물화장시설: 동물의 사체 또는 유골을 불에 태우는 방법으로 처리하는 시설
   다. 동물건조장시설: 동물의 사체 또는 유골을 건조·멸균분쇄의 방법으로 처리하는 시설
   라. 동물수분해장시설: 동물의 사체를 화학용액을 사용해 녹이고 유골만 수습하는 방법으로 처리하는 시설
   마. 동물 전용의 봉안시설: 동물의 유골 등을 안치·보관하는 시설

제39조(허가영업의 시설 및 인력 기준) 법 제69조제3항에 따른 허가영업의 시설 및 인력 기준은 별표 10과 같다.

제40조(허가사항의 변경 등) ① 법 제69조제4항 본문에 따라 변경허가를 받으려는 자는 별지 제23호서식의 변경허가 신청서(전자문서로 된 신청서를 포함한다)에 다음 각 호의 서류를 첨부하여 특별자치시장·특별자치도지사·시장·군수·구청장에게 제출해야 한다.

1. 허가증
2. 제37조제1항 각 호에 대한 변경사항(제2항 각 호의 사항은 제외한다)

② 법 제69조제4항 단서에서 "농림축산식품부령으로 정하는 경미한 사항"이란 다음 각 호의 사항을 말한다.

1. 영업장의 명칭 또는 상호
2. 영업장 전화번호
3. 오기, 누락 또는 그 밖에 이에 준하는 사유로서 그 변경 사유가 분명한 사항

③ 법 제69조제4항 단서에 따라 경미한 변경사항을 신고하려는 자는 별지 제29호서식의 변경신고서(전자문서로 된 신고서를 포함한다)에 허가증을 첨부하여 특별자치시장·특별자치도지사·시장·군수·구청장에게 제출해야 한다.

④ 제1항에 따른 변경허가신청서 및 제3항에 따른 변경신고서를 받은 특별자치시장·특별자치도지사·시장·군수·구청장은 「전자정부법」 제36조제1항에 따른 행정정보의 공동이용을 통하여 다음 각 호의 서류를 확인해야 한다. 다만, 신고인이 주민등록표 초본의 확인에 동의하지 않는 경우에는 해당 서류를 직접 제출하도록 해야 한다.

1. 주민등록표 초본(법인인 경우에는 법인 등기사항증명서를 말한다)
2. 건축물대장 및 토지이용계획정보

제40조의2(맹견 취급 허가 등) ① 영 제23조의3제1항 각 호 외의 부분에 따른 맹견 취급 허가 신청서 및 맹견 취급 변경허가 신청서는 각각 별지 제23호의2서식 및 별지 제23호의3서식과 같고, 영 제23조의3제2항 후단

에 따른 맹견 취급 허가증은 별지 제23호의4서식과 같다.
② 법 제70조제1항에 따라 맹견의 생산·수입 또는 판매(이하 "취급"이라 한다)에 대하여 허가를 받기 위하여 갖추어야 하는 시설 및 인력 기준은 별표 10의2와 같다.
③ 법 제70조제1항에 따라 맹견 취급 허가 신청서 또는 맹견 취급 변경허가 신청서를 받은 시·도지사는 「전자정부법」 제36조제1항에 따른 행정정보의 공동이용을 통하여 다음 각 호의 서류를 확인해야 한다.
1. 법인 등기사항증명서(법인인 경우에 한정한다)
2. 건축물대장
3. 토지이용계획정보
④ 시·도지사는 영 제23조의3에 따른 맹견 취급 허가 또는 변경허가 신청이 별표 10의2의 기준에 맞는 경우에는 신청인에게 별지 제23호의4서식의 맹견 취급 허가증을 발급한 후, 별지 제23호의5서식의 맹견 취급 허가 관리대장을 작성·관리해야 한다.
⑤ 법 제70조제1항에 따라 맹견 취급 허가를 받은 자가 그 허가증을 잃어버리거나 헐어 못 쓰게 되어 재발급을 받으려는 경우에는 별지 제23호의6서식의 맹견 취급 허가증 재발급 신청서에 기존 허가증을 첨부(허가증을 잃어버린 경우는 제외한다)하여 시·도지사에게 제출해야 한다. 이 경우 시·도지사는 「전자정부법」 제36조제1항에 따른 행정정보의 공동이용을 통하여 다음 각 호의 서류를 확인해야 한다.
1. 법인 등기사항증명서(법인인 경우에 한정한다)
2. 건축물대장
3. 토지이용계획정보
⑥ 법 제70조제1항에 따라 맹견 취급 허가를 받은 자가 같은 조 제3항에 따라 시·도지사에게 신고하려는 경우에는 다음 각 호의 구분에 따른 기간 내에 해야 한다. 이 경우 해당 신고는 동물정보시스템을 통해 할 수

있다.

1. 법 제70조제3항제1호 및 제4호에 해당하는 경우: 해당 사유가 발생한 날이 속한 달의 다음 달 15일까지

2. 법 제70조제3항제2호 및 제3호에 해당하는 경우: 해당 사유가 발생한 날이 속한 달의 다음 달 말일까지

⑦ 제1항부터 제6항까지에서 규정한 사항 외에 맹견 취급 허가에 관한 사항은 농림축산식품부장관이 정하여 고시한다.

제41조(공설동물장묘시설의 특례 등) 법 제71조제1항 후단에 따른 공설동물장묘시설의 시설 및 인력 기준은 별표 10에 따른 동물장묘업의 기준을 준용한다.

제42조(영업의 등록) ① 법 제73조제1항 각 호의 영업을 등록하려는 자는 별지 제24호서식의 영업등록신청서(전자문서로 된 신청서를 포함한다)에 다음 각 호의 서류를 첨부하여 관할 특별자치시장·특별자치도지사·시장·군수·구청장에게 제출해야 한다.

1. 인력 현황
2. 영업장의 시설 명세 및 배치도
3. 사업계획서
4. 별표 11의 시설 및 인력 기준을 갖추었음을 증명하는 서류

② 제1항에 따른 신청서를 받은 특별자치시장·특별자치도지사·시장·군수·구청장은 「전자정부법」 제36조제1항에 따른 행정정보의 공동이용을 통하여 다음 각 호의 서류를 확인해야 한다. 다만, 신청인이 주민등록표 초본 및 자동차등록증의 확인에 동의하지 않는 경우에는 해당 서류를 직접 제출하도록 해야 한다.

1. 주민등록표 초본(법인인 경우에는 법인 등기사항증명서를 말한다)
2. 건축물대장 및 토지이용계획정보(자동차를 이용한 동물미용업 또는 동물운송업의 경우는 제외한다)

3. 자동차등록증(자동차를 이용한 동물미용업 또는 동물운송업의 경우에만 해당한다)

③ 특별자치시장·특별자치도지사·시장·군수·구청장은 제1항에 따른 신청인이 법 제74조에 해당되는지를 확인할 수 없는 경우에는 그 신청인에게 제2항 또는 제3항의 서류 외에 신원확인에 필요한 자료를 제출하게 할 수 있다.

④ 특별자치시장·특별자치도지사·시장·군수·구청장은 제1항에 따른 등록 신청이 별표 11의 기준에 맞는 경우에는 신청인에게 별지 제25호서식의 등록증을 발급하고, 별지 제26호서식의 등록(변경등록, 변경신고) 관리대장을 각각 작성·관리해야 한다.

⑤ 제4항에 따라 등록을 한 영업자가 등록증을 잃어버리거나 헐어 못 쓰게 되어 재발급을 받으려는 경우에는 별지 제27호서식의 등록증 재발급신청서(전자문서로 된 신청서를 포함한다)에 기존 등록증을 첨부(등록증을 잃어버린 경우는 제외한다)하여 특별자치시장·특별자치도지사·시장·군수·구청장에게 제출해야 한다.

⑥ 제4항의 등록 관리대장은 전자적 처리가 불가능한 특별한 사유가 없으면 전자적 방법으로 작성·관리해야 한다.

제43조(등록영업의 세부 범위) 법 제73조제2항에 따른 등록영업의 세부 범위는 다음 각 호의 구분에 따른다.

1. 동물전시업: 반려동물을 보여주거나 접촉하게 할 목적으로 영업자 소유의 동물을 5마리 이상 전시하는 영업. 다만, 「동물원 및 수족관의 관리에 관한 법률」 제2조제1호에 따른 동물원은 제외한다.
2. 동물위탁관리업: 반려동물 소유자의 위탁을 받아 반려동물을 영업장 내에서 일시적으로 사육, 훈련 또는 보호하는 영업
3. 동물미용업 : 반려동물의 털, 피부 또는 발톱 등을 손질하거나 위생적으로 관리하는 영업

4. 동물운송업: 「자동차관리법」 제2조제1호의 자동차를 이용하여 반려동물을 운송하는 영업

제44조(등록영업의 시설 및 인력 기준) 법 제73조제3항에 따른 동록영업의 시설 및 인력 기준은 별표 11과 같다.

제45조(등록영업의 변경 등) ① 법 제73조제4항 본문에 따라 변경등록을 하려는 자는 별지 제28호서식의 변경등록 신청서(전자문서로 된 신청서를 포함한다)에 다음 각 호의 서류를 첨부하여 특별자치시장·특별자치도지사·시장·군수·구청장에게 제출해야 한다.

1. 등록증
2. 제42조제1항 각 호에 대한 변경사항(제2항 각 호의 사항은 제외한다)

② 법 제73조제4항 단서에서 “농림축산식품부령으로 정하는 경미한 사항”이란 다음 각 호의 사항을 말한다.

1. 영업장의 명칭 또는 상호
2. 영업장 전화번호
3. 오기, 누락 또는 그 밖에 이에 준하는 사유로서 그 변경 사유가 분명한 사항

③ 법 제73조제4항 단서에 따라 영업의 등록사항 변경신고를 하려는 자는 별지 제29호서식의 변경신고서(전자문서로 된 신고서를 포함한다)에 등록증을 첨부하여 특별자치시장·특별자치도지사·시장·군수·구청장에게 제출해야 한다.

④ 제1항에 따른 변경등록신청서 및 제3항에 따른 변경신고서를 받은 특별자치시장·특별자치도지사·시장·군수·구청장은 「전자정부법」 제36조제1항에 따른 행정정보의 공동이용을 통하여 다음 각 호의 서류를 확인해야 한다. 다만, 신고인이 주민등록표 초본 및 자동차등록증의 확인에 동의하지 않는 경우에는 해당 서류를 직접 제출하도록 해야 한다.

1. 주민등록표 초본(법인인 경우에는 법인 등기사항증명서를 말한다)

2. 건축물대장 및 토지이용계획정보(자동차를 이용한 동물미용업 또는 동물운송업의 경우는 제외한다)
3. 자동차등록증(자동차를 이용한 동물미용업 또는 동물운송업의 경우에만 해당한다)

제46조(영업자의 지위승계 신고) ① 법 제75조제3항에 따라 영업자의 지위승계 신고를 하려는 자는 별지 제30호서식의 영업자 지위승계 신고서(전자문서로 된 신고서를 포함한다)에 다음 각 호의 구분에 따른 서류를 첨부하여 등록 또는 허가를 한 특별자치시장·특별자치도지사·시장·군수·구청장에게 제출해야 한다.

1. 양도·양수의 경우
   가. 양도·양수 계약서 사본 등 양도·양수 사실을 확인할 수 있는 서류
   나. 양도인의 인감증명서, 「본인서명사실 확인 등에 관한 법률」 제2조제3호에 따른 본인서명사실확인서 또는 같은 법 제7조제7항에 따른 전자본인서명확인서 발급증(양도인이 방문하여 본인확인을 하는 경우에는 제출하지 않을 수 있다)
2. 상속의 경우: 「가족관계의 등록 등에 관한 법률」 제15조제1항제1호에 따른 가족관계증명서와 상속 사실을 확인할 수 있는 서류
3. 제1호와 제2호 외의 경우: 해당 사유별로 영업자의 지위를 승계하였음을 증명할 수 있는 서류

② 제1항에 따른 신고서를 받은 특별자치시장·특별자치도지사·시장·군수·구청장은 영업양도의 경우 「전자정부법」 제36조제1항에 따른 행정정보의 공동이용을 통하여 다음 각 호의 서류를 확인해야 한다. 다만, 신고인이 주민등록표 초본의 확인에 동의하지 않는 경우에는 해당 서류를 직접 제출하도록 해야 한다.

1. 양도·양수를 증명할 수 있는 주민등록표 초본(법인인 경우에는 법인 등기사항증명서를 말한다)

2. 토지 등기사항증명서, 건물 등기사항증명서 또는 건축물대장

③ 제1항에 따라 지위승계신고를 하려는 자가 「부가가치세법」 제8조제8항에 따른 폐업신고를 같이 하려는 경우에는 제1항에 따른 지위승계 신고서를 제출할 때에 「부가가치세법 시행규칙」 별지 제9호서식의 폐업신고서를 첨부하여 관할 특별자치시장·특별자치도지사·시장·군수·구청장에게 제출해야 한다. 이 경우 관할 특별자치시장·특별자치도지사·시장·군수·구청장은 함께 제출받은 폐업신고서를 지체 없이 관할 세무서장에게 송부(정보통신망을 이용한 송부를 포함한다)해야 한다.

④ 특별자치시장·특별자치도지사·시장·군수·구청장은 제1항에 따른 신고인이 법 제74조에 해당되는지를 확인할 수 없는 경우에는 그 신고인에게 제1항 및 제2항 각 호의 서류 외에 신원확인에 필요한 자료를 제출하게 할 수 있다.

⑤ 제1항에 따라 영업자의 지위승계를 신고하는 자가 제40조제2항제1호 또는 제45조제2항제1호에 따른 영업장의 명칭 또는 상호를 변경하려는 경우에는 이를 함께 신고할 수 있다.

⑥ 특별자치시장·특별자치도지사·시장·군수·구청장은 제1항의 신고를 받았을 때에는 신고인에게 별지 제20호서식의 허가증 또는 별지 제25호서식의 등록증을 재발급해야 한다.

제47조(휴업 등의 신고) ① 법 제76조제1항에 따라 영업의 휴업·폐업 또는 재개업 신고를 하려는 자는 별지 제31호서식의 휴업(폐업·재개업) 신고서(전자문서로 된 신고서를 포함한다)에 허가증(등록증) 원본(폐업신고의 경우만 해당하며 분실한 경우는 제외한다)과 동물처리계획서(동물장묘업자는 제외한다)를 첨부하여 관할 특별자치시장·특별자치도지사·시장·군수·구청장에게 제출해야 한다. 다만, 휴업의 기간을 정하여 신고하는 경우 그 기간이 만료되어 재개업을 할 때에는 신고하지 않을 수 있다.

② 제1항에 따라 폐업신고를 하려는 자가 「부가가치세법」 제8조제8항에

따른 폐업신고를 같이 하려는 경우에는 제1항에 따른 폐업신고서에 「부가가치세법 시행규칙」 별지 제9호서식의 폐업신고서를 함께 제출하거나 「민원처리에 관한 법률 시행령」 제12조제10항에 따른 통합 폐업신고서를 제출해야 한다. 이 경우 관할 특별자치시장·특별자치도지사·시장·군수·구청장은 함께 제출받은 폐업신고서 또는 통합 폐업신고서를 지체 없이 관할 세무서장에게 송부(정보통신망을 이용한 송부를 포함한다. 이하 이 조에서 같다)해야 한다.

③ 관할 세무서장이 「부가가치세법 시행령」 제13조제5항에 따라 제1항에 따른 폐업신고를 받아 이를 관할 특별자치시장·특별자치도지사·시장·군수·구청장에게 송부한 경우에는 제1항에 따른 폐업신고서가 제출된 것으로 본다.

④ 법 제76조제2항에 따라 휴업 또는 폐업의 신고를 하려는 영업자가 특별자치시장·특별자치도지사·시장·군수·구청장에게 제출해야 하는 동물처리계획서는 별지 제32호서식과 같다.

제48조(직권말소) ① 특별자치시장·특별자치도지사·시장·군수·구청장이 법 제77조제1항에 따라 영업 허가 또는 등록사항을 직권으로 말소하려는 경우에는 다음 각 호의 사항을 확인해야 한다.

1. 임대차계약의 종료 여부
2. 영업장의 사육시설·설비 등의 철거 여부
3. 관할 세무서에의 폐업신고 등 영업의 폐지 여부
4. 영업장 내 동물의 보유 여부

② 특별자치시장·특별자치도지사·시장·군수·구청장은 제1항에 따라 직권으로 허가 또는 등록사항을 말소하려는 경우에는 미리 영업자에게 통지해야 하며, 해당 기관 게시판과 인터넷 홈페이지에 20일 이상 예고해야 한다.

제49조(영업자의 준수사항) 법 제78조제6항에 따른 영업자(법인인 경우에는 그 대표자를 포함한다)의 준수사항은 별표 12와 같다.

제50조(거래내역의 신고) 법 제80조제1항에 따라 동물생산업자, 동물수입업자 및 동물판매업자는 매월 1일부터 말일까지 취급한 등록대상동물의 거래내역을 다음 달 10일까지 특별자치시장·특별자치도지사·시장·군수·구청장에게 별지 제33호서식에 따라 신고(동물정보시스템을 통한 방식을 포함한다)해야 한다.

제51조(영업자 교육) ① 법 제82조제1항부터 제3항까지 및 제5항의 규정에 따른 교육의 종류, 교육 시기 및 교육시간은 다음 각 호의 구분에 따른다.

1. 영업 신청 전 교육: 영업허가 신청일 또는 등록 신청일 이전 1년 이내 3시간. 다만, 법 제70조제1항에 따른 맹견 취급 허가를 추가로 받으려는 경우에는 맹견 취급 허가 신청일 이전 1년 이내에 4시간을 받아야 한다.
2. 영업자 정기교육: 영업 허가 또는 등록을 받은 날부터 기산하여 1년이 되는 날이 속하는 해의 1월 1일부터 12월 31일까지의 기간 중 매년 3시간. 다만, 법 제70조제1항에 따른 맹견 취급 허가를 받은 영업자의 경우에는 맹견 취급 허가를 받은 해의 다음 해부터는 4시간의 정기교육을 받아야 한다.
3. 영업정지처분에 따른 추가교육: 영업정지처분을 받은 날부터 6개월 이내 3시간

② 법 제82조에 따른 교육에는 다음 각 호의 내용이 포함되어야 한다. 다만, 교육대상 영업자 중 두 가지 이상의 영업을 하는 자에 대해서는 다음 각 호의 교육내용 중 중복된 사항을 제외할 수 있다.

1. 동물보호 관련 법령 및 정책에 관한 사항
2. 동물의 보호·복지에 관한 사항
3. 동물의 사육·관리 및 질병예방에 관한 사항
4. 영업자 준수사항에 관한 사항
5. 맹견의 안전관리 및 사고 방지에 관한 사항(법 제70조제1항에 따른 맹견 취급 허가를 받은 영업자만 해당한다)

③ 법 제82조에 따른 교육은 다음 각 호의 어느 하나에 해당하는 법인 또는 단체로서 농림축산식품부장관이 고시하는 법인·단체에서 실시한다.
1. 동물보호 민간단체
2. 「농업·농촌 및 식품산업 기본법」 제11조의2에 따른 농림수산식품교육문화정보원

제52조(행정처분의 기준) ① 법 제83조에 따른 영업자에 대한 허가 또는 등록의 취소, 영업의 전부 또는 일부의 정지에 관한 행정처분기준은 별표 13과 같다.

② 특별자치시장·특별자치도지사·시장·군수·구청장이 제1항에 따른 행정처분을 하였을 때에는 별지 제34호서식의 행정처분 및 청문 대장에 그 내용을 기록하고 유지·관리해야 한다.

③ 제2항의 행정처분 및 청문 대장은 전자적 처리가 불가능한 특별한 사유가 없으면 전자적 방법으로 작성·관리해야 한다.

제53조(영업장의 폐쇄) 법 제85조제1항에 따라 영업장을 폐쇄하는 관계 공무원은 그 권한을 표시하는 증표를 지니고 이를 관계인에게 보여주어야 한다.

제54조(시정명령) 법 제86조제1항제3호에서 "동물에 대한 위해 방지 조치의 이행 등 농림축산식품부령으로 정하는 시정명령"이란 다음 각 호의 어느 하나에 해당하는 명령을 말한다.
1. 동물에 대한 학대행위의 중지
2. 동물에 대한 위해 방지 조치의 이행
3. 공중위생 및 사람의 신체·생명·재산에 대한 위해 방지 조치의 이행
4. 질병에 걸리거나 부상당한 동물에 대한 신속한 치료

제55조(동물보호관의 증표) 법 제88조제3항에 따른 동물보호관의 증표는 별지 제35호서식과 같다.

제56조(등록 등의 수수료) 법 제91조에 따른 수수료는 별표 14와 같다. 이

경우 수수료는 정부수입인지, 해당 지방자치단체의 수입증지, 현금, 계좌이체, 신용카드, 직불카드 또는 정보통신망을 이용한 전자화폐·전자결제 등의 방법으로 내야 한다.

제57조(규제의 재검토) ① 농림축산식품부장관은 다음 각 호의 사항에 대하여 2023년 1월 1일을 기준으로 3년마다(매 3년이 되는 해의 기준일과 같은 날 전까지를 말한다) 그 타당성을 검토하여 개선 등의 조치를 해야 한다.

1. 제7조에 따른 동물운송자의 범위
2. 제8조에 따른 동물의 도살방법
3. 제20조 및 별표 5에 따른 동물보호센터의 준수사항
4. 제31조에 따른 윤리위원회의 설치 등
5. 제32조에 따른 윤리위원회 위원 자격
6. 제33조에 따른 윤리위원회의 구성 절차
7. 제35조 및 별지 제18호서식의 동물실험윤리위원회 운영 실적 통보서의 기재사항
8. 제39조, 제44조, 별표 10 및 별표 11에 따른 시설 기준
9. 제40조에 따른 변경허가·변경신고 대상 및 절차
10. 제45조에 따른 변경등록·변경신고 대상 및 절차
11. 제49조 및 별표 12에 따른 영업자의 준수사항

② 농림축산식품부장관은 제9조에 따른 동물등록 제외지역의 기준에 대하여 2023년 1월 1일을 기준으로 5년마다(매 5년이 되는 해의 기준일과 같은 날 전까지를 말한다) 그 타당성을 검토하여 개선 등의 조치를 해야 한다.

③ 농림축산식품부장관은 다음 각 호의 사항에 대하여 2024년 4월 27을 기준으로 3년마다(매 3년이 되는 해의 기준일과 같은 날 전까지를 말한다) 그 타당성을 검토하여 개선 등의 조치를 해야 한다.

1. 제12조의4제1항에 따른 교육이수 또는 훈련 명령의 내용 및 시간
2. 제12조의6에 따른 맹견사육허가를 받은 사람에 대한 교육의 내용 및 시간
3. 별표 10의2에 따른 맹견 취급을 위한 시설 및 인력기준

※ 별표 및 서식 생략

동물보호센터 운영 지침

[시행 2022.1.1.] [농림축산식품부고시 제2021-89호, 2021.12.8., 일부개정]

제1장 총칙

제1조(목적) 이 지침은 「동물보호법」 제14조 및 제15조에서 규정하고 있는 동물의 구조·보호 및 동물보호센터 운영에 관하여 필요한 사항을 정함을 목적으로 한다.

제2조(적용대상) 이 지침은 「동물보호법」(이하 "법"이라 한다) 제15조 제1항에 따라 설치되거나 제4항에 따라 지정된 동물보호센터(이하 "센터"라 한다)를 대상으로 한다.

제3조(보호조치 동물의 범위) 센터에서 보호 조치하는 동물의 범위는 다음 각 호와 같다.

1. 도로·공원 등의 공공장소에서 소유자 등이 없이 배회하거나 종이상자 등에 담겨져 내버려진 동물(이하 "유실·유기동물"이라 한다) 및 「동물보호법 시행규칙」(이하 "규칙"이라 한다) 제13조에 따른 고양이 중 구조 신고된 고양이로 다치거나 어미로부터 분리되어 스스로 살아가기 힘들다고 판단되는 3개월령 이하의 고양이. 다만, 센터에 입소한 고양

이 중 스스로 살아갈 수 있는 고양이로 판단될 경우 즉시 구조한 장소에 방사하여야 한다.

2. 법 제8조 제2항에 따른 학대를 받은 동물(이하 "피학대 동물"이라 한다) 중 소유자를 알 수 없는 동물
3. 소유자로부터 법 제8조 제2항에 따른 학대를 받아 적정하게 치료·보호받을 수 없다고 판단되는 동물

제2장 동물보호센터의 운영 및 관리

제4조(조직 및 인력) ① 센터의 장은 유실·유기동물의 구조·보호, 질병관리, 반환·분양 등의 업무를 연속적으로 수행하기 위하여 적절한 인력을 배치하여야 한다.

② 센터의 장은 센터 운영자, 수의사, 사무직 종사자, 유실·유기동물의 구조원, 보호·관리업무 담당자 등을 고용하여야 하며, 센터의 규모 및 업무 비중에 따라서 탄력적으로 인력을 배치할 수 있다.

③ 제2항에 따른 센터 종사자의 업무범위는 다음 각 호와 같다. 이 외의 업무에 대하여는 센터 운영자가 담당자를 지정하여 업무를 처리하게 할 수 있다.

1. 센터 운영자: 센터의 총괄운영, 관리
2. 수의사: 질병 예찰·치료·관리, 교육, 인도적 처리 등
3. 사무직 종사자: 센터의 세부운영, 예·결산, 규칙 제17조에 따른 센터 운영위원회 관리 등
4. 유실·유기동물 구조원: 구조차량 및 장비를 이용한 유실·유기동물의 포획·구조·응급조치·운송 업무
5. 보호·관리업무 담당자: 센터 내 보호동물에 대한 사료·물 등의 급여 및 위생·관리 업무

6. 반환·분양업무담당자: 센터 내 보호조치 중인 동물의 반환·분양업무 및 동물보호관리시스템(APMS, 이하 "시스템"이라 한다) 관리 업무

제5조(시설기준) 센터의 시설은 규칙 제15조 제1항에 따른 별표4의 기준을 충족하여야 한다.

제6조(예산 및 결산) ① 센터의 장은 인건비, 일반운영비(전기·수도요금, 냉난방비, 물품비, 시설유지비 등), 보호관리비(약제비, 사료비, 사체처리비 등) 등을 필수항목으로 하는 별지 제1호서식의 예산서 및 결산서를 작성하여 생산한 다음 연도부터 3년간 보관하고, 매 회계연도 종료 후 다음해 1월말까지 결산서를 지방자치단체장에게 제출하여야 한다. (이하 모든 서식 서류는 생산한 다음 연도부터 3년간 보관하여야 한다)

제7조(운영위원회 운영 등) 전년도 기준 유실·유기동물 처리 마릿수가 1천마리 이상인 센터는 규칙 제17조, 제18조에 따라 운영위원회를 설치·운영하여야 한다.

제8조(자원봉사자 관리) ① 센터에서 자원봉사를 하고자 하는 자는 사전에 일정, 봉사활동 내용 등에 대하여 센터의 장의 승인을 받아야 한다.

② 센터의 장은 자원봉사 희망자가 있는 경우 주 1회 이상 승인하되, 시설의 규모를 고려하여 자원봉사자 수를 정해 승인할 수 있다. 다만, 센터 내 전염병 확산 방지 등의 사유가 있는 경우에는 지방자치단체 장의 승인을 받아 자원봉사자의 출입을 제한할 수 있다.

③ 봉사활동 시간은 센터의 운영시간에 한하며, 자원봉사자의 승인범위를 벗어난 행동으로 인하여 센터의 운영에 피해가 예상되는 경우, 센터의 장은 해당 자원봉사자의 봉사활동을 중지시키고 이후 출입을 제한할 수 있다.

④ 센터의 장은 자원봉사자에게 별지 제2호서식의 봉사활동 확인서를 발급하고 별지 제3호서식의 자원봉사자 관리대장을 작성·관리하여야 한다.

제3장 동물의 포획·구조 및 운송

제9조(동물의 포획·구조 방법) ① 구조 신고 또는 자체활동을 통해 유실·유기동물을 발견한 경우, 관찰을 통해 동물의 이상여부를 확인하고 동물의 고통 및 스트레스가 가장 적은 방법으로 포획·구조하여야 한다.

② 사람을 기피하거나 인명에 위해가 우려되는 경우, 위험지역에서 동물을 구조하는 경우에는 수의사가 처방한 약물을 주입한 바람총(blow gun) 등 장비를 사용할 수 있으며, 장비를 사용할 경우 근육이 많은 부위를 조준하여 발사하여야 한다.

③ 단순 생포 시에는 동물이 도망갈 수 있는 경로를 차단하여야 하며 인근주민 등에 피해가 없도록 하여야 한다.

④ 작업을 완료한 경우, 구조원은 포획·구조 장소, 동물의 품종·성별·상태, 신고자 및 인계자의 인적사항 등을 기록하여야 하며, 동물이 상해를 입은 경우에는 응급조치 등 필요한 조치를 취하여야 한다.

제10조(운송) ① 센터는 유실·유기동물을 적절하게 운송할 수 있는 차량 등 운송수단을 확보하여야 한다. 다만, 동물을 운송하지 않는 경우에는 적용하지 아니한다.

② 동물을 운송하는 차량의 운전자는 운송 과정에서 동물이 받는 스트레스를 최소화하기 위하여 다음 각 호의 사항을 준수하여야 한다.

1. 직사광선 및 비바람을 피할 수 있는 설비를 갖출 것 <전문개정>
2. 이동 중 갑작스러운 출발이나 제동 등으로 동물이 상해를 입지 않도록 예방할 수 있는 설비를 갖출 것
3. 케이지를 사용할 경우 타월이나 패드 등을 바닥에 깔 것 <종전의 제2호에서 이동>
4. 운송 전·후 장비의 청소 및 소독을 실시할 것 <종전의 제3호에서 이동>

5. 동물의 안정을 위해 천 등을 이용하여 가려줄 것
6. 상해를 입어 응급조치가 필요한 경우 곧바로 동물병원으로 이송할 것

제4장 동물의 보호조치

제11조(센터 입소 절차) ① 센터의 운영자는 유실·유기동물 입소 시 다음 각 호의 순서대로 조치를 하여야 한다.

1. 무선개체식별장치, 인식표 등 소유자 정보를 확인할 수 있는 표지를 확인할 것
2. 입소 후 바로 건강상태를 확인하여 응급치료가 필요한 경우 필요한 치료를 하여야 하며, 파보, 디스템퍼, 브루셀라, 심장사상충 감염 등 건강검진을 실시할 것. 다만, 수의사의 판단에 따라 검진항목을 생략하거나 추가할 수 있다.
3. 개체별로 규칙 별지 제7호서식의 보호동물 개체관리카드(시스템)(이하 "개체관리카드"라 한다)를 작성할 것
4. 동물의 종류, 품종, 나이, 성별, 체중, 특징, 건강상태 등에 따라 분리하여 수용할 것

② 제1항 제4호에 따라 분리 수용할 때에는 다음 각 호의 개체 또는 개체군의 경우 별도 공간을 제공하여야 한다.

1. 어린 개체, 임신·분만 개체
2. 소유자가 확인되는 등의 사유로 즉시 이동 예정인 개체
3. 상해를 입는 등 비전염성 질환으로 건강상태가 악화된 개체
4. 전염성 질환에 감염되어 다른 개체에 전파할 우려가 있는 개체
5. 공격성이 심한 개체 등 센터 운영자의 판단에 따라 격리하여 보호할 필요성이 인정되는 개체

제12조(위생관리) ① 개체의 털에 묻은 이물에 의한 기생충 등의 감염을 막기 위하여 필요한 경우 개체 분류 후 격리실로 이동하여 목욕을 실시할

수 있다.

② 센터 내에서는 위생복, 고무장화, 고무장갑 등 개인 위생장비를 갖추어 소독제 등에 대한 자극을 최소화하여야 한다.

③ 동물수용시설을 일 1회 이상 청소 및 소독을 실시하여야 하며, 청소 및 소독을 실시할 때는 보호조치 중인 동물이 소독제 등에 노출되는 것을 최소화하여야 한다.

④ 세정제를 사용하여 유기물을 최대한 씻어내는 등 청소를 실시한 후 소독을 하여야 하며, 소독용 발판을 동선에 따라 설치·관리하여야 한다.

⑤ 전염병 발생 등 센터 상황에 따라 적절한 소독제를 사용하여야 한다.

⑥ 보호조치 중인 동물과 사람에게 부작용이 적은 소독제를 사용하여야 한다.

제13조(사료 및 물 제공) ① 보호조치 중인 동물의 사료는 개별 급여를 원칙으로 한다.

② 센터 운영자는 별표 1의 사료급여기준을 참고하여 사료를 개체별 용기에 1일 1회 이상, 제공하여야 한다. 다만, 개체별 특성을 고려하여 횟수를 조정할 수 있다. <종전의 제1항에서 이동>

③ 보호조치 중인 동물이 언제든지 음수가 가능하도록 하여야 하며, 먹는 물은 일 1회 이상 교체하여야 한다. 다만, 건강상태 등 개체별 상황을 고려하여 급수를 제한할 수 있다. <종전의 제2항에서 이동>

제5장 질병 관리

제14조(예방접종 및 구충) ① 센터 운영자는 보호조치 대상 동물을 수의사의 검진과 판단에 따라 필요한 접종을 실시하고 구충제를 투약하여야 한다.

② 6주령 이상인 개의 경우에는 다음 각 호의 예방접종을 실시할 수 있다.

1. 광견병(Rabis)
2. Distemper(CDV)

3. Adenovirus－2(CAV－2/hepatitis)

4. Pavovirus(CPV)

5. Parainfluenza(CPIV)

6. Leptospira

③ 제3조 제1호에 따라 입소한 고양이가 필요한 치료 후 회복하였거나 어미로부터 분리되어 스스로 살아갈 수 있다고 판단된 경우에는 다음 각 호의 예방접종을 실시하여 포획장소에 방사할 수 있다. ＜전문개정＞

1. Rabies
2. Rhinotracheitis
3. Calicivirus
4. Panleukopenia

제15조(건강상태 예찰) ① 센터 운영자는 보호조치 중인 동물의 건강상태 확인을 위하여 일 1회 이상 예찰을 실시하고 기록하여야 한다.

② 예찰은 수의사의 책임 하에 실시하여야 하며, 수의사 또는 수의사의 지시를 받은 센터 종사자가 실시하도록 한다.

제16조(치료우선 순위) 센터 운영자는 단기간의 간단한 치료로 건강상태의 회복이 가능한 개체 중 분양이 가능할 것으로 판단되는 개체에 대하여 우선적으로 치료할 수 있다.

제17조(인수공통전염병 예방) ① 인수공통전염병을 예방하기 위하여 센터 운영자 등 종사자는 다음 각 호의 사항을 준수하여야 한다.

1. 개체와 분변 등을 관리한 후 손을 자주 씻을 것
2. 전염성 질병에 감염된 것으로 진단받은 개체는 즉시 격리조치할 것
3. 보정용 글러브, 그물 등의 보호장비를 사용할 것
4. 사용한 가운, 케이지, 마스크 등을 자주 세척·소독할 것
5. 질병매개체인 해충을 구제(驅除)하고, 청소·소독을 철저히 할 것
6. 인수공통전염병 감염 의심 개체에 의해 종사자가 상해를 입은 경우 신

속하게 응급조치 후 병원에서 치료 받을 것

7. 파상풍 예방접종이나 결핵, 브루셀라 등 감염여부를 포함한 건강검진은 센터 장이 필요하다고 판단할 경우 실시할 것

② 센터 운영자는 인수공통전염병 예방을 위하여 방문자 사전예약, 방문기록대장 관리 및 제1항의 내용을 근무처에 게시하고 직원, 일반인, 자원봉사자 등에게 교육하여야 한다.

③ 센터 운영자는 보호조치 중인 동물이 인수공통전염병 감염 동물로 의심되는 경우 지체없이 해당 지방자치단체장에게 보고하고 필요한 조치를 취하여야 한다.

제6장 동물의 반환 및 분양

제18조(동물의 반환) ① 센터 운영자는 제11조 제1항 제1호에 따라 유실·유기동물의 소유자를 알 수 있는 경우, 확인 즉시 소유자에게 연락하여 동물을 반환할 수 있도록 조치하여야 한다.

② 반환되는 동물이 법 제12조에 따른 동물임에도 불구하고 등록하지 않은 경우에는 동물등록 제도를 소유자에게 안내하고, 관련 사항을 해당 지방자치단체에 통보하여 과태료 부과 및 동물등록을 하도록 하여야 한다.

③ 센터 운영자는 보호동물 반환 시 소유자임을 증명할 수 있는 사진이나 기록, 해당 동물의 반응 등을 참고하여 반환하도록 하며, 재분실되지 않도록 교육을 실시하여야 한다.

④ 반환할 때에는 신분증 대조 등을 통해 소유자의 신분을 확인하고, 별지 제4호서식의 반환확인서를 징구하여야 한다.

⑤ 제3조 제3호에 해당하는 동물의 소유자가 반환을 요구할 때에는 보호비용을 청구할 수 있다.

제19조(동물의 분양 절차 및 사후관리) ① 센터의 운영자는 법 제20조에 따라 보호조치 중인 동물을 분양할 수 있으며, 최대한 분양되도록 노력하여야

한다.

② 센터의 운영자는 다음 각 호의 절차에 따라 동물을 분양하여야 한다.

1. 보호조치 중인 동물의 입양을 희망하는 자(이하 “입양희망자”라 한다)의 신분 확인
2. 입양희망자에 대하여 별지 제5호서식의 입양설문지 및 별지 제6호서식의 입양신청서, 별지 제7호서식의 입양확인서 작성
3. 입양 희망동물을 적절하게 사육·관리할 수 있는지 평가하고, 입양희망자에게 적합한 동물을 추천
4. 동물의 건강상태·특성에 대해 설명, 목줄 사용, 인식표 부착 외출 등 안전조치에 대한 교육을 실시
5. 등록대상동물의 경우 내장형으로 등록한 후 분양
6. 분양 시, 중성화 수술에 동의하는 자에게 우선 분양하여야 하며, 중성화 수술에 동의하지 않고 입양하는 자에게 중성화 수술 등을 권고할 수 있다.
7. 1인당 3마리를 초과하여 분양할 수 없으며, 1차 분양 후 사육환경 및 사후관리에 관한 정보를 제공하지 않는 입양자에게는 분양을 제한할 수 있다.
8. 「동물보호법 시행령」 제5조에 따른 단체에 동물을 기증할 경우, 개체관리카드(시스템)을 통해 보호관리 및 입양 여부 등을 사후 관리하여야 한다.

③ 센터의 운영자는 입양희망자가 다음 각 호의 어느 하나에 해당하는 경우 분양하지 않아야 한다.

1. 법 제8조를 위반하여 동물학대 범죄이력이 있는 자
2. 식용목적의 개사육장 운영자
3. 소유의 의사로 관리할 수 없는 정도의 동물을 키우는 자
4. 법 제32조 제1항 각 호에 따른 반려동물 영업자

④ 센터의 운영자는 시스템을 통하여 입양희망자의 현재 동물등록 마릿수를 확인하고, 규칙 제4조 제5항 별표 1의2에 따른 반려동물 사육·관리의무 준수여부를 고려하여 추가 입양이 가능한지를 판단하여 분양하여야 한다.

⑤ 센터의 운영자는 분양 시 재 유기되지 않도록 교육을 실시하고, 분양 후 1년간 2회 이상 전화, 이메일 또는 방문을 통하여 사후관리를 하여야 한다. <종전의 제4항에서 이동>

⑥ 센터의 운영자는 분양받은 자가 분양 준수사항(별지 제7호서식)을 위반하였을 경우 재분양을 금지할 수 있으며, 법 위반사항에 대해서는 관할 지자체에 통보하여 법 제46조 및 제47조에 따라 과태료 부과, 고발 등의 조치를 할 수 있도록 하여야 한다. <종전의 제5항에서 이동>

제7장 동물의 인도적인 처리

제20조(인도적인 처리 대상 동물의 선정) ① 법 제20조에 해당하는 동물을 법 제22조에 따라 인도적인 처리를 할 때에는 수의사를 포함하여 2인 이상이 참여하여 대상동물을 결정하여야 한다.

② 인도적인 처리 대상 동물은 다음 각 호에 의해 선정하여야 한다.

1. 중증 질환 및 상해로 인해 건강회복이 불가능할 것으로 진단된 개체
2. 치료비용, 치료기간 등을 고려할 때 추가적인 보호가 불가능하다고 판단되는 개체
3. 건강상태가 쇠약하거나 심장질환, 백내장, 호르몬 질환 등에 감염되어 분양 후에도 지속적인 치료가 필요한 개체
4. 사람 및 동물을 공격하거나, 교정이 어려운 행동 장애 등으로 인해 분양이 어려울 것으로 판단되는 개체
5. 그 밖에 센터 수용능력, 분양가능성 등을 고려하여 보호·관리가 어려울 것으로 판단되는 개체

③ 제2항 제1호에 해당하는 개체로서 질병 및 상해의 정도가 심각하여 고

통을 경감하고 질병전파를 예방하기 위한 인도적인 처리가 필요하다고 판단되는 경우에는 법 제20조에 따른 소유권 이전기간(10일)이 경과하지 않아도 법 제22조 제1항에 따라 인도적인 처리를 실시할 수 있다. 이 경우 반드시 개체관리카드(시스템)에 기록·관리하여야 한다.

제21조(인도적인 처리의 원칙) ① 법 제22조 제1항에 따라 인도적인 처리를 할 경우, 다른 동물이 볼 수 없는 별도의 장소에서 신속하게 수의사가 시행하여야 한다.

② 동물의 고통 및 공포를 최소화 하고, 시술자 및 입회자의 안전 등을 고려하여야 한다.

③ 인도적인 처리에 사용하는 약제는 책임자를 지정하여 관리하도록 하여야 하며, 사용기록 등을 작성·보관하여야 한다.

제22조(인도적인 처리의 절차) ① 수의사는 제20조 제2항에 따라 선정된 인도적인 처리 대상 동물의 건강상태 및 개체정보 등을 확인하여야 한다.

② 동물에 대한 인도적인 처리는 수의사가 시행하여야 하며, 그 외 1명 이상 입회 하에 실시하여야 한다.

③ 수의사가 동물에 대한 인도적인 처리를 하고자 할 때는 다음 각 호의 어느 하나에 해당하는 방법을 선택하여야 한다.

1. 마취를 실시한 후 심장정지, 호흡마비를 유발하는 약제를 사용하는 방법
2. 마취제를 정맥 주사하여 심장정지, 호흡마비를 유발하는 방법

④ 인도적인 처리를 실시한 동물은 수의사가 확인하여 규칙 별지 제7호서식 보호동물 개체관리카드(시스템)에 기록하여야 한다.

⑤ 센터의 운영자는 인도적 처리된 동물의 사체를 「폐기물관리법」에 따라 처리하거나, 동물장묘시설에서 적법하게 처리하여야 한다.

제23조(동물의 개체관리) 센터의 운영자는 동물 입소부터 보호 조치중인 동물의 보호·관리는 시스템을 통하여 기록·관리되어야 하며, 시스템의 정보가 실제 보호·관리동물의 정보와 일치하도록 모든 상황기록은 24시간

내에 기록 하여야 한다.

제24조(운영세칙) 이 규정에서 정한 사항 외에 센터의 운영과 관련한 구체적인 내용 등 그 밖에 필요한 사항은 법 제15조 제10항에 따라 시·도의 조례로 정한다.

제25조(재검토기한) 농림축산식품부장관은 이 고시에 대하여 「훈령·예규 등의 발령 및 관리에 관한 규정」에 따라 2022년 1월 1일을 기준으로 매 3년이 되는 시점(매 3년째의 12월 31일까지를 말한다)마다 그 타당성을 검토하여 개선 등의 조치를 해야 한다.

[별표 1] 사료 급여 기준(제13조 관련)

1. 사료 등 급여

동물명	규격	사료급여기준(1마리/1일)
개, 고양이	6개월령 이하, 임신, 수유	습식 또는 건식으로 250kcal/kg
	6개월령 초과	습식 또는 건식으로 100kcal/kg
기타	-	해당동물의 생태에 따라 보호센터장이 정함

저자 약력

홍 완 식

건국대학교 법과대학 법학사·법학석사
독일 쾰른대학교 법과대학 법학박사
현 건국대학교 법학전문대학원 교수
한국 동물법연구회 회장
한국입법학회 입법학연구 편집위원장
국회 입법지원위원
법무부 보호위원
대검찰청 검찰수사심의위원회 위원
법제처 국민법제관
국회도서관 법률도서관 자문위원
한교법인 정신학원 이사
한국연극인복지재단 감사
강원도의회 입법평가위원회 부위원장
한국법무보호복지공단 이사
제주특별자치도 워킹그룹 제1분과위원장
국제공법학회 한국지부 자문위원
전 한국입법학회 회장
유럽헌법학회 회장
한국헌법학회 부회장
한국공법학회 부회장
한국토지공법학회 부회장
한국비교공법학회 부회장
한국법학회 부회장
국회입법조사처 자문위원
대통령비서실 청원심의회 위원
건국대학교 인권센터장
건국대학교 법학연구소장
유럽헌법학회 유럽헌법연구 편집위원장
울산광역시의회 입법평가위원회 위원장
대한변협 입법평가위원회 부위원장
전국 시도의회 의장협의회 정책자문위원회 부위원장
서울시의회 정책연구위원회 정책연구위원
변호사시험·사법시험·입법고시·행정고시·공무원시험 등 출제·채점위원
대학입시 등 출제위원장
KBS 객원 해설위원
국회의장배 토론대회 심사위원

주요 저서 및 논문

『법과 사회』(4판, 2024)
『자치법규 입법평가론』(2023)
『로스쿨 헌법』(2023)
『법학개론』(공저, 10판, 2023)

『청탁금지법 핸드북』(개정판, 2018)
『실명입법론』(3판, 2020)
『입법학논고』(2020)
『입법학연구』(2014)
『사회변화와 입법』(공저, 2008)
『사회보험료 관련 입법에 있어서 헌법원칙의 적용에 관한 연구』(2005)
『독일사회복지론』(공저, 2005)
『헌법』(공저, 2004)
입법영향분석제도의 도입에 관한 입법평론 (2024)
탄소세 도입의 입법적 문제에 관한 연구 (공저, 2023)
지방의회 인사청문회 조례와 조례안의 입법론적 검토 (2023)
한복진흥법 제정안의 검토와 과제 (2022)
금융분야 위임입법에 대한 입법론적 검토 (2022)
연출저작권 인정 여부에 관한 고찰 (공저, 2022)
제주특별자치도의 분권강화에 관한 고찰 (2021)
행정기본법에 대한 입법평론 (2021)
성폭력 2차 피해의 입법론적 쟁점 (공저, 2021)
오스트리아 입법기술지침에 관한 고찰 (2021)
행정기본법에 대한 입법평론 (2021)
성적 자기결정권의 헌법적 함의 (공저, 2021)
제주특별자치도의 분권 강화에 관한 고찰 (2021)
국회 법제사법위원회의 체계·자구 심사권에 대한 고찰 (2020)
연동형 비례대표제의 입법적 개선에 관한 연구 (2020)
헌법재판소의 결정을 통해본 포괄적 위임입법금지원칙 (공저, 2020)
신속처리안건의 심사기간에 관한 연구 (2019)
가짜뉴스 규제법안에 대한 입법평론 (2019)
연동형 비례대표제 법안에 대한 입법평론 (2019)
화학물질 관련법에 대한 입법평론 (2018)
독일의 동물보호법제에 관한 고찰 (2018)
입법에서의 협치 확대를 위한 고찰 (2017)
신정부의 선거법 공약의 내용과 그 실현을 위한 헌법적 과제 (2017)
징벌적 손해배상제도에 관한 입법평론 (2017)
관세법 개정에 대한 입법평론 - 면제점 특허규정을 중심으로 (2017)
청탁금지법 적용대상의 문제점 - 언론사를 중심으로 (2017)
연명의료결정법에 대한 입법평론 (2017)
규제와 입법 - 동아시아 국가와의 비교법적 고찰 (2017)
독일의 입법현황과 국가규범통제위원회 (2016)
제20대 국회의 과제로서의 입법영향분석제도 도입 (2016)
'국회선진화법'에 관한 보론 (2016)
직권상정 완화론에 대한 비판적 검토 (2016)
의사공개원칙에 관한 연구 (2016)
김영란법의 체계성에 관한 연구 (2015)
선거제도 개편에 관한 연구 (2015)
세월호사고에 관한 입법적 성찰 (2014)
안전권 실현을 위한 입법정책 (2013)
성희롱관련법에 대한 입법평론 (2013)

케냐헌법에 관한 연구 (2013)
'국회선진화법'에 관한 고찰 (2012)
처분적 법률에 관한 연구 (2012)
특별부담금에 관한 연구 (2011)
한국법제에 대한 연구 (2011)
헌법재판소에 의한 입법절차 통제 (2011)
미국의 아동대상 성범죄 관련 법률에 대한 입법론적 검토 (2010)
독일의 입법평가 (2009)
헌법재판소의 결정을 통해서 본 입법의 원칙 (2009)
현행 입법과정의 문제점과 개선방안 (2009)
미국연방의회의 입법과정 (2009)
국회 법안발의 규칙의 제정에 관한 검토 (2008)
규제개혁과 입법정책 (2008)
의원입법에 대한 합리적인 통제방안 (2008)
로비제도 관련 법률안에 대한 헌법적 고찰 (2008)
통일한국의 토지관련 헌법정책 (2008)

제4판
반려견 법률상식

초판발행 2018년 4월 20일
제2판발행 2020년 3월 31일
제3판발행 2022년 4월 30일
제4판발행 2024년 5월 30일

지은이 홍완식
펴낸이 박노일

총괄기획 최준규
편 집 이상민

펴낸곳 pnc publishing and culture 피앤씨미디어
경기도 고양시 일산동구 강송로 153 310-1501
등록 제396-2012-000203호
전 화 070)7550-3758 팩 스 02)6280-3758
홈페이지 www.pncmedia.co.kr 이메일 pnc@pncmedia.co.kr
ISBN 979-11-5730-939-9 03360

정 가 22,000원